Das Buch

S0-BRR-556

Das die politische Geschichte der Nachkriegszeit in Deutschland und damit auch in Europa bestimmende Faktum ist die
Zweiteilung Deutschlands. Der von den Siegern 1945 festgelegte Status quo hat sich behauptet, und deutsche Politik
wird seither in zwei Hauptstädten gemacht: im demokratischen
Bonn und im kommunistischen Teil Berlins. Auf deutschem
Gebiet manifestierte sich die ideologische und machtpolitische
Trennung der ehemaligen Anti-Hitler-Koalition. Die Wiederherstellung eines deutschen Nationalstaats, der noch nicht
einmal 75 Jahre bestanden hatte, wurde das Ziel der deutschen
Politik, das heute – bei wirtschaftlicher Gesundung und ge-
sellschaftlicher Konsolidierung in beiden Teilen Deutschlands –
ferner gerückt ist denn je.
Diese bewährte stoffreiche Darstellung der deutschen Nach-
kriegsentwicklung wurde für die fünfte Auflage vom Autor
gründlich durchgesehen und in neuen Kapiteln bis über den
Abschluß des Grundvertrages zwischen der Bundesrepublik
und der DDR (1972) hinaus weitergeführt.

Der Autor

Dr. Thilo Vogelsang (1919–1978) war Stellvertretender Direktor des Instituts für Zeitgeschichte in München und Honorar-
professor an der Technischen Universität München. Er gab
seit 1953 die ›Bibliographie zur Zeitgeschichte‹ heraus und
veröffentlichte u. a.: ›Die Frau als Herrscherin im Hohen
Mittelalter‹ (1954), ›Reichswehr, Staat und NSDAP‹ (1962),
›Hinrich Wilhelm Kopf und Niedersachsen‹ (1963), ›Kurt
von Schleicher‹ (1965), ›Die nationalsozialistische Zeit‹ (1967).
Er edierte 1961 Hermann Pünders Tagebuch ›Politik in der
Reichskanzlei‹ und ist Mitherausgeber des ›Lexikons zur
Geschichte und Politik im 20. Jahrhundert‹ (1971, Taschen-
buchausgabe 1974: dtv 3126–28).

dtv-Weltgeschichte des 20. Jahrhunderts
Herausgegeben von
Martin Broszat und Helmut Heiber

Thilo Vogelsang:
Das geteilte Deutschland

Deutscher
Taschenbuch
Verlag

dtv-Weltgeschichte des 20. Jahrhunderts

Hans Herzfeld: Der Erste Weltkrieg
Gerhard Schulz: Revolutionen und Friedensschlüse
Helmut Heiber: Die Republik von Weimar
Ernst Nolte: Die faschistischen Bewegungen
Hermann Graml: Europa zwischen den Kriegen
Erich Angermann: Die Vereinigten Staaten von Amerika
seit 1917
Karl Heinz Ruffmann: Sowjetrußland 1917–1977
Martin Broszat: Der Staat Hitlers
Lothar Gruchmann: Der Zweite Weltkrieg
Thilo Vogelsang: Das geteilte Deutschland
Wilfried Loth: Die Teilung der Welt
Franz Ansprenger: Auflösung der Kolonialreiche

Originalausgabe
1. Auflage Mai 1966
5., durchgesehene und stark erweiterte Auflage April 1973
11. Auflage August 1982: 115. bis 126. Tausend
© Deutscher Taschenbuch Verlag GmbH & Co. KG,
München
Umschlaggestaltung: Celestino Piatti
Umschlagfoto: Keystone
Gesamtherstellung: C. H. Beck'sche Buchdruckerei,
Nördlingen
Printed in Germany · ISBN 3-423-04011-4

Inhalt

9. Kapitel. Die Deutsche Demokratische Republik vom Bau der Mauer bis zum Ausscheiden Ulbrichts 1961–1971

10. Kapitel. Deutschland am Beginn der siebziger Jahre

1. Kapitel
Die Potsdamer Konferenz und der Rat der Außenminister
1945–1947

Die deutsche Situation nach der Kapitulation.
Hitlers Hinterlassenschaft

Am 8. Mai 1945 erfolgte die militärische Gesamtkapitulation
des Deutschen Reiches. Eine besiegte und kampfmüde gewordene Wehrmacht ergab sich den Siegern auf Gnade und Un-
gnade. Die Niederlage war total, so daß nicht einmal mehr Raum
war zur ernsthaften Ausbildung einer »zweiten« Dolchstoß-
legende. Die Konsequenzen dieses 8. Mai sind damals nur den
wenigsten im deutschen Volke bewußt geworden. Gewiß war
der Krieg in Europa jetzt zu Ende gegangen. Aber mit der Niederringung Deutschlands, dessen Regime sieben Jahre lang gewaltsam die Grenzen des Kontinents verschoben, die Nachbar-
länder seinem Herrschaftssystem einverleibt oder deformiert
hatte, war ein Vakuum an Macht entstanden, dessen Ausdehnung weit über den territorialen Bestand des Deutschen Reiches
von 1937 hinausreichte. Es galt dies namentlich für den Osten
und Südosten Europas, wo die Politik Hitlers, der hier den »Le-
bensraum« gesucht hatte, die schwersten politischen Hypotheken zurückließ. Der Anspruch des Diktators, die dortigen Staaten und Völker durch einen von Satelliten begleiteten Erobe-
rungszug vor der Drohung des bolschewistischen Rußland
schützen zu sollen, hatte eine Situation von Zerstörung und
Leid geschaffen, in der es den Formationen der Roten Armee
moralisch leicht gemacht worden war, nach der Säuberung der
russischen Heimat als Befreier und Rächer verübter Kriegsverbrechen aufzutreten sowie in jenen Ländern neue Machtpositionen des Kreml zu begründen und sie unbarmherzig zu
festigen.

Die führenden Politiker der Vereinigten Staaten und Großbritanniens mochten daher zumindest ahnen, daß es Schwierigkeiten mit einem Bundesgenossen geben werde, mit welchem
sie im Grunde lediglich ein reines Zweckbündnis, nämlich die
Anti-Hitler-Koalition, verband. Die große europäisch-asiatische
Landmacht hatte die alte Zielsetzung ihrer Beherrscher, dem
Kommunismus auf der ganzen Welt zum Siege zu verhelfen,
niemals aufgegeben. Daß die Sowjetunion, zwar erst 1941 zur

Kriegführung gezwungen, aber doch seit 1939 im Genuß territorialer Vorteile dieses von Hitler angezettelten Krieges, die in dessen erster Phase annektierten Randgebiete zwischen Ostsee und Schwarzem Meer nicht wieder herauszugeben bereit war, wurde in London und Washington bereits um die Jahreswende 1941/42 bekannt. Jetzt, drei Jahre später (1945), stand Rußland auf einem ersten Höhepunkt eben errungener Weltmachtwürde. Es war entschlossen, künftig an den großen Entscheidungen darüber mitzuwirken, wie die Welt von morgen (und damit Deutschland) auszusehen habe. »Mitentscheidung« aber mußte Aufeinanderprall von Meinungen und Konzeptionen bedeuten, nicht nur zweier sich in Ost und West bildender Staatengruppen, sondern vor allem der beiden Welten des Kommunismus und des von diesem so bezeichneten »Kapitalismus«. Stalin konnte daher, was die Gestaltung der Zukunft anlangte, nur solche Gedanken billigen oder Fakten anerkennen, die seine Eroberungen unangetastet ließen. Sie mußten ferner der Ausbreitung der kommunistischen Lehre dienlich sein oder durften sie zumindest nicht beschränken. Milovan Djilas, damals Abgesandter Titos in Moskau, hat uns hierzu eine charakteristische Äußerung Stalins aus dem April 1945 überliefert: »Dieser Krieg ist anders als die früheren; wer ein Gebiet erobert, zwingt ihm auch sein eigenes Gesellschaftssystem auf, *so weit seine Armee kommt*. Es kann nicht anders sein.« Mit anderen Worten: die Sowjets hatten sich, begünstigt durch die raumgewinnenden militärischen Erfolge während eines »Großen Vaterländischen Krieges«, auf den Weg der nationalen und weltanschaulichen Machtpolitik begeben.

Aber diese schon seit längerem von den Westmächten mit Überraschung und Unbehagen registrierte expansionistische Tendenz Moskaus stand in krassem Gegensatz zu den generellen Kriegszielen des Westens. Denn besonders die USA strebten für die Zeit nach der Niederringung des totalitären Deutschland und des imperialistischen Japan an, den Gedanken der »Einen Welt« in Form einer umfassenden und durch Verträge garantierten Friedensorganisation zu verwirklichen, um damit von vornherein etwaige Konflikte, die aus der Kollision von Machtinteressen entstehen würden, oder gar Aggressionen vermeiden zu können. Also ein von einer amerikanischen »Anti-Ideologie« bestimmtes Kriegsziel, gerichtet gegen jede Art von »herkömmlicher« Gewaltpolitik! Zu seiner Erfüllung gehörte freilich als Voraussetzung, daß die Kriegskoalition, die nach Roosevelts Meinung einem moralischen Auftrage nachzukommen hatte

(Besson), nach Abschluß der Feindseligkeiten auch weiterhin Bestand haben würde, um sie als geschlossenen und künftig ausschlaggebenden Staaten-Kern nicht nur zur Errichtung der »Vereinten Nationen« zu verwenden, sondern um ihr überdies die Rolle einer permanenten »Weltpolizei«, dargestellt durch die militärische Schlagkraft der Großmächte USA, UdSSR, Großbritannien und China, übertragen zu können. Im Zusammenhang hiermit galt auch die Kontrolle eines besiegten Deutschlands zunächst als eine Aufgabe, die der geplanten Weltorganisation oder zumindest den drei am Kampfe beteiligten Großmächten als deren Beauftragten zuzuweisen sein würde. Diese umfassenden Zukunftserwartungen, die der amerikanischen Führung eine ausreichende politische Konzeption darzustellen schienen, gaben ihr Veranlassung genug, Moskau gegenüber alle zu Gebote stehende Verständigungsbereitschaft aufzubieten, um die Sowjets auf dieser »Linie« zu halten.

Das bisherige Ausweichen der westlichen Alliierten vor konkreten gemeinsamen Einzelentscheidungen hinsichtlich der Behandlung Deutschlands hatte – wie auch das überaus vorsichtige Traktieren der polnischen Frage – gleichfalls jener Politik der Beschwichtigung dienlich sein sollen. In großen Zügen bestand lediglich Einigkeit über die Wiederherstellung Österreichs und der Tschechoslowakei, die »Vernichtung« von Nationalsozialismus und Militarismus sowie darüber, daß Polen, bei allgemeiner Akzeptierung der Curzon-Linie, im Westen auf Kosten des Reiches entschädigt werden müsse. Ferner sollte verhindert werden, daß Deutschland jemals wieder zum Herd und Ausgangspunkt einer Aggression werden würde. Als – vorerst kaum gestellte – Frage blieb jedoch bestehen, ob man dieses Ziel gewissermaßen auf der Ebene der Gipfeldiplomatie, mit Hilfe von unter den »Großen« ausgehandelten bi- oder multilateralen Übereinkünften, und das hieß vor allem: *ohne* Engagement der amerikanischen militärischen und politischen Macht in Europa, werde realisieren können.

Die mit solchen vorerst geringfügig ausgeprägten Programmen parallel laufende Absicht der Anti-Hitler-Koalition, Deutschland nach der Niederlage in mehrere Staaten oder Glieder aufzuteilen (to dismember), war der nationalsozialistischen Führung schon frühzeitig bekannt gewesen und von ihrer Propaganda »erfolgreich« verwandt worden. Der Begriff des »dismemberment« entsprach dem Geiste der auf der Konferenz von Casablanca (Januar 1943) geprägten und seitdem für verbindlich erklärten Formel von der »bedingungslosen Kapitulation« (unconditional surrender). Nach voraufgegangenen internen Erörterungen hatte der Aufteilungs-Gedanke konkrete Form in einem präzisen Vorschlag Roosevelts auf der ersten Zusammenkunft der Großen Drei in Teheran (28. November bis 1. Dezember 1943) gefunden. Er wurde dann auch immer wieder gutgeheißen. In den USA erhielt er eine Variante im sog. Morgenthau-Plan; auf der Konferenz von Jalta endlich erfolgte die offizielle Einigung über die künftige Zergliederung des Reichsgebietes (5. Februar 1945) und die Verweisung der auszuarbeitenden Einzelheiten an einen Unterausschuß der Europäischen Beratenden Kommission.

Indessen gab es bald Anzeichen dafür, daß diese Einhelligkeit nur kurzlebig sein würde. Schon in Jalta hatte Churchill die Andeutung gemacht, die endgültige Zerteilung Deutschlands sei eigentlich eine Frage zweiten Ranges. Doch entscheidend für die deutsche Frage wurde eine taktische Schwenkung Stalins im Augenblick der deutschen Kapitulation, ein Schachzug, der, gemessen an den unveränderten Zielsetzungen des Kreml, für die wenigen Kenner der Bündnisproblematik eigentlich nicht unerwartet kommen konnte: Moskau begann mit nachdrücklichen und lauten Bekenntnissen zur *deutschen Einheit* hervorzutreten. »Die Sowjetunion«, so erklärte Stalin am 9. Mai 1945 öffentlich, »feiert den Sieg, wenn sie sich auch nicht anschickt, Deutschland zu zerstückeln oder zu vernichten.« Auch die Rote Armee und die in ihrem Gefolge aus Rußland zurückkehrenden deutschen Kommunisten bedienten sich vor der durch die Umstände der Niederlage betäubten Bevölkerung propagandistisch dieser neuen Doktrin, der die Westmächte etwas Vergleichbares weder entgegensetzen wollten noch konnten. Die Sowjets hatten damit nahezu unbemerkt die Initiative in der deutschen Angelegenheit an sich genommen; es war ein Schritt, der sich, getan im Zeichen des Triumphes über den »faschistischen Gegner«, für Deutschland unheilvoll auswirken sollte. Denn indem die Sowjetunion, als Vor- und Schutzmacht des Weltkommunismus, die Einheit Deutschlands als ihr Ziel hinstellte, leitete sie die Teilung eben dieses Landes im Herzen Europas ein. Es ist möglich, daß die sich schnell abzeichnende Konsequenz einer solchen Teilung in der Planung des Kreml vorbedacht gewesen ist, und vielleicht gedachte sich Stalin für eine Zwischenzeit auch mit einer de-facto-Zerreißung Deutschlands zu begnügen, sollte einmal ein politischer Rückzug notwendig werden.

Zunächst ging es Moskau im Mai 1945 um die Verwirklichung einer zentralen Mitbestimmung in dem besiegten Lande, und zwar in politischer, wirtschaftlicher und reparationstechnischer Hinsicht. Die Reichshauptstadt Berlin, die sie erobert hatten und zunächst noch als einzige Macht militärisch besetzt hielten, galt den Sowjets als der faktische Mittelpunkt nicht nur ihrer Besatzungszone, sondern auch als ideelle Basis einer »gesamtdeutschen« Einflußnahme. Von ihr aus hofften sie weit in das übrige Deutschland hineinwirken zu können. Ihr Mißtrauen gegenüber dem Westen gewann dabei neue Nahrung durch das Fortbestehen der Regierung Dönitz in Flensburg, deren moralische Legitimität berechtigterweise bestritten wurde, deren technische Mitwirkung – selbst nach einer personellen Umwandlung – bei Einzelfragen des Wiederaufbaus jedoch auch von den Westmächten nicht in Erwägung gezogen worden war. Lediglich Churchill hat wohl vorübergehend an eine derartige Möglichkeit gedacht. Hauptsächlich auf Druck der Russen wurden Dönitz, seine geschäftsführende Reichsregierung und der Rest des OKW am 23. Mai durch ein englisches Kommando verhaftet und in die Kriegsgefangenschaft übernommen; amerikanische Stellen haben dieses Vorgehen prinzipiell begrüßt, nicht zuletzt deshalb, weil man nach wie vor die Sowjets nicht verärgern und die weitere Zusammenarbeit mit ihnen nicht gefährden wollte.

Ungefähr zwei Wochen später übernahmen die Sieger, zu denen infolge nachdrücklicher Vorstellungen de Gaulles und gemäß den Beschlüssen von Jalta jetzt auch Frankreich gezählt wurde, offiziell die oberste Verantwortung über den besiegten Raum, den sie noch zusammenfassend »Deutschland« nannten (5. Juni): die vier Oberbefehlshaber (Eisenhower, Schukow, Montgomery und Lattre de Tassigny) gaben in der »Erklärung in Anbetracht der Niederlage Deutschlands und der Übernahme der obersten Regierungsgewalt in Deutschland« die näheren Bestimmungen der Kapitulation bekannt und stellten dabei eingangs fest, daß es »in Deutschland keine zentrale Regierung oder Behörde« mehr gebe, »die fähig wäre, die Verantwortung für die Aufrechterhaltung der Ordnung, für die Verwaltung des Landes und für die Ausführung der Forderungen der siegreichen Mächte zu übernehmen ...« Gleichzeitig wurde die »Aufteilung Deutschlands für Besatzungszwecke« in vier Zonen und Berlins in vier Sektoren sowie die Bildung der Alliierten Kontrollbehörde verkündet.

Hier verdient hervorgehoben zu werden, daß in der Deklaration der Oberbefehlshaber von »entsprechenden« deutschen (Fach-)Behörden die Rede war, die also entweder hätten fortbestehen oder aber neu geschaffen werden müssen, sollten sie im Sinne dieser Erklärung die Anweisungen des Kontrollrates (*nicht* der zonalen Administrationen!) ausführen bzw. unter dessen Aufsicht arbeiten. Daraus geht hervor, daß bei der Abfassung des in der Europäischen Beratenden Kommission schon am 14. November 1944·entstandenen Kontrollabkommens die Möglichkeit einer völligen Selbstauflösung oder gewaltsamen Entfernung der noch vorhandenen zentralen deutschen Stellen offenbar nicht in Erwägung gezogen worden ist.

Eine Konstituierung des Kontrollrates und damit eine Aufnahme einer ganz Deutschland betreffenden praktischen Arbeit kam jedoch noch nicht zustande. Moskau verlangte als Vorbedingung den Abmarsch der westalliierten Truppen aus den im Kampfe eroberten Gebieten, nämlich aus den westlichen Teilen Mecklenburgs, der Provinz Sachsen und des Landes Sachsen sowie aus ganz Thüringen, mithin den Rückzug auf die vereinbarten Besatzungszonen. Hiergegen wandte sich Churchill, dessen Einstellung auf Grund der nicht mehr kontrollierbaren Geschehnisse hinter dem »Eisernen Vorhang« (das Wort wurde von ihm in Umlauf gesetzt) gegenüber den Sowjets ausgesprochen feindselig geworden war. Mit äußerstem Nachdruck gab er am 12. Juni dem amerikanischen Sonderbotschafter Davies zu verstehen, die »augenblicklichen Grenzen in Mitteldeutschland, die der britischen und amerikanischen Armeen, sollten gehalten werden, damit der Kommunismus nicht ganz Westeuropa beherrsche und kontrolliere. Die Stellungen seien strategisch; man solle sie halten, um mit den Sowjets verhandeln zu können, ungeachtet der Tatsache, daß sie vor den vereinbarten Besatzungsbereichen lägen«. Doch mit seinen Versuchen, wenigstens eine Verzögerung zu erreichen, fand er bei Präsident Truman kein Gehör, der es sich zur Richtschnur gemacht hatte, alle von seinem Vorgänger »mit unseren Verbündeten getroffenen Vereinbarungen auf den Buchstaben genau auszuführen«. Anfang Juli waren die Abzugsbewegungen der amerikanischen und britischen Streitkräfte beendet; zur selben Zeit besetzten Kontingente der Westmächte einschließlich der Franzosen ihre »Sektoren« in Berlin. Hier wurde sogleich eine Alliierte Vier-Mächte-Kommandantur installiert, doch erst am 30. Juli konnte der Kontrollrat für Deutschland zu seiner konstituierenden Sitzung zusammentreten.

Bis zu diesem Zeitpunkt war seit der Einstellung der Kampfhandlungen nahezu ein Vierteljahr vergangen. Das Land wies alle nur erdenklichen Spuren eines totalen militärischen, politischen und wirtschaftlichen Zusammenbruches auf, von weitflächigen Kriegszerstörungen bis hin zur Auflösung auch menschlicher Ordnungen. Neben dem unermeßlichen Leid, das von den Trägern des nationalsozialistischen Regimes über die benachbarten Staaten und Völker gebracht worden war, standen die Verluste der deutschen Bevölkerung: ca. 3 ½ Millionen Tote, davon als Opfer des Luftkrieges etwa 500000. In diesen Monaten war das ganze Volk in Bewegung geraten, Familien und Nachbarschaften waren zerrissen. Bereits seit Januar 1945 strömten unübersehbare Flüchtlingstrecks, oft nur mit der notdürftigsten Habe versehen und während der letzten Kampfhandlungen noch blutig dezimiert, aus den Ostprovinzen in das Innere Deutschlands; ein nicht abreißender Zug, der infolge der im Frühjahr einsetzenden Ausweisungen durch die polnischen und tschechischen Behörden vorerst kein Ende nehmen sollte. Evakuierte und ausgebombte Familien sowie entlassene Soldaten suchten wochen- und monatelang nach ihren Angehörigen; die Ausländer unter den befreiten KZ-Häftlingen und Tausende von Zwangsarbeitern aus nahezu allen Ländern Europas (1,5 Millionen) wollten und mußten vor ihrem Rücktransport untergebracht werden. Und dieses Elend spielte sich in einem Lande ab, in welchem das Post- und Fernmeldewesen, das Eisenbahnnetz und andere Verkehrseinrichtungen nahezu lahmgelegt, die Versorgung mit Lebensmitteln, Wasser, Heizmaterial und Licht zusammengebrochen und allein 15 Prozent der in Friedenszeiten vorhandenen Wohnungen durch Kriegseinwirkungen völlig zerstört waren. Alle Schulen blieben geschlossen und wurden erst nach und nach wieder eröffnet. Abgesehen von den deutschsprachigen Nachrichtenblättern der Militärregierungen erschien keine Zeitung, der Rundfunk war in alliierter Hand. Die Bevölkerung aber sah sich vor einen Kampf um das nackte Alltagsdasein gestellt und mußte gegenüber den Siegern jeglicher Repräsentanz entbehren.

Das Land schien stumm geworden zu sein, ja es schien, als seien im Augenblick selbst diejenigen Kräfte zum Schweigen verurteilt, die bereit waren, sich als Nicht-Nationalsozialisten für den Wiederaufbau zur Verfügung zu stellen. Doch dieser Schein trog. Wohl traf das Bild in großen Zügen für die drei westlichen Zonen zu, wo jede politische Betätigung einstweilen verboten blieb, nicht aber für das sowjetische Okkupationsgebiet. Die Russen behielten die Initiative bei und nutzten die Stunde auf ihre Weise, indem sie als erste Besatzungsmacht die Bildung von »antifaschistischen« Parteien und Gewerkschaften geradezu anordneten. Schon am 11. Juni riefen sie mit Hilfe jahrelang in Moskau geschulter Führungskader deutscher Kommunisten (»Gruppe Ulbricht«) die *KPD* wieder ins Leben. Sie gestatteten ferner die Neugründung der *SPD* und ließen auch die Bildung zweier bürgerlicher Parteien (*CDU* und *LDP*) zu. Alle vier Parteien hatten sich freilich sehr bald zu einem »antifaschistisch-demokratischen Block« zusammenzuschließen, in welchem wiederum zur Sicherstellung einer »Volksfront«-Zielsetzung die KPD eindeutig dominierte. Aber die – von Berlin ausgehenden – Gründungsaufrufe dieser Parteien bewirkten, daß von nun an deutsche Stimmen, sogar über die Elbe hinweg, wieder vernehmbar wurden, wenn auch unter dem Patronat der Sowjets.

Die russischen Besatzungsbehörden befahlen ferner – relativ früh – eine straffe territoriale Gliederung ihrer Zone (9. Juli). Sie schufen Verwaltungen für die Länder Sachsen, Thüringen, Mecklenburg-Vorpommern und die preußischen Provinzen Brandenburg und Sachsen (mit Anhalt) und schlossen diese Maßnahmen mit der Errichtung »deutscher Verwaltungen« ab, elf an der Zahl, gedacht für bestimmte Fachgebiete und als gleichzeitig untergeordnete Organe der Sowjetischen Militäradministration (SMA) im gesamten Zonenbereich (27. Juli). Diese Akte waren verbunden mit einer bereits im Mai begonnenen vorsorglichen Personalpolitik auf der Ebene der Gemeinden, Kreise und Länder im Sinne der Sowjets und der deutschen Kommunisten. Schon damals durfte die KPD in ihren Verlautbarungen und Äußerungen als Sprachrohr der Besatzungsmacht gelten, wofür uns eine bezeichnende Aussage des damals noch wenig bekannten kommunistischen Funktionärs Walter Ulbricht aus dem Frühsommer 1945 überliefert ist: »Eine weitere schwere Folge des verbrecherischen Hitlerkrieges ist die Abtrennung der Gebiete östlich der Oder und der Görlitzer Neiße.«

Dieses Wort war ganz offensichtlich als Beschwichtigung gegenüber den eigenen Anhängern gemeint und beleuchtete zugleich das eigenmächtige Vorgehen Stalins in Ostdeutschland, dessen Auswirkungen inzwischen auch für die Westmächte unangenehm genug geworden waren. Die Erfolge der Roten Armee gestatteten schnelle Maßnahmen: die Sowjetregierung hatte nicht nur auf Grund früherer Zusagen Roosevelts und Churchills die nördliche Hälfte Ostpreußens mit Königsberg provisorisch in ihren Staatsverband einbezogen, sondern auch schon ab Februar 1945 in willkürlicher Auslegung der bekannten, aber noch vagen Konferenz-Agreements bezüglich der polnischen Grenzen alle von der sowjetischen Armee bislang besetzten bzw. weiterhin zu besetzenden deutschen Gebiete östlich der Oder und der Görlitzer Neiße grundsätzlich aus ihrer künftigen Besatzungszone herausgelöst und sie Polen, d. h. der von ihr allein anerkannten sowjetfreundlichen Regierung Osobka-Morawski, zur Verwaltung übertragen. Natürlich konnte sich dort die Errichtung polnischer Behörden nur stufenweise und auch regional mit unterschiedlicher Intensität vollziehen, doch war sie bis Mitte Mai ziemlich abgeschlossen. Es war das ein forcierter und ohne Rücksicht auf die westlichen Alliierten getaner »Vorgriff«, der es zugleich den Sowjets ermöglichte, sozusagen nach schneller Befriedigung eigener und polnischer, nationaler wie Sicherheitsbedürfnisse, nunmehr eine konzentrierte und von den Polen unbehinderte Deutschland-politik aufzunehmen. Das Deutschland der vier Zonen interessierte die sowjetische Regierung grundsätzlich als Ganzes, und von der »Einheit« dieses Restes konnte nunmehr leicht gesprochen werden, nachdem eine machtpolitische Entscheidung des Kreml deutsche Provinzen, die zu Faustpfändern geworden waren, als Objekte »endgültiger Regelungen« innerhalb der slawischen Welt benutzt hatte.

Neben den geschilderten Verwaltungsmaßnahmen, neben der bereits in vollem Gange befindlichen Demontage von Industrieanlagen und dem Abtransport von Wirtschaftsgütern aus der deutschen Ostzone wogen diese zugunsten Polens vollzogenen und faktisch kaum mehr anzutastenden Tatsachen weitaus am schwersten, als sich am 17. Juli 1945 Truman, Churchill und Stalin in Potsdam trafen, um – unter anderen – auch Deutschland betreffende Angelegenheiten zu besprechen.

Die Potsdamer Konferenz als letzte der Kriegskonferenzen

Über die symbolhafte Bedeutung des Konferenzortes Potsdam ist seither viel gesprochen und geschrieben worden. Doch maßgebend für die Auswahl waren in erster Linie seine angenäherte geographische Mittellage auf dem bisherigen europäischen

Kriegstheater sowie der Umstand, daß im benachbarten Berlin nunmehr auch die Westmächte ihre Sektoren militärisch und administrativ hatten übernehmen können. Ein neuer Aspekt war freilich spürbar: die veränderten machtpolitischen Konstellationen in Ost- und Mitteleuropa ließen eine vorurteilsfrei-unbefangene Zusammenkunft der bisherigen Anti-Hitler-Koalitionspartner nicht mehr zu; Potsdam wurde vielmehr zur ersten Begegnung zwischen »Ost« und »West«, auf der das gegenseitige Mißtrauen zunehmend die Verhandlungen zu überschatten begann. Aber da zu diesem Zeitpunkt die USA und Großbritannien sich eine (später allerdings für um so notwendiger gehaltene) »Gemeinsamkeit« in außenpolitischer Planung und Praxis noch nicht zu eigen gemacht hatten, lag in Potsdam der Vorteil der Position eindeutig bei den Sowjets. Trumans Verhandlungslinie war praktisch durch die Politik seines Vorgängers Roosevelt vorgezeichnet, ohne daß er imstande gewesen wäre, sie – den neuen Verhältnissen angepaßt – souverän zu handhaben oder gar schon eine persönlichere Zielsetzung zu inaugurieren; Churchill, Senior des Bündnisses, der gegenüber den sowjetischen Expansionswünschen sehr kritisch eingestellt war und daher eine Auseinandersetzung mit Stalin durchaus nicht scheute, mußte noch während der Sitzungen seinen Platz dem Nachfolger Attlee räumen. So konnten sich Stalin und Molotow unschwer als die einzigen berufenen Interpreten früherer Absprachen und Abkommen durchsetzen, zumal sie mit ganz klaren Absichten nach Potsdam gekommen waren und *obwohl* sie viele Situationen und Begriffe (etwa die der »Kriegsbeute« oder des »demokratischen Staates«) anders verstanden wissen wollten als ihre westlichen Kollegen.

Neben der Weiterbehandlung bereits in Jalta erörterter Probleme und der Frage einer gemeinsamen Niederringung Japans sollte hauptsächlich das künftige Schicksal des deutschen Staatsgebietes und des deutschen Volkes zur Diskussion gestellt werden. Eine Faustpfandpolitik – und sei es nur, um die Sowjets in der polnischen und in anderen Angelegenheiten zum Einlenken zu veranlassen – hatte Truman schon im Mai aus grundsätzlichen Erwägungen abgelehnt, während Churchill jetzt mit dem von ihm gebrauchten Wort »iron curtain« reale Befürchtungen verband und sich hinsichtlich einer »Erfüllung« Jaltas wesentlich zurückhaltender verhielt. Der Präsident wünschte, so schnell wie möglich eine Vier-Mächte-Kontrolle Deutschlands wirksam werden zu lassen, und hoffte, dadurch weitere russische Sonderabsichten und -maßnahmen im Machtbereich der Roten Armee wenigstens prinzipiell durchkreuzen zu können. Aber war mit dieser Haltung faktisch etwas zu erreichen? Stalin hatte bislang im »Großen Vaterländischen Kriege« strategisch aus der Tiefe des Raumes operieren können, und zwar nicht nur in Osteuropa, sondern auch auf dem Balkan; jetzt, nach dem 8. Mai, tat er es, gestützt auf die politischen Früchte seines Sieges, auch am Konferenztisch: die Blickrichtung nach Westen hatte er beibehalten. Gewiß vermochten die Russen nicht alle ihre Wünsche durchzusetzen, doch war die Politik des Westens auf der Konferenz oft genug durch Nachgeben gekennzeichnet.

Nach dem Willen der Sowjets sollte in Potsdam der Begriff »Deutschland« stets unter Berücksichtigung dessen, was das Reich durch den Krieg »verloren« habe, definiert und verwandt werden. Unter dem »Verlust« verstand Stalin eindeutig die den Polen überantworteten deutschen Ostgebiete, und er versuchte von vornherein, den anderen Regierungschefs diese Sicht der Dinge aufzunötigen. Denn als Churchill am 18. Juli bei der ersten Besprechung eines amerikanischen Entwurfs über die politischen Zuständigkeiten des Kontrollrates die Frage aufwarf, was denn nun unter »Deutschland« zu verstehen sei, antwortete Stalin, man solle die polnische Westgrenze festlegen, da dann dieses Problem geklärt wäre. Seine kurz darauf zu Protokoll genommene Bereitwilligkeit, das »Deutschland von 1937« als »Ausgangspunkt« der Gespräche über den Kontrollrat zu akzeptieren, war in diesem Zusammenhange nicht mehr als eine rhetorische Floskel.

Stalin und Churchill hatten Truman gebeten, die Leitung der Konferenz zu übernehmen. Der amerikanische Präsident entledigte sich dieser schwierigen Aufgabe mit Zuversicht und Takt, wobei er des festen Glaubens war, trotz aller Hindernisse müßten bei Anwendung gesunden Menschenverstands dennoch Einigungen zu erzielen sein. Obgleich ihm das Schicksal Woodrow Wilsons und dessen fehlgeschlagener Konzeptionen stets warnend vor Augen stand, meinte er, in Potsdam im Sinne der zu schaffenden »one world« des Friedens und der Gerechtigkeit auftreten und handeln zu sollen, der doch auch die künftigen Bemühungen der eben zu San Francisco ins Leben gerufenen »Vereinten Nationen« zu gelten haben würden. Und waren die hier versammelten »Großen Drei« als Vertreter der tragenden Mächte dieser neuen Weltorganisation und auf Grund ihrer ständigen Mitgliedschaft im Sicherheitsrat nicht gerade deshalb zu einer harmonischen Zusammenarbeit verpflichtet? Trumans schon am ersten Tage vorgebrachte Anregung, zur Vorbereitung der späteren Friedensverhandlungen einen »Rat der Außenminister« zu schaffen, fand schnelle Zustimmung, woraus sich für den Präsidenten, der einen Leerlauf im Gespräch der Regierungschefs zu vermeiden trachtete, die willkommene Möglichkeit ergab, schon jetzt nahezu alle Verhandlungsgegenstände zur Vor- oder Weiterklärung vorübergehend an die begleitenden Ressortchefs Byrnes, Eden (später Bevin) und Molotow abzugeben. Dieses Verfahren kam freilich in erster Linie den Russen zugute, da Molotow sich in vielen Fragen noch unnachgiebiger zeigte als Stalin und über Eden die sich immer mehr versteifende Haltung Churchills nur noch indirekt und somit abgeschwächt zur Geltung kam. Der britische Premier war der Meinung, »es sei für Polen nicht von Vorteil, soviel deutsches Gebiet zu übernehmen«, und wollte die deutschen Ostgebiete aus wirtschaftlichen und bevölkerungspolitischen Gründen wenigstens partiell als Bestandteil der russischen Zone dem Kontrollrat unterstellt wissen (22. Juli). Aber Churchill mußte am 25. Juli anläßlich der Unterhauswahlen nach London reisen, deren Sieger, der Führer der Labour Party Clement R. Attlee, dann am 28. Juli als neuer Regierungschef zur Konferenz zurückkehrte. In seinen Memoiren hat Churchill glaubhaft versichert, er habe bis zum 25. Juli alle Differenzen, die weder von den Regierungschefs noch von den Außenministern bereinigt werden konnten, »anstehen« lassen. Es sei seine Absicht gewesen, nach einem für ihn günstigen Wahlergebnis die unerledigt gebliebenen Dinge »hart auf hart mit der Sowjetregierung durchzufechten«, was z. B. in bezug auf die künftige polnische Westgrenze zumindest ein Beharren des britischen Standpunktes auf der »östlichen«, also der Glatzer Neiße bedeutet haben würde. Seine immer wieder (und auch noch während der letzten Stunden vor dem Abflug) am Konferenztisch mit Stalin geführten Gesprächsduelle, geschärft mit den von Truman unterstützten Argumenten – die in Ostdeutschland vollzogenen Tatsachen (Polen als »fünfte Besatzungsmacht«) einschließlich der Ausweisungen berührten zentrale ernährungs- und reparationstechnische Probleme –, lassen ebenfalls darauf schließen, daß es ihm mit dem geplanten »hart auf hart« ernst gewesen ist.

Zeitlich parallel zu den offiziellen Sitzungen entstanden im Gremium der Außenminister zwei wichtige Schriftstücke:

1. Das allgemeine, erst 1947 (vom amerikanischen Außenministerium) publizierte (Abschluß-)*Protokoll* der Konferenz;
2. als verkürzte Fassung dieses Protokolls das im wesentlichen auf die europäischen Fragen beschränkte *Kommuniqué*. Es datiert vom 2. August 1945, wurde schon bald durch den Kontrollrat als »Mitteilung« veröffentlicht und ist fortan im Volke unter der zwar inkorrekten, aber geläufigeren Bezeichnung »Potsdamer Abkommen« bekannt geworden.

Soweit das Kommuniqué Deutschland betraf, wurde man sich, abgesehen von den Feststellungen, daß das Land vollständig abgerüstet und entmilitarisiert, die deutsche Kriegsindustrie abgebaut, die NSDAP »vernichtet« und der Nationalsozialismus aus dem öffentlichen Leben ausgeschaltet sowie die an Verbrechen und verbrecherischen Planungen Beteiligten gerichtlich bestraft werden müßten, u. a. über folgendes einig:

1. Die drei Mächte bekundeten, daß sie nicht die Absicht hätten, »das deutsche Volk zu vernichten oder zu versklaven«. Vielmehr solle den Deutschen geholfen werden, sich auf die Wiederherstellung ihres politischen Lebens auf friedlicher und demokratischer Grundlage vorzubereiten.
2. Die vier Oberbefehlshaber sollten die oberste Gewalt ausüben; entweder einstimmig für ganz Deutschland oder jeder einzelne für seine Zone. »Soweit dies praktisch durchführbar ist«, müsse die Behandlung »der deutschen Bevölkerung in ganz Deutschland gleich sein«.
3. Man plante von Staatssekretären geleitete »deutsche zentrale Verwaltungsabteilungen« für die Gebiete Finanzwesen, Transport, Verkehr, Außenhandel und Industrie. Sie sollten unter »der Leitung des Kontrollrates« arbeiten. Jedoch würde »bis auf weiteres keine zentrale deutsche Regierung errichtet werden«.
4. Es wurde festgelegt, daß Deutschland während der Besatzungszeit »als eine wirtschaftliche Einheit« zu betrachten sei. Im übrigen sei die deutsche Wirtschaft durch eine Vielzahl von Maßnahmen zu dezentralisieren und unter Kontrolle zu halten.
5. Man sprach sich – nach Maßgabe der militärischen Sicherheit und den sonstigen Zielen der Besatzung – für den stufenweisen Aufbau einer deutschen örtlichen Selbstverwaltung bis zur Landesebene auf der Basis von Wahlausschüssen aus. »Demokratische politische Parteien« durften »erlaubt und gefördert« werden.
6. Trotz »gleicher Behandlung« und »wirtschaftlicher Einheit« aber wurden alle Gebiete östlich der Linie Oder-Görlitzer Neiße faktisch aus der an sich für »Deutschland in den Grenzen von 1937« geltenden Zuständigkeit des Kontrollrates herausgenommen. Die

inzwischen aus Polen, der Tschechoslowakei und Ungarn ausgewiesenen und weiter auszusiedelnden Deutschen seien in den vier Zonen aufzunehmen.

Auf den Inhalt des Kommuniqués soll noch etwas eingegangen werden.

In der Frage der ostdeutschen Gebiete zeichnete sich während der zweiten Konferenzhälfte ein Einschwenken der Amerikaner und Briten ab. Die bereits vollzogene Annexion des nördlichen Ostpreußens mit Stadt und Hafen Königsberg durch die Sowjets wurde sanktioniert (nach dem Zeugnis Byrnes' »widerspruchslos«) [Abschnitt VI]. Durch die Einschaltung von Vertretern der polnischen Regierung auf Veranlassung der Russen sowie durch vorsätzliche unwahre Angaben über den derzeitigen Bevölkerungsstand, die von niemandem nachgeprüft werden konnten, hatte Stalin schließlich erreicht, daß die Westmächte am 31. Juli, vorbehaltlich einer endgültigen Regelung durch die Friedenskonferenz, ihr nachträgliches Einverständnis mit der Übertragung der Verwaltung der Gebiete jenseits von Oder und Görlitzer Neiße an Polen gaben [Abschnitt IX]. Amerika und England fanden sich also mit der besonders von Churchill bekämpften Verkleinerung der russischen Besatzungszone ab und auch damit, daß die deutschen Ostgebiete der obersten Administration durch den Kontrollrat entzogen blieben. Byrnes hatte dabei deutlich gemacht, daß man über diese Angelegenheit »keinen weiteren Streit« mehr haben wolle, und dieser Bemerkung hinzugefügt, »es sei nicht erforderlich, daß die Polen in der Kontrollkommission vertreten seien«. Die USA und Großbritannien akzeptierten damit einen Zustand, der sich nach Meinung Stalins aus den »Ereignissen des Krieges«, aus den »Umständen« quasi von selbst ergeben habe und für den er sich subjektiv lediglich unter einem derartigen Aspekt verantwortlich gefühlt haben mag. Jedenfalls erhellt dieser Vorgang der Anerkennung in paradigmatischer Weise, wie sehr Stalins Haltung damals an der dynamischen Wirkung machtpolitischer Ereignisse oder Manipulationen orientiert gewesen ist und seine Gedanken sich längst wieder in Richtung auf neue Ziele in Bewegung gesetzt hatten, während die Politiker der Westmächte immer noch und in erster Linie an den Formen einer gemeinsamen Kontrolle des besiegten Feindes interessiert waren, ohne den neuen machtpolitischen Status quo vom Juli 1945 und die diesem innewohnende Problematik gebührend zur Kenntnis zu nehmen.

Man billigte ferner die bereits begonnene Austreibung der deutschen Bevölkerung aus Polen, der Tschechoslowakei und Ungarn, deren Fortsetzung und Ausweitung immerhin »in an orderly and human manner« gewünscht wurde [Abschnitt XIII]. Dieses Zugeständnis hatte wiederum zur Folge, daß in die Aktionen automatisch jene über 5 Millionen Deutsche miteinbezogen wurden, die noch immer nach dem Abschluß der voraufgegangenen Fluchtbewegungen in den östlichen Provinzen Preußens und zwar diesseits der Grenzen von 1937 ansässig waren. Den Westmächten gelang es lediglich, so etwas wie eine zeitliche Verzögerung durchzusetzen, um inzwischen die Aufnahmefähigkeit der einzelnen Zonen prüfen zu lassen.

Natürlich gab es auch Punkte, über die man sich relativ schnell einigen konnte, sofern sie nämlich noch Bezug hatten auf ältere gemeinsame, aus den Jahren der Waffenbrüderschaft stammende Auffassungen. So wurde in den III. Abschnitt des Kommuniqués eine Übereinkunft aufgenommen, welche die Überschrift trug »Politische und wirtschaftliche Grundsätze, deren man sich bei der Behandlung Deutschlands in der Anfangsperiode der Kontrolle bedienen muß«. In ihr waren die schon erwähnten Forderungen nach der »völligen Abrüstung und Entmilitarisierung Deutschlands«, der Säuberung des Landes vom Nationalsozialismus und der Bestrafung derer, die sich nachweislicher Greuel und Kriegsverbrechen schuldig gemacht hatten, niedergelegt. Auch bezüglich der Verfolgung von »räumlich nicht besonders begrenzten Verbrechen« war man in kurzer Zeit einig geworden [Abschnitt VII]. Die Organisierung des Internationalen Militärtribunals sowie die prozessualen Vorbereitungen setzten daraufhin, beginnend mit einem Londoner Vier-Mächte-Abkommen vom 8. August 1945, sofort ein, so daß das Verfahren gegen die Hauptkriegsverbrecher bereits am 20. November in Nürnberg begonnen werden konnte. Aber Entmilitarisierung und Entnazifizierung wurden, wie noch zu zeigen sein wird, in den Zonen verschieden gehandhabt.

Weitere wichtige Formulierungen des Kommuniqués betrafen die Wiedergutmachung und die Wirtschaftsstruktur. In Jalta hatten die Mächte den Gesamtwert der von Deutschland zu verlangenden Reparationen auf 20 Milliarden Dollar festgesetzt und die Summe als Besprechungsgrundlage akzeptiert: 50 Prozent davon sollten der Sowjetunion zukommen. Gegen den anfänglichen Widerstand Molotows setzten die Amerikaner auf Grund realer Einsichten ihres Reparationsbeauftragten

Pauley in Potsdam durch, daß man von dieser Summe angesichts der Unübersehbarkeit der Verhältnisse keinen Gebrauch mehr machte. Statt dessen wurde ein von den USA lancierter Gedanke gutgeheißen: die Sowjetunion sollte ihre Ansprüche sowie diejenigen Polens aus ihrer Zone befriedigen, die drei Westmächte dagegen und die anderen »zu Reparationsforderungen berechtigten Länder« wurden auf Leistungen aus den westlichen Zonen angewiesen. Da die Amerikaner und Briten sich während der Verhandlungen nicht einmal auf angenäherte »Ersatzzahlen« einlassen wollten, fehlen überhaupt Summenangaben im Abschnitt IV des Kommuniqués (»Reparationen aus Deutschland«). Jedoch hatten die Sowjets für sich zusätzlich erreicht, daß sie 25 Prozent derjenigen Industrieausrüstungen in den Westzonen zugewiesen erhielten, die für die deutsche Friedenswirtschaft »unnötig« sein würden, und zwar 15 Prozent davon im Austausch gegen Lebensmittel und Rohstoffe und 10 Prozent »ohne Bezahlung oder Gegenleistung«. Die Durchführung der einzelnen, noch näher zu bestimmenden Reparationsvereinbarungen wurde den Zonenbefehlshabern übertragen.

Wenig verheißungsvoll war schließlich die Feststellung, beim Wiederaufbau des deutschen Wirtschaftslebens sei das »Hauptgewicht auf die Entwicklung der Landwirtschaft und der Friedensindustrie für den inneren Bedarf (Verbrauch) zu legen« [Abschnitt III B]. Das bedeutete Reduzierung und Demontage zugunsten der Reparationsleistungen. Bei dieser Entscheidung mögen noch Reste der Konzeption des amerikanischen Ministers Morgenthau mitgewirkt haben. Daneben stand die strikte Forderung nach Dezentralisation (im Sinne von »Entmachtung«) und Abbau konzentrierten Wirtschaftspotentials »in praktisch kürzester Frist«. Die sehr bald anlaufenden Entflechtungsmaßnahmen gegenüber Großbanken, Konzernen, Kartellen, Trusts usw. haben von diesen Bestimmungen ihren Ausgang genommen und zu tiefen Eingriffen in die bisherige Struktur der deutschen Wirtschaft geführt.

Am 2. August 1945 gingen die Delegationen wieder auseinander; als erster Treffpunkt des Außenminister-Rates war London in Aussicht genommen worden, den Zeitpunkt dachte man sich »nicht später als am 1. September« [Abschnitt II]. So umfangreich und so bedeutungsvoll der Inhalt des Potsdamer Kommuniqués auch war –, dem von der Niederlage betäubten deutschen Volke blieben Text und Gehalt des »Abkommens« zunächst weitgehend unbekannt. Die Art seines Zustandekommens konnte freilich bereits erkennen lassen, daß unbeschadet der »gemeinsamen« Beendigung des Krieges gegen Japan die beiden Hauptsieger, die USA und die UdSSR, darangingen, jeweils eine im Wesen mehr und mehr unterschiedliche Politik zu betreiben: die Amerikaner wähnten sich am Ende eines langen Weges der Anstrengungen und Opfer und sahen in der Schaffung der »Vereinten Nationen« seinen vernünftigen Abschluß; die Russen dagegen erblickten in ihrem mitteleuropäischen Machtzuwachs eine räumliche Ausgangsbasis für die Fortsetzung ihrer bisherigen, auf Einflußnahme in Europa abzielenden Politik. Großbritannien schließlich, das 1939 die kriegerische Herausforderung Hitlers angenommen und bis 1941 die vielfältige Belastung mit »Schweiß, Blut und Tränen« des Abwehrkampfes nahezu allein getragen hatte, war gewissermaßen zur »dritten Macht« geworden, wobei der durch eine Wahlentscheidung erzwungene Abtritt Churchills von der Regierungsbühne die Schrumpfung der früheren machtpolitischen Position beschleunigen half. Daß in Mitteleuropa durch die Zerschlagung des »Großdeutschen Reiches« ein ebenso gefährdetes wie gefährliches Machtvakuum entstanden war, ist in Washington und London zweifellos schon erkannt worden, doch wird man sich in diesem Sommer 1945 westlicherseits wohl kaum der Möglichkeit bewußt gewesen sein, daß die politische »Zukunft« des am Boden liegenden Landes vielleicht einmal aus der (von Stalin so hoch eingeschätzten) Dynamik bis dahin unbekannter oder jedenfalls noch nicht in Rechnung gestellter »Umstände« erwachsen könnte, was ja dann vier Jahre später für einen Teil Deutschlands tatsächlich auch eingetreten ist. Vorerst gab es wohl einen »Eisernen Vorhang«, aber das deutsche Problem wurde erst Monate später zu einem Teil des Ost-West-Konfliktes; auch für eine betontere »Solidarität« der Westmächte untereinander lag noch kein ausreichender Anlaß vor. Truman, Attlee und de Gaulle betrieben ihre Rußlandpolitik jeder für sich.

Frankreich, seit dem Spätherbst 1944 mit der Sowjetunion durch einen Beistandspakt verbunden und in Potsdam nicht zugelassen, war inzwischen auf Grund eines Zusatzabkommens vom 26. Juli als vierte Macht in den Kontrollrat eingezogen und erkannte nach der Konferenz die dort gefaßten Beschlüsse im Prinzip an. Da jedoch die französische Regierung grundsätzlich gegen jedwede einheitliche Struktur des deutschen Nachbarlandes eingestellt war, sprach sie sich am 7. August bei den drei

Mächten in einer Note nicht nur gegen die Zulassung von Parteien in ganz Deutschland, sondern auch gegen die Einrichtung zentraler Verwaltungen in Deutschland aus. Das war ein folgenschwerer Schritt, da somit der Alliierte Kontrollrat als Kollegium der militärischen Zonenbefehlshaber fürs erste und für immer ohne direkte verwaltungsmäßige Unterstützung durch deutsche Behörden blieb, ja Ansätze für deutsche zentrale »Stellen« (welcher Art auch immer) überhaupt von vornherein unmöglich gemacht wurden. Die Funktionsfähigkeit des Kontrollrates war ohnehin ein Problem für sich, denn Frankreich hatte die Bildung jener geplanten deutschen Vier-Zonen-Ämter allein schon durch diese Ankündigung blockieren können, weil sie gleichsam ein Wink mit dem für die Kontrollratsarbeit zugestandenen faktischen Veto-Recht war. Die »oberste Gewalt« in den Zonen lag bei den einzelnen Befehlshabern, wobei die »Regierungs«gewalt lediglich im Auftrage der Regierung der jeweiligen Besatzungsmacht ausgeübt wurde; *gemeinsame* Angelegenheiten jedoch, wie sie der Abschnitt III des Kommuniqués in großer Zahl aufführte, konnten nur *einstimmig* entschieden werden. Jedes Veto eines einzelnen Staates war in der Lage, Beschlüsse auch in lebenswichtigen Fragen, über die bei den drei anderen Einigkeit herrschte, kurzerhand unausführbar zu machen. Wie sollte, muß man sich fragen, dieses Organ eine sinnvolle Arbeit leisten können, wenn, hervorgerufen durch die wenig bedachte reparationstechnische Grenzziehung [Abschnitt IV], schon zu Anbeginn Grenzlinien, die das wirtschaftliche Gefüge zerschnitten, in Deutschland wirksam wurden? So deutete sich Anfang August 1945 trotz der Betonung gemeinsamer Aufgaben und Ziele und trotz der Unterschriften der Regierungschefs bereits der Schicksalsgraben quer durch deutsches Land an.

Doch die von der Autorität der damaligen »Großen Drei« getragenen Übereinkünfte haben, besonders was die über das Besatzungsregime und den Rat der Außenminister anzustrebende Friedensregelung mit einer »für diesen Zweck geeigneten Regierung Deutschlands« [Abschnitt II] angeht, ihre Gültigkeit niemals eingebüßt. Ein »Vertrag« von völkerrechtlicher Bedeutung, wie es die Sowjetunion und die Länder des Ostblocks zu sehen geneigt sind, ist das Potsdamer Kommuniqué (oder »Abkommen«) zu keiner Zeit gewesen, wohl aber stellt es eine gegliederte Bündelung von Konferenzbeschlüssen dar, oder wenn man so will: ein »agreement« zwischen Regierungen als Instrument zur Wahrnehmung gemeinsamer Interessen, das natürlich keiner Ratifizierung bedurfte. Aus diesem und anderen Gründen vermag das Kommuniqué deutsche Teil- oder Gesamtregierungen bzw. deren Verfassungsorgane *nicht* zu binden, doch wird man von diesem Potsdamer Dokument des 2. August 1945 auszugehen haben, sollten einmal die Amtsnachfolger Trumans, Attlees und Stalins den Entschluß fassen, im Sinne der im Abschnitt II angedeuteten Empfehlung gemeinsam einen Friedensvertrag mit Deutschland vorzubereiten.

Die Deutschlandpolitik der Sieger
und die Konferenzen der Außenminister

Nachdem über Hintergründe und Ziele der sowjetischen Besatzungspolitik bereits berichtet worden ist, wird jetzt ein Blick auf die westlichen Alliierten notwendig. Es sei noch einmal betont, daß im Sommer 1945, was militärische und mehr noch politische Planung anging, die Anglo-Amerikaner nach wie vor stark an die Probleme Ostasiens und speziell Japans gebunden waren, wo sie aktiv im Kampfe standen, während die Sowjetunion im Augenblick aller ihrer Gegner ledig war und ihre Anstrengungen voll und ganz auf Europa und Deutschland konzentrieren konnte. Doch auch die Ostasien-Zielsetzung sollte nur ein »Schlußstein« sein und keinesfalls mehr. In den USA schien es weder für die Regierung noch für die Öffentlichkeit zwingende Gründe zu geben, die ein Engagement in oder an Europa hätten erforderlich werden lassen, und selbst in der Weltpolitik gedachte man künftig ohne »Bindungen«herkömmlicher Art auskommen zu können. Die später so betonte Gemeinsamkeit westlichen freiheitlich-demokratischen Denkens war zu diesem Zeitpunkt noch nicht ausgebildet, und eine kollektive westliche Deutschland-Konzeption fehlte, wie schon vorher angedeutet, gänzlich.

Der amerikanische Militärgouverneur Eisenhower und sein Stellvertreter, General Clay, sahen sich daher allein auf die seit 1944 oftmals abgeänderte *Direktive JCS 1067* vom 26. April 1945 angewiesen (JCS = Joint Chiefs of Staff). Diese war in ihrem Wesensgehalt darauf angelegt, als Strafdokument zu wirken: »Es muß den Deutschen klargemacht werden«, so hieß es in ihr, »daß Deutschlands rücksichtslose Kriegführung und der fanatische Widerstand der Nazis die deutsche Wirtschaft zerstört und Chaos und Leiden unvermeidlich gemacht haben, und daß sie nicht der Verantwortung für das entgehen können, was sie selbst auf sich geladen haben. Deutschland wird nicht besetzt zum Zwecke seiner Befreiung, sondern als besiegter Feindstaat ... Bei der Durchführung der Besetzung und Verwaltung müssen Sie gerecht, aber fest und unnahbar sein. Die Verbrüderung mit deutschen Beamten und der Bevölkerung werden Sie streng unterbinden.« Des weiteren wurde dem General ein Nichtengagement in allen wirtschaftlichen Fragen auferlegt: er habe nur einzugreifen, »um Hungersnot oder Krankheiten und Unruhen, die eine Gefährdung dieser Streitkräfte darstellen würden, vorzubeugen«. Wohl fand diese Direktive durch die Potsdamer Abmachungen einige notwendige Ergänzungen in Sachfragen, doch muß festgehalten werden, daß Washington bis zum Ende des Jahres 1945 keine Bereitschaft gezeigt hat, politische Entscheidungen für Richtlinien auf lange Sicht, mögliche »spätere Perioden« der Kontrolle mit einschließend, zu treffen, weder in der eigenen Zone, noch im Vier-Mächte-Rahmen, ganz zu schweigen gar im Hinblick auf das immerhin erkennbare mitteleuropäische Machtvakuum. Auch die Engländer bewiesen in dieser Hinsicht eine auffallende Zurückhaltung, ja Interesselosigkeit.

Die Gründe mögen zum einen Teil in den damals noch andauernden unterschiedlichen Auffassungen des Kriegs-, Außenund Finanzministeriums in Washington zu finden sein, wobei das War Department ganz offensichtlich der Besatzungsarmee vorerst nur allgemeine und kurzfristig zu lösende Aufgaben zumuten wollte, zum anderen Teil wohl auch darin, daß man unbefangen die Hoffnung hegte, in nicht allzuferner Zeit mit der Vorbereitung des Friedensvertrages beginnen zu können, der ja ohnehin eine lange währende Besatzungszeit mitsamt den Rechten, Pflichten und Aufgaben der Okkupationsstreitkräfte festlegen würde. Weiterhin bewirkten die personellen Wechsel von Roosevelt/Stettinius zu Truman/Byrnes, von Churchill/Eden zu Attlee/Bevin sowie die inneren Schwierigkeiten de Gaulles in Frankreich gewichtige Verzögerungsmomente für die Ausbildung einer mehr oder weniger gemeinsamen konstruktiven Deutschlandpolitik der Westmächte.

Hinzu kamen schließlich noch Bestrebungen einer selbständigen französischen Politik, die sich auf eine Abtrennung der Rheinlande von Deutschland richteten, wodurch wiederum heimliche Diskussionen über eine Zerstückelung Deutschlands weiterschwelen konnten. Und folgerichtig verwahrte sich auch der französische Befehlshaber (nach der Abweisung Pariser Wünsche auf der Londoner Konferenz, s. u.) am 1. Oktober bei deutlich gezeigtem Unwillen der Amerikaner im Kontrollrat mit »Erfolg« dagegen, daß zwei Entwürfe über die Errichtung deutscher Verwaltungsstellen weiterbehandelt wurden.

Die Frage der grundsätzlichen Zielsetzungen und Direktiven für eine Besatzungs- und Deutschlandpolitik mußte daher zwangsläufig vom Fortgang der großen Außenpolitik abhängig werden. Um die in Potsdam ungeklärt gebliebenen Punkte und besonders das Problem der Friedensverträge mit Italien und den ehemaligen Satellitenstaaten Deutschlands einer Erledigung zuzuführen, sollte verabredungsgemäß spätestens nach vier Wochen der *Rat der Außenminister* in Tätigkeit treten. Auf seiner Ebene ging das Spiel der Mächte um die Verwirklichung des Friedens weiter, freilich allmählich übergehend zu einem bloßen Duell zwischen Washington und Moskau. Schon nach wenigen Wochen begann der Zank um die richtige Auslegung der in Jalta und Potsdam gefaßten Beschlüsse.

Die oft anzutreffende Vorstellung, die Zusammenkünfte der Außenminister zwischen 1945 und 1947 seien hauptsächlich wegen der deutschen Frage erfolgt, ist natürlich irrig. Während der ersten Wochen und Monate der Besatzung stand zwischen den Mächten lediglich ein Teilgebiet dieses Komplexes zur Debatte, nämlich die Reparationen, die zudem auch im Rahmen des Kontrollrates hinreichende Erörterungen zu finden pflegten. Erst die Fruchtlosigkeit solcher Gespräche wies auf den Wesensgehalt der deutschen Frage zurück, deren zentrale Position nun auch im Westen zunehmend erkannt wurde. Dennoch ging man sie vorerst indirekt und gewissermaßen von der Peripherie her an, indem auf der 1. Außenministerkonferenz (London, 10. September bis 2. Oktober) vor allem der Versuch unternommen wurde, die Friedensverträge mit den früheren Verbündeten des Reiches vorzubereiten. Hierbei sahen sich die westlichen Alliierten abermals gezwungen, gegen »vollzogene Tatsachen« zu opponieren, und als sie in erregter Diskussion bezweifelten, daß die von den Sowjets in Rumänien und Bulgarien eingesetzten Regierungen freiheitlich seien, stellte Byrnes seine berühmt gewordene Frage an Molotow: »Was versteht der sowjetische Außenminister unter Demokratie?« Es war das ein deutliches Symptom dafür, wie sehr man sich bereits in der Interpretation wichtiger politischer Begriffe zweierlei Sprache bediente. Die Amerikaner gewannen auf dieser Zusammenkunft den Eindruck, daß die Sowjets jetzt entschlossen seien, »Europa zu beherrschen«. Aber Moskau zeigte sich nicht nur nicht bereit, seine inzwischen befestigte Machtstellung auf dem Balkan durch neue Einflußnahmen der USA und Großbritanniens beeinträchtigen zu lassen, sondern wollte im Augenblick auch die deutschen Angelegenheiten nicht behandelt wissen. So kam es, daß in London zwei Vorschläge westlicher Staaten überhaupt nicht auf die Tagesordnung kamen.

Der eine kam von dem bislang als »outsider« unter den Siegern angesehenen Frankreich. Er beruhte auf einem Memorandum des Außenministers Bidault vom 14. September, in welchem noch einmal von den Pariser Vorbehalten gegenüber einer deutschen Zentralregierung, der Zulassung von Parteien in ganz Deutschland und den geplanten zentralen Verwaltungsstellen die Rede war und offen verlangt wurde, daß das rheinisch-westfälische Industriegebiet grundsätzlich nicht zum Zuständigkeitsbereich deutscher zentraler Behörden gehören dürfte. Darüber hinaus ließen die Franzosen ihre Meinung durchblicken, eine spätere definitive Abtrennung des Rheinlandes, »einschließlich der Ruhr«, sei »für die Deckung der französischen Grenze unerläßlich« und außerdem eine »wesentliche Voraussetzung für die Sicherheit Europas und der Welt«. Hiergegen wandten sich begreiflicherweise die Sowjets, die einmal für deutsche Zentralverwaltungen waren und sich zum anderen die Zustimmung der Franzosen hierfür nicht durch einen Verzicht auf die Mitkontrolle des Rhein-Ruhr-Gebietes erkaufen wollten.

Der andere Vorschlag war aus bewußt vorsichtig geführten Sondierungen Byrnes' zu erkennen, die vier Mächte möchten doch eine totale Entmilitarisierung und eine 25jährige Besetzung Deutschlands vertraglich vereinbaren. Natürlich entsprachen solche Gedanken einer reinen Kontrollabsicht und mochten auch vielleicht nicht allzu zukunftsträchtig wirken, doch waren sie im Gegensatz zu den französischen Aspirationen für das weitere Schicksal Gesamtdeutschlands konstruktiv gemeint. Denn sie wollten vor allem durch die erstrebte vertragliche Bindung der Siegermächte ein in Potsdam zugelassenes Versäumnis nachholen und die gemeinsame Verantwortung für das besiegte Land einmal mehr zum Ausdruck bringen. Die zweite Absicht ging dahin, daß durch diesen Vertrag der Graben zwischen der Ost- und den Westzonen wenigstens annähernd überbrückt werden würde, der durch die unglückselige Wirkung der Potsdamer Reparations-Empfehlung (»Jeder nimmt aus seiner Zone«) entstanden war und sich bereits verheerend auf die Wirtschaft in der russischen Zone ausgewirkt hatte. Daher waren diese Vorschläge des amerikanischen Außenministers auch in erster Linie an Molotow gerichtet, wo sie kühle Aufnahme fanden: die Sowjets zeigten sich nicht geneigt, sie auf die Traktandenliste setzen zu lassen. Die Ergebnislosigkeit der Konferenz wurde besonders in den zahlreichen Verfahrensstreitigkeiten öffenkundig; man gelangte weder in »deutschen« noch in »nicht-deutschen« Fragen zu einer Übereinstimmung der Meinungen, nicht einmal ein Kommuniqué kam zustande.

Im Dezember 1945 trafen die Außenminister – außerplanmäßig und ohne Bidault – in Moskau zusammen. Aber gerade wegen des Fehlens eines französischen Vertreters wurde die deutsche Frage nicht vertieft, da die Auffassungen bereits erheblich zu divergieren begannen. In jenem Winter 1945/46 strebte Paris offen an, das Saargebiet Frankreich anzugliedern, Ruhrgebiet und Rheinland von Deutschland zu trennen und (bei Beteiligung der Sowjetunion) unter internationaler Kontrolle verwalten zu lassen sowie den zentralen deutschen Verwaltungen erst nach endgültiger Festlegung der französischen Ostgrenze ein Plazet zu geben. Fast sah es so aus, als wenn die Politik Frankreichs damals die Einheit und Geschlossenheit des besetzten Deutschland in höherem Maße gefährden würde, als es durch die materielle Ausplünderung und die sich abzeichnende kommunistische Infiltrierung der Ostzone geschah. Doch die anglo-amerikanische Kritik scheint den Behinderungen durch die französische Regierung wenig Beachtung geschenkt zu haben. Sie beschäftigte sich statt dessen weitgehend mit dem rigorosen Vorgehen der Sowjets und verwies immer wieder auf die Enteignungen deutscher Industrieller und privater Firmen, auf die Depóssedierung und Vertreibung von Großgrundbesitzern (»Junkern«), auf die Demontagen von Fabrik- und Verkehrsanlagen sowie auf die überreich bemessenen Entnahmen von Produktionsgütern ohne Rücksicht auf die gesamtdeutsche Wirtschaft. Um so ausgeprägter wurde daher die Entschlossenheit Amerikas und Englands, keine sowjetische Mitsprache im Rhein- und Ruhrgebiet zu dulden, und man beobachtete das französisch-russische Zusammenspiel, wenn es auch mehr einseitig von Paris aus betrieben werden mochte, mit großem Mißtrauen. Den USA ging es verstärkt um die Beachtung der in Potsdam proklamierten wirtschaftlichen Einheit Deutschlands und um die Festlegung der vier Mächte auf die schon zahlenmäßig sehr gering gewordenen »gemeinsamen« Momente im Bereich der auseinanderstrebenden machtpolitischen Interessen.

Daß sein 25-Jahre-Plan hierfür ein geeignetes Instrument abgeben könnte, war seit dem Herbst die Meinung des Außenministers Byrnes. Aus diesem Grunde präzisierte er im Februar 1946 den Gedanken des Sicherheitsvertrages bei den anderen drei Mächten in einem Entwurf und erreichte, daß man ihn in die Tagesordnung der 2. Außenministerkonferenz in Paris aufnahm, die auf seine Initiative hin für den 25. April einberufen wurde. Diese Zusammenkunft sollte freilich hauptsächlich der weiteren Vorbereitung der Friedensverträge mit den ehemaligen Verbündeten des Deutschen Reiches dienen, so daß die Minister den am 29. April vorgelegten und von England und Frankreich unterstützten Byrnes-Plan nur kurz und ohne Ergebnis diskutierten. Erst während der zweiten Konferenzphase (15. Juni bis 12. Juli) kam man wieder auf die deutschen Angelegenheiten zu sprechen. Byrnes stellte abermals seinen Vertragsentwurf zur Debatte, der die Zusammenarbeit der vier Mächte über Potsdam hinaus garantieren und zugleich eine neue Gelegenheit bieten sollte, die »Einheit« des Landes vertraglich sicherzustellen. Er forderte die Großmächte auf, den seit Februar bekannten, auf 25 Jahre befristeten sog. »Entwaffnungspakt« für Deutschland zu unterzeichnen und sich zur Kontrolle zu verpflichten; durch ihn könnte auch das gegenseitige Mißtrauen beseitigt und eine Atmosphäre des Vertrauens geschaffen werden. Byrnes hob hervor, daß der Paktentwurf den späteren allgemeinen Friedensvertrag nicht vorwegnehmen, sondern zunächst einmal dem Sicherheitsbedürfnis der Welt, also auch demjenigen Moskaus, entgegenkommen wolle.

Molotow indessen übte jetzt heftige Kritik: der Entwurf sei unzulänglich. Nicht 25 Jahre, sondern 40 Jahre lang müßten Entwaffnung und Vertragsdauer währen. Und dann verlegte er das Schwergewicht seiner Stellungnahme auf wirtschaftliche und Reparationsfragen, die in dem Entwurf seiner Meinung nach »vernachlässigt« worden seien. Die »Demokratisierung« Deutschlands sei ebenso wichtig wie die Entmilitarisierung, die Sowjetunion habe hierzu durch ihre Maßnahmen in der Ostzone das Beispiel gegeben, und zwar in getreuer Ausführung der Beschlüsse von Jalta und Potsdam. Bewußt vom Thema abgehend und als ob niemals in Potsdam neue Empfehlungen zustande gekommen wären, forderte Molotow ferner für sein Land die Entnahme von Reparationen aus der laufenden Produktion im Werte von 10 Milliarden Dollar, wie es schon in Jalta verlangt und (angeblich) auch zugestanden worden sei, und die Beteiligung an einer – auch von den Franzosen postulierten – Vier-Mächte-Kontrolle des Ruhrgebietes. Ein Eingehen auf diese Wünsche, im Zusammenhang gesehen mit den wirtschaftlichen Verhältnissen in der Ostzone, wäre aber nun gerade das gewesen, was von den USA und Großbritannien niemals konzediert werden konnte, und als Preis etwa für eine wohlwollende Behandlung des Byrnes-Planes von seiten Moskaus kamen sie nicht in Frage. Darüber hinaus erschien beiden Mächten die Abkapselung der Ostzone, deren wenngleich noch bescheidene Produktion voll und ganz auf die Bedürfnisse der Sowjetunion eingestellt worden war, nicht länger tragbar; Byrnes und Bevin erklärten wiederholt und unmißverständlich (letzterer in seinem »Drei-Punkte-Programm«), die deutsche Wirtschaft müsse, wie auch immer die späteren Grenzen verlaufen würden, als Ganzes bestehenbleiben und zunächst gesunden – auch für Europa sei dies notwendig –; erst dann könne man vielleicht aus Überschüssen tragbare Entnahmen zulassen.

Bezüglich des Friedensvertrages mit Deutschland hatte Byrnes während der zweiten Sitzungshälfte vorgeschlagen, die Stellvertreter der Außenminister sollten sich unverzüglich der Vorbereitungen annehmen. Es war von ihm auch ein Datum für den Zusammentritt einer Konferenz genannt worden: der 12. November. Doch auch hiergegen opponierte Molotow: zuerst müßten eine deutsche Regierung eingesetzt und als Vorstufe dazu zumindest funktionierende Zentralverwaltungen vorhanden sein, ehe man über Friedensfragen spreche. Damit wiederum zeigte sich Bidault unzufrieden, der vorerst die internationale Besetzung und Kontrolle des Ruhrgebietes sowie Sonderregelungen für das Rheinland und das Saargebiet zugunsten Frankreichs sichergestellt wissen wollte, während die Amerikaner und die Engländer, die bereits im Frühjahr eine vorsichtige Konzession hinsichtlich einer interimistischen Verwaltung des Saarlandes gemacht hatten, für die von den Russen geforderten Zentralstellen selbstverständlich zu haben gewesen wären.

Doch schwerer als die französische Interessenpolitik wog die alle westlichen Vorschläge grundsätzlich ablehnende Haltung Molotows, der immer wieder auf die »Einhaltung« (wie er sie verstand) des Potsdamer Abkommens pochte, die Politik Frankreichs als »Zerstückelung« verurteilte, die Einheit und den deutschen Einheitsstaat propagierte, eine Föderation in Deutschland (Vorschlag Frankreichs) bzw. einen Bundesstaat (Meinung Amerikas und Englands) für abträglich hielt und daher nach einer zentralen Regierung verlangte, verbunden mit dem alten Ziel: Vier-Mächte-Kontrolle des Ruhrgebietes. Im Grunde genommen war Molotow an einer Wirtschaftseinheit nur dann interessiert, wenn bei ihrer Herstellung für die Sowjets »erneute Gewinne« (Krautkrämer) herausspringen würden.

Ohne Einigung und mißtrauischer denn zuvor ging man auseinander. Zwar konnte am 29. Juli die von einundzwanzig Mächten beschickte Pariser Friedenskonferenz beginnen und damit die Friedensvertragsentwürfe für Italien, Finnland, Ungarn, Rumänien und Bulgarien unterschriftsreif gemacht werden, doch war in den deutschen Angelegenheiten nichts erreicht worden, was nach einem gemeinsamen Abschluß der bisherigen destruktiven Phase der Besatzungspolitik hätte aussehen können. Die USA, ohnehin argwöhnisch ob der außerhalb Europas offen zutage tretenden Interventionspolitik der Sowjets (Nordchina, Aserbeidschan) und verärgert über die geringe Arbeitsfähigkeit des Alliierten Kontrollrates, zögerten nicht mehr, deutliche Konsequenzen zu ziehen. Die Wirtschaft Deutschlands, von ihnen im notwendigen Zusammenhang mit einer Wiedergenesung Europas gesehen, war endgültig zum Problem Nummer eins geworden. Noch am letzten Tage der Außenminister-Konferenz hatte Byrnes auf Anregung General Clays und quasi als »ultima ratio« vorgeschlagen, falls die Einrichtung zentraler deutscher Verwaltungsstellen nicht zustande käme, sollten sich doch die drei anderen Zonen wenigstens wirtschaftlich an die amerikanische anschließen. Aber weder die »Voraussetzung« noch der »Ausweg« ließen sich verwirklichen: als der amerikanische Militärgouverneur, General McNarney, am 20. Juli im Kontrollrat den Antrag stellte, es sollten umgehend fünf zentrale Wirtschaftsverwaltungen (Finanzen, Transport, Verkehr, Industrie und Außenhandel) für alle vier Zonen errichtet werden, erklärte sich nur der englische Vertreter für diese Anregung: Frankreich und die Sowjetunion zeigten aus den bekannten Gründen keinerlei Bereitschaft zur Mitarbeit. Angesichts der neuen Entschlossenheit der US-Deutschlandpolitik waren die Folgen zwangsläufig: am 5. September kamen die amerikanische und die britische Militärregierung prinzipiell überein, ihre Zonen wirtschaftlich zu »verschmelzen« (sog. »*Bi-Zone*«). Diesen Beschluß bestätigte am 2. Dezember ein zu Washington abgeschlossenes offizielles Regierungsabkommen, das am 1. Januar 1947 in Kraft trat.

Die damit eingeleitete neue Phase der amerikanischen Deutschlandpolitik, die mit einer endgültigen Abkehr von den bisherigen Praktiken einer alleinigen »Niederhaltung« gleichzusetzen war, erläuterte Byrnes am 6. September 1946 in seiner berühmt gewordenen Stuttgarter Rede vor deutschen Politikern und hohen Verwaltungsbeamten der US-Zone. Sie war ebenso eine Mahnung an die Behinderer der deutschen Wirtschaftseinheit (in Paris und Moskau) wie andererseits der Ausdruck einer beginnenden Neuorientierung der amerikanischen Außenpolitik. Schon in den ersten Sätzen hieß es unter Anspielung auf das fehlerhafte Verhalten Amerikas in der Zeit nach 1919: »Wir sind entschlossen, uns weiter für die Angelegenheiten Europas und der Welt zu interessieren.«

Nach längeren Ausführungen über den Sinn und Zweck der voraufgegangenen Maßnahmen der Militärregierungen zur Entmilitarisierung und Organisation eines Reparationsprogrammes verwies er u. a. darauf, daß es bisher nicht geglückt sei, eine »ausgeglichene Wirtschaft in ganz Deutschland herbeizuführen«, obgleich das Potsdamer Abkommen dies allen vier Mächten vorschreibe. Auch die »notwendigen deutschen Zentralverwaltungskörper« seien nicht geschaffen worden. Die Schranken zwischen den Besatzungsgebieten und die damit verbundene wirtschaftliche Not dürften nicht unnötig weiterbestehen, seine Regierung könne die Verantwortung dafür nicht übernehmen. »Wir treten für die wirtschaftliche Vereinigung Deutschlands ein. Wenn eine völlige Vereinigung nicht erreicht werden kann, werden wir alles tun, was in unseren Kräften steht, um eine größtmögliche Vereinigung zu sichern.« Denn leider werde Deutschland in vielen lebenswichtigen Fragen »weder vom Kontrollrat regiert noch gestattet ihm dieser, sich selbst zu regieren«. Als dringendes Ziel seien zentrale Verwaltungsstellen für Finanzen, Verkehrs-, Nachrichten- und Postwesen, für Landwirtschaft, Industrie und Außenhandel anzustreben. Die Potsdamer Beschlüsse sähen nicht vor, »daß Deutschland niemals eine zentrale Regierung haben sollte. Sie bestimmten lediglich, daß es einstweilen noch keine zentrale deutsche Regierung geben sollte«. Indessen trete sein Land »für die baldige Bildung einer vorläufigen deutschen Regierung ein«. Dieses Gremium ließe sich unschwer bilden, nach seiner Meinung könnte schon jetzt ein »Deutscher Nationalrat« als Kollegium aller Länderchefs (Ministerpräsidenten) dem Kontrollrat als verantwortliche Instanz für die Arbeit der zu schaffenden zentralen Verwaltungsbehörden zur Seite stehen und den Entwurf einer Bundesverfassung vorbereiten. Hinsichtlich der »Grenzen des neuen Deutschlands« bestätigte er die amerikanische Auffassung vom provisorischen Charakter der polnischen Verwaltung in den deutschen Ostgebieten, ließ jedoch auch durchblicken, daß sein Land den französischen Anspruch auf das Saargebiet aus wirtschaftlichen Gründen nicht verweigern werde. Freilich müßte dann Frankreich als Gegenleistung »seine Reparationsansprüche an Deutschland entsprechend ändern«. Andererseits würden sich die Vereinigten Staaten, falls die Bevölkerung des Ruhrgebietes und des Rheinlandes »mit dem übrigen Deutschland vereinigt zu bleiben« wünsche, einem solchen Begehren nicht widersetzen. Byrnes schloß mit den Worten, das amerikanische Volk wünsche, dem deutschen Volke die Regierung Deutschlands zurückzugeben. »Das amerikanische Volk will dem deutschen Volke helfen, seinen Weg zurückzufinden zu einem ehrenvollen Platz unter den freien und friedliebenden Nationen der Welt.«

Diese Ansprache hat weiten Kreisen der deutschen Bevölkerung Ermutigung und neue Zuversicht gegeben, zumal auch der vom Kontrollrat am 26. März beschlossene, aber den tatsächlichen Verhältnissen im Lande nicht gerecht werdende erste »Industrieplan für Deutschland« angesichts der fehlenden wirtschaftlichen Einheit von Byrnes kritisiert worden war. Ausgangspunkt für neue Verhandlungen der vier Mächte über Deutschland wurde die Byrnes-Rede jedoch nicht. Die Sowjets und Franzosen gaben vorsichtige Kommentare, so daß im Herbst 1946 lediglich die Vorbereitungen zur Gestaltung der Bi-Zone im politischen Vordergrunde standen. Großbritannien jedoch, das ständig unter der Vorstellung gelitten hatte, Deutschland könne zum »Armenhaus« Europas werden, machte nicht nur dieses neue verwaltungstechnische »Instrument« zum bevorzugten Gegenstand seiner eigenen Deutschlandpolitik, sondern schwenkte auch überdies nachdrücklich auf die neue amerikanische Deutschlandpolitik ein (Rede Bevins vor dem Unterhaus am 22. Oktober).

Die 3. Zusammenkunft des Außenminister-Rates (New York, 4. November bis 11. Dezember 1946) braucht nur der Vollständigkeit halber erwähnt zu werden. Auf Grund einer Weigerung Molotows wurde über die Probleme Deutschlands und Österreichs nicht verhandelt. Man verschob sie daher auf die nächste (Moskauer) Konferenz. Auf der Tagesordnung stand vordringlich die endgültige Behandlung der auf der Pariser Friedenskonferenz zustande gekommenen Verträge mit den »Vasallenstaaten«, da wichtige Minderheiten- und Grenzfragen, dazu die Verwirklichung einer freien Schiffahrt auf der Donau, strittig geblieben waren. Das Schicksal Triests wurde zum Kernproblem dieser Zusammenkunft, an deren Rande auch über das Südtirol-Abkommen zwischen Italien und Österreich gesprochen wurde. Man ging mit der Vereinbarung auseinander, daß die Friedensverträge am 10. Februar 1947 in Paris unterzeichnet werden sollten.

Für Deutschland aber brach das Notjahr 1947 an, das besonders auf dem Gebiete der Nahrungsmittelversorgung der Bevölkerung Entbehrungen abverlangte. Das zu seinem Beginn ins Leben gerufene »Vereinigte Wirtschaftsgebiet« (Bi-Zone) vermochte (wollte es nicht in reiner »Verwaltung des Nichts« verharren), *vor* einer Ordnung des sehr dringend gewordenen Währungsproblems und nur auf sich selbst gestellt, kaum etwas zur Normalisierung der Wirtschaft beizutragen. Ausdehnungsmäßig indessen war in der Bi-Zone bereits eine Frühform der späteren Bundesrepublik vorgebildet; die fünf Zwei-Zonen-Verwaltungen für Wirtschaft (Minden), für Finanzen (Bad Homburg), für Ernährung und Landwirtschaft (Stuttgart), für Verkehr (Bielefeld) und für Post- und Fernmeldewesen (Frankfurt a. M.) wurden sozusagen die Urzellen für die entsprechenden Bonner Ministerien.

Amerika und England, die somit ihren Willen zur Zusammenarbeit in der deutschen Frage ernsthaft bewiesen hatten, versuchten alsbald, das Moment der Einmütigkeit auf Frankreich auszudehnen. Paris hatte schon seit längerem einsehen müssen – nicht zuletzt nach der Bildung des Landes Nordrhein-Westfalen durch die britische Besatzungsmacht im Sommer 1946 –, daß seine Sicherheits- und Separationswünsche an Rhein und Ruhr nicht auf die Unterstützung der anderen Mächte würden zählen können. Es konzentrierte sich also auf die wirtschaftliche und politische Gewinnung des ihm nunmehr »unter der Hand« zugestandenen Saargebietes, und nachdem es schon im Mai 1946 ein Wirtschafts- und Finanzabkommen mit Washington geschlossen hatte, verband es sich am 4. März 1947 durch den – formell gegen Deutschland gerichteten – Vertrag von Dünkirchen zu einer neuen Entente mit Großbritannien. Eine solche Entwicklung war wohl zwangsläufig; sie trug überdies dazu bei, die politischen Verhältnisse auf dem alten Kontinent zu konsolidieren.

Aber schon klang in diesen Monaten, als Alternative zu den wieder in Mode kommenden bilateralen Paktabschlüssen, zunächst inoffiziell das große Gegenthema »Europa« an. Der Europa-Gedanke, in Deutschland bislang niemals recht ernst genommen, wurde jetzt, in den Zeiten der Not und der Staatslosigkeit, zum Zauberwort für neue Hoffnungen und erste Wünsche an die Zukunft. Winston Churchill, der sich auf ausgedehnten und nunmehr »privaten« Auslandsreisen gern zu Stellungnahmen auffordern ließ, war zum ersten prominenten Fürsprecher des Zusammenschluß-Gedankens geworden, vor allem einer französisch-deutschen »Partnerschaft« als der Voraussetzung zum Bau der »Vereinigten Staaten von Europa« (Rede in Zürich, 19. September 1946).

Als sich die Außenminister zum 4. Male (Moskau, 10. März bis 24. April 1947) trafen, hatte mancherlei interne Vorarbeit stattgefunden; auch die kleineren Staaten unter den ehemaligen Kriegsgegnern Deutschlands hatten ihre Auffassungen dargelegt und Wünsche angemeldet. Besonders aber das deutsche Volk, unter dem Eindruck des überaus harten Winters 1946/47 mit seinen verheerenden Begleiterscheinungen auf dem Gebiete des Versorgungswesens, schaute jetzt mit besonderer Erwartung nach Moskau. Tatsächlich stand auch – zum ersten Male – die deutsche Frage im Mittelpunkt der Beratungen. Verhandelt wurde über einen Bericht der Stellvertreter der Außenminister und über einen Bericht des Kontrollrates; Bevin hatte zudem ein detailliertes Programm mitgebracht. Aber zu wirklichen Übereinstimmungen der Vier kam es eigentlich nur in wenigen geringfügigen Punkten. Schon in Verfahrensfragen divergierte man, und die Grundauffassungen der Mächte blieben unverändert. Daran scheiterte schließlich die Konferenz.

Die Russen bestanden nach wie vor auf ihren 10 Milliarden Dollar Reparationen mitsamt der umstrittenen Entnahmepraxis und wollten ihr Einverständnis mit einer Wirtschaftseinheit Deutschlands unter allen Umständen von einer Vier-Mächte-Kontrolle des Ruhrgebietes abhängig machen; sie ahnten wohl, daß die Westmächte, besonders England, diesem Verlangen niemals zustimmen würden. Der Westen wünschte

(»Bevin-Plan«) einen schrittweise zu erreichenden föderativen Staatsaufbau in folgender Reihenfolge: Zentralverwaltungen wie in Potsdam vorgesehen, deutscher Konsultativrat, provisorische Regierung. Die Sowjets warteten ebenfalls mit ausgearbeiteten Einzelheiten auf, ja es schien, daß über zentrale Verwaltungsstellen und den Konsultativrat zunächst eine allgemeine Einigung bestand (3. April). Aber sie zerbrach wieder bei der Beratung der Einzelheiten. Molotow machte folgende Vorschläge:

1. Zentrale Verwaltungsstellen.
2. Eine provisorische demokratische Verfassung, auszuarbeiten vom Kontrollrat unter Hinzuziehung des Konsultativrates, der sich wiederum nicht allein aus Repräsentanten der Länder (wie es ähnlich schon Byrnes vorgeschwebt hatte), sondern auch aus Beauftragten der Parteien, Gewerkschaften und anderer »antifaschistischer Organisationen« zusammensetzen sollte. Diesem Einzelpunkt hat immerhin Bevin zugestimmt.
3. Dann Wahlen, aus denen
4. eine provisorische deutsche Regierung hervorgehen sollte.
5. Bestätigung der Verfassung durch das Volk.

Das alles mochte im ersten Augenblick einleuchtend klingen. Die wahren politischen Absichten der Sowjets jedoch ergaben sich am klarsten aus den »Hauptaufgaben« dieser provisorischen Regierung: »Ausmerzung der Überreste des deutschen Militarismus und Faschismus«, die Durchführung der »allseitigen Demokratisierung« Deutschlands und die »unbedingte Erfüllung« des auf den längst überholten Jalta-Zahlen fußenden sowjetischen Reparationsprogramms.

Aber die Westmächte hatten inzwischen gelernt, daß die Sprache Moskaus nicht die ihre war: »antifaschistisch« bedeutete weit mehr bzw. etwas ganz anderes als nur »antinazistisch«, und die »Demokratie« östlicher Begriffsbildung war der westlichen Definition geradezu entgegengesetzt. Besonders General Marshall, seit Januar der Nachfolger Byrnes', zeigte auf Grund seiner jüngsten persönlichen Erfahrungen in China mißtrauische Wachsamkeit. Was Molotow unterbreitete, entsprach zudem in etwa denjenigen Stadien, welche – pars pro toto – die Sowjetzone seit 1945 durchlaufen hatte oder die ihr noch zugedacht waren. Hier hatte man einen Verwaltungsrahmen unter kommunistischer Kontrolle geschaffen, der als Kader und Methodenschule für Gesamtdeutschland vorgesehen war, je nach der Entwicklung der Dinge auf kürzere oder längere Sicht; die Zeit spielte keine Rolle. Amerika, allmählich auch geistigpolitisch zur anerkannten Vormacht des Westens geworden, konnte daher auf der Moskauer Konferenz auf eine solche bedrohliche Bündelung sowjetischer Absichten nicht mehr eingehen. Nachdem es die ideologisch-machtpolitischen Aspekte in der Außenpolitik seines östlichen Kontrahenten samt ihrer ganzen Gefährlichkeit nicht nur begriffen, sondern endlich Widerstand zu leisten sich entschlossen hatte, büßte das Deutschlandproblem schnell seine vorübergehend gewonnene Vorrangstellung wieder ein. Es geriet in den Sog der veränderten weltpolitischen Konjunktur, die in einer neuen Strategie Amerikas ihren ersten Ausdruck fand. Und da gleich zu Beginn des Außenministertreffens die Truman-Doktrin speziell zugunsten zweier in ihrer Freiheit von der kommunistischen Infiltration bedrohter Länder (Griechenlands und der Türkei) verkündet worden war (12. März), gab es angesichts dieses »background« einen Grund mehr dafür, daß die Konferenz zum Scheitern verurteilt war. Wenn die vier Mächte dennoch »wenigstens« eine Einigung über die offizielle Auflösung des früheren deutschen Bundesstaates Preußen erzielen konnten, so bewies man damit nur noch einmal, daß Übereinstimmungen lediglich für destruktive Maßnahmen zu erreichen waren: für ein nachgezogenes »Stück Potsdam«, und auch das nur, weil vorher in allen Besatzungszonen durch die Errichtung von Nachfolge-Ländern aus preußischen Provinzteilen nicht mehr rückgängig zu machende Tatsachen geschaffen waren.

Neben die der Truman-Doktrin innewohnende Warnung an die Adresse der Sowjets trat bald die Konzeption realer Unterstützung. Die erste Phase der amerikanischen Eindämmungspolitik begann, und sie bedeutete ein weitaus stärkeres Engagement, als es Byrnes in seiner Stuttgarter Rede, bezogen auf die zur Illusion gewordene »one world«, angedeutet hatte. Ihr Schwerpunkt lag jetzt eindeutig auf dem alten Kontinent. Im Juni 1947 entwickelte Marshall den Plan eines großzügigen wirtschaftlichen Hilfsprogramms für Europa. Es wurde zum ersten wirksamen Gegenzug der freien Welt gegenüber einer Situation, die durch schwindende Widerstandskraft und zunehmende Anfälligkeit für die Verlockungen eines östlichen Totalitarismus gekennzeichnet war. Angesichts des allerorten festzustellenden ökonomischen Stagnierens gedachte Marshall allen Staaten, auch den bereits kommunistisch gewordenen, eine finanzielle Unterstützung durch sein Land anzubieten, sofern sie sich verpflichteten, zum gemeinsamen europäischen Wohle zusammenzuwirken und hierfür auf der Basis einer jeweiligen Bestandsaufnahme ihres Potentials konkrete Pläne auszuarbeiten. Das Echo auf die Vorschläge Marshalls war unterschiedlich: Großbritannien stimmte vorbehaltlos zu, und Frankreich schwenkte jetzt endgültig auf eine gemeinsame westliche Linie ein. Doch wie vorauszusehen, gebärdeten sich die sowjetischen Stellungnahmen bald grobschlächtig. Moskau, anfangs unschlüssig, wie man reagieren sollte, argwöhnte nicht zu Unrecht, daß zumindest die nicht zu seinem Machtgebiete gehörenden Länder jeglichen Einwirkungsmöglichkeiten entzogen und westlicherseits der faktische Status quo vom 1. Juli 1945 abgesichert werden sollte. Vielleicht ist auch Bessons Vermutung richtig, daß die von Marshall erwogene Einbeziehung der Sowjetunion und der Ostblockstaaten in das europäische Gesundungsprogramm lediglich ein taktisches Nebenmanöver wider bessere Einsicht gewesen ist. Jedenfalls hat der Kreml Anfang Juli den kommunistischen Satelliten einschließlich der Tschechoslowakei eine Beteiligung an dem geplanten »European Recovery Program« (ERP) rundweg untersagt. Dagegen trafen die Staaten außerhalb der russischen Einflußzone, insgesamt sechzehn, umgehend in Paris auf einer europäischen Wirtschaftskonferenz zusammen (12. Juli bis 22. September), auf welcher als Koordinierungs- und Auffangorganisation das »Committee on European Economic Cooperation« (CEEC) gegründet wurde. Gleichzeitig stellte man von Paris aus Verbindung mit den drei westlichen Militärgouverneuren in Deutschland her; sie erhielten den Auftrag, geeignete Maßnahmen zur baldigen Mitarbeit ihrer Besatzungszonen beim CEEC zu treffen. Der Reparationsgedanke wurde betont in den Hintergrund gedrängt: von nun an wollte man die Bodenschätze und Produktionsmittel Deutschlands als Bestandteil einer gemeinsam wiederaufzubauenden europäischen Wirtschaft ansehen; die drei Westzonen sollten geben, aber auch empfangen dürfen. Dieser Entwicklung gegenüber argumentierte die Sowjetunion, die amerikanischen Hilfeleistungen, von außen angetragen, kämen Einmischungen in die Souveränität der Staaten gleich, und als gar am 29. August die Generale Clay und Robertson in Ausführung neuer Direktiven einen gegenüber 1946 erheblich verbesserten »revidierten Industrieplan« für die Bi-Zone bekanntgaben, wurde die Sprache Moskaus jäh feindselig, die offiziellen Verlautbarungen ausfallend: Verletzung des Potsdamer Abkommens, Hintergehung des Kontrollrates, Überantwortung der deutschen Hilfsquellen an die Machenschaften ausländischer Monopole und ähnliche Vorwürfe wurden erhoben.

Doch die Initiative des Westens war nicht mehr aufzuhalten. Die Vorbereitungen für den Marshall-Plan wirkten nicht allein wirtschaftlich auf Deutschland zurück. Die beabsichtigte Mitwirkung der Westzonen bei den Arbeiten des CEEC beschleunigte auch die *politische* Entwicklung der deutschen Frage. Im November 1947 waren die amerikanische Regierung und ihre Berater davon überzeugt, daß Deutschland nicht weiterleben könne, wenn nicht »in irgendeiner Form« eine deutsche Regierung errichtet werde. Solange örtliche Stellen – so hieß es im Bericht des Harriman-Ausschusses zur Beratung des Präsidenten in Sachen Auslandshilfe – und einzelne Zone gegeneinander arbeiteten, könne eine wirtschaftliche Wiederbelebung des Landes nicht erwartet werden. Es habe keinen Sinn mehr, auf die Bildung einer föderativen Regierung über alle vier Zonen zu warten. »Die Verzögerung ist zu kostspielig. *Wir müssen im Westen mit dem, was wir haben, einen Anfang machen.*«

Die deutsche Frage konnte von allen Beteiligten, sowohl vom deutschen Volke als dem betroffenen Teil wie auch von den verantwortlichen Staatsmännern der Siegerstaaten, nur noch mit Pessimismus betrachtet werden. Auf der Londoner Außenministerkonferenz, der fünften in der bisherigen Reihe (25. November bis 15. Dezember 1947), glaubte Molotow feststellen zu müssen, die USA und England gedächten Deutschland mit Hilfe des Marshall-Planes zu »versklaven« und im Ruhrgebiet ein neues Rüstungszentrum zu errichten. Es fiel das böse Wort vom »imperialistischen Krieg«, der insgeheim vorbereitet würde. Wie schon im Frühjahr in Moskau, versuchten Marshall und Bevin einmal mehr die Vorläufigkeit der polnischen Verwaltung in den Ostgebieten hervorzuheben und machten dabei wirtschaftliche Gesichtspunkte geltend, z. B. sei das schlesische Industriegebiet für ganz Europa wichtig. Molotow wies sie hart ab. Später sagte er, die wirtschaftliche Verschmelzung der Westzonen im Sinne der Bestrebungen der CEEC würde die Spaltung Deutschlands heraufbeschwören; die faktische Richtigkeit dieser Behauptung lag freilich in der unredlichen Praxis der sowjetischen Deutschlandpolitik begründet. Die westlichen Außenminister kamen noch einmal auf den Bevin-Plan des Frühjahrs zurück, – ohne Erfolg. Marshall betonte, die Politik zur wirtschaftlichen und politischen Vereinigung der Westzonen habe nur eine interimistische Bedeutung, die Sowjetunion sei nach wie vor eingeladen, mit ihrer Zone beizutreten und an der Wiederherstellung Deutschlands mitzuarbeiten: der Vorschlag wurde abgelehnt.

Im Grunde waren jedoch diese Konferenzgespräche nur noch ein Nachspiel zu Entscheidungen, die eine nach der anderen seit 1945 auf deutschem Boden zu beiden Seiten der ost-westlichen Demarkationslinie gefallen waren, auf der einen aus kalkulierten und offensiven Absichten, auf der anderen im Gegenzug. Am 15. Dezember 1947 freilich spielte der *Westen* das Prävenire in der deutschen Frage, welche für die Amerikaner ganz offensichtlich zu einem Hebel in der sich ankündigenden großen Kraftprobe zwischen Ost und West geworden war. Als die Gegensätze über die sowjetischen Reparationsforderungen und -praktiken wieder einmal und härter als je aufeinanderprallten, bedeutete Marshall den Russen, die verschiedenartige Auslegung alter Abmachungen lasse weitere Erörterungen zwecklos werden. In der Tat hatte man sich nichts mehr zu sagen, was die deutschen Angelegenheiten weitergeführt hätte. Marshalls Vorschlag, der Rat der Außenminister solle sich auf unbestimmte Zeit vertagen, wurde angenommen. Man trennte sich in kaum mehr verhüllter Feindseligkeit; kurz darauf stellte General Clay die Demontage-Lieferungen aus der US-Zone an die Sowjets endgültig ein.

Mit der abrupten Beendigung der Londoner Konferenz war die *Vier-Mächte-Politik gegenüber Deutschland fürs erste gescheitert.* Es muß festgehalten werden, daß die 1948 anhebende Teilung Deutschlands auf der starren und nur das Ziel eines kommunistischen Obsiegens in Mitteleuropa anstrebenden Politik Moskaus mitsamt ihrer destruktiven Besatzungspraxis beruht hat. Entsprechend fiel nun die Reaktion auf London aus. Da ein »friedliches, demokratisches« Deutschland im Sinne der UdSSR nicht zu erreichen, da jegliche Beteiligung der USA an einer wie auch immer gearteten europäischen Ordnung für Stalin unerwünscht war, zogen sich die Sowjets auf ihre im Kriege gewonnenen Faustpfänder zurück. Sie waren nicht gewillt, sie gefährden zu lassen, weder zugunsten eines vereinigten Deutschland unter nicht-kommunistischen Vorzeichen noch zugunsten einer europäischen Wohlstandssphäre. So konsolidierten sie ihren Herrschaftsbereich: am 25. Februar 1948 verwandelte ein kalter Staatsstreich die Tschechoslowakei endgültig in ein kommunistisch gelenktes Land, am 20. März legte der Auszug Marschall Sokolowskis den Alliierten Kontrollrat lahm, am 31. März wurde die verkehrsmäßige, am 24. Juni – in Zusammenhang mit der Währungsreform – die wirtschaftliche Blockade der drei Westsektoren Berlins eingeleitet.

Die Welt erlebte, drei Jahre nach dem Zusammenbruch des Hitler-Reiches, das erregende Schauspiel des »Kalten Krieges« unter den Siegern.

Die Besatzungsmächte in Deutschland

Als die Grenzen der Besatzungszonen am 12. September 1944 in einem Protokoll der Europäischen Beratenden Kommission festgelegt wurden, unterschied man zunächst eine östliche, eine nordwestliche und eine südwestliche Zone. Die östliche sollte der UdSSR zufallen; sie wurde markiert durch die Westgrenzen Mecklenburgs, Brandenburgs, der Provinz Sachsen und Thüringens. Diese Linie trennt bis auf den heutigen Tag die beiden Teile Deutschlands. Die nordwestliche Zone wurde Großbritannien, die südwestliche den USA zugesprochen; die Trennungslinie zwischen beiden Zonen verlief ursprünglich auf der Südgrenze der preußischen Provinzen Hessen-Nassau und Rheinland. Erst als Frankreich als vierte Besatzungsmacht hinzukam, wurden sowohl aus der britischen als auch aus der amerikanischen Zone Teile zugunsten der Franzosen herausgenommen und die Grenze der US-Zone gleichzeitig nach Norden verlegt, das heutige Land Hessen mit einschließend.

Auf Grund der Erklärung vom 5. Juni 1945 installierten sich im Laufe des Sommers die Militärregierungen der vier Mächte bis in die letzten regionalen und fachlichen Verästelungen. SHAEF, das Hauptquartier der westalliierten Streitkräfte unter General Eisenhower, war am 14. Juni aufgelöst worden; Eisenhower selbst wurde der erste Militärgouverneur der amerikanischen Zone. An die Stelle der westlichen militärischen »Einheit« trat ein – auch von den Sowjets begrüßtes – Nebeneinander dreier Institutionen:

1. Control Commission for Germany/British Element (CCG/BE) in Bad Oeynhausen,
2. Office of Military Government for Germany (OMGUS) in Frankfurt a. M.,
3. Conseil de Contrôl de la France pour l'Allemagne in Baden-Baden.

Für die Ostzone war schon am 9. Juni die Sowjetische Militäradministration (SMA) in Berlin-Karlshorst eingerichtet worden. Von jetzt an gab es keine deutschen Zuständigkeiten mehr; alle Rechts- und Verwaltungsakte wurden, falls deutsche Stellen beteilig waren, lediglich »im Auftrage der Militärregierung« vollzogen, wenn sie nicht gar einzeln genehmigungspflichtig waren.

Die Betreuung des Millionenheeres der heimatlos gewordenen Ausländer in Deutschland (»displaced persons«) ging allmählich in die Obhut der UNRRA, einer eigens für diesen Zweck geschaffenen Organisation der Vereinten Nationen, über. So sehr auch damit eine administrative Entlastung für die Militärgouverneure namentlich der westlichen Zonen gegeben sein mochte, einem dringenden Problem sahen sie sich dennoch weiterhin gegenüber: der Not der Flüchtlinge und Vertriebenen aus den deutschen Ostgebieten, aus Polen, der Tschechoslowakei, Ungarn und Jugoslawien. Die Vertreibung aus den Ostgebieten innerhalb der Grenzen von 1937 hatte allerdings entgegen anderslautenden Behauptungen in dem Potsdamer Kommuniqué keinerlei Grundlage, sondern beruhte lediglich auf einseitigen und von Moskau gedeckten Maßnahmen der Warschauer Regierung, die allenfalls durch die Leiden des polnischen Volkes während des Zweiten Weltkrieges gefühlsmäßig eine halbwegs einleuchtende Erklärung finden können. Die Ausweisungswellen schlossen sich ziemlich schnell an die Flüchtlingswellen an und ebbten erst im Jahre 1947 ab; ihre Höhepunkte wurden im Jahre 1946 erreicht. Im November 1945 glaubte der Kontrollrat mit 6½ Millionen Ausgewiesenen oder Auszuweisenden rechnen zu müssen und bestimmte, daß die sowjetische Zone 2¾ Millionen, die britische 1½ Millionen, die amerikanische 2¼ Millionen und die französische Zone 150000 Vertriebene aufzunehmen hätten. In Wirklichkeit lag die Zahl der von ihrer Heimat getrennten Deutschen wesentlich höher: man wird mit insgesamt 12 bis 13 Millionen rechnen dürfen, von denen mehr als zwei Drittel in die Länder der heutigen Bundesrepublik gelangt sind. Die Formen der Vertreibung und die Summe der Unzulänglichkeiten bei der Aufnahme und Unterbringung der unglücklichen Menschen im besetzten Deutschland gehören zu den bittersten und wohl auch beschämendsten Phänomenen der europäischen Nachkriegsgeschichte. Eine fühlbare Linderung der umfassenden Not war natürlich vorerst unter den obwaltenden wirtschaftlichen und politischen Umständen so gut wie unmöglich, von einer Eingliederung oder Integration in die Bevölkerung Rest-Deutschlands zunächst ganz zu schweigen. Dennoch ist in diesen Monaten von den zuständigen Behörden der Länder und Provinzen, den Experten der Militärregierungen und vor allem von den caritativen

Organisationen und Kirchen Menschenmögliches getan und zum Teil Übermenschliches geleistet worden.

Was die Behandlung der Kriegsverbrecher anging, so stand bei den Alliierten und bei den Sowjets schon seit den großen Konferenzen fest, daß nach Beendigung der Feindseligkeiten gegen diejenigen Deutschen gerichtlich vorgegangen werden solle, welche sich nachweislich folgender Delikte schuldig gemacht hätten:

Verschwörung gegen den Frieden,
Verbrechen gegen den Frieden,
Verletzung des Kriegsrechts und der Kriegsbräuche
(also »Kriegsverbrechen« im engeren Sinne),
Verbrechen gegen die Menschlichkeit.

Übereinstimmung herrschte auch darüber, daß man diesen Säuberungsakt nicht den Deutschen überlassen dürfe, sondern in die eigene Regie zu übernehmen habe. Das Internationale Militärtribunal, geschaffen am 8. August 1945 als eine Einrichtung der vier im Kontrollrat vertretenen Mächte, hat in Nürnberg vom November 1945 bis Ende August 1946 im »Prozeß gegen die *Hauptkriegsverbrecher*« gegen 24 ehemalige hohe und höchste Repräsentanten des Deutschen Reiches verhandelt. Gegen diese vierundzwanzig wurde Anklage erhoben sowohl »als Einzelpersonen« als auch »als Mitglieder folgender Gruppen und Organisationen, soweit sie ihnen angehörten: die Reichsregierung, das Korps der Politischen Leiter der NSDAP, die Schutzstaffeln der NSDAP einschließlich des Sicherheitsdienstes, die Geheime Staatspolizei, die Sturmabteilungen der NSDAP und der Generalstab und das Oberkommando der Wehrmacht«. Am 30. September und 1. Oktober 1946 wurde das Urteil verkündet; es gab 12 Todesurteile (einschließlich Martin Bormann in absentia), 7 Haftstrafen und 3 Freisprüche. Robert Ley hatte vor Prozeßbeginn Selbstmord verübt, Gustav Krupp von Bohlen und Halbach war wegen schwerer Erkrankung prozeßunfähig gewesen. Die sowjetische Vertretung im Tribunal hatte sich sowohl gegen die Freisprüche für Papen, Schacht und Fritzsche gewandt als auch dagegen, daß Reichsregierung, Generalstab, Oberkommando der Wehrmacht und die SA nicht wie das Korps der Politischen Leiter, die SS und der SD sowie die Geheime Staatspolizei ausdrücklich zu »verbrecherischen Organisationen« erklärt worden waren. Bei allen inzwischen erhobenen Einwänden gegen die Voraussetzungen und die Praxis des Nürnberger Prozesses (Verhandlungsführung und Anklage durch die Sieger, Zuständigkeit eines ex-post-facto-Gesetzes für die Vergehen) dürfte jedoch heute Klarheit darüber bestehen, daß künftig für Politiker und führende Militärs fester umrissene Verhaltensnormen zu gelten haben werden, deren Nichtbeachtung oder gar Fehlen eben die Nürnberger Beweisaufnahme in bedrückendem Maße hat zutage treten lassen.

An den Nürnberger »Hauptprozeß« schlossen sich von 1946 bis 1949, ebenfalls in Nürnberg, die auf Grund einer Ermächtigung des Kontrollrates vom 20. Dezember 1945 in eigener Zuständigkeit von den Amerikanern durchgeführten zwölf sog. Nachfolgeprozesse an. Sie richteten sich gegen Diplomaten, Generale, SS-Funktionäre und andere führende Vertreter des Regimes und der Wirtschaft. Damit war zugleich der Auftakt für weitere Prozesse in nationaler Zuständigkeit gegeben, wie sie dann in der britischen und französischen Zone von den jeweiligen Besatzungsmächten, aber auch in Polen, Jugoslawien, Norwegen, den Niederlanden und anderswo gegen Deutsche verhandelt worden sind, die allerdings hauptsächlich auf Grund von Auslieferungen durch die Alliierten ermöglicht worden waren. Hier wie auch bei den Nürnberger Nachfolgeprozessen kam es zu Todesurteilen und langen Haftstrafen, denen freilich namentlich bei den Amerikanern in Verbindung mit der sich wandelnden weltpolitischen Situation während des Ost-West-Konfliktes bald eine zunehmende Neigung zu weniger harten Verurteilungen bzw. zu Amnestien gegenüberstand. Da deutsche Gerichte erst wesentlich später die rechtliche Handhabe erhielten, Kriegsverbrechen und ähnliche Straftaten aus der Zeit des nationalsozialistischen Regimes zu verfolgen, haben sich das oft mühevolle Aufspüren von Schuldigen und die Bemühungen um Sühne bis in unsere Tage hingezogen, wie die Tätigkeit der eigens für diese Zwecke eingerichteten Ludwigsburger Zentralstelle (seit dem 1. Dezember 1958) zeigt. Ein Bundesgesetz vom 1. September 1969 bestimmte, daß für das Verbrechen des Völkermordes eine Verjährung entfällt, und setzte gleichzeitig die Verjährungsfrist für Mord von zwanzig auf dreißig Jahre herauf.

Auch die Entnazifizierung war ein altes, schon auf den Kriegskonferenzen besprochenes Desideratum der Sieger. Sie begann zunächst »aus wilder Wurzel« in allen Zonen damit, daß man Verhaftungen (automatic arrest), Beschlagnahmen und Auflagen vornahm. Aus dem öffentlichen Dienst und den leitenden

Positionen der Wirtschaft wurden die nominellen Nationalsozialisten schnell und weitgehend entfernt. Hieran anschließend begann die systematische »Säuberung«. Die Übung, den Nationalsozialismus als »Faschismus« und diesen im weitesten Sinne als Zusammenfassung aller wirklichen und eingebildeten Gegner der kommunistischen Lehre zu sehen, führte jedoch in der Sowjetzone dazu, daß man diese »Sicht« politisch ummünzte und die eigentlich individuell zu handhabende Entnazifizierung zu einer umfassenden gesellschaftlichen Umordnung werden ließ. Die vollständige Beschlagnahme des landwirtschaftlichen Großgrundbesitzes (»Bodenreform«) und Enteignungen im Bereiche der Groß- und Mittelindustrie zugunsten der Sowjetunion oder »volkseigner Betriebe«, Sperrung und Entzug von Vermögen, alles hier schon im Jahre 1945 beginnend, waren die bezeichnenden Erscheinungsformen.

Ebenfalls gründlich, aber vergleichsweise gerechter und vor allem über die Organe der einzelnen Landesregierungen (Ministerien für »politische Befreiung«) betrieb man die Entnazifizierung im amerikanischen Bereich. Ein deutsches »Gesetz zur Befreiung vom Nationalsozialismus und Militarismus«, gültig für die gesamte US-Zone, wurde am 5. März 1946 erlassen; seinen Vorschriften schloß sich 1947 die Praxis der anderen beiden westlichen Besatzungsmächte an. Durch Verzögerungen gestaltete sich aber die Säuberung dort wesentlich schleppender. Im allgemeinen arbeitete man bei der Einstufung mit fünf Kategorien: Hauptschuldige, Belastete, Minderbelastete, Mitläufer und Entlastete. Das Material für die Verfahren entnahmen die öffentlichen Ankläger der Spruchkammern weitgehend den berühmt gewordenen Fragebögen, die jeder Deutsche auszufüllen hatte; verhängt wurden Sühnemaßnahmen aller Art, zumeist aber mit finanziellen Auswirkungen. Freilich blieben sie, nicht zuletzt durch die Inanspruchnahme von Berufungsinstanzen, in den meisten Fällen zeitlich begrenzt. Im Februar 1950 war die Entnazifizierung in Westdeutschland endgültig abgeschlossen, die Sowjetische Militäradministration hatte sie für ihre Zone bereits zwei Jahre früher für beendet erklärt. Der politische und moralische Wert dieser Maßnahmen war jedoch, besonders was die Masse der »kleinen« Parteigenossen anbetraf, von Anfang an umstritten.

Wie die Entnazifizierung standen auch die Eingriffe in die Wirtschaftsstruktur für die Sieger eindeutig unter dem Zeichen der Abrechnung und Bestrafung. Man wünschte in Zukunft weder eine wirtschaftlich breit fundierte deutsche Militärmacht, noch das zu frühe Wiedererstehen eines den Weltmarkt störenden deutschen Wirtschaftspotentials. Es wurden daher nicht nur Banken, Großfirmen und Konzerne – letztere besonders auf dem weitbemessenen ehemaligen »Rüstungssektor« – »dezentralisiert« und »entflochten«, sondern auch Demontagen von für überflüssig erachteten Industrieanlagen als Reparationsleistungen durchgeführt. Bereits seit 1945 bekamen die Sowjets, die sich ohnehin an ihrer eigenen Zone schadlos hielten, Demontagegüter entsprechend den Potsdamer Übereinkünften auch aus dem amerikanischen Besatzungsgebiet. Wir sahen schon, daß eine Einigung über die endgültige Höhe der Gesamtreparationen und einen allgemeinverpflichtenden Modus hinsichtlich der Durchführung auf den Konferenzen der Außenminister nicht zustande gekommen ist; allein dieser Umstand hat nichts daran geändert, daß über die Kriegszerstörungen hinaus durch die Maßnahmen aller vier Siegermächte eine kräftige Reduzierung des deutschen Industrieniveaus vorgenommen worden ist. Am 26. März 1946 einigte sich der Alliierte Kontrollrat auf einen bereits oben erwähnten »Plan«, der sich im Hinblick auf die angestrebten Reparationen mit der auf »Friedensbedürfnisse« umzustellenden deutschen Wirtschaft beschäftigte. Sinngemäß sollten danach lediglich 50 bis 55 Prozent der industriellen Vorkriegskapazität zugelassen bleiben, die Blockstahlerzeugung auf höchstens 7,5 Millionen Tonnen im Jahre beschränkt sein (vorerst sogar nur 5,8 Millionen Tonnen jährlich). Auch für andere wichtige Zweige waren Verbote bzw. Beschränkungen vorgesehen. Von dem dabei übersehenen Zusammenhang der deutschen mit der gesamteuropäischen Wirtschaft wurde erst später wieder gesprochen, – dann aber um so nachdrücklicher.

Durch den faktischen Ausfall der oberschlesischen und saarländischen Kohlengruben war Restdeutschland nunmehr allein auf die Zechen des Ruhrreviers angewiesen. Hier übten die Engländer eine genaue und eifersüchtig abgeschirmte Kontrolle und Verwaltung aus (North German Coal Control), bemühten sich aber auch im Verein mit deutschen Stellen um eine Steigerung der Förderung, welche im wahrsten Sinne des Wortes und in mehrerlei Beziehung lebensnotwendig war. Was die Industrie damals an wenigen Exportgütern herzustellen in der Lage war (Bayerische Export-Schau im Haus der Kunst zu München im Sommer 1946), wurde fast ausschließlich dazu verwandt, um Lebensmittelimporte zu ermöglichen. Hierdurch und infolge des Überhanges eines zunehmend wertlos werdenden Geldes (»Zigaretten-Währung«) verödete erklärlicherweise das Warenangebot für den innerdeutschen Bedarf, der naturgemäß eine immense Steigerung erfahren hatte, noch weiter. Tauschhandel und »Schwarzer Markt« spiegelten Angebot und Nachfrage wirklichkeitsgetreuer wider als die Verkaufsziffern des regulären Einzelhandels, denn auf die obligaten Bezugsscheine gab es wenig und zuweilen auch gar nichts, und »was« es gab, war weitgehend qualitativ minderwertig. Aber trotz Lebensmitteleinfuhren, die wenigstens der Erhaltung eines ernährungsmäßigen Status quo auf der Basis der Zuteilungen bei Kriegsende gelten sollten, verschlechterte sich die Ernährungslage bis 1947 immer mehr; die täglichen Zuteilungen auf Grund des aus dem Kriege beibehaltenen Lebensmittelkarten-Systems sanken zeitweilig bis auf 1000 Kalorien und weniger ab. Der überaus lange und strenge Winter 1946/47 war bei fehlenden und teilzerstörten Wohnungen, notdürftigen Flüchtlingsquartieren in zugigen Baracken, Stromsperren, Mangel an Heizmaterial und einem Tiefpunkt der Ernährungslage der schlimmste und grausamste, den das deutsche Volk dieser Generation mitgemacht hat.

Indem die Alliierten jedoch bei der Wirtschaftsplanung einem auf 66,5 Millionen berechneten Volke ein gewisses Beschäftigungs- und Produktions-Minimum zuerkannten, zeichnete sich immerhin eine Basis ab, von der aus in späteren Verhandlungen durch anerkannte Repräsentanten der Deutschen Besserungen würden erkämpft und erhandelt werden können. Von hier aus konnte dann auch gegebenenfalls die in Potsdam und später in Stuttgart durch Byrnes zugesicherte »Hilfestellung« für eine angemessene Wiedergesundung des wirtschaftlichen, gesellschaftlichen und politischen Lebens in Deutschland ihren Ausgang nehmen. Einstweilen aber, 1945 und 1946, drückte sich diese »Hilfe« nur im geistigen und kulturellen Bereich aus, von den Westalliierten bewußt und mit großem, besonders finanziellem Aufwand betrieben und unter dem Schlagwort der »re-education«, der Umerziehung »des Denkens« eines ganzen Volkes, zusammengefaßt. Die Demokratie sollte auch außerhalb der üblichen Institutionen neu aufgebaut werden, und viele Bereiche der öffentlichen Meinungsbildung gaben die Sieger nur zögernd frei und behielten sich die Vergabe der notwendigen Lizenzen für Verleger von Schrifttum und Presseerzeugnissen, für Betätigung beim Rundfunk und im Kunstleben auf längere Zeit selbst vor.

Französische Zone

Die französische Militärregierung vermied in den ersten Monaten nach Kriegsende alles, was deutschen Wünschen nach Einheit, Zusammenhalt oder neuem Zusammenwachsen organisatorisch oder ideell hätte dienlich sein können. Zunächst einmal sollte – nach dem Willen de Gaulles und Bidaults – Frankreich in die große Politik der Welt und Europas zurückkehren und nicht das besiegte Deutschland. Das alte Verlangen nach »securité«, aus den 20er und 30er Jahren bekannt, spielte 1945 in bezug auf den östlichen Nachbarn wieder eine bestimmende Rolle. Diese Haltung zeigte sich, wie wir bereits sahen, auf den Konferenzen der Außenminister, wo man sich im Anfang sogar gegen zentrale deutsche Verwaltungsstellen aussprach. Sie wurde außerdem im Bereich der eigenen Besatzungszone in vielerlei Gestalt praktiziert, wo die Franzosen lange Zeit im alltäglichen Leben eine strengere Kontrolle ausübten, als es in den anderen westlichen Okkupationsgebieten der Fall war. Bis zum Herbst 1947 entstanden innerhalb dieser Zone im Süden und Südwesten Deutschlands die Länder Baden (Hauptstadt: Freiburg i. Br.) und Württemberg-Hohenzollern (Hauptstadt: Tübingen) mit dem zwar angegliederten, aber in vielem selbständigen Kreis Lindau (auf bayerischem Gebiet). Die Namen der neuen Hauptstädte kennzeichneten gleichzeitig die ohne viel Rücksicht vorgenommene Zerreißung der alten Länder Baden und Württemberg, deren Einheit dem nachträglichen Herausschneiden einer Zone für die vierte Besatzungsmacht geopfert worden war. Daneben bildeten die Franzosen zwei weitere Länder: das Saarland (Hauptstadt: Saarbrücken), mit dem sie besondere Ziele im Auge hatten, und relativ früh, am 30. August 1946, das Land Rheinland-Pfalz aus preußischen, bayerischen und hessischen Gebietsteilen (Hauptstadt: zunächst Koblenz, später Mainz).

Auch mit der Zulassung von Parteien hielten sich die Franzosen vorerst sehr zurück, ein deutliches Zeichen für das Ost-West-Gefälle in der Förderung politischer Willensbildung durch die Besatzungsmächte. Natürlich bildeten sich in dieser Zone ebenfalls schon 1945 auf örtlicher Basis einzelne Gruppen in der für Deutschland jetzt üblich werdenden Viererfächerung KPD, SPD, CDU und FDP (letztere mit teilweise abweichenden Bezeichnungen), doch sind von hier keinerlei entscheidende

programmatische Impulse oder gar Führungsansprüche ausgegangen, wie das im nördlichen Rheinland, in Hannover und
in Berlin der Fall gewesen ist. Die regionalen Organisationen
mußten lange auf ihre Anerkennung durch die französische
Militärregierung warten; die ersten »Zulassungen« wurden im
Januar 1946 ausgesprochen (Rheinland), es folgten Baden und
Pfalz (Februar) und Württemberg (März 1946). So konnten beispielsweise erst in diesen Monaten die traditionellen »Bezirke«
der Sozialdemokratie wieder feste Gestalt annehmen. Dabei war
es bezeichnend, daß in den Parteinamen anfangs das Wort
»Deutschland« nicht vorkommen durfte; es gab hier also eine
Sozialdemokratische Partei mit der Abkürzung »SP« (in Baden:
»Sozialistische Partei«), nicht aber eine »SPD«! Wie auch anderswo, stellten die CDU und FDP neue Sammlungsversuche
der nicht sozialistisch orientierten, herkömmlicherweise als
»bürgerlich« bezeichneten Wähler dar, auf dem Boden des neuartigen politischen Unionsgedankens der christlichen Konfessionen die eine Partei, auf dem der liberalen Traditionen die
andere. Der wegen der faktischen Abgeschlossenheit der Zone
weniger organisatorisch als vielmehr »solidarisch« zu vollziehende Anschluß dieser Parteiverbände an die in anderen Zonen
bereits bestehenden größeren Gruppierungen zog sich bis zum
Ende des Jahres 1946 hin. So durfte sich die südbadische Sozialdemokratie erst auf ihrem Parteitag im November 1946 unter
dem Namen »Sozialdemokratische Partei Deutschlands. Bezirk
Südbaden« in die von Kurt Schumacher geführte SPD Westdeutschlands »eingliedern«.

Nachdem in den späteren Ländern zunächst »Verwaltungen«
eingerichtet worden waren, die erst nach und nach den Charakter von »Landesregierungen« erhielten und die Regierungsgewalt nur stückweise zugeteilt bekamen, folgte die Errichtung
von Quasi-Parlamenten (»beratenden Landesversammlungen«)
nach. Diesen Landesversammlungen, denen Abgeordnete aus
Kreis- und Gemeindeparlamenten angehörten, wurde die Aufgabe gestellt, Verfassungsentwürfe auszuarbeiten. Die Verfassungen fanden ihre Bestätigung durch das Volk anläßlich der
ersten Landtagswahlen, die (ohne Saargebiet) am 18. Mai 1947
stattfanden. Die bisherigen »ernannten« Regierungen und Direktorien machten daraufhin neuen, jetzt nicht mehr der Militärregierung, sondern den Parlamenten verantwortlichen Kabinetten Platz. Dem Zuge der Zeit entsprechend handelte es sich
dabei um Allparteienregierungen, teils mit, teils ohne KPD.

Minister- bzw. Staatspräsidenten wurden:

in Rheinland-Pfalz: Peter Altmeier (CDU, bis 1969)

in Baden: Leo Wohleb (CDU, bis 1952)

in Württemberg-Hohenzollern: Lorenz Bock(CDU, bis 1948).

Über den Landesregierungen gab es in der französischen Zone keine übergeordneten oder zusammenfassenden deutschen Stellen; eine erste gemeinsame Konferenz der Ministerpräsidenten dieser Zone wurde erst im April 1948 gestattet.

Das Saarland nahm gemäß den politischen Plänen Frankreichs von Anfang an eine Sonderstellung ein. Es wurde bereits im Mai 1945 durch Herauslösung aus dem »Besatzungsbezirk« Mittelrhein-Saar verselbständigt, den noch die Amerikaner installiert hatten. Etwa gleichzeitig setzte eine intensive, von der Besatzungsmacht gesteuerte Propaganda für eine vollständige Angliederung an Frankreich ein. Der als Minimalziel von Paris geforderte Anschluß an das Wirtschafts- und Währungssystem Frankreichs mitsamt einer Zollgrenze gegen Rheinland-Pfalz wurde im Dezember 1946 auf dem Verordnungswege bewerkstelligt. Seit November 1947 gab es eine »ernannte« Regierung unter dem profranzösischen Politiker Johannes Hoffmann (Christliche Volkspartei); eine Verfassung war vorher unter Zwang durchgesetzt worden, und die politische Unabhängigkeit des Landes vom Deutschen Reiche als staatspolitische Maxime war ein Bestandteil der Präambel. Ferner fehlte es nicht an Versuchen, das Gebiet des Saarlandes auf Kosten des umgebenden Rheinlandes zu vergrößern. Praktisch war 1947 ein Zustand erreicht, der eine Separation und Verselbständigung des Saarlandes von der französischen Besatzungszone demonstrierte, ein eigenmächtiges Handeln einer Besatzungsmacht zu ihren alleinigen Gunsten, freilich unter stillschweigender Duldung durch die USA und Großbritannien, welche beide damit das französische Mitspracherecht bei der Verwaltung des Industriegebietes an Rhein und Ruhr erfolgreich abgewehrt hatten.

Sowjetische Zone

Im Gegensatz gerade zur französischen Zone wurde im russischen Besatzungsgebiet das politische, öffentliche und wirtschaftliche Leben von der in Berlin-Karlshorst domizilierenden SMA (Sowjetische Militär-Administration) mit betonter Straffheit und nach zentralistischen Gesichtspunkten unter Kontrolle gehalten. Bereits im Juli 1945 gab es elf deutsche Zentralverwaltungen für das sowjetisch besetzte Gebiet, noch ehe also die Länder- und Provinzialregierungen als solche recht in Erscheinung treten konnten; auch auf die Bildung des »antifaschistischen Blockes« der vier Parteien KPD, SPD, CDU und LDP sei in diesem Zusammenhange nochmals hingewiesen. Die dabei zutage tretende Spekulation auf das alte Prestige Berlins als Hauptstadt des Reiches schien damals so unrealistisch noch nicht zu sein: wer sich hier etablierte (oder etablieren mußte), glaubte, besonders die Parteigremien, mit Führungsansprüchen für ganz Deutschland auftreten zu können, was den Sowjets nur lieb sein konnte. Auch die Verwaltungsorganisationen wurden von vornherein so angelegt, daß sie sich auf Wunsch der Besatzungsmacht jederzeit unschwer auf »Reichsebene« hätten weiterentwickeln können. Doch dieser Möglichkeiten und Wünsche ungeachtet schufen die Sowjets und die KPD in ihrer Zone, auch hier auf die Beibehaltung des zeitlichen Vorsprungs sehr bedacht und noch im Jahre 1945 beginnend, auf gesellschaftlichem Gebiete rasch vollendete Tatsachen im Sinne ihrer ideologischen und taktischen Grundsätze. Ihre rücksichtslos durchgeführte »Bodenreform« galt der Zerschlagung des Großgrundbesitzes und der vorgegebenen Macht des verhaßten Adels; der von ihnen durch Administrationsbefehle erzwungene Übergang von der Privat- zur Regiewirtschaft im Bereiche von Industrie, Banken und Versicherungen erleichterte die Aneignung von Produktionsstätten und -gütern durch die Besatzungsmacht ebenso, wie sie die »bürgerlichen« Bevölkerungskreise einschüchterte und durch strukturelle Veränderungen im Besitzgefüge eine kalte sozialistische Revolution in doppeltem Sinne Boden gewinnen ließ.

Während dieser Vorgänge galt es bald, die innenpolitische Macht der kommunistischen Parteikader, die in keiner Weise auf einen zahlenmäßig großen Anhang im Volke zählen konnten, über die bereits gesicherten Schlüsselpositionen hinaus durch die Schaffung einer angemessenen breiten Parteiorganisation zu befestigen. Diesem Zweck dienten ab November 1945 die propagandistischen Bemühungen der Kommunisten um eine Verschmelzung von KPD und SPD, ein Gedanke, der freilich eingedenk des ruhmlosen Endes der Weimarer Parteien bei einigen sozialdemokratischen Gruppen außerhalb Berlins auf geneigte Ohren und Herzen traf. Ermuntert durch anderenorts (Hamburg, München) schon bereitwillig praktizierte Kollabo-

ration, dachten die Berliner Kommunisten ursprünglich an eine
für ganz Deutschland gültige »Vereinigung«, natürlich unter
ihrer Führung. Auch ein in Berlin seit dem 15. Juni 1945 tätiger
»Zentralausschuß« der SPD unter Fechner, Gniffke und Grotewohl, der ernsthaft die provisorische Führung im ganzen
»Reich« beanspruchte, hatte sich seit seinem Bestehen für eine
neue »Einheit der Arbeiterklasse« eingesetzt, dabei jedoch die
Taktik der KPD nicht erkannt, die vorher erst ihre eigene
Organisation mit Hilfe der Sowjets zu einem brauchbaren Auf-
fangapparat ausbauen wollte und darum – für Grotewohl un-
verständlich – den auf einen mehr »spontanen« Zusammenschluß und auf einen gemeinsamen Neuaufbau von der »ersten
Stunde« an bedachten Sozialdemokraten im Sommer die kalte
Schulter gezeigt hatte. Es war lediglich zur Bildung eines »Gemeinsamen Arbeitsausschusses« gekommen, der den Kommunisten einstweilen als »ausreichend« galt.

Doch dieses neue Werben seit November stieß bei der Masse
der sozialdemokratischen Anhänger auf Widerstand, den der
allgemein schlechte Eindruck der bisherigen Sonderentwick-
lung in der Ostzone nur noch steigerte. Die meisten Funktionäre
der SPD waren sich über die weiterführenden Ziele der Kommunisten und ihrer sowjetischen Beschützer völlig im klaren
und vermochten an ein inneres demokratisches Gefüge innerhalb einer solchen »einheitlichen« sozialistischen Partei nicht zu
glauben. Zu ihnen gehörten namentlich Franz Neumann in Berlin und vor allem Dr. Kurt Schumacher (Hannover), der sich
inzwischen als allgemein anerkannter Sprecher der SPD in den
Westzonen Namen und Ansehen verschafft hatte. Selbst Grotewohl und seine Freunde, so einheitsfreudig sie waren, haben im
Herbst 1945 ihren Weg zweifellos über eine Urabstimmung aller
SPD-Mitglieder gehen wollen, nachdem vorher eine »Reichs-
organisation« der SPD gegründet sein und »stehen«, zumindest
aber eine Verständigung mit den Genossen auf »Reichsebene«
erfolgt sein sollte. Aber die Kommunisten, jetzt stark genug,
wollten die Verschmelzung durch Beschlüsse der beiden in Berlin residierenden Führungsorgane allein entschieden sehen. Bis
in die ersten Wochen des Jahres 1946 hinein versuchte Schumacher auf Grotewohl einzuwirken, er möge dem vereinigten
Druck von ostzonaler KPD und russischer Besatzungsmacht
widerstehen und seine Vorbehalte wirklich zur Geltung bringen,
oder aber die Auflösung der SPD verkünden. Doch der Berliner
»Zentralausschuß«, der die Absichten der Kommunisten seit

dem Sommer falsch einschätzte und in seiner eigenen Taktik verfangen war, konnte nicht mehr zurück. Grotewohl war nicht nur der Dialektik seiner kommunistischen Verhandlungspartner nicht gewachsen, er beugte sich überdies dem von den Sowjets ausgeübten Zwang. Am 21./22. April ging in Berlin der Gründungsparteitag der neuen Sozialistischen Einheitspartei Deutschlands (SED) im wahrsten Sinne des Wortes »über die Bühne« (des Admiralspalastes am Bahnhof Friedrichstraße). Die nach außen paritätisch erscheinende Besetzung der Parteispitze mit Sozialdemokraten und Kommunisten (Grotewohl und Pieck als gleichberechtigte Vorsitzende) konnte nicht darüber hinwegtäuschen, daß in dem neuen Gebilde die kommunistischen Kadergruppen alsbald darangingen, die SED zu einer totalitären »Staats«partei in direkter Abhängigkeit von Moskau werden zu lassen. Hierzu hatte freilich die Sozialdemokratie der Ostzone »den Blutspender für den geschwächten Parteikörper der Kommunistischen Partei« abgeben müssen (Schumacher). In den Westsektoren Berlins dagegen war es schon am 7. April zu einer Neukonstituierung der SPD unter Franz Neumann gekommen, nachdem eine (im Ostsektor verbotene) Urabstimmung vom 31. März ergeben hatte, daß über 82 Prozent der wahlberechtigten Mitglieder gegen einen »sofortigen Zusammenschluß beider Arbeiterparteien« eingestellt waren.

Nach voraufgegangenen Gemeindewahlen (September), die durch Manipulationen der SMA während der Vorbereitungen im Gesamtergebnis zugunsten der SED ausfielen, wurden am 20. Oktober 1946 in den Ländern Sachsen, Thüringen und Mecklenburg-Vorpommern sowie in den Provinzen Mark Brandenburg und Sachsen (mit Anhalt) die Landtage gewählt. Zwar ging die SED überall als die stärkste Partei hervor, doch gelang es ihr in keinem Lande, die absolute Mehrheit zu erringen; ja diese lag vielmehr, wenn man das System des »antifaschistischen Blockes« außer acht läßt, in den Landtagen von Brandenburg und Sachsen-Anhalt bei den beiden bürgerlichen Parteien CDU und LDP. Bezeichnenderweise traten schon jetzt die kommunistisch gelenkte »Bauernhilfe« in allen fünf Ländern, der »Kulturbund« und die »Frauenausschüsse« auch in Sachsen mit eigenen Listen auf. Damit kamen für die Kandidatenaufstellung nunmehr die sog. »Massenorganisationen« ins Spiel, zu denen sich später noch – angeblich überparteilich – der »Freie Deutsche Gewerkschaftsbund« und die »Freie Deutsche Jugend« gesellt haben. Diese Landtagswahlen sind die letzten in der sowjetischen

Zone gewesen, die man als relativ »frei« bezeichnen konnte, rechnet man die technischen Behinderungen der bürgerlichen Parteien durch die örtlichen Militärregierungen während des Wahlkampfes nicht mit.

Im Anschluß an die Wahlen wurden Allparteienregierungen auf der Basis des »antifaschistischen Blockes« gebildet; vier der Ministerpräsidenten gehörten der SED an:

Mecklenburg-Vorpommern: Höcker (SED)
Brandenburg: Dr. Steinhoff (SED)
Sachsen-Anhalt: Prof. Dr. Hübener (LDP, 1949 amtsenthoben)
Sachsen: Friedrichs (SED)
Thüringen: Rudolf Paul (SED).

Darüber hinaus stellte die SED alle fünf Landtagspräsidenten, alle fünf Innenminister, alle fünf Volksbildungs- sowie die meisten Wirtschaftsminister und besetzte zahlreiche andere Ressorts. Infolge der zentralen Struktur der Zone und ihrer bereits vorhandenen doppelten Kontrolle durch die Sowjets und das Zentralsekretariat der SED entfiel ein kollegiales Wirken dieser Regierungschefs von selbst. Viele Kompetenzen der Länder waren zudem durch die Tätigkeit der »Deutschen Verwaltungen«, deren Zahl sich bis 1947 von 11 auf 16 erhöhte, stark beschnitten. Nach dem Vorbilde eines von der SED ausgearbeiteten Entwurfs kam es dann zur Erarbeitung, Annahme und Verkündung von Landesverfassungen; in ihnen bezeichnete sich etwa Thüringen als ein »Land der Deutschen Demokratischen Republik«, die noch gar nicht bestand, doch als Vorstellung bei den kommunistischen Planern bereits existierte.

Die weitere Entwicklung in der sowjetischen Zone ab Sommer 1947 muß jeweils in Beziehung zu den Ereignissen in der großen Politik und deren Auswirkungen in den Westzonen gesehen werden, freilich auch in der Weise, daß in der Besatzungspolitik Moskaus viele gewichtige Ursachen für die sich ändernde Haltung des Westens zu suchen gewesen sind. Hierauf wird noch zurückzukommen sein.

Amerikanische Zone

Eine ansprechende Gliederung ihrer Zone unter Berücksichtigung einer der Situation des Neuanfangs angemessenen föderalistischen Praxis durch Mitwirkung deutscher Stellen haben in den Jahren des Besatzungsregimes am ehesten noch die Amerikaner geschaffen. Sie beließen es bei alten territorialen Zusammenhängen, wo sie ziemlich intakt vorgefunden wurden (Bayern), und schufen, so gut es ging, großflächige Lösungen, wo Umgliederungen erforderlich wurden. Dies geschah sowohl – sehr zum Leidwesen der durch die Ziehung der französischen Zonengrenze halbierten Länder – bei der Zusammenlegung der nördlichen Teile von Württemberg und Baden als auch bei der Errichtung des neuen Landes (Groß-)Hessen, wobei man sich ziemlich früh bereits über ehemals preußische Hoheitsrechte hinwegsetzen zu können meinte. Aber trotz dieser föderalistischen Grundhaltung wurde die Notwendigkeit der administrativen Einheit der US-Zone keineswegs außer acht gelassen: schon im Oktober 1945 faßte die Militärregierung die Ministerpräsidenten von Bayern, Württemberg-Baden und Hessen zu einem »Länderrat des amerikanischen Besatzungsgebietes« mit dem Sitz in Stuttgart institutionell zusammen. In ihm und durch ihn sollten laut Statut alle »über das Gebiet eines Landes hinausreichenden Fragen gemeinschaftlich« gelöst werden. Daß die amerikanischen Behörden in der Anfangszeit auch zu raschem Personenwechsel imstande waren, zeigt die Ende September 1945 vorgenommene Entfernung Dr. Fritz Schäffers, des ehemaligen BVP-Politikers und späteren Bundesministers der CSU, aus seinem Amte als erster bayerischer Ministerpräsident der Nachkriegszeit: man hatte die von ihm bis 1933 geführte Bayerische Volkspartei als eine weitgehend nationalistische Organisation interpretiert und ihm – nicht zu Unrecht – Laxheit bei der Durchführung der ersten Entnazifizierungsmaßnahmen vorgeworfen. Sein Nachfolger wurde ein führender bayerischer Sozialdemokrat, Dr. Wilhelm Hoegner. Anfang 1946 amtierten als Regierungschefs in der amerikanischen Zone:

Bayern: Dr. Wilhelm Hoegner (SPD, bis 16. Dezember 1946)
Württemberg-Baden: Dr. Reinhold Maier (DVP/FDP, bis 1952)
Hessen: Prof. Dr. Karl Geiler (parteilos, bis Dezember 1946)
[Bremen: Wilhelm Kaisen (SPD, bis 1965)].

Bis auf Bayern, wo man eine Zusammenarbeit mit den Kommunisten ablehnte, gab es überall Vier-Parteien-Regierungen. Die Freie Hansestadt Bremen und das Gebiet von Bremerhaven bildeten zunächst eine von den Amerikanern aus Nachschubgründen benötigte militärische Enklave innerhalb der britischen Zone, wurden aber am 14. Januar 1947 offiziell der US-Zone zugeschlagen (mit entsprechender Vertretung im Stuttgarter Länderrat).

Der Aufbau der »Demokratie von unten nach oben« in den Vertretungskörperschaften vollzog sich schnell. Unter dem Eindruck der Parteigründungen in der russischen Zone und der in Berlin sich betätigenden »Zentral«- und »Reichs«ausschüsse hatte General Eisenhower die Zulassung politischer Parteien auf Kreisebene am 20. September genehmigt und damit die schon lange vorher im stillen eingeleiteten Wiedergründungen und neuen Sammlungsversuche formell sanktioniert; schon Anfang August hatte es beispielsweise bereits wieder Landesvorstände der SPD in Hessen und Württemberg gegeben. Neben der sich schnell neu zusammenfindenden Sozialdemokratie und den kleinen kommunistischen Gruppen entstanden Orts- und Kreisverbände der Freien und Christlichen Demokraten; in Bayern entwickelte sich als landeseigene Partei die Christlich-Soziale Union unter dem Vorsitz Dr. Josef Müllers, doch blieb einem kräftigen Förderer des Unionsgedankens, dem ehemaligen christlichen Gewerkschaftler und Reichsminister der Zentrumspartei, Adam Stegerwald, infolge seines frühen Todes eine prägende Führungsrolle innerhalb der CSU versagt.

Schon im Januar 1946 konnten in den Ländern Gemeindewahlen abgehalten werden; die Parteien waren zu diesem Zeitpunkt durchaus imstande, über ihre regionalen Organisationen mit Kandidaten für die kommunalen Parlamente aufzuwarten. Nachdem diese Vertretungen sich konstituiert hatten, folgte sofort die Anordnung der Militärregierung an die Regierungschefs nach, Vorbereitungen für die Ausarbeitung der Länderverfassungen zu treffen. Im Februar 1946 begannen Verfassungsausschüsse mit der Arbeit, und bald darauf liefen die ersten »Wahlkämpfe« der Nachkriegszeit an: es galt, im Gegensatz zur Praxis in der französischen und britischen Zone, die verfassunggebenden Landesversammlungen durch das Volk zu wählen. Und noch einmal wurde ein Gang zur Urne notwendig. Schon am 24. November (Württemberg-Baden) bzw. am 1. Dezember (Hessen und Bayern) konnten die Wahlberechtigten die von den Landesversammlungen vorgelegten Verfassungstexte bestätigen und gleichzeitig die Kandidaten der politischen Parteien in die Landtage entsenden. Für den bayerischen Bereich sei hier auf besondere Spielarten der Parteienentwicklung hingewiesen: außerhalb der Quadriga der vier »klassischen« Lizenzparteien gab es die stark föderalistische und den bayerischen Staatsgedanken betonende Bayernpartei (Zulassung als Landespartei jedoch erst im März 1948) sowie die »Wirtschaftliche Aufbau-Vereinigung« (WAV) des sich lautstark für den Mittelstand einsetzenden Rechtsanwaltes Alfred Loritz. In den Landtagswahlen trat die Dominanz der CSU in Bayern, der SPD in Hessen und das relativ starke liberal-demokratische Element in Württemberg-Baden eindeutig hervor, Erscheinungen, die bis heute ihre Gültigkeit kaum eingebüßt haben. Dennoch verzichtete man allgemein auf Koalitionsbildungen gegen eine Oppositionspartei: es war in Deutschland, zumal jede Partei der Besatzungsmacht ihren guten Willen und die Mitarbeit am demokratischen Aufbau unter Beweis stellen wollte, 1946/47 immer noch die Zeit der Allparteienregierungen oder wenigstens der »großen« Koalitionen, welche die linken oder rechten Flügel der Parlamente dabei zu isolieren bewußt vermieden haben.

Äußerlich gesehen waren das alles rasche Fortschritte in der Neugestaltung des demokratisch-parlamentarischen Lebens, und die amerikanische Militärregierung honorierte diesen Fortgang durch die stufenweise Überlassung weiterer Kompetenzen an die Länderparlamente und -regierungen (zuletzt am 1. März 1947). Es blieb auch nicht aus, daß die Einrichtung des Länderrates und dessen nahezu reibungslose Tätigkeit weit über die Grenzen der US-Zone hinauswirkte und besonders in Norddeutschland schlechthin als Vorbild empfunden wurde, was Verantwortlichkeiten und Aufgabenbereich anging.

Britische Zone

Mit »Norddeutschland« meinen wir die britische Besatzungszone, die nun als viertes und letztes Gebiet zu betrachten ist. Die Wünsche weckende Ausstrahlungskraft des süddeutschen Länderrates soll freilich keinesfalls besagen, daß die Engländer nicht um »Einheitlichkeit« bemüht gewesen seien. Tatsächlich war das Gegenteil der Fall, und eine ständige Konferenz der Länderchefs und Oberpräsidenten zeichnete sich bereits Ende 1945 ab, nur gelang es nicht, sie zu einer offiziellen Institution zu erheben. Lediglich das dafür geplante deutsche Generalsekretariat wurde, allerdings in einer anderen Form, verwirklicht.

Die Briten richteten nämlich mit deutscher Unterstützung am 15. Februar 1946 mit dem Sitz in Hamburg einen »Zonenbeirat« (German Advisory Council) ein, dem ein ständiges deutsches Sekretariat angegliedert wurde. Die Länder- und Provinzchefs sollten diesem Beirat angehören, ferner fachlich qualifizierte Persönlichkeiten, Vertreter der Parteien, der Gewerkschaften und der Verbrauchergenossenschaften. Die Auffassungen der deutschen Berater von der Notwendigkeit eines Mindestmaßes an »Zentralismus« – ein damals sehr unpopulär gewordener Begriff – trafen sich ungefähr mit dem Vorsatz der Besatzungsmacht, bei der Administration deutschen Bodens so zweckmäßig wie möglich zu Werke zu gehen. Aber trotz Zuziehung von Fachvertretern und Parteipolitikern zum Zonenbeirat überwog in der ersten Zeit seines Bestehens der Charakter als Repräsentanz der Länder, obgleich er mit dem Länderrat der US-Zone, der doch schon legislative Aufgaben hatte, nur sehr bedingt vergleichbar war. Als rein beratendes Organ hatte der Zonenbeirat weder zu koordinieren, noch zu beschließen, noch auszuführen. Doch konnten nicht von ihm ausgehend gewisse Chancen für einen Fortschritt in der deutschen Frage erwartet werden, wenn hier prominente, ja führende Vertreter der Parteien ein Mitspracherecht ausübten? Das jedenfalls schwebte dem Oberpräsidenten der Provinz Hannover, Hinrich Wilhelm Kopf, vor, als er temperamentvoll am 6. Februar bei einem Besuche des Länderrates in Stuttgart forderte, man müsse »endlich einmal von der Verwaltung zur Politik kommen«, denn dann würde auch seitens der Besatzungsmächte auf die deutschen Wünsche weitgehender Rücksicht genommen werden.

Gerade im »Norden« wäre die Ausgangslage hierfür nicht ungünstig gewesen. Gleich nach der Annahme des Potsdamer Kommuniqués durch die »Großen Drei« hatte Feldmarschall Montgomery am 6. August 1945 bekanntgegeben, die britische Militärregierung stimme grundsätzlich der Bildung »freier Gewerkschaften« und »demokratischer politischer Parteien« zu. Seitdem war die Lizenzierung und Konstituierung namentlich von SPD und CDU auf Länder- und Provinzbasis schnell in Gang gekommen. Dr. Schumacher konnte sich von Hannover aus als führende Persönlichkeit der SPD sogar weit über die Zonengrenzen mühelos durchsetzen, zumal »Gegenansprüche« nicht erhoben wurden; die Christlich-Demokratische Union des Westens, deren unmittelbare Anfänge auf das Sichzusammenfinden rheinischer und westfälischer, die Enge des bisherigen Zentrums-Konfessionalismus ablehnender Politiker zurückgingen, hatte sich bereits am 5. Februar 1946 in Krefeld-Uerdingen als Zonenpartei zusammenschließen dürfen, ihr 1. Vorsitzender wurde der frühere Kölner Oberbürgermeister und ehemalige Präsident des Preußischen Staatsrates am Ende der Weimarer Zeit, Dr. Konrad Adenauer. Sieht man einmal von den

Gruppen der Freien Demokraten und der Niedersächsischen Landespartei (mit ursprünglich welfischer Tradition) ab, genossen zu Beginn des Jahres 1946 besonders diese beiden großen Parteien, SPD und CDU, nicht zuletzt durch ihre organisatorische Geschlossenheit ein handfestes Ansehen bei der britischen Besatzungsmacht. Am Tage der Eröffnung des Zonenbeirates (6. März) hatten Adenauer und Schumacher ihre erste quasiparlamentarische Begegnung miteinander. Es war sicherlich ein für die nun anhebende »neue« deutsche Innenpolitik bedeutsames Ereignis, doch wurde der kleine zeitliche Vorsprung, den die parlamentarischen Parteien in der britischen Zone besaßen, vorerst nicht genutzt.

Für die Engländer hatten andere Maßnahmen den Vorrang. Als überkommene Verwaltungseinheiten in ihrem Besatzungsgebiet hatten sie lediglich preußische Provinzen und kleinere Länder vorgefunden, ein Umstand, der ihre Neigung, die Zone als Gesamtheit zu sehen und in straffer Organisation aufzubauen, nur noch ausgeprägter werden ließ. Frühzeitig waren daher zentrale Zonenämter für Wirtschaft, Landwirtschaft, Arbeit und andere Ressorts unter deutscher Leitung als fachliche Hilfsorgane für die in englischer Verantwortung liegende Exekutive eingerichtet worden. Und mit diesen Gestaltungswünschen hing es auch zusammen, daß die Briten – anders als die Amerikaner – ihren Zonenbeirat installierten, bevor die dringende politische Flurbereinigung, die Neugliederung der Zone in Länder, überhaupt begonnen wurde. Ja, man ging soweit, den Zonenbeirat in die Vorarbeiten zu den territorialen Problemen mit einzubeziehen, indem man von ihm Gutachten und Vorschläge anforderte (Sonderausschuß unter dem Vorsitz Schumachers). Es ist also nicht richtig, wenn heute gesagt wird, der Federstrich eines britischen Militärgouverneurs habe, wie einst Napoleon 1806, die neuen Landesgrenzen in Nordwestdeutschland geschaffen. Besondere Eile zeigte man freilich im Falle Nordrhein-Westfalens. Dieses Land wurde tatsächlich – aber auch hier nach Konsultation deutscher Stellen und Behörden – schnell errichtet, und zwar besonders deswegen, um endgültig die Ansprüche Frankreichs auf das Rheinland und der Sowjetunion auf die Teilnahme an einer Kontrolle des Ruhrgebietes abzubiegen (17. Juli 1946). An der Existenz dieses Landes durften die Neugliederungsvorschläge des Zonenbeirats jedenfalls nicht mehr rütteln.

Bis zum Spätherbst 1946 waren unter weitgehender Berücksichtigung deutscher Anregungen auch die anderen drei Länder durch Verordnung geschaffen. Die Abgrenzung von Schleswig-Holstein und der Freien Stadt Hamburg machte keine Schwierigkeiten. Diffiziler war die Bildung des Landes Niedersachsen, das schließlich aus der vorübergehend wieder zum Lande gewordenen Provinz Hannover sowie den früheren Ländern Oldenburg, Braunschweig und Schaumburg-Lippe errichtet wurde. Zu Landtagswahlen kam es daher erst im Jahre 1947; auch die Verabschiedung von Landesverfassungen erfolgte wesentlich später als in der US-Zone (in Niedersachsen 1951). Regierungschefs waren Ende der 40er Jahre:

Nordrhein-Westfalen: Karl Arnold (CDU, bis 1956)
Niedersachsen: Hinrich Wilhelm Kopf (SPD, bis 1955)
Hamburg: Max Brauer (SPD, bis 1955)
Schleswig-Holstein: Hermann Lüdemann (SPD, bis 1949)
Bruno Diekmann (SPD, bis 1950).

Ab Herbst 1946 wurde von deutscher Seite immer energischer einer Parlamentarisierung des Zonenbeirates das Wort geredet: nur noch die Parteien sollten ihn beschicken dürfen. Hinzu kam der Wunsch, die oft von den Landesregierungen kritisierten Zonenämter möchten künftig einem so umgebildeten Zonenbeirat verantwortlich sein. Diese Umgestaltung wurde im Juni 1947 verwirklicht; alle vier Landesparlamente, vor kurzem erstmalig gewählt, entsandten nun insgesamt 37 Abgeordnete. Wenig vorher hatten die Ministerpräsidenten beschlossen, von sich aus – sicher nach dem Vorbilde Stuttgarts – einen »Länderrat des britischen Besatzungsgebietes« ins Leben zu rufen. Aber dieses Gremium, verwirklicht im November, errang wenig Bedeutung. Angesichts des durch seine Aufgabenfülle nunmehr gestärkten Zonenbeirates konnte es allenfalls einen koordinierenden Einfluß auf die Landesgesetzgebung ausüben, – mehr nicht. Der parlamentarische Umbau des Zonenbeirates freilich machte wiederum in der amerikanischen Zone Eindruck und rief entsprechende Reformgedanken zugunsten der Stuttgarter Institution wach.

Das wechselseitige Blicken nach Stuttgart und Hamburg hatte frühzeitig durch freundschaftliche Kontakte deutscher Verwaltungsbeamter und Politiker aus beiden Zonen eine Ergänzung erfahren, die nach Errichtung des Vereinigten Wirtschaftsgebietes noch intensiver wurde und zugleich offizielle Formen annahm. Ab 1946/47 bildeten sich die britische und die

US-Zone als zusammenhängende Grundfläche einer künftigen Staatswerdung heraus, und die Rufe nach einem funktionierenden Gesamt-Deutschland der vier Zonen kamen nicht nur aus Berlin und der Sowjetzone, sondern auch aus dem Munde westdeutscher Politiker und Regierungschefs. Männer wie Ehard, Reinhold Maier, Kaisen, Arnold und andere beschäftigten sich keineswegs nur mit den Aufgaben der von ihnen geführten Kabinette, wenngleich ihnen ein gemeinsamer Länderrat für »deutsche Politik«, gewünscht schon am 1. März 1946 auf einem Treffen in Bremen, auf Grund britischen Widerstandes vorerst versagt blieb.

So erbrachte eine gemeinsame Tagung von Mitgliedern des Länderrates und Vertretern des Zonenbeirates am 3. April 1946 in Stuttgart ein Bekenntnis zur deutschen Einheit, zumal zur wirtschaftlichen, wie sie auf der Potsdamer Konferenz festgelegt worden war. Im Laufe des Sommers wurde die Notwendigkeit umfassender Besprechungen immer dringender; am 11. August beschlossen die Länderchefs der britischen Zone, eine interzonale Ministerpräsidentenkonferenz mit Vertretern aller vier Besatzungsmächte anzustreben. Die Einladungen übernahm Senatspräsident Kaisen (Bremen), nachdem eine gleichzeitige Initiative Prof. Dr. Geilers (Hessen) das Vorhaben nur zu begünstigen schien. Dann kam die Rede Byrnes'; zum ersten Male war vor den Deutschen wieder ernsthaft von der Schaffung zentraler Verwaltungsstellen gesprochen worden, zudem sei ein Nationalrat aller Länderchefs erstrebenswert. Sofort schlug Ministerpräsident Kopf (Niedersachsen) vor, eine »Aussprache über die nach der Rede des Außenministers Byrnes gegebenen Möglichkeiten zur Bildung einer zentralen deutschen Regierungsgewalt« auf die Tagesordnung der geplanten Konferenz zu setzen, die bislang nur einen Erfahrungsaustausch über Verwaltungs- und Koordinierungsfragen vorgesehen hatte. Auf der Konferenz, die am 4. und 5. Oktober 1946 in Bremen stattfand und der die Ministerpräsidenten der französischen und sowjetischen Zone (trotz der anfänglichen Zusage Sachsen-Anhalts) fernbleiben mußten, wurde eine Entschließung besprochen und gebilligt, nach der man die Zeit für gekommen hielt, »dem Kontrollrat die Bildung eines Deutschen Länderrates und eines Deutschen Volksrates vorzuschlagen«, beide zunächst als beratende Gremien, aber mit Vorlagerecht. Die Entschließung wurde dem Alliierten Kontrollrat in Berlin zugeleitet.

Die Bremer Initiative ist dann, abgesehen vom Schweigen des

Kontrollrates, faktisch von dem harten Winter 1946 auf 1947 erstickt worden; auch schoben sich Besprechungen über die organisatorische Verwirklichung der Bi-Zone (Vereinigtes Wirtschaftsgebiet) als dringlicher vor. Der Gedanke einer interzonalen Zusammenkunft wurde erst im Mai 1947 wieder aufgegriffen.

Die Münchner Ministerpräsidentenkonferenz 1947

Im Frühling 1947 faßte der bayerische Ministerpräsident Dr. Hans Ehard unter dem Eindruck des schwersten deutschen Nachkriegswinters und seiner Folgen den Entschluß, eine Konferenz der Regierungschefs aus allen vier Zonen nach München einzuberufen. Eine sorgfältige Vorbereitung sollte von vornherein verhindern, daß wie in Bremen nur zwei Besatzungsgebiete vertreten sein würden. Nachdem feststand, daß General Clay keine Einwendungen gegen den Plan Ehards erhob, ergingen am 7. Mai die Einladungen, in denen es unter anderem hieß:

Gegenstand der Konferenz soll die Beratung von Maßnahmen sein, die von den verantwortlichen Ministerpräsidenten den alliierten Militärregierungen in Vorlage gebracht werden sollen, um ein weiteres Abgleiten des deutschen Volkes in ein rettungsloses wirtschaftliches und politisches Chaos zu verhindern. Das deutsche Volk ist physisch und seelisch nicht mehr fähig, einen neuen Winter mit Hungern und Frieren im Wohnungselend zerstörter Großstädte, in wirtschaftlicher Auszehrung und in politischer Hoffnungslosigkeit abzuwarten.

Im Gegensatz zur Bremer Konferenz, die von den Gremien der Länderchefs angestrebt worden war, handelte es sich jetzt um die Initiative eines einzelnen Landes. Ob sie nebenbei auch dem Bedürfnis entsprang, »gegen das ewige Gerede von der zweifelhaften Reichstreue Bayerns einen vernichtenden Schlag zu führen« (Hoegner), mag dahingestellt bleiben. Auf jeden Fall schloß zunächst der Text der Einladungsschreiben ein vorsichtiges Ansprechen auch der politischen Problematik nicht unbedingt aus, sollte doch die Tagung den Weg ebnen »für eine Zusammenarbeit der Länder im Sinne wirtschaftlicher Einheit und künftiger politischer Zusammenfassung«! Erschwerungen in dieser Richtung traten jedoch bald auf. Die französische Militärregierung knüpfte an die Genehmigung, die Länderchefs ihrer Zone nach München reisen zu lassen, die Voraussetzung, daß über die Einheit Deutschlands nicht verhandelt werden dürfe. Als gar die Ministerpräsidenten der sowjetischen Zone – nach Weisungen des SED-Zentralsekretariats – die Konferenz gleichsam radikalisieren wollten und Ehard am 28. Mai vorschlugen, den Tagungsort nach Berlin zu verlegen, Vertreter der Parteien und Gewerkschaften hinzuzuziehen und »in den Mittelpunkt der Tagesordnung die Schaffung der wirtschaftlichen und politischen Einheit Deutschlands zu stellen«, war für Ehard, wollte er sein Vorhaben nicht gefährden, höchste Vorsicht geboten. Er lehnte höflich, aber bestimmt das Ansinnen der Mitteldeutschen ab (30. Mai) und meinte lediglich, man könne allenfalls ihren Tagesordnungsvorschlag auf der Vorbesprechung der Regierungschefs beraten; auch die Einberufung »weiterer Konferenzen und die Festlegung ihres Rahmens« könne auf der kommenden Konferenz zur Sprache gebracht werden, »wobei die bayerische Regierung auch eine spätere Tagung in Berlin durchaus begrüßen würde«.

Wenn somit Ehard die Demagogie vom Konferenztisch fernzuhalten bestrebt war, konnte er der Zustimmung seiner Gäste aus den Westzonen sicher sein, zumal die Vorbehalte der Franzosen und das durchaus gegebene Mißtrauen der beiden anderen westlichen Besatzungsmächte nunmehr die Behandlung politischer Fragen endgültig ausschlossen. Auch die am 30. Mai in Hamburg versammelten Länderchefs der britischen Zone waren sich bei der Beratung der Tagesordnung und der auf sie entfallenen Resolutionsentwürfe einig darüber, »auf der Münchner Konferenz unter allen Umständen die Erörterung rein politischer Themen zu vermeiden« und außerdem die Tagesordnung der Konferenz »soweit als möglich« zu vereinfachen. Freilich wirft die Begründung einer solchen Selbstbescheidung ein interessantes Licht auf diejenigen Potenzen, die 1947 bereits wieder neben den Landesregierungen, und zwar gerade in der britischen Zone, an Einfluß gewonnen hatten. Man war nämlich in Hamburg der Meinung, die Besprechung der »rein politischen Themen« sei eine »Angelegenheit der politischen Parteien«. Und diese Auffassung stand in Einklang mit der an sich noch weiter gehenden Kurt Schumachers, welcher vorher, am 28. Mai, in Hannover eine Aussprache mit den Parteiführern Jakob Kaiser (CDU Berlin) und Dr. Müller (CSU) gehabt hatte. In ihr war im Zusammenhang mit der bevorstehenden Münchner Konferenz von Schumacher die grundsätzliche Prärogative der SPD als großer Partei in bezug auf »Reichssachen« betont worden. Er hatte aber auch um der »brennenden Tagessorgen« willen die »Aktivlegitimation« von Einladendem und Teilnehmern nicht in Zweifel ziehen wollen: »Wenn wir in München einen Schritt nach vorwärts kommen, haben wir gegen die Teilnahme sozialdemokratischer Ministerpräsidenten nichts einzuwenden.«

Bis zum 3. Juni mußten die Ministerpräsidenten der sowjetischen Zone warten, ehe das SED-Zentralsekretariat ihnen die Reise gestattete. Dafür hatten sie auf einer Vorkonferenz – jetzt erheblich schärfer formuliert – zu fordern, daß in die Tagesordnung als Punkt 1 folgender Passus aufgenommen werde:

Bildung einer deutschen zentralen Verwaltung durch Verständigung der demokratischen Parteien und Gewerkschaften zur Schaffung des deutschen Einheitsstaates.

Die Mitteldeutschen trafen am Abend des 5. Juni in München ein und hatten durch ihr spätes Erscheinen an den Kommissions- und Vorberatungen des 4. und 5. Juni nicht teilnehmen können, auf denen durch Ehard ein »ausdrückliches und feierliches Bekenntnis zur deutschen Einheit« angekündigt worden war. Die berühmt gewordene nächtliche Vorbesprechung vereinte endlich um 21.45 Uhr die Ministerpräsidenten aller vier Zonen; Dr. Steinhoff (Brandenburg) erschien als letzter, als die Beratungen bereits eingesetzt hatten.

Ministerpräsident Höcker (Mecklenburg) brachte sofort die ihm aufgetragenen Forderungen der SED-Parteileitung vor. Wenn dabei, was als Vermutung nicht ohne weiteres von der Hand zu weisen ist, eine heimliche Spekulation auf ein Entgegenkommen der sozialdemokratischen Länderchefs im Spiele gewesen sein sollte, dann erwies sie sich schnell als falsch. Zweifellos war man westlicherseits daran interessiert, Vergleichslösungen zu finden, doch herrschte stillschweigend Übereinstimmung darüber, daß bei ihrem Zustandekommen die ostzonalen Vertreter die Nachgebenden sein sollten, nicht aber die der Westzonen. Nachdem Senatspräsident Kaisen (Bremen) die Behandlung der Frage einer deutschen Zentralverwaltung als zu früh bezeichnet hatte (allerdings im Sinne Schumachers »die Parteien« als hierfür zuständig erklärte) und Ministerpräsident Dr. Maier (Württemberg-Baden) auf das Vorhandensein der Bremer Empfehlungen verwiesen hatte, versuchte Kopf

(Niedersachsen) einen Brückenschlag und meinte, »daß ja ein Bekenntnis zur deutschen Einheit in der Tagesordnung vorgesehen sei, über Form und Inhalt einer solchen Erklärung müsse man sich ohnehin verständigen«. Auch Bürgermeister Brauer (Hamburg) verwies darauf, die Ministerpräsidenten müßten vor dem Schlußwort des vorsitzenden Regierungschefs »zur demokratischen Entwicklung Deutschlands Stellung nehmen, über eine Abschlußentschließung müsse man sich verständigen. Vorher aber müßten die Nöte des kommenden Winters erörtert werden«. Den Ausschlag gab Ehard, als er schließlich – völlig zu Recht – bemerkte, »die Tagung dürfe nicht in eine politische Demonstration ausarten. Wir seien noch nicht so weit, daß wir die Besatzungsmächte unseren Wünschen gefügig machen könnten. Das Bekenntnis zur deutschen Schicksalsgemeinschaft gehöre an die Spitze. In dem Augenblick aber, in dem man von einer zentralen Regierung spreche, würde man die Gegensätze aufreißen. Die Tatsache, daß man sich an einen Tisch setze, sei mehr wert als noch so schöne Reden.« »Weisungsgemäß« konnten die ostzonalen Länderchefs mit solchen Stellungnahmen nichts anfangen. Nachdem einige von Ministerpräsident Paul (Thüringen) vorgebrachte Kompromißvorschläge, die nach der Möglichkeit suchten, die Auffassungen seiner Kollegen wenigstens zu Wort kommen zu lassen, keine Zustimmung gefunden hatten, warteten sie das Ende der Aussprache nicht mehr ab. Sie berieten eine Stunde lang intern und erklärten darauf, daß sie sich nicht in der Lage sähen, »weiter an den Beratungen teilzunehmen«. In den frühen Morgenstunden verließen sie die Konferenz und München.

Die Konferenz fand also ohne die Mitteldeutschen statt, zum ehrlichen Bedauern der anderen Teilnehmer. In seiner Eröffnungsansprache am 6. Juni brachte Ehard die Aufgabe der Tagung auf die kurze Formel »Wie kommen wir über den nächsten Winter?« und hob wörtlich hervor:

Trotz der Aufspaltung Deutschlands in vier Zonen geben wir keinen Teil unseres deutschen Vaterlandes auf. Trotz des Weggangs der Ministerpräsidenten der Ostzone bleiben wir auch diesem Teile Deutschlands zutiefst verbunden. Den deutschen Osten und Berlin betrachten wir als lebenswichtigen Bestandteil Deutschlands. Vor allen Beratungen und Erwägungen wollen wir gemeinsam das Bekenntnis ablegen, in welchem sich die Herzensüberzeugung und die glühende Sehnsucht aller Teile Deutschlands zu Worten formen: Alle deutschen Länder sollen untrennbar verbunden sein und gemeinsam wollen wir den Weg bauen für eine bessere Zukunft des einen deutschen Volkes.

Der Vortrag sorgsam vorbereiteter Referate und Korreferate schloß sich an. Am ersten Tage wurden behandelt: Adresse an die Kriegsgefangenen (Kaisen), Ernährungs- und Wirtschaftsfragen. Referenten waren unter anderen Agrarfachleute wie der ehemalige Reichsminister Dietrich und der spätere Bundespräsident Heinrich Lübke, damals Staatsminister in Nordrhein-Westfalen. Über die Auswirkung der Unterernährung auf die Volksgesundheit sprach Frau Louise Schröder, geschäftsführender Oberbürgermeister der 1947 noch ungeteilten Stadt Berlin. Im Laufe der Diskussion über die deutsche Wirtschaftsnot machte auf Anregung Ehards der hessische Ministerpräsident Stock Ausführungen über den Stand der organisatorischen Entwicklung in der Bi-Zone. Am 7. Juni waren das Flüchtlingsproblem und Fragen des für deutsche Verhältnisse neuartigen »Besatzungsrechts« an der Reihe; über letzteren Punkt referierte Staatsrat Prof. Carlo Schmid (Württemberg-Hohenzollern). Eine Erklärung zur deutschen Einheit und eine Ansprache Ehards bildeten den Abschluß der Konferenz.

Die gemeinsam erarbeiteten und beratenen Entschließungen zu den einzelnen Problemen waren für den Alliierten Kontrollrat bestimmt. Sie behandelten den Wunsch nach bestimmten finanzpolitischen und wirtschaftlichen Maßnahmen, so zur Kohlennot, zur Ernährungslage, zum Flüchtlingsproblem. Sie betrafen aber auch die deutschen Waldbestände, die durch starke Abholzungen in Gefahr geraten waren, die Entnazifizierung und das Besatzungsrecht. Zudem empfahl die Konferenz »bis zur Herstellung der deutschen Wirtschaftseinheit die Bildung eines Länderausschusses aus allen deutschen Gebieten zur ständigen Unterrichtung und Beratung des Alliierten Kontrollrats in wirtschaftlichen Fragen«. Eine Delegation der Ministerpräsidenten wurde jedoch vom Kontrollausschuß vorerst nicht zugelassen; die Entschließungen durften lediglich schriftlich eingereicht werden. Die Tatsache, daß die Konferenz der Länderchefs hatte tagen und arbeiten können, war ein ermutigendes Zeichen für die Zukunft; der von der SED im Auftrage der Sowjets erzwungene Exodus der mitteldeutschen Ministerpräsidenten entsprach freilich dem machtpolitischen Status quo von 1945 auf deutschem Boden.

Und noch etwas wurde damals ganz deutlich: die Initiative Ehards, seine Worte bei der Tagungseröffnung, das bereitwillige Eingehen seiner Kollegen auf den immer wieder betonten Gedanken einer den Länderchefs zukommenden »Treuhänderschaft« für das Ganze und nicht zuletzt die den »Länderausschuß« betreffende Entschließung haben ab 1947 das Kollegium der Ministerpräsidenten zu wesentlichen und bald offensichtlich bevorzugten Sprechern und Gesprächspartnern der Alliierten in überzonalen und gesamtdeutschen Angelegenheiten gemacht. Von Bayern her baute sich zu einer Zeit, da von anderer Seite die »Parlamentarisierung« der überregionalen Körperschaften verstärkt angestrebt wurde, ein föderalistisches Gegengewicht auf, das alsbald den Wunsch nach eigenen Institutionen anmeldete. So hat die Münchner Konferenz über die technische Bewältigung der derzeitigen wirtschaftlichen Not hinaus eine für die deutsche Nachkriegsgeschichte zusätzliche Bedeutung.

Das Vereinigte Wirtschaftsgebiet 1947–1948 (1949)

Der Bericht des hessischen Ministerpräsidenten Stock auf der Münchner Konferenz bezog sich auf die wenigen Realitäten, die im Augenblick gesamtdeutschen Wünschen und Hoffnungen zugrunde gelegt werden konnten: auf das Vereinigte Wirtschaftsgebiet, die »Bi-Zone«.

Schon in Bremen hatten sich die Länderchefs der britischen und amerikanischen Zone nicht nur mit den möglichen Konsequenzen der Byrnes-Rede, sondern auch mit dem unter britischer Zustimmung von Clay betriebenen wirtschaftlichen Zusammenschluß beider Zonen beschäftigt. Für die auf Grund von Einzelabkommen errichteten *fünf gemeinsamen* »*Verwaltungen*« (Wirtschaft, Ernährung und Landwirtschaft, Finanzen, Verkehr sowie Post- und Fernmeldewesen) hatten die Alliierten – neben den Leitern – paritätisch aus beiden Zonen zu besetzende »Verwaltungsräte« vorgesehen. Während aus der US-Zone bereits Fachvertreter der Länderministerien oder gar die Minister selbst entsandt wurden, wollten die Engländer zunächst lediglich auf Angehörige der deutschen »Zentralämter« in ihrer Zone zurückgreifen. Aber hiergegen hatten sich die Ministerpräsidenten schon im Oktober 1946 gestemmt, und bis zum Winter 1946/47 konnten die Länder auch der britischen Zone ihre Fachminister in die Verwaltungsräte entsenden.

Aber vorerst, und das in den Monaten der Wintersnot, arbeiteten die Ämter getrennt voneinander (Minden, Stuttgart usw.), und zwar hauptsächlich deswegen, weil man *nicht* durch vielleicht voreilig vorgenommene Organisationsstraffungen politische Entscheidungen oder Festlegungen treffen wollte, die später kaum zu widerrufen gewesen wären. So fehlten einstweilen sowohl die Koordination als auch die parlamentarische Kontrolle, die freilich bereits in Bremen von den Ministerpräsidenten empfohlen worden war. Im Frühjahr 1947, zumal nach dem Fehlschlag der Moskauer Außenministerkonferenz, kam es daher zu weitergehenden Besprechungen, welche eine Umgestaltung der gemeinsamen Wirtschaftsverwaltung zur Folge hatten. Die beiden Militärregierungen schlossen am 29. Mai ein neues Abkommen. Fortan sollte es in der Bi-Zone – und Stock berichtete in München erläuternd darüber – folgende Einrichtungen geben:

einen *Wirtschaftsrat* als Legislative mit dem Sitz in Frankfurt a. M., der 54 Abgeordnete aus den acht Landesparlamenten nach dem Proporz der jeweiligen Fraktionsstärken umfassen sollte,

daneben (und »sitzungsmäßig« sogar inkorporiert) einen *Exekutivausschuß* (später »Exekutivrat« genannt) als Gremium von Vertretern der acht Länderregierungen,

sowie die fünf einzelnen *Verwaltungen*, an deren Spitze nunmehr Direktoren stehen sollten.

Sämtliche »Verwaltungen« aber waren nach Frankfurt an den Sitz des Wirtschaftsrates zu verlegen. Ein gemischtes *Alliiertes Kontrollamt* (Bipartite Control Office) stand den neuen Einrichtungen des Vereinigten Wirtschaftsgebietes als korrespondierendes Organ zur Seite. Um scheinbar naheliegende Fehldeutungen der gewandelten Verhältnisse von vornherein zu entkräften, erklärte General Sir Brian Robertson am 29. Mai in Berlin:

Das Abkommen über die Errichtung eines Wirtschaftsrates der Länder der britischen und der amerikanischen Zone stellt keinen Versuch dar, Deutschland zu teilen. Das Abkommen bedeutet tatsächlich nicht mehr, als in meiner gemeinsam mit General Lucius D. Clay herausgegebenen Erklärung steht. Der Wirtschaftsrat ist auch kein Schattenkabinett, er ist nur dazu da, um die Besatzungsbehörden bei der wirtschaftlichen Wiederherstellung und der besseren Verflechtung der beiden Zonen zu unterstützen.

Am 25. Juni 1947 trat in der mit schwarz-rot-goldenen Fahnen geschmückten Stadt Frankfurt der Wirtschaftsrat der Zwei-Zonen-Organisation als parlamentarische und legislative Körperschaft zum ersten Male zusammen. Sein Präsident wurde der Wiesbadener Abgeordnete Dr. Erich Köhler (CDU), der spätere erste Präsident des Deutschen Bundestages, Vizepräsident der damalige hessische Innenminister und spätere Ministerpräsident Georg August Zinn (SPD). Dem Wirtschaftsrat zur Seite stand, wie vorgesehen, ein Exekutivrat (als Vorform einer Art »Wirtschafts«-Regierung), dem eine etwas vage »Vertretung« der Länder, aber mehr noch die Koordinierung der bizonalen Beamtenapparate oblag, wozu ihm die fünf »Verwaltungen« freilich nicht formell unterstellt waren. Allerdings hatten diese Bevollmächtigten der Länder im Exekutivrat eine merkwürdige Position: Sie hatten mit dem Wirtschaftsrat zusammenzuarbeiten, waren ihren Ländern als nominierte Vertreter verpflichtet, doch scheint ihre Weisungsgebundenheit unterschiedlich ausgelegt worden zu sein. Es empfahl sich also, daß die Ministerpräsidenten Männer ihres grundsätzlichen Vertrauens nach Frankfurt entsandten.

Man wird sagen dürfen, daß das Jahr 1947 im Zeichen einer sich vertiefenden Parlamentarisierung des öffentlichen Lebens gestanden hat. Nicht nur, daß nun auch in den letzten Ländern Landtagswahlen abgehalten wurden, – die Parlamentarisierung setzte sich im überregionalen Bereiche fort, wie man am Beispiel des umgestalteten Zonenbeirates in Hamburg und des Wirtschaftsrates in Frankfurt sehen konnte. Auch dem Stuttgarter Länderrat war inzwischen ein »parlamentarischer Beirat« an die Seite gestellt worden. Mit alledem waren jetzt entscheidende Voraussetzungen dafür gegeben, daß sich so etwas wie eine deutsche Innenpolitik von neuem entfalten konnte.

Innenpolitik, und diese zunächst aufgezäumt an lebenswichtigen wirtschaftlichen Belangen und Problemen, barg freilich auch den Keim von Konflikten grundsätzlicher Art in sich. Als in Frankfurt am 24. Juli 1947 die Direktoren der bizonalen Ämter gewählt werden sollten, setzte die Fraktion der CDU/CSU/DP (die Niedersächsische Landespartei hatte sich in Deutsche Partei umbenannt) nach langem Hin und Her zusammen mit den Freien Demokraten durch Stimmenmehrheit die Berufung von Kandidaten ihrer Parteirichtung durch. Wer also geglaubt hatte, das in den Ländern bewährte Zusammenspiel der beiden großen Parteien würde sich auf überzonaler Ebene fortsetzen lassen, sah sich in diesem Augenblick und zugleich für eine lange Zukunft getäuscht. An die Spitze der Verwaltungsämter wurden schließlich berufen:

Wirtschaft: Dr. Johannes Semler
Ernährung, Landwirtschaft und Forsten: Reichsminister a. D. Hans Schlange-Schöningen
Finanzen: Dr. Rudolf Hartmann
Verkehr: Prof. Dr. Edmund Frohne
Post- u. Fernmeldewesen: Staatssekretär Hans Schuberth.

Da die SPD mit großem Nachdruck Anspruch auf das Amt für Wirtschaft angemeldet hatte, kam der Ausgang dieser Direktorenwahl einem historischen Ereignis gleich. Es war der Beginn der oppositionellen Haltung der Sozialdemokratie in Westdeutschland, die sich dann – wenigstens auf dem Gebiete der Innen- und der Wirtschaftspolitik – in der Geschichte der Bundesrepublik noch jahrelang fortgesetzt hat. Je mehr die wachsenden Verantwortlichkeiten im Gremium der Ministerpräsidenten und die den Parteien in den Parlamenten zufallenden legislativen Aufgaben zentralisiert wurden, um so stärker machte sich die Regie der Parteiführungen, zumal der sozialdemokratischen, geltend. Daß bereits in München die der SPD angehörenden Regierungschefs »unter der Fernbehandlung von Dr. Kurt Schumacher« gestanden hätten, hat noch siebzehn Jahre später Reinhold Maier in seinen Erinnerungen beklagt. Andererseits aber lag es nicht allein an diesen ebenso neuartigen wie anfangs lediglich situationsbedingten Reibungen zwischen den bürgerlichen Parteien und der SPD, wenn gleichzeitig auch die Beziehungen zwischen den Ländern und einer »Zentrale« (in diesem Falle Frankfurt) zum ersten Male seit 1933 wieder »politisch« gesehen wurden und dadurch neue Spannungen entstanden, die wiederum viel zu schnell in den Sog der von den Parteien bestimmten Windrichtungen hineingerieten.

Nachdem der Wirtschaftsrat in der geschilderten Form ein halbes Jahr gearbeitet hatte, wurden die Organe des Vereinigten Wirtschaftsgebietes abermals einer Umgestaltung unterworfen. Schon wenige Monate nach der Installierung von Wirtschafts- und Exekutivrat war man sowohl auf deutscher als auch auf alliierter Seite zu der Erkenntnis gelangt, daß eine weitere Neugliederung im Sinne einer »Verstaatlichung« unumgänglich sei. Gegen Ende des Jahres 1947 spielten hierbei der härter gewordene Kurs der Administration Truman/Marshall sowie die politischen Konsequenzen, die sich aus dem Abbruch der Londoner Außenministerkonferenz ergaben, eine kräftige Rolle mit. Zum 7./8. Januar 1948 wurde eine Konferenz der Ministerpräsidenten nach Frankfurt einberufen, an der auch zeitweilig führende Angehörige des Wirtschaftsrates teilnahmen. General Clay brachte Vorschläge zur Stärkung der Organisation vor, »damit die deutschen Stellen mehr Verantwortung übernehmen« könnten. Beim Wirtschaftsrat war an eine Verdoppelung der Mitgliederzahl gedacht worden. Neben ihn sollte gewissermaßen als »Zweite Kammer« ein Länderrat (statt des bisherigen Exekutivrates) treten. Auch eine kollegiale Zusammenfassung der Direktoren der Ämter in einem »Direktorium« oder »Verwaltungsrat« wurde angedeutet. Die Länderchefs stimmten nicht von vornherein in allem zu, sondern diskutierten und machten Gegenvorschläge, die aber im wesentlichen auf der Linie der beiden Generale Clay und Robertson lagen.

Im Gegensatz zur ursprünglichen Konzeption der Generale gelang es von sozialdemokratischer Seite her, daß die bisherige Prärogative des Wirtschaftsrates bezüglich der Wahl der Direktoren in etwa beibehalten wurde, wenngleich ein Vorschlag Gustav Dahrendorfs (Nachfolger Zinns als Vizepräsident des Wirtschaftsrates), lediglich einer der Direktoren sollte den Vorsitz im Kollegium führen, bei Clay auf Widerstand stieß. Das Wirtschaftsparlament mußte daher einen ressortlosen Oberdirektor als künftigen Vorsitzenden des Verwaltungsrates akzeptieren, wofür Clay wiederum die Errichtung einer sechsten Verwaltung für Arbeit zu einem späteren Zeitpunkt halbwegs konzedierte. Die Verhandlungen wurden in einem ungewöhnlich raschen Tempo geführt. Viel Zeit war nicht mehr zu verlieren, denn auch die administrativen Vorbereitungen für das Anlaufen des Marshall-Planes forderten Eile. Die Worte Clays »Wir geben zu, daß wir Sie gedrängt haben, und wir drängen uns selbst« mochten wie eine Entschuldigung klingen. Als einer der Ministerpräsidenten fragte, ob die besonderen Einrichtungen der Zonen, also der Stuttgarter Länderrat und der Hamburger Zonenbeirat, nun in Fortfall kommen sollten, glaubte Clay dieses prinzipiell bejahen zu können. Nachdem noch kleinere deutsche Spezialwünsche weitgehend Berücksichtigung gefunden hatten, schufen *Proklamationen beider Besatzungsmächte am 9. Februar 1948* die gesetzlichen Grundlagen für die neue Entwicklungsstufe des Vereinigten Wirtschaftsgebietes.

Gemäß ihrem Wortlaut sollte nach einer Zeit der Umbildung

die Verwaltung des Vereinigten Wirtschaftsgebietes folgende Organe umfassen:

1. den Wirtschaftsrat,
2. den Länderrat,
3. den Verwaltungsrat, bestehend aus den Direktoren der bisherigen Ämter, nunmehr »Verwaltungen« genannt, dazu eine Personalabteilung, ein Statistisches Amt und ein Rechtsamt,
4. ein Obergericht,
5. eine Länder-Union-Bank (Bank deutscher Länder), und
6. einzelne weitere Verwaltungsstellen.

In der Rückschau sieht man deutlich, was sich damit abzeichnete: die *Vorform der Bundesrepublik*, – freilich nicht deswegen, weil die damaligen Verantwortlichen sie seinerzeit schon kategorisch in der uns geläufig gewordenen Form angestrebt hätten, sondern weil man im Stadium der Weiterentwicklung 1948/49, von dem noch zu sprechen sein wird, zweckmäßigerweise die binnen kurzer Zeit bewährten Strukturen und Organisationsformen des Vereinigten Wirtschaftsgebietes weitergebildet bzw. auf ihnen aufgebaut hat.

Am 2. März 1948 wählte der Wirtschaftsrat zum Oberdirektor einen durch seine früheren Erfahrungen geradezu prädestinierten Mann: den ehemaligen Staatssekretär und derzeitigen Oberbürgermeister von Köln, Dr. Hermann Pünder. Die Ironie der Geschichte wollte es freilich, daß gegen ihn, den Staatssekretär in der Reichskanzlei unter Müller und Brüning, von der FDP ein anderer Repräsentant dieser Weimarer Jahre zwischen 1928 und 1932, der liberale frühere Reichsminister Dr. Dietrich, als Kandidat aufgestellt worden war. Die übrigen Direktoren wurden wiedergewählt; nur in der Verwaltung für Wirtschaft trat eine Änderung ein: statt Dr. Semlers, der bei den Alliierten mißliebig geworden.war, wurde Prof. Dr. Ludwig Erhard (CDU) Direktor, der spätere Bundeswirtschaftsminister und zweite Kanzler der Bundesrepublik Deutschland.

Wirtschaftsrat und Länderrat konnten nun unter verbesserten Umständen und unter nahezu rein deutscher Regie in ihren Arbeiten fortfahren und vor allem, zusammen mit dem Verwaltungsrat, sich auf zwei in höchstem Maße dringlich gewordene Aufgaben konzentrieren: auf die Reform der Währung und auf die Inaugurierung einer neuen Wirtschaftspolitik, allerdings jetzt schon konfrontiert mit einer ebenso heftigen wie dauerhaften Opposition von seiten der Sozialdemokratie.

Die nunmehr anlaufende dritte Phase in der organisatorischen Entwicklung des bizonalen Gebietes entsprach genau den bisherigen großen Wandlungen der Weltpolitik und der amerikanischen Europapolitik. Die Vorbereitungen zur Verwirklichung der Marshallplan-Hilfe waren in vollem Gange; sechzehn europäische Staaten saßen bereits in Paris an einem Tisch, um die künftige wirtschaftliche Zusammenarbeit auf der Basis der zu erwartenden ERP-Mittel vorzubereiten. Schon waren Vereinbarungen über sofort zu zahlende Überbrückungshilfen an Frankreich, Italien und Österreich getroffen worden, und die gemeinsamen wirtschaftlichen Anstrengungen Amerikas und des alten Kontinents waren darauf abgestellt, auf besondere Weise die von George F. Kennan, dem Berater Marshalls, empfohlene Politik des »containment« gegenüber der allgegenwärtigen kommunistischen Bedrohung einzuleiten.

So hatte das European Recovery Program nicht nur wirtschaftliche, sondern auch »politische« Hilfe im Gefolge, mindestens aber wirtschaftliche Hilfe mit erheblichen politischen Auswirkungen. In Fortführung der alten, während des Zweiten Weltkrieges erprobten Zusammenarbeit schlossen sich die USA und Großbritannien wieder enger aneinander; gleichzeitig ließen Paris und London den Dünkirchener Vertrag von 1947 unter Einbeziehung der Niederlande, Belgiens und Luxemburgs (»Benelux«-Staaten) zu einem westeuropäischen Verteidigungsinstrument werden (17. März), und zu den so organisierten »Brüsseler Fünf« stießen, wenngleich vorerst nur einseitig angezogen durch das ERP, elf weitere europäische Länder, von Island bis zur Türkei, darunter auch Irland, die Schweiz und Österreich.

Mit anderen Worten: der Marshall-Plan verursachte und initiierte die ersten praktischen Schritte und Maßnahmen auf dem Felde der vielfältigen Möglichkeiten europäischer Zusammenschlüsse; im April entstand in Paris die OEEC (Organization for European Economic Cooperation) als ständige europäische Organisation zur Vorbereitung, Entgegennahme und Verwendung der amerikanischen Hilfsmittel, zum Präsidenten dieses »Europäischen Wirtschaftsrates« wurde der belgische Regierungschef Paul Henri Spaak gewählt. Am 3. April 1948 hatte Präsident Truman das »Gesetz für die wirtschaftliche Zusammenarbeit« unterzeichnen können. Da die drei westlichen Besatzungszonen Deutschlands am Wiederaufbau teilhaben sollten und das European Recovery Program andererseits das deutsche wirtschaftliche Potential in die Planungen mit einbezogen hatte, war Westdeutschland auf der Pariser OEEC-Konferenz durch die drei Militärgouverneure vertreten gewesen. Ein Ausschuß des Wirtschaftsrates hatte Vorschläge ausgearbeitet; General Robertson hatte den Beitritt der Bi-Zone, General Koenig den der französischen Zone zur OEEC formell erklärt. Man sah vor, daß dem ständigen ERP-Komitee in Paris auch zwei deutsche Vertreter angehören sollten.

In Zusammenhang mit diesen Schritten und Erwartungen wurde es jetzt höchste Zeit, eine *Währungsreform* in Gang zu setzen. Nach Kriegsschluß hatte es in fast allen Staaten des Auslandes eine Drosselung des Geldumlaufs gegeben, z. B. mit Hilfe eines Notenumtauschs, – in Deutschland war sie aus naheliegenden Gründen unterlassen worden, was hier zu Geldüberhang, einem geringfügigen Warenangebot von obendrein zumeist minderwertiger Qualität und blühenden »Schwarzen Märkten«, auf denen die »Zigaretten-Währung« dominierte, geführt hatte. Vor allem war das Vertrauen der Bevölkerung zur Währung unter den Nullpunkt abgesunken, während nicht einmal die strenge, von den Alliierten 1945 übernommene Planwirtschaft (Bewirtschaftung) imstande war, die alltäglichen Bedürfnisse der Verbraucher in Ernährung und Kleidung zu befriedigen. Das alles waren, neben den Auswirkungen der Kriegszerstörungen, die Folgen einer »preisgestoppten Inflation«, deren Ursachen bis weit in die Hitler-Zeit zurückgingen und im wesentlichen auf der vom Staate manipulierten Finanzierung der Aufrüstung sowie auf den bis ca. 560 Milliarden RM angestiegenen Kriegskosten beruhten. Die politischen Ereignisse seit den Außenministerkonferenzen des Jahres 1947 ließen die Hoffnungen auf eine für alle vier Zonen gemeinsame Regelung des Währungsproblems dahinschwinden; jedenfalls waren im Kontrollrat die Auffassungen Clays und Sokolowskis (vor dem 20. März) nicht in Einklang zu bringen. So ging der Westen auch hier eigene Wege. Die neuen Banknoten waren schon im Winter vorsorglich gedruckt worden; freilich hatten auch die Sowjets entsprechende separate Vorkehrungen getroffen. Dadurch, daß sich Frankreich zur Mitarbeit entschloß, erfuhren die Vorbereitungen noch einige Verzögerung. Sie befanden sich jedoch fest in der Regie der Amerikaner, die ihrerseits deutsche Experten hinzuzogen (»Konklave« in Rothwesten bei Kassel); auch Fachgremien der Behörden des Vereinigten Wirtschaftsgebietes waren beteiligt. Am 18. Juni 1948 wurde durch Gesetz der drei Militärregierungen kurzfristig und somit überraschend der Öffentlichkeit die bevorstehende Umstellung der Währung von Reichsmark auf *Deutsche Mark* (DM) verkündet. Die Deutschen durften pro Kopf 60 Reichsmark im Verhältnis 1:1 umtauschen: 40 DM erhielten sie am Sonntag, den 20. Juni, ausbezahlt, die restlichen 20 DM im August. Die Umstellung der Sparkonten und sonstigen Bankguthaben erfolgte praktisch im Verhältnis 100 RM zu 6,50 DM.

Mit einem Schlage änderte sich die Situation auf dem Markte. Am Tage darauf waren die Schaufenster der Geschäfte mit (zum großen Teil) bislang zurückgehaltener Ware angefüllt. Aber nur zögernd bildete sich ein Konsumwille des Publikums. Dennoch wurde ein Vertrauen in die Kaufkraft der neuen DM rasch hergestellt, und nach nur kurzer Zeit setzte ein gewaltiger Drang ein, den persönlichen Nachholbedarf sowie den der Wirtschaft zu befriedigen.

Dies alles schien an sich die natürliche Folge des Währungsschnittes zu sein; in Wirklichkeit steckte jedoch eine für die damalige Zeit überaus anspruchsvolle Zielsetzung dahinter. Professor Erhard gedachte, vom ersten Tage an die Währungsreform mit einer *Wirtschaftsreform* zu verbinden. Er ging in seinen Überlegungen gleich einen Schritt weiter: dem deutschen Volke sollte hierdurch nicht nur die Überwindung der bisherigen Daseinsnot, sondern auch der Weg zu einer neuen freiheitlichen Gesellschaftsordnung erleichtert werden. In der immanenten Gesetzmäßigkeit seiner Ideen und Maßnahmen, also der Theorie und der Praxis, erblickte er die Grundlagen für den Aufbau der von ihm so genannten *sozialen Marktwirtschaft*, die vor allem das festgewachsene bürokratische Plansystem auf dem Versorgungs- und industriellen Beschaffungssektor einschließlich der überalterten Preisvorschriften (Erhard: »Volk unter der Knute«) ablösen, mit ihrer den Verbraucher offensichtlich begünstigenden Dynamik aber allen Schichten des Volkes zugute kommen sollte. Das war, wie es Erhard in der Rückschau einmal formulierte, »die große deutsche Chance«, die indessen nur dann wirklich genutzt werden konnte, wenn die Kursänderung in der Wirtschaftspolitik sofort erfolgen würde. Im wahrsten Sinne »kraft seines Amtes« und ausdrücklich vom Wirtschaftsrat dazu ermächtigt, hatte Erhard daher im stillen die »andere« Seite des 20. Juni 1948 vorbereitet und ging, unterstützt von seinem Mitarbeiter Prof. Müller-Armack, alsbald mit einer die Öffentlichkeit erstaunenden und von vielen Seiten noch als übereilt empfundenen Tatkraft ans Werk. Schon am 21. Juni verkündete er über den Rundfunk, daß in Kürze bestimmte Konsumgüter von der Bewirtschaftung ausgenommen werden sollten. Bei einzelnen amerikanischen Dienststellen erhob sich darob Ärger und sachliches Mißtrauen, von der grundsätzlich anderen Meinung der Sozialdemokraten ganz abgesehen. Doch Erhard, von der Richtigkeit dieser und anderer Maßnahmen seines Amtes überzeugt und optimistische Prognosen stellend, setzte sich auf die Dauer den Zweifeln und Anfeindungen gegenüber durch, und zwar relativ am schnellsten bei den Besatzungsmächten.

Freilich verlangten die Umstände während der zweiten Hälfte des Jahres von ihm ein erhebliches Stehvermögen: die Kauflust verursachte einen stark ansteigenden Geldumlauf, während das Warenangebot eine erste Stockung erfuhr und der Preisindex zum Unbehagen vieler Kreise nicht unerheblich anstieg. Ende August 1948 erklärte Erhard auf dem 2. Zonen-Parteitag der CDU in Recklinghausen:

Ich bleibe dabei, und die Entwicklung wird mir recht geben, daß, wenn jetzt das Pendel der Preise unter dem einseitigen Druck kostenerhöhender Faktoren und unter dem psychologischen Druck dieses Kopfgeldrausches die Grenzen des Zulässigen und Moralischen allenthalben überschritten hat, wir doch bald in die Phase eintreten, in der über den Wettbewerb die Preise wieder auf das richtige Maß zurückgeführt werden, und zwar auf das Maß, das ein optimales Verhältnis zwischen Löhnen und Preisen, zwischen Nominaleinkommen und Preisniveau sicherstellt.

Tatsächlich hat der bizonale Wirtschaftsdirektor im Prinzip recht behalten, wenngleich sich die Einpendelung der Preise während des Jahres 1949 etwas oberhalb der von ihm erwarteten Markierungslinie vollzog. Weitere Maßnahmen trugen zur Stabilisierung von Wirtschaft und Preisgestaltung bei: schon am 3. November hob ein Frankfurter Gesetz den Lohnstopp auf, ein Gesetz gegen Preistreiberei war am 7. Oktober vorausgegangen.

Die Emission der DM-Banknoten war der »Bank deutscher Länder« in Frankfurt übertragen worden, einer kurz vorher neugegründeten Anstalt des Vereinigten Wirtschaftsgebietes (heute: Bundesbank); den Umlauf setzte man auf 10 Milliarden DM maximal fest. Daß Marschall Sokolowski die Gültigkeit der neuen Währung für die Ostzone und Groß-Berlin verbieten würde, hatte man westlicherseits vorausgesehen. Der Russe befahl am 23. Juni eine separate Währungsumstellung, die den Umtausch 1 : 1 bis zu einer Kopfquote von 70 Mark und bis zu Sparguthaben unter 100 Mark ausdehnte. Aber das gelang ihm nur für das sowjetische Besatzungsgebiet und den Berliner Ostsektor; im Bereich der westlichen Sektoren der Reichshauptstadt setzten die drei Kommandanten zwei Tage darauf den Anschluß an den Geltungsbereich der »DM-West« durch. Die *Spaltung Deutschlands betraf dadurch erstmals auch Berlin* in ernstem Maße und zwar gleich unter verschärften Umständen, denn die Währungsreform in den Westzonen bot nun den Sowjets einen willkommenen Anlaß, die seit Ende März bestehende Verkehrsblockade Berlins zu intensivieren und das System der Schikanen zu vervielfachen. Die der Initiative General Clays zu verdankende und sofort wirksam werdende Luftbrücke der Alliierten, aus Westdeutschland herübergeschlagen, hat dann 1948/49 die Stadt nicht nur am Leben erhalten, sondern auch diejenigen Güter beigeschafft, welche fortan, über den notwendigen Bedarf hinaus, von den Berlinern mit »neuer« Währung bezahlt werden konnten.

3. Kapitel
Die Entstehung der Bundesrepublik Deutschland. Von den Londoner Empfehlungen zum Petersberger Abkommen 1948–1949

Die deutsche Frage zu Beginn des Jahres 1948

Erst in der Rückschau offenbart sich dem Betrachter die Verschränkung und damit die kausale Zusammengehörigkeit der zahllosen Ereignisse zu Beginn des Jahres 1948, die den politischen Wandel in Europa und vor allem auf deutschem Boden ausgemacht haben, Ereignisse, die einander jagten oder gar im Tempo sich überlagerten. Wir sehen sie heute vor dem Hintergrunde des sich am Ende der 40er Jahre voll darbietenden Ost-West-Konfliktes, der entstanden war aus Expansions- und Beharrungstendenzen auf der einen sowie aus einstweiligem Standhalten und späteren containment-Versuchen auf der anderen Seite. Vor allem fielen sie mit den Anfängen jenes von Hans Rothfels so genannten »Wechsels weltpolitischer Konjunktur« zusammen, der zwei Jahre später mit der Korea-Krise einem Höhepunkt entgegenstreben sollte. In dieser Periode entstand förmlich aus dem Nichts die *Bundesrepublik Deutschland*.

Das Gesetz des Handelns in der Deutschland-Politik, so sah es jedenfalls aus, war seit Ende 1947 auf die Westmächte, vornehmlich die USA, übergegangen; von jetzt an »zog« die Sowjetunion jeweils »nach«. Aber auch die Stimmung in der Bevölkerung wandelte sich jetzt. Die großzügige Versorgung Berlins durch die Luftbrücke ließ das deutsche Volk in den Westalliierten nicht mehr nur die Sieger sehen, und obwohl die Demontagen zum Teil noch weiterliefen, war das Gefühl einer gemeinsamen »westlichen«, in diesem Falle also freiheitlichen, antikommunistischen Solidarität durchaus lebendig geworden.

Wir sagten im Grunde schon, daß am Beginn dieser neuen Entwicklung der deutschen Frage ein *Faktum*, eine *Notwendigkeit* und eine *Erkenntnis* gestanden haben:

a) als Faktum das Scheitern der Bemühungen des Rates der Außenminister,

b) die Notwendigkeit, die organisatorischen Voraussetzungen für das Anlaufen und eine positive Auswirkung der ERP-Hilfe zu schaffen,

c) die Erkenntnis, daß Deutschland ein Teil des zu unterstützenden Europa (Westeuropa) sei.

Der Plan, eine »Union« der drei westlichen Besatzungszonen zu schaffen, war seit dem Jahresende 1947 lebhaft in amerikanischen und britischen Regierungskreisen erörtert worden und wurde bald nach dem Jahreswechsel zur beschlossenen Sache. Um Frankreich, das noch am 9. Januar 1948 gegen die Umgestaltung und Befugnisvermehrung der bizonalen Wirtschaftsinstitutionen protestiert hatte, eine gemeinsame Deutschlandpolitik schmackhafter zu machen, verstand man sich am 20. Februar zum Abschluß eines britisch-amerikanisch-französischen Abkommens über Fragen des wirtschaftlichen Anschlusses des Saarlandes an das französische Wirtschaftssystem. Damit war eine wichtige Voraussetzung dafür gegeben, daß schon drei Tage später in London Gespräche dieser drei Mächte über Deutschland stattfinden konnten; kurz darauf wurden Vertreter der Niederlande, Belgiens und Luxemburgs hinzugezogen, um auf Wunsch ihrer Länder (Note vom 26. 11. 47) an den Deutschland betreffenden Entscheidungen beteiligt zu werden. Am 6. März unterbrach man die Sitzungsfolge und verkündete in einem Kommuniqué, es sei jetzt der wirtschaftliche Aufbau Westeuropas einschließlich Deutschlands sicherzustellen; die drei Westzonen seien daher in das ERP einzubeziehen. Darüber hinaus habe man im Auge, eine »Gundlage für die Beteiligung eines demokratischen Deutschland an der Gemeinschaft der freien Völker zu schaffen«. Damit war die Absicht, einen deutschen Staat wieder ins Leben treten zu lassen, klar zum Ausdruck gebracht. Man achtete die sowjetischen Proteste gering, die allein schon in der Tatsache dieser Londoner Konferenz einen Bruch aller Viermächteabmachungen einschließlich der Potsdamer sehen wollten. Gleichzeitig wurde eine Einigung darüber erzielt, das Ruhrgebiet als Wirtschaftskörper durch eine Behörde auf internationaler Basis kontrollieren zu lassen.

Dieses die erste Phase der Londoner Sechs-Mächte-Konferenz abschließende Kommuniqué hatte zwei Auswirkungen.

Zum einen trafen sich am 19. März in Berlin die drei Generale Clay, Robertson und Koenig, um die notwendigen Gespräche nunmehr auf der Ebene der Militärgouverneure weiterzuführen. Arbeitsausschüsse verfertigten Entwürfe zur »Verschmelzung« der drei Zonen. Es durfte nicht wundernehmen, wenn Sokolowski daraufhin an jenem denkwürdigen 20. März auf der Kontrollratssitzung das Londoner Kommuniqué dafür verantwortlich machte, daß der Alliierte Kontrollrat von jetzt an »praktisch seiner Regierungsfunktion enthoben sei«, und diese höchste gesamtdeutsche Kontrollinstanz durch den anschließenden Exodus der Russen lahmlegte. Aber Clay ließ sich nicht mehr aus dem Konzept bringen; in der bedrohten Stadt Berlin gingen die Besprechungen der Westmächte, bald unter Zuziehung der drei »Kleinen«, am 23. März weiter.

Die andere Auswirkung lag darin, daß die Mitarbeit deutscher Besatzungszonen am europäischen Wiederaufbauprogramm international anerkannt wurde. Bevor die drei Militärgouverneure weisungsgemäß ins Gespräch traten, hatten Bevin und Bidault auf der CEEC-Sitzung in Paris vorgeschlagen, Deutschland in Gestalt der drei westlichen Zonen durch Delegierte der Oberbefehlshaber *unter Zuziehung deutscher Sachverständiger* an den Beratungen teilnehmen zu lassen; oder verklausulierter ausgedrückt: um eine »Verbundenheit mit der wirtschaftlichen Arbeit der Marshallplan-Organisation« zu erreichen (Bevin) und um die deutschen »Hilfsquellen« in die »großen Wiederaufbauarbeiten« einzuschalten (Bidault). Dieser Antrag fand Zustimmung. Als einen Monat später die europäische Marshallplan-Organisation (OEEC) ins Leben gerufen wurde, waren, wie schon angedeutet, neben den Delegierten der sechzehn Mächte auch General Koenig für die französische Zone und General Robertson für das Vereinigte Wirtschaftsgebiet als »Bevollmächtigte« anwesend. Bei der Unterzeichnung des Abkommens erklärte Robertson:

Die deutschen Zweizonenbehörden haben General Clay und mir die Versicherung gegeben, daß sie die Deutschland gebotene Gelegenheit, diesem Plan beizutreten, aufrichtig begrüßen. Sie haben ihrer Entschlossenheit Ausdruck gegeben, voll und ganz bei der Verwirklichung dieses Planes mitzuarbeiten.

Die Bedeutung dieser Ausführungen des Engländers bestand darin, daß hier zum ersten Male seit Kriegsende die Auffassung einer überregionalen deutschen Institution in einem internationalen Gremium offiziell zu Gehör gebracht worden war, die zaghafte Grußadresse eines nicht ungewichtigen Partners der Zukunft, der aber vorerst noch einer staatlichen Organisation und vor allem der Souveränität entbehren mußte. Doch bei der Rasanz der Entwicklung schlug dieser Mangel nur wenig zu Buche. Als die deutschen Vorschläge, seit Anfang April als Anteil der Doppelzone am ERP ausgearbeitet, dem

Zwei-Zonen-Kontrollamt überreicht wurden, brachte Pünder in einem Begleitschreiben vom 13. April 1948 zum Ausdruck, daß das Vereinigte Wirtschaftsgebiet infolge der Kriegszerstörungen leider nicht in der Lage sein werde, soviel zum ERP beizutragen, wie es selbst wünsche und wie von ihm erwartet werde. Das war zweifellos ein schon nach diplomatischen Gepflogenheiten aussehender Kommentar von geziemender Bescheidenheit, doch auch formuliert aus einem dem historischen Augenblick angemessenen Selbstbewußtsein. Denn für die Deutschen kündigten sich die Umrisse einer außenpolitischen Zielsetzung an, und diese wies eindeutig auf Europa.

Die Londoner Empfehlungen

Gleich nach der Schaffung der OEEC traten am 20. April 1948 Vertreter der drei westlichen Alliierten sowie der drei kleineren westeuropäischen Staaten in London wieder zusammen, um die im März unterbrochene Konferenz fortzusetzen. Man brauchte freilich nicht allein bei den Ergebnissen der ersten Konferenzphase anzuknüpfen, denn inzwischen lagen zusätzlich Memoranden der drei Militärgouverneure und ein Fünf-Punkte-Programm der amerikanischen Regierung (vom 8. April) vor, nach welchem die Bildung einer westdeutschen Regierung innerhalb eines Zeitraumes von etwas mehr als einem Jahre vorgesehen war.

Die USA waren jetzt die treibende Kraft, und ihre Vorstellungen über den Charakter des neuen Staates waren es auch, die sich durchsetzten: föderativer Aufbau mit den Ländern als »Bausteinen« eines Bundesstaates und ausreichenden zentralen Körperschaften, im Gegensatz zu den Franzosen, die mehr an das lockere Gefüge eines Staatenbundes dachten, und zu den Engländern, denen ein nach der Zentrale ausgerichteter Staat vorschwebte.

Am Ende der Londoner Sechs-Mächte-Verhandlungen standen Empfehlungen an die Regierungen, die am 7. Juni in einem »zweiten« Kommuniqué zusammengestellt wurden. Der wichtigste Punkt besagte, die Ministerpräsidenten der elf westdeutschen Länder sollten ermächtigt werden, eine verfassunggebende Versammlung einzuberufen. Genau ein Jahr nach der schon denkwürdig gewordenen Münchner Konferenz zeichnete sich für die Länderchefs eine neuartige Last politischer

Verantwortung ab, die noch 1947 kaum vorauszusehen gewesen war. »Unter Berücksichtigung der gegenwärtigen Lage«, hieß es, solle dem deutschen Volke die Möglichkeit gegeben werden, *»auf der Basis einer freien und demokratischen Regierungsform die schließliche Wiederherstellung der gegenwärtig nicht bestehenden deutschen Einheit zu erlangen«.* Ohne hinterhältige Sinngebung darf hier gesagt werden, daß die Westalliierten – abgesehen von ihrer ehrlichen Sorge um Europa – eine immer unbequemer werdende Verantwortung zu einem gewissen Teil von nun an auch von deutschen Politikern und von für zuständig erklärten deutschen Stellen *mitgetragen* sehen wollten. Für die Deutschen ergab sich damit neben der »europäischen« eine zweite außenpolitische Zielsetzung: die der *Wiedervereinigung.* Auch in diesem Falle wurde das Ziel zeitlich bereits vor der Staatswerdung deutlich.

Die weiteren Punkte der Londoner Empfehlungen sind schnell aufgezählt. Sie gingen zum Teil die Siegermächte, zum Teil den künftigen deutschen Staat an.

(1) Die drei Westmächte verpflichteten sich, bei Deutschland betreffenden Fragen, welche für die Benelux-Staaten »von Interesse« seien, mit diesen Staaten zusammenzuarbeiten. Die drei »Kleinen« erwarteten sich dadurch ein Mitspracherecht, das anzumelden in bezug auf Grenzkorrekturen an der deutschen Westgrenze ihnen ausdrücklich zuerkannt wurde (z. B. Selfkant, Elten, Emsmündung). Einzelne Formulierungen solcher Ansprüche wurden sogleich festgelegt.

(2) Die nun seit Monaten eingesehene Verflechtung des deutschen Schicksals mit demjenigen Europas, die im April den Beitritt Westdeutschlands zur OEEC ermöglicht hatte, fand eine weitere »Anwendung« in der Empfehlung, das Ruhrgebiet, seit 1946 zum Lande Nordrhein-Westfalen gehörig, durch eine internationale Behörde kontrollieren zu lassen. An ihr sollten die USA, Großbritannien, Frankreich, die Niederlande, Belgien, Luxemburg und – Deutschland beteiligt werden. Also Abkehr von der unerwünschten, die Sowjetunion einschließenden »Kontrolle« durch die vier Großmächte, aber auch Abkehr von dem Gedanken einer politischen Separation.

(3) Die europäische Sicherheit müsse natürlich künftig weiter stark beachtet werden. Das neue deutsche Staatswesen dürfe, besonders bei einem vorauszusehenden Teilabbau der alliierten Kontrollinstanzen, nie wieder zum Ausgangspunkt einer Aggression werden. (Planung eines alliierten »Sicherheitsamtes«.)

(4) Als nächsten Schritt sah man schließlich vor, daß sich

die Militärgouverneure auf einer gemeinsamen Sitzung mit den Ministerpräsidenten über die verfassunggebende Versammlung besprechen sollten. Die Wirtschaftspolitik der drei Zonen sei sofort zu koordinieren, doch könne eine »Trizone« erst dann geschaffen werden, wenn der neue Bundesstaat errichtet sei.

Der Protest des Ostens kam diesmal in einer verärgerten Resolution der in Warschau versammelten Außenminister des Ostblocks zum Ausdruck (24. Juni 1948). Sie verhallte freilich in der Empörung der Weltöffentlichkeit über die Berliner Blokkade. Schon vorher hatte das Präsidium des ostzonalen Volksrates (Vorsitz: Wilhelm Pieck) Verwahrung gegen die Londoner Deutschland-Empfehlungen eingelegt. Jedoch die zur Mitverantwortung aufgeforderten westdeutschen Politiker wußten auch ohne diese Intervention um die Gründe und die Schwere der ihnen abgeforderten Stellungnahmen und Entschlüsse.

Die beiden Konferenzen der westdeutschen Ministerpräsidenten 1948

Am 1. Juli 1948 gaben die drei Militärgouverneure den Länderchefs das Londoner Ergebnis und ihre eigenen Erwägungen in Gestalt von drei Schriftstücken, »*Frankfurter Dokumente*« genannt, in die Hände. Die Dokumente hatten zum Inhalt:

(1) die Schaffung einer *Verfassung* durch eine verfassunggebende Versammlung, die spätestens am 1. September zusammenzutreten habe,

(2) Fragen der gegenwärtigen *Länderabgrenzung* mit der Aufforderung, begründete Änderungen in Vorschlag zu bringen, und

(3) Probleme eines *Besatzungsstatuts*, zu dessen Notwendigkeit sich auch die Alliierten bekannten, also die Festlegung der Beziehungen der drei Mächte zu einer künftigen deutschen Regierung.

In der deutschen Nachkriegsgeschichte schlug nun die Stunde der Ministerpräsidenten. Trotz aller Enttäuschung über die Haltung der Sowjetunion und über die Vorgänge in Berlin und in der Ostzone: welch ein Unterschied zur Münchner Zusammenkunft vor kaum mehr als einem Jahr! Wie auch immer Besprechungen und Ergebnisse auslaufen mochten, die deutschen Länder waren jetzt zur Mitschöpfung der Grundlagen eines neuen deutschen Staates aufgerufen. Dennoch sei um der Wahrheit willen festgehalten: was die wieder einmal unter Zeitdruck gesetzten Länderchefs zunächst anstrebten und gegenüber »den Generalen« einmütig durchzusetzen gedachten, sah bei ihnen eher nach einer »Trizone« aus, diese aber in einer Form politischer Einheitlichkeit und noch vorteilhafter zu gestalten als das »Vereinigte Wirtschaftsgebiet«. Ein deutscher »Weststaat« als ein unbedingt zu erreichendes Ziel schwebte ihnen gewiß nicht von Anfang an vor, und die Ministerpräsidenten haben sich bei ihren Beratungen mit Vernunftgründen wie instinktiv gegen alle möglichen Zwangsläufigkeiten, die aus dem weiterbrennenden Ost-West-Konflikt entstehen könnten, gewehrt.

Die Konferenz der Länderchefs zur Beratung der Frankfurter Dokumente begann am 8. Juli im Hotel Rittersturz bei Koblenz. In seiner Eröffnungsansprache betonte Ministerpräsident Altmeier von Rheinland-Pfalz, »wie sehr die Bevölkerung seines Landes diese Zusammenkunft begrüße, weil dadurch die Länder der französischen Besatzungszone aus ihrer Isolierung herausgetreten und zusammen mit den acht Ländern der Bi-Zone zu gemeinsamer Zukunftsarbeit verbunden worden« seien. Schon in der Generaldebatte kam die Zurückhaltung zum Ausdruck. So entschlossen die Konferenzteilnehmer waren, die Chancen des Augenblicks zu einer Perfektionierung der wirtschaftlichen und verwaltungsmäßigen Struktur der Westzonen zu benutzen, an die Kernpunkte der drei Dokumente gingen sie mit abwägender Gründlichkeit heran. Von den Abgrenzungen der Länder (Dokument 2), den jetzigen und den künftigen, sprach niemand gern; das Bestreben, diesen Punkt aus den zu treffenden Entscheidungen so weit wie möglich herauszuhalten, zeichnete sich frühzeitig ab. Einige der Anwesenden waren der Ansicht, die Mitwirkung an einem Besatzungsstatut (Dokument 3), von den Alliierten ziemlich unverhofft offeriert, sei vorerst die dringlichste der Aufgaben, – natürlich müßten dabei deutsche Wünsche berücksichtigt werden. Auch Ministerpräsident Kopf vertrat diese Meinung und fügte hinzu: »Zur Frage der verfassunggebenden Versammlung (Dokument 1) stehen wir (d. h. Niedersachsen) auf dem Standpunkt, daß das deutsche Volk zur Zeit nicht in der Lage ist, sich eine Verfassung zu geben. Solange wir in unserer Willensbildung nicht frei sind, kann man von einer Verfassung nicht reden. Man sollte eine Vertretungskörperschaft oder sonst etwas schaffen.« In ähnlicher Weise äußerten sich Arnold (Nordrhein-Westfalen) und Bock (Württemberg-Hohenzollern). Aber wollte und würde man denn wirklich um die Errichtung einer Organisation, »die über den Ländern so etwas Ähnliches wie eine Regierungsgewalt schafft« – so die Formulierung Ehards –, herumkommen? Der bayerische Ministerpräsident nannte die notwendigen Dinge behutsam beim Namen: »Wir werden doch so etwas wie eine Verfassung haben müssen . . . Wir kommen so einen Schritt vorwärts. Wir können damit wieder zum Sprecher werden und können uns allmählich an den Anfang eines souveränen Staates hinarbeiten.« Und aus seinen Notizen hat Ehard später noch folgendes zu seinem damaligen Standpunkt bekanntgegeben:

Wenn Sie es wollen, dann müssen Sie die gebotene Chance ausnützen. Sind Sie der Meinung, in einem Monat oder in zwei Monaten, oder in einem Jahr sei die Situation besser, und es sei gut, so lange zu warten und bis dahin nichts zu tun, dann müssen Sie »Nein!« sagen. Wollen Sie das aber nicht, dann nennen Sie das, was geschaffen werden soll, wie Sie wollen. Nennen Sie es Verfassung oder Grundgesetz oder Statut oder Weststaat oder Bundesrepublik oder westliches Besatzungsgebiet . . .

Am Schluß der Generaldebatte konnte Altmeier feststellen, daß – bei grundsätzlicher Anerkennung des von Ehard aufgezeigten Spielraumes – niemand der Herren eine »definitive Staatsbildung«, also einen »Weststaat« in voreilig ausgeprägter Form, und eine verfassunggebende Nationalversammlung nach dem Vorbilde Weimars wünsche und daß vor allem angesichts der allzuharten Direktiven der Alliierten bezüglich des Besatzungsstatuts (Dokument 3) eine Neubearbeitung der Grundsätze durch die Deutschen erfolgen müsse. Besonders ausführlich wurde dann über das Dokument 1 debattiert. Jetzt tauchten die Begriffe »Wahlordnung« und »Grundgesetz« auf; und es war wieder Ehard, der dabei weitgehend die entscheidenden, in der Sache weiterführenden Stichworte für die Fortsetzung der Beratungen gab.

Am zweiten Tage (9. Juli) arbeitete man die Stellungnahmen zu den drei Dokumenten endgültig aus. Es waren »Leitsätze für ein Besatzungsstatut«, Bemerkungen zur Frage der Ländergrenzen und – hier am wichtigsten – die Stellungnahme zum Dokument 1. Man verwarf den Gedanken einer »Nationalversammlung« und einer »Verfassung« und empfahl statt dessen einen *Parlamentarischen Rat*, zu beschicken durch die Landtage, der ein *Grundgesetz* und ein *Wahlgesetz* auszuarbeiten habe. Es wurde betont, daß im Grundgesetz auch (das war im Dokument 1 nicht ausdrücklich gesagt worden) »eine bei der Gesetzgebung *mitwirkende Vertretung der Länder*« vorgesehen werden müsse. Zum

Dokument 2 vermerkte man, abgesehen von Erwägungen, die der Parlamentarische Rat bezüglich Südwestdeutschlands anstellen könne, sei es zur Zeit unmöglich gewesen, wegen der kurzen Frist auf das Problem der Ländergrenzen einzugehen. Die »Leitsätze« wichen freilich von den Vorstellungen der Alliierten am stärksten ab: die Zwecke der Besatzung sowie die Befugnisse der Alliierten müßten zugunsten deutscher Prärogativen und einer Bewegungsfreiheit des künftigen Staatswesens scharf abgegrenzt werden, die Frage der Ruhrkontrolle sei aus dem Statut herauszunehmen. Abschließend schlug Kopf vor, sogleich eine die Entschließungen der Ministerpräsidenten erklärende Mantelnote anzufertigen, ehe man wieder auseinandergehe. Am 10. Juli unterschrieben alle elf Ministerpräsidenten die drei Stellungnahmen und die Mantelnote und leiteten sie an die alliierten Militärgouverneure weiter.

Die Regierungschefs kehrten in ihre Länder zurück, um den Kabinetten und Parlamenten zu berichten. Wie sehr sie darauf bedacht waren, in allen kommenden Entwicklungen den Charakter des »Provisorischen« erhalten zu wissen, zeigen beispielsweise die Ausführungen Kopfs vor dem niedersächsischen Landtage am 13. Juli:

Es ist zur Zeit nicht möglich, den drei Westzonen eine Verfassung zu geben oder sonstige Einrichtungen zu schaffen, die den drei Westzonen den Charakter eines Staates verleihen könnten. Was aber möglich ist, das ist eine vorläufige Ordnung auf demokratischer Grundlage, das ist ferner eine vorläufige Exekutive und das ist die möglichst baldige Regelung unserer Beziehungen zu den Besatzungsmächten auf einer Grundlage, die rechtsstaatlichen Anschauungen angepaßt und zwischen Kulturnationen üblich ist.

Die Änderungswünsche von Koblenz riefen freilich – sieht man einmal von Koenig ab – bei Clay und Robertson erhebliche Verärgerung hervor, zumal sie zu Verhandlungen über grundlegende Fragen keinerlei Vollmacht besaßen. Der Amerikaner vermochte im Augenblick nicht zu begreifen, daß die Deutschen den ausgestreckten Arm nicht freudig und vorbehaltlos ergriffen. Er (wie auch General Robertson) verwies auf die Mühen, die es gekostet habe, die Franzosen auf die gemeinsame Londoner Linie zu bringen, und warb in aller Form und eindringlich für die Dokumente, deren wirkliche Vorteile die Herren Ministerpräsidenten wohl noch nicht ganz erkannt hätten. Eine Rückverweisung der Angelegenheit an die westlichen Regierungen würde eine unabsehbare Verzögerung ergeben, die nicht im Interesse der Deutschen sein könne. Als die Generale am 20. Juli in Frankfurt mit den Länderchefs zusammentrafen, bemängelten sie die Bezeichnung »Grundgesetz« als zu schwach und regten erneut an – im Gegensatz zu den Koblenzer Beschlüssen –, diese »Verfassung« (sie gebrauchten das stärkere und endgültige Wort) durch ein Referendum (Volksabstimmung) in den Ländern billigen zu lassen. Ferner müsse die Verfassung innerhalb des Besatzungsstatuts stehen. Deshalb sei es notwendig, daß das Statut, zu welchem die Vorschläge der Ministerpräsidenten weitgehende Berücksichtigung finden würden, erst nach Vorlage der »Verfassung« bei den Militärgouverneuren durch diese bekanntgegeben würde. Fast schimmerte bei den Ausführungen der Generale bereits der Grundsatz »Alles oder nichts!« durch und Clay wie Robertson »wiesen insbesondere auf die großen Schwierigkeiten hin, die bei einem Abweichen von den Dokumenten entstehen könnten« (Ehard). Die Ministerpräsidenten erbaten sich Bedenkzeit und berieten sich erneut, diesmal im Jagdschloß Niederwald bei Rüdesheim (21./22. Juli).

Gegen das verlangte Referendum wurden viele berechtigte innenpolitische Gründe vorgebracht, doch wollte man die erstrebte neue Entwicklung hieran nicht scheitern lassen; die Bereitschaft zu einem Kompromißvorschlag war in diesem Punkte aus guten Gründen stark, und man fand ihn auch am Schluß der Beratungen. Da war es nun bezeichnend für Kopf, daß er, als neben solcher Wendung auch die Neigung sichtbar wurde, das »Grundgesetz« zwecks Interpretation bei den Alliierten als »vorläufige Verfassung« anzusehen und von einem »Staatsaufbau« zu sprechen, sofort Vorbehalte anmeldete. Er schloß keinesfalls aus, daß er für seine Person dieses taktische Verhalten mitmachen würde, sagte jedoch, er könne heute zu den zur Debatte stehenden Vorschlägen des von Ministerpräsident Arnold geleiteten Ausschusses nicht positiv Stellung nehmen. Die Koblenzer Beschlüsse lauteten anders, und sie habe er dem Landtage in Hannover vorgelegt, der sie gegen sieben Stimmen gebilligt habe. Nun befanden sich freilich nahezu alle Länderchefs in ähnlicher Situation, aber Kopf blieb auch dann fest, als einige seiner Kollegen um des Fortgangs in der Sache willen ihn zu einer etwas »flüssigeren« Mitarbeit am Konferenztisch aufforderten. Im Rückblick mag der Standpunkt Kopfs vielen Zeitgenossen unerheblich erscheinen, zumal die prinzipielle Einigkeit darüber, was den Generalen gegenüber vorzubringen sei, durch ihn gar nicht in Frage gestellt worden war. Die Ministerpräsidenten bauten also zur Frage des von ihnen nach wie vor abgelehnten Referendums den Militärgouverneuren dadurch eine kleine Brücke, indem sie eine Zustimmung zum Grundgesetz durch die Landtage als eine »Ratifikation auf breiter demokratischer Grundlage« bezeichneten. Sie blieben ferner beim Begriff des »Grundgesetzes«, dem sie lediglich eine Interpretation als »basic constitutional law« beifügten, um den strengen Auffassungen der Amerikaner Genüge zu tun. Während der Niederwald-Besprechung fiel auch das Wort des Berliner Vertreters, Ernst Reuter: »Die Spaltung Deutschlands wird nicht geschaffen, sie ist bereits vorhanden.«

Am 26. Juli trugen die Länderchefs ihre neuen Entschließungen zusammen mit einigen Anmerkungen zu den Problemen Ländergrenzen und Besatzungsstatut in Frankfurt den Generalen vor. Es wurde eine ebenso umständliche wie dramatische Verhandlung. Der den Vorsitz führende General Koenig wollte zunächst auf die deutschen Vorschläge nicht näher eingehen. Nach Ehards Erinnerungen erklärte er,

daß die Militärgouverneure nicht weiter verhandeln könnten und die Angelegenheit an ihre Regierungen zurückgeben müßten. Bei diesen Worten war er im Begriff, die Konferenz für beendet zu erklären. Mir war klar, was die Zurückverweisung an die Regierungen der drei Mächte bedeutete: unsere staatliche Einigung würde zumindest auf Monate zurückgeworfen, ja sogar wieder ganz ins Ungewisse gerückt werden. In diesem Augenblick konnte ich durch einen rettenden Einfall die Verhandlung zunächst in Gang halten: ich legte den Militärgouverneuren dar, daß wir ja hierher gebeten worden seien, um über die Frankfurter Dokumente zu verhandeln; bis jetzt aber wüßten wir noch gar nicht, wie weit eigentlich die Verhandlungsvollmachten der Herren Militärgouverneure reichten; hiervon aber hinge natürlich auch wesentlich unsere Stellungnahme ab. Durch dieses Argument wurde der drohende Abbruch der Konferenz aufgeschoben.

Die Besprechungen gingen also weiter. Nach langem Hin und Her beschlossen die Ministerpräsidenten zusammen mit den Militärgouverneuren die Einberufung eines *Parlamentarischen Rates* zum 1. September vermittels inhaltsgleicher Gesetze der elf Landtage. Unterdessen wollten die Generale bei ihren Regierungen klären lassen, ob das *Grundgesetz* – beide Bezeichnungen, die das Wesen des Vorläufigen betonten, hatten sich demnach doch durchgesetzt – »durch Volksentscheid oder durch die Landtage vollzogen werden« solle.

Diese endgültige Einigung war ein für die deutsche Nachkriegsgeschichte historisches Ereignis, denn seit dem 26. Juli 1948 waren nicht nur die Regierungen der drei Westmächte, sondern auch die Repräsentanten deutscher Territorial-Staatlichkeit, die Ministerpräsidenten, gewillt, den Aufbau »einer Art von Staat«, praktisch: eines neuen deutschen Staatswesens, in die Wege zu leiten und die Verantwortung dafür mitzutragen.

Rund zwei Monate nach ihrer ersten Zusammenkunft, die am 28. Mai in Frankfurt der Vorbereitung der Währungsreform gegolten hatte, waren die elf Regierungschefs der drei Zonen von Schleswig-Holstein bis Bayern zu einem gemeinsam handelnden Kollegium geworden, welches mehr noch als der Verwaltungsrat des Vereinigten Wirtschaftsgebietes mit Pünder, Erhard, Schlange-Schöningen und den anderen Direktoren in der nun anhebenden »Übergangszeit« deutsche Politik zu gestalten hatte, und sei es auch nur im Verkehr mit den drei Militärgouverneuren. Nachdem sie sich ein ständiges Büro in Wiesbaden eingerichtet hatten, betrieben die Ministerpräsidenten gemeinsam über entsprechende Ausschüsse die nächsten Schritte:

1. den Zusammentritt einer Versammlung von Verfassungssachverständigen, des sog. *Verfassungskonvents*, der von ihnen bereits am 26. Juli berufen worden war,
2. die Vorbereitungen für die Konstituierung des *Parlamentarischen Rates*.

Mit dem zweiten Schritt hing die Frage zusammen, wo dieses für die Ausarbeitung des Grundgesetzes bestimmte Gremium tagen solle. Hierzu hatte es starke Bemühungen des Landes Nordrhein-Westfalen gegeben, und Arnold wies in einem Schreiben an seine Kollegen darauf hin, die ehemalige kurkölnische Residenzstadt Bonn sei ältester deutscher Kulturboden, auf dem freiheitliches Denken von jeher eine Heimstätte besessen habe. Am 16. August votierten acht Ministerpräsidenten für Bonn als Sitz des Parlamentarischen Rates, zwei für Karlsruhe und einer für Celle. Damit war, wie die Zukunft erweisen sollte, eine wichtige Entscheidung getroffen worden.

Während somit der rheinische Raum für die Zeitgenossen zum ersten Male wieder stärker ins Blickfeld rückte, wird man bei der Vorgeschichte des Verfassungskonvents ein erhebliches Engagement von bayerischer Seite feststellen müssen. Die Regierung in München, die nach 1945, sei es unter Hoegner, sei es unter Ehard, den Charakter eines »Freistaates« für ihr Land nicht nur in Anspruch nahm, sondern auch nach außen immer wieder zu betonen für notwendig hielt, sah in diesen Wochen die einzigartige Gelegenheit als gegeben an, ein neues deutsches Staatswesen, wenngleich ein »provisorisches«, nach eindeutig föderalistischen Gesichtspunkten, und das überdies mit dem Segen der Besatzungsmächte (Londoner Verlautbarungen), aufzubauen. »Solange Preußen existierte«, hatte Ehard einmal gesagt, »war wirklicher Föderalismus in Deutschland nicht möglich ... Erst jetzt ist der Weg eines wahrhaft föderativen Aufbaus Deutschlands frei, und es hieße sich an Deutschland versündigen, würde diese reine Stunde nicht erkannt werden.« Hier galt es für die bayerische Politik ganz offensichtlich, die Chance eines Neubeginnens auszunutzen. Das schon erwähnte behutsame Drängen Ehards auf den Zusammenkünften von Koblenz und Niederwald spricht ebenso dafür wie die durch ihn veranlaßte Einladung nach Herrenchiemsee als Tagungsort mitsamt der Tatsache, daß dort der bayerische Staatsminister Anton Pfeiffer (CSU) zum Vorsitzenden des Konvents gewählt wurde. Und als die Tagung am 10. August eröffnet wurde, lagen den versammelten Experten bereits zwei Schriftstücke vor, betitelt »Entwurf eines Grundgesetzes« und »Bayerische Leitgedanken für die Schaffung eines Grundgesetzes«, beide aus dem gastgebenden Lande stammend; Ausarbeitungen freilich, die, wie Ernst Deuerlein hervorhebt, privaten Ursprungs waren und nicht als »Vorlage« der bayerischen Staatsregierung angesehen werden wollten.

Obgleich die Arbeitsergebnisse des Konvents absprachegemäß nur empfehlenden Charakter haben sollten (bei strenger Ausklammerung rein tagespolitischer Probleme), so wurden doch auch Dinge sehr grundsätzlicher Art diskutiert, welchen damals die Publizistik einen bevorzugten Platz eingeräumt hatte. Es erhob sich z. B. die Frage nach dem deutschen »Staatsvolk«, einem Begriff, der zu den Grundlagen des Weimarer Verfassungsmechanismus gehört hatte; genauer gesagt: die Frage, ob nach dem Zusammenbruch von 1945 das deutsche Volk zum gegenwärtigen Augenblick überhaupt noch Träger einer konstituierenden Gewalt sein könne, oder ob allein die Länder, die drei »alten« wie die acht »neugegründeten«, Initiatoren und damit primäre Träger neuer staatlicher Ordnungen sein würden. Hatten sich nicht die Ministerpräsidenten im Juli gegen das Ansinnen der Generale gewehrt, das Grundgesetz durch ein Referendum, durch eine Volksabstimmung bestätigen und vollziehen zu lassen? So naheliegend und zum Teil einleuchtend solche, übrigens nur von einer Minderheit der Experten vertretenen Gedanken damals erscheinen mochten: die politischen Parteien, deren Auffassungen hier zum ersten Male durchklangen, dachten, wie noch zu zeigen sein wird, über derartige Fragen wesentlich anders.

Auf *Herrenchiemsee* kam nach zweiwöchigen Beratungen ein Entwurf in Hauptzügen zustande (»Denkschrift an die Ministerpräsidenten«), dessen Einzelabschnitte und Artikel zum Teil mehrere Parallelformulierungen (Varianten) aufwiesen. Bezeichnenderweise konnte keine Einigkeit darüber erzielt werden, ob die »Zweite Kammer« ein Bundesrat (zusammenzusetzen aus Mitgliedern der Landesregierungen) oder ein Senat (mit unabhängigen Persönlichkeiten aus den Ländern) werden sollte. Gleichzeitig tagten Experten in Karlsruhe, die sich mit Ländergrenzen beschäftigten und das »Problem Nummer eins« mit der Empfehlung versahen, möglichst bald einen Südwest-Staat zu schaffen, unter Vereinigung der drei Nachkriegs-Länder Württemberg-Baden, Baden und Württemberg-Hohenzollern per Staatsvertrag, für den ein Vorentwurf am 24. August gebilligt wurde.

Alle Empfehlungen gelangten zunächst an das Büro der Ministerpräsidenten in Wiesbaden; neben der Denkschrift aus Herrenchiemsee gab es auch einen sog. Ellwangen-Düsseldorfer Entwurf der CDU/CSU sowie eine von der SPD vorgelegte Arbeit des Abgeordneten Walter Menzel. Man beriet das so zusammengekommene Material am 31. August auf der dritten trizonalen Konferenz der Länderchefs in Rüdesheim.

Die innenpolitische Lage Westdeutschlands und der Parlamentarische Rat

Mit der letzten Rüdesheimer Zusammenkunft wurden die Voraussetzungen für ein weiteres Kapitel deutscher Nachkriegsgeschichte geschaffen, die Arbeiten am Grundgesetz konnten nunmehr aufgenommen werden. Für zwei Sommermonate hatten die Länderchefs, von den Militärgouverneuren oftmals über Gebühr gedrängt, im Vordergrunde des Geschehens gestanden, doch darf nicht außer acht gelassen werden, daß die Ministerpräsidenten immer auch als Exponenten oder Beauftragte ihrer Parteien handelten und entsprechend betrachtet werden müssen. Es ist daher zu fragen, wie sich die politischen Parteien, die großen (SPD und CDU) zumal, zu diesen das ganze Volk angehenden Schicksalsfragen verhalten haben. Denn sie begannen immer mehr das »Staatsvolk« zu verkörpern, das von einer Mitsprache zunächst ausgeschlossen zu sein schien und von einer Anteilnahme am entscheidenden Zeitgeschehen vorerst nicht allzuviel erkennen ließ. Mochten sich auch die Länderchefs (Maier, Ehard), ferner Wirtschaftsratspräsident Köhler und Oberdirektor Pünder zu der Zeit, da die Londoner Empfehlungen bekannt wurden, bei aller anfänglichen Skepsis im allgemeinen zuversichtlich geäußert haben, so nahmen die Parteiführer bei ihrer Kritik kaum ein Blatt vor den Mund.

Die Freien Demokraten in Hessen und Bayern verlangten nach direkten Volkswahlen für eine verfassunggebende Nationalversammlung; die Sozialdemokraten kritisierten die vorgesehenen Grenzkorrekturen, befürchteten einen »überspitzten Föderalismus« und argwöhnten, der Ministerpräsidentenkonferenz könne in der vorbereitenden Phase zu viel Macht zuwachsen. Besonders schockierend wirkte die in Aussicht genommene Ruhrkontrolle (Ruhrbehörde). Während Arnold meinte, sie müsse »in gleicher Weise und unter Sicherung der deutschen Mitwirkung auf alle industriellen Schwerpunkte Europas ausgedehnt werden«, zeigten die Fraktionen des Hamburger Zonenbeirats Enttäuschung. Am heftigsten reagierte der CDU-Vorsitzende in der britischen Zone, Dr. Konrad Adenauer. Was in den Londoner Empfehlungen zum Ausdruck gekommen sei,

übersteige doch die schlimmsten Befürchtungen. Es sei die dauernde Kontrolle der Kohlen- und Stahlproduktion und die dauernde Besetzung von Schlüsselgebieten in Deutschland, auch nach dem Abzug der Besatzungstruppen, geplant. Es frage sich, ob die Verteilung der Produktion noch etwas mit Sicherheit zu tun habe . . . Deutschland wäre bereit, als gleichberechtigtes Mitglied einer Föderation auf einen Teil seiner Souveränitätsrechte zu verzichten, doch glaube er [Adenauer] nicht, daß Deutschland einen Friedensvertrag mit einem einseitigen Verzicht auf wesentliche Souveränitätsrechte unterzeichnen werde. Zu diesen gehöre auch die freie Verfügung über Wirtschaft und Außenhandel. Eines sei gewiß: Sicherheit werde niemals durch Zwang gewährleistet. Es sei nicht ersichtlich, wie sich die Zwangsarbeit, die über das Ruhrgebiet und damit über ganz Deutschland verhängt werden solle, mit den Zielen des Marshall-Planes vertrage. Die Bestimmungen über die politische Konstruktion Westdeutschlands seien ohne weitere Kommentare nicht klar. Die vorgeschriebene Genehmigung durch die Militärregierungen eröffne keine Aussicht auf eine Verfassung, die von einer wirklichen inneren Zustimmung des deutschen Volkes getragen werde. Eine Änderung der Ländergrenzen ohne Zustimmung der Bevölkerung der Grenzgebiete in freier Abstimmung erscheine ganz unmöglich.

Die Dinge hätten sich so entwickelt, daß jeder Deutsche vor der Frage stehe, ob er eine weitere Mitarbeit vor sich und seinem Volke noch verantworten könne. Wenn nicht mit dem bisherigen System gebrochen würde, sehe er [Adenauer] mit Sicherheit den Zeitpunkt kommen, wo die Deutschen durch Verweigerung der Mitarbeit wenigstens ihre Ehre vor der Nachwelt retten müßten.

Das waren harte, ja böse Worte. Auf sie bezog sich dann die Stellungnahme Erich Ollenhauers, damals geschäftsführender Zweiter Vorsitzender der SPD: man solle doch im Interesse des deutschen Volkes mit starken Redewendungen sehr vorsichtig sein. Und weiter:

Selbstverständlich sei die Ruhrkontrolle ein sehr harter Schlag, und jede deutsche Politik müsse anstreben, diskriminierende Maßnahmen zu beseitigen. Man könne aber das Abkommen nicht nur vom deutschen Standpunkt aus ansehen, sondern müsse das französische Verlangen nach Sicherheit verstehen. Wenn auch der in Deutschland Lebende diese Sorge für unbegründet halten müsse, sei Frankreichs Wunsch durch die Erfahrungen tief verwurzelt. Eine Dauerlösung könne diese Art der Ruhrkontrolle vom deutschen Standpunkt aus nicht sein. Eine solche werde erst im Rahmen einer übernationalen Regelung in Europa erreicht werden. Es sei unvermeidlich, daß Deutschland nach dem Zweiten Weltkrieg den schwersten Teil zu tragen habe. Deutschland müsse durch sein Verhalten erkennen lassen, daß es gewillt sei, sein Schicksal immer im Zusammenhang mit der europäischen Zukunft zu sehen.

Ollenhauer schrieb diesen seinen Artikel in der ›Welt‹ für den erkrankten Schumacher, und ein Vergleich beider Äußerungen zeigt, daß die Sozialdemokratie den verbindlicheren, Adenauer hingegen einen fast schon nach Intransigenz klingenden Ton angeschlagen hatte. Wie sehr der CDU-Vorsitzende dabei von taktischen Überlegungen geleitet wurde, zeigt der Umstand, daß Adenauer und Ollenhauer einen Monat später die Verhandlungen auf dem Rittersturz bei Koblenz genau verfolgten und dabei eine überraschend weitgehende Übereinstimmung der beiderseitigen Standpunkte erzielten, so daß wiederum unter den Länderchefs, die sowohl der SPD als auch der CDU/CSU und der FDP angehörten, prinzipielle Auseinandersetzungen nicht stattgefunden haben.

Am 1. September freilich ging Adenauer wieder auf Distanz. Als er in der konstituierenden Sitzung des Parlamentarischen Rates zu dessen Präsidenten gewählt wurde, ließ er bei aller

Konzilianz und inneren Genugtuung über sein neues politisches Amt doch den alten Gedanken wieder durchblicken:

Es ist für mich genau wie für jeden Abgeordneten des Hauses eine schwere Entscheidung gewesen, ob man sich bei dem heutigen Zustand Deutschlands zur Mitarbeit überhaupt zur Verfügung stellen soll. Aber man muß sich klarmachen, was geschehen würde, wenn dieser Rat nicht ins Leben träte. Der Zustand der Rechtlosigkeit, unter dem wir alle leiden, würde noch weiter andauern und immer unerträglicher werden. Deshalb ist es unsere Pflicht, jede Möglichkeit zu benutzen, um diesen Zustand zu beenden. Welche Ergebnisse unsere Arbeit für Deutschland haben wird, hängt von Faktoren ab, auf die wir nicht einwirken können. Trotzdem wollen wir die historische Aufgabe, die uns gestellt ist, unter Gottes Schutz mit dem ganzen Ernst und dem ganzen Pflichtgefühl zu lösen versuchen, die die Größe dieser Aufgabe von uns verlangt.

Stellvertretende Präsidenten wurden Adolf Schönfelder (SPD) und Hermann Schäfer (FDP); als Fraktionsvorsitzende fungierten: Anton Pfeiffer (CDU/CSU) (27), Carlo Schmid (SPD) (27) und Theodor Heuss (FDP) (5). Je 2 Abgeordnete stellten die Deutsche Partei, die Kommunisten und das Zentrum.

Sehr bald zeigte sich, daß der Parlamentarische Rat, bzw. die Abgeordneten »ihrer« Parteien, die Gelegenheit begrüßten, trotz ihres indirekten Mandates sich als Repräsentanten des Volkes zu fühlen. Die »historische Aufgabe«, von der Adenauer gesprochen hatte, lag ihrer Meinung nach jetzt bei ihnen und kaum mehr bei den Länderchefs. Es war wohl kein Zufall, daß am 1. September der damalige Vorsitzende der Ministerpräsidentenkonferenz, Stock (SPD), die Sitzung des Bonner Rates »mit einer sehr zurückhaltenden Rede« (Ehard) eröffnet hatte. In ihr war zu Ehards Bedauern »von einer Beteiligung der Länderregierungen an den Beratungen des Parlamentarischen Rates, deren Sicherstellung noch in der Stellungnahme zu Dokument 1 der Frankfurter Dokumente verlangt worden war, ... nicht mehr die Rede«. Und Ehard, der in der Rüdesheimer Sitzung am 31. August offensichtlich überstimmt worden war, erinnerte sich sechzehn Jahre später weiter:

Der Bericht von Herrenchiemsee wurde zwar noch erwähnt, aber nicht als Vorlage der Ministerpräsidenten dem Parlamentarischen Rat übergeben. Der Vorsitzende der Ministerpräsidentenkonferenz hatte ihn vielmehr schon mit Schreiben vom 31. 8. 1948 dem Parlamentarischen Rat zugeleitet, aber dabei ausdrücklich betont, daß er keine Regierungsvorlage darstelle, er werde deshalb auch nicht von Beauftragten der Ministerpräsidenten in der Art einer Regierungsvorlage vor dem Parlamentarischen Rat vertreten werden. Infolgedessen sei der Parlamentarische Rat bei seinen Arbeiten nicht an die von den Ministerpräsidenten unterbreitete Beratungsgrundlage gebunden. Die Ministerpräsidenten behielten sich nur vor, gemäß ihren Koblenzer Beschlüssen bei der Vorlage des Gesetzgebungswerks des Parlamentarischen Rats an die Militärgouverneure unter näher aufgezählten Gesichtspunkten des Dokumentes 1 Stellung zu nehmen.

Hier hatte zweifellos eine Einwirkung von seiten der sozialdemokratischen Parteiführung vorgelegen. Denn auf dem Düsseldorfer Parteitag der SPD im September fand ein von Schumacher stammendes und dort verlesenes Referat Beachtung, von welchem die Presse u. a. berichtete:

In der Frage des Besatzungsrechtes und der Organisation Westdeutschlands sei eine verpflichtende rechtliche Normung der Kompetenzen für alliierte und deutsche Stellen bis jetzt noch nicht gegeben und eine Klärung der Verantwortlichkeiten notwendig. Für die Arbeit des Parlamentarischen Rates hält er [Schumacher] die Assistenz der deutschen Länder oder der Alliierten für überflüssig und erachtet den Inhalt eines Besatzungsstatuts für wichtiger als die Arbeit in Bonn.

Indessen begann eine für die neueste deutsche Geschichte entscheidende Phase auch insofern, als sich jetzt neben dem Gremium der Länderchefs, neben den bisherigen Treuhändern deutscher Politik wie Ehard, Arnold, Maier und Kopf der *Aufstieg des Politikers Konrad Adenauer* vollzog. Während die 65 Abgeordneten im Gebäude der Bonner Pädagogischen Akademie die Beratungen führten, begann Adenauer an politischer Wirkungskraft zu gewinnen. Er beschränkte seine Tätigkeit keineswegs auf die Leitung der wenigen Vollsitzungen, sondern wurde zu einem aktiven Beobachter der Ausschüsse, versuchte in »formlosen interfraktionellen Besprechungen« Stockungen und Schwierigkeiten zu überwinden und verwandelte sich somit schnell zur »offiziellen Figur« im Verkehr mit den an allen Einzelheiten interessierten Militärgouverneuren. Er wurde, wie es Theodor Heuss einige Jahre später ausgedrückt hat, »der Sprecher der werdenden Bundesrepublik«.

Indem solchermaßen den Sachwaltern der Westmächte ein Partner von bestimmter, ja eigenwilliger Prägung entgegenwuchs, wandelten sich zugleich die Formen. Ein nur mehr kurzer Weg führte von der Administration deutschen Bodens zur Politik mit Deutschland, *bevor* noch der Staat errichtet war. Und diese neue, persönliche Note im Spiel der bisherigen Kräfte wies nach Lage der Dinge von vornherein einen betont *außenpoliti-schen* Charakter auf, obgleich zunächst lediglich die Fertigstellung des Grundgesetzes zur Debatte stand. Es zeigte sich jetzt schon eine spezifische Verzahnung deutscher Nachkriegspolitik: noch während der Verhandlungen des Parlamentarischen Rates galt es im Hinblick auf das Besatzungsstatut die Vorstellungen der Alliierten über diejenigen Reservate in Erfahrung zu bringen, die sie nach Kenntnisnahme deutscher Gegenvorschläge nun endgültig als ihre Rechte und Pflichten für sich behalten und entsprechend abgesichert wissen wollten, wie Entmilitarisierung, Außenpolitik, Devisenwirtschaft, Ruhrkontrolle usw. So eröffnete sich bereits jetzt ein weites Betätigungsfeld für die auch künftig den »äußeren« Dingen zugewandte Neigung des Politikers Adenauer, der nun mit 73 Jahren die eigentliche Karriere seines Lebens begann.

Bis zum Jahresende 1948 konnte, da man in den acht Ausschüssen aus gutem Grunde bedächtig zu Werke ging, lediglich im Hauptausschuß (Leitung: Carlo Schmid) die erste Lesung der erarbeiteten Abschnitte eines Grundgesetz-Entwurfes beendet werden. Hierbei waren die parteipolitischen Gegensätze aufeinandergeprallt. Die SPD verlangte eine starke Bundesgewalt (wie im allgemeinen auch die Engländer), die Christlichen Demokraten dagegen und mehr noch die CSU wollten die politischen Gewichte der Länder gesichert wissen, wenn auch mit unterschiedlicher Intensität. Es mußten also Kompromisse gesucht werden, so daß den von Monat zu Monat mehr in Erscheinung tretenden Ausgleichsbemühungen der Freien Demokraten unter Theodor Heuss ein großes Gewicht zukam. Und schließlich verlief auch die Fühlungnahme mit den Militärgouverneuren nicht immer reibungslos. Da interne deutsch-alliierte Gespräche über ein Besatzungsstatut zumindest eine Einmütigkeit der drei Mächte zur Voraussetzung haben mußten und diese vorerst keinesfalls gegeben war, konnte der Parlamentarische Rat auch keinerlei Einzelheiten über deren Absichten in Erfahrung bringen. Das rief Verärgerung hervor, zumal in Bonn parallel zur ersten Lesung eine Erklärung zum Besatzungsstatut fertiggestellt worden war (11. Dezember).

Zur selben Zeit kam jedoch eine Einigung der Alliierten über die Grundzüge eines *Ruhrstatuts*, das die Londoner Empfehlungen vom Juni bereits angekündigt hatten, verhältnismäßig schnell zustande.

Der Grund für dieses rasche Handeln lag darin, daß französische Befürchtungen wegen des offensichtlich gründlichen Arbeitens im Bonner Rat beschwichtigt werden mußten. Die Sorgen der Pariser Regierung bezogen sich aber auch auf ein mögliches Obsiegen der zentralistisch gesonnenen SPD sowie vor allem auf deren offen verkündete Absichten, den Bergbau und die Schwerindustrie in Staats- oder Gemeineigentum zu überführen. Solche Aussichten erschienen in Paris als untragbar. Die USA und in etwa auch England waren freilich ebenfalls gegen eine Sozialisierung und hatten in diesem Zusammenhange am 10. November ein bizonales Gesetz veranlaßt, welches u. a. die Besitzverhältnisse in der Großwirtschaft betraf. Künftige »übermäßige Konzentrationen« sollten zwar unmöglich gemacht werden (Vorschriften über Liquidationen, Treuhänderschaften und Kontrollen), doch waren alle mit einer etwaigen Sozialisierung zusammenhängenden Fragen (einschließlich der Verstaatlichung von Elektrizitätsgesellschaften) der Zuständigkeit der kommenden deutschen Regierung überlassen worden. Aber besonders hieran hatten sich die Pariser Beschwerden festgehakt. Am 19. November mußten sich daher die drei Außenminister versammeln. Minister Robert Schuman protestierte lebhaft; in einem Memorandum der Franzosen hieß es, das Gesetz vom 10. November käme einer Entscheidung gleich, »für die die beiden Regierungen (sc. der USA und Großbritanniens) allein nicht zuständig seien und die letzten Endes dem Friedensvertrag vorbehalten bleiben müßte. Durch die Übergabe des Eigentums an der Ruhrindustrie würde die deutsche Regierung eine Machtfülle erhalten, die selbst das Hitlerregime niemals besessen habe«.

Das waren natürlich sehr übertriebene Formulierungen, die zudem Entwicklungen als Voraussetzung annahmen, die noch gar nicht eingetreten waren. Sie ließen ferner das seit dem Frühjahr geplante Ruhrstatut völlig außer acht. Verärgert berichtete Clay am 22. November nach Washington:

Koenigs Haltung bei den letzten Sitzungen läuft darauf hinaus, daß die Franzosen sich mit einem westdeutschen Staat nicht einverstanden erklären können, weil ihnen das augenblickliche Klima nicht paßt ... Es ist weniger die Ruhrfrage, die sie beunruhigt, als vielmehr der ganze Wiederaufbau der deutschen Wirtschaft.

Aber gerade die Regelung der Verhältnisse an der Ruhr, die in dieser Situation den gegebenen Ansatzpunkt boten, wurde nun von den drei Mächten vorangetrieben. Am 29. Dezember konnte das Ruhrstatut im Entwurf bekanntgegeben werden: eine

»*Ruhrbehörde*«, bestehend aus sieben Mitgliedern (den drei großen und drei kleinen Westmächten nebst Deutschland), solle die Aufgabe haben, »die Kohle-, Koks- und Stahlproduktion des Ruhrgebietes auf den innerdeutschen Verbrauch und den Export aufzuteilen« (Art. 14). Außerdem war ein Kontroll- und Eingriffsrecht in das »Transportwesen, Preise und Wirtschaftsmethoden, Quoten, Zölle und andere Regierungsmaßnahmen oder wirtschaftliche Anordnungen« deutscher Stellen festgelegt (Art. 15). Artikel 32 bestimmte, daß das Abkommen (Statut) »bis zum Inkrafttreten einer Friedensregelung für Deutschland und danach im Einklang mit den Bestimmungen dieser Friedensregelung in Kraft bleiben« solle; Artikel 33 ließ eine »Ergänzung« des Statuts auf Antrag der Behörde, freilich nur im Einvernehmen mit allen Signatarmächten, zu.

Die Aufnahme in der deutschen Öffentlichkeit ließ erkennen, daß im Text des Entwurfes den Franzosen Zugeständnisse gemacht worden waren (vgl. Stellungnahme der SPD), die sich unablässig um ihre wirtschaftliche Konkurrenzfähigkeit besorgt gezeigt hatten. Die Äußerungen zweier maßgebender CDU-Politiker wiesen übereinstimmend in die Zukunft: Adenauer, jetzt zurückhaltender als noch im Sommer, bemerkte, das Ruhrstatut sei nur dann eine feste Grundlage, wenn es die Vorstufe einer europäischen Föderation bilde, andernfalls werde es wieder »verschwinden«; Ministerpräsident Arnold wurde allerdings deutlicher und knüpfte an seinen Juni-Vorschlag an:

Es fragt sich, ob der von den beteiligten Westmächten erstrebte Zweck nicht auf einem anderen Wege zu erreichen ist, auf einem Wege, der eine ehrliche und freiwillige Mitarbeit der gesamten Ruhrwirtschaft einschließlich der Arbeiterschaft auf der Basis der Gleichberechtigung sicherstellt. – Könnte man daher nicht anstelle einer einseitigen und daher notwendigerweise verärgernden Kontrolle des Ruhrgebietes einen völkerrechtlichen Zweckverband auf genossenschaftlicher Grundlage errichten? In diesem Zweckverband würde Deutschland die Ruhr, Frankreich das Erzvorkommen Lothringens, *beide* die Saar, Belgien und Luxemburg ihre Schwerindustrie einbringen. Die genossenschaftliche Grundlage, die modernem Rechtsgedanken entspricht, würde bedeuten, daß jeder der Partner mit dem Wert seiner Einlage beteiligt wird.

Die SPD freilich sprach von einer »schweren Vertrauenskrise gegenüber der Demokratie« und der Unvereinbarkeit des Abkommen-Entwurfs mit dem Marshall-Plan. »Die deutsche Sozialdemokratische Partei wird nicht nur im Interesse Deutschlands, sondern ganz Europas für eine Revision dieses Statuts kämpfen und für die Sozialisierung der westdeutschen Basisindustrien einstehen.«

Doch zurück zum Grundgesetz. Nachdem frühzeitig offenbar geworden war, daß als »Zweite Kammer« den Sozialdemokraten und einer Anzahl CDU-Abgeordneter einschließlich Adenauers eine Art Senat, nicht aber eine Ländervertretung vorschwebte und solches den ursprünglichen Vorstellungen der acht CSU-Abgeordneten und der bayerischen Staatsregierung nicht entsprach, war es zu drängenden Interventionen Münchens gekommen. Hans Ehard war der Meinung, daß sich seit dem 31. August »die Ministerpräsidenten und ihre Länder praktisch ausgeschaltet, vor der zentralen Konstituante kapituliert und ihr Schicksal in deren Hand gegeben« hätten. Unter allen Umständen gedachte er – und er tat es quasi im »Alleingang« –, die auf eine Verankerung föderalistischer Grundsätze abzielenden bayerischen Wünsche in Bonn durchzudrücken:

Zu diesem Zweck entsandte ich ... ständige sachkundige Regierungsvertreter nach Bonn und suchte darüber hinaus persönlich in jeder möglichen und zulässigen Form schriftlich und mündlich die bayerische Auffassung zur Geltung zu bringen.

Hilfe ward Bayern dann am 22. November zuteil, als die Generale an Adenauer die Instruktion gaben, das Zweikammersystem sei nur mit einer Länderkammer für sie akzeptabel. Ferner sei ein Notverordnungsrecht nach dem Muster der Weimarer Verfassung »unzulässig«; in Finanzfragen solle der Bund auf die Ausarbeitung der Grundsätze für Steuern und Abgaben beschränkt bleiben und selbst nur über jene Mittel verfügen, die zur Erledigung seiner Aufgaben benötigt würden.

Diese und noch andere Punkte galt es bei der Vorbereitung der zweiten und dritten Lesung zu berücksichtigen, die in den ersten Wochen des Jahres 1949 abgehalten wurden. Man arbeitete also das Modell eines – föderalistisch gemäßigten – Bundesstaates heraus, wobei sich die Parteien auf einer mittleren Linie fanden, etwa in bezug auf das Verhältnis von Bundestag und Bundesrat oder in der Bildung einer »kleinen« Bundesfinanzverwaltung für Zölle und Bundessteuern. Am 13. Februar lag der Grundgesetz-Entwurf nach der dritten Lesung im Hauptausschuß fertig vor und wurde alsbald den Alliierten überreicht. Die Militärgouverneure nahmen zu ihm in einer Denkschrift vom 2. März ausführlich Stellung, und wieder entzündeten sich die Gegensätze zwischen den Generalen und den Parlamentariern an den Kompetenzen von Bund und Ländern (Wer verwaltet die Steuern?). Auch wünschten die Militärgouverneure nicht, daß Berlin (die drei Westsektoren) als zwölftes Land Bestandteil des neuen deutschen Staates werde. Letzteres wurde zur Kenntnis genommen; über das Problem der »Vorranggesetzgebung« (entscheidend auch für Finanzfragen) kam es indessen zu wochenlangen Spannungen nicht nur mit den Militärgouverneuren, sondern auch unter den beiden großen Parteien, da sich die SPD unnachgiebig zeigte und die CDU zu Kompromissen gegenüber den Wünschen der Westmächte bereit war. Die Sozialdemokraten dachten sogar daran, dem Grundgesetz in seiner damaligen Form nicht zuzustimmen, sofern man den drei Mächten noch weitere Zugeständnisse hinsichtlich einer Schwächung der Zentralinstanzen zu machen gezwungen werden sollte. Und auch die Generale ließen unablässig durchblicken, daß sie »notfalls« den ganzen Grundgesetz-Entwurf rundweg ablehnen würden; dann seien nämlich die Möglichkeiten der Londoner Empfehlungen erschöpft und die Deutschen möchten doch bedenken, was das für ihre Zukunft bedeuten würde.

Inzwischen war jedoch aus verschiedenen Gründen eine Tagung der Außenminister der drei Westmächte in Washington notwendig geworden (5. bis 8. April 1949). Sie fiel zeitlich mit der Gründung der Nordatlantischen Pakt-Organisation, der NATO, zusammen. Die Minister zogen eine Zwischenbilanz der deutschen Angelegenheiten und glaubten, einem Scheitern der Bemühungen in Bonn vorbeugen zu sollen. Da auf dieser Konferenz weitere wichtige Entschlüsse im Sinne der Londoner Empfehlungen getroffen wurden, nämlich u. a.

1. ein Abkommen über die künftige *Fusion der Zonen* (»Trizone«) und die sich daraus ergebende *Drei-Mächte-Kontrolle* (Hohe Kommission),
2. die Einigung über die Inkraftsetzung des *Ruhrstatuts* (Unterzeichnung am 28. April in London),
3. die Bekanntgabe eines (jetzt sehr kurzgefaßten) *Besatzungsstatuts*,
4. Einzelheiten eines neuen *Industrieplanes* für die drei Westzonen,

glaubte man wohl, auf Grund der damit gegebenen technischen und psychologischen Sicherheitsfaktoren sich eine etwas großzügigere Haltung leisten zu können. Jedenfalls erging aus

Washington eine eigentlich von den Deutschen kaum noch erwartete Weisung an die Militärgouverneure, daß sie notfalls den deutschen (in diesem Falle namentlich den sozialdemokratischen) Auffassungen in puncto »konkurrierender Gesetzgebung« und Finanzverfassung entgegenkommen dürften. Aber noch fast drei Wochen vergingen mit parteipolitischen Auseinandersetzungen und unliebsamen gegenseitigen Anschuldigungen, zumal General Clay den Befehl erhalten hatte, den Inhalt dieser Weisung erst als ultima ratio und zu einem Zeitpunkt seines Ermessens dem Parlamentarischen Rat bekanntzugeben. Aber nach den harten Forderungen Schumachers in der Grundgesetz-Frage auf dem SPD-Parteitag in Hannover am 19. und 20. April war Zwang genug gegeben, nunmehr mit dem Alternativvorschlag der Außenminister herauszurücken (23. April). Jetzt erst vermochten die Parteien im Bonner Rat einen letzten Kompromiß bezüglich der Steuereinnahmen und -verwaltung sowie der Finanzhoheit auszuarbeiten, und Ende des Monats kam endlich die Einigung zustande.

Die Annahme des Grundgesetzes im Parlamentarischen Rat erfolgte am 8. Mai, also am vierten Jahrestage der bedingungslosen Kapitulation. Gegen das Gesetz stimmten diejenigen Abgeordneten, die der Meinung waren, daß in dem Gemeinschaftswerk der föderalistische Gedanke immer noch zu kurz gekommen sei: sechs der CSU, sowie die Zwei-Mann-Gruppen der Deutschen Partei bzw. des Zentrums, und – mit anderer Begründung – auch die beiden Kommunisten. Nach Genehmigung durch die Militärgouverneure (12. Mai) und Ratifizierung durch die Landtage – vom Plebiszit hatten die drei Mächte Abstand genommen – wurde das *Grundgesetz am 23. Mai 1949 im Bundesgesetzblatt verkündet und trat in Kraft.*

Die Einzelheiten seiner Bestimmungen können an dieser Stelle übergangen werden. Zur Charakterisierung sei gesagt, daß die Väter des Grundgesetzes ihr Werk bewußt von den herkömmlichen Normen der bisherigen Verfassungsgeschichte abhoben. Besonders die Erfahrungen der Weimarer Zeit zwischen 1919 und 1933 übten hierbei einen starken Einfluß aus, zumal ein großer Teil der Abgeordneten des Rates selbst aktiv im politischen Leben der ersten Republik gestanden hatte. Während der Bundespräsident nicht mehr über dieselbe oder eine ähnliche Machtfülle wie der Reichspräsident verfügen sollte, wurden die Positionen des Bundeskanzlers und des Bundesrates (Ländervertretung als »Zweite Kammer«) gegenüber denjenigen des

Reichskanzlers und des Reichsrates erheblich gestärkt. Neuerungen waren die Einführung des »konstruktiven Mißtrauensvotums«, nach welchem ein Bundeskanzler nur dann gestürzt werden konnte, wenn sich vorher eine Mehrheit des Bundestages für die Wahl eines Nachfolgers gefunden hatte, und die Errichtung eines »Vermittlungsausschusses«, der dann in Tätigkeit zu treten hatte, wenn sich unterschiedliche Meinungen von Bundestag und Bundesrat in Gesetzesfragen gegenüberstanden. Auch einen Notstandsartikel gab es nicht: die Anwendung des Artikels 48 der Weimarer Reichsverfassung in den letzten Jahren der Weimarer Republik stand allgemein noch in unangenehmer Erinnerung, und die Prärogative auf diesem Gebiet verblieb zunächst ohnehin bei den Besatzungsmächten.

Ein *Wahlgesetz*, am 15. Juni erlassen von den Ministerpräsidenten, als Grundlage für die Abhaltung der ersten Bundestagswahlen folgte nach. Aber trotz der nun scheinbar reibungslosen Abfolge der Ereignisse lag ein Schatten über dem neuen Start: der Bayerische Landtag hatte am 20. Mai auf Empfehlung der Staatsregierung das Grundgesetz verworfen, indem eine Mehrheit die Ratifizierung verweigerte. Die Haltung dieser Mehrheit entsprach der Enttäuschung und Besorgnis des Münchner Kabinetts, das jedoch gleichwohl durch Unterschrift Ehards die rechtsverbindliche Gültigkeit des Grundgesetzes in Bayern bescheinigte und sicherstellte. So durfte man das bayerische Nein als »Mahnung und Warnung« derjenigen auffassen, deren föderalistische Vorstellungen nicht zum Zuge gekommen waren, nicht aber etwa als »Protest gegen die neue Staatsschöpfung« (Karl Schwend).

Das war die Sicht des Jahres 1949. Ihr entsprach auch jene Stelle in der Präambel des Grundgesetzes, die da besagt, daß »dem staatlichen Leben für eine Übergangszeit« eine neue Ordnung gegeben werden solle – wohlgemerkt für eine »Übergangszeit«.

Konstituierung der Bundesrepublik und Beendigung der Demontagen

Den Wahlkampf empfanden die Zeitgenossen als lebhaft, ja mitunter als scharf. Die beiden großen Parteien bezogen Argumente und Munition aus dem voraufgegangenen, wenngleich noch sehr kurzen Zeitabschnitt deutscher überzonaler Politik, nämlich der Tätigkeit und dem Verhalten der Ämter und Vertretungen des Vereinigten Wirtschaftsgebietes. Es ging in den Reden hauptsächlich um das Verhältnis zu den Besatzungsmächten und ganz besonders um die wirtschaftspolitischen Maximen der seit 1948 Verantwortlichen in Frankfurt, um die »soziale Marktwirtschaft«, zu der die SPD immer noch in heftigster Opposition stand. Hierbei hatte Adenauer es schon im Februar verstanden, Erhards Theorien mitsamt dem Manne durch seine Partei gewissermaßen adoptieren zu lassen, so daß letztere dadurch in den Stand gesetzt wurde, die sich seit der Währungsreform langsam anbahnende wirtschaftliche Gesundung für den Wahlkampf zu benutzen. Adenauers Entschlossenheit, mit der CDU an die Schalthebel der Macht des neuen deutschen Staates zu gelangen, war von Anfang an ausgeprägt, wie ein von Paul Weymar überlieferter Ausspruch aus dem Frühjahr 1949 zeigt:

Wir müssen jetzt an die Macht kommen. Und wir müssen wenigstens acht Jahre lang an der Macht bleiben. Dann haben wir Deutschland auf den Weg gebracht, auf dem es weitergehen kann.

Bei einer Wahlbeteiligung von 78,5 Prozent wurde am 14. August der Erste Deutsche Bundestag gewählt. Es erlangten die CDU/CSU 139, die SPD 131, die FDP 52, die Bayernpartei 17, die Deutsche Partei 17, die KPD 15, die Wirtschaftliche Aufbau-Vereinigung 12, das Zentrum 10, die extreme Rechte 5, die Parteilosen 3 Sitze, die Südschleswigsche Wählervereinigung 1 Sitz. Die Absage an den Kommunismus (5,7 Prozent der abgegebenen Stimmen) war überdeutlich. Nach dem Programm der Militärgouverneure sollte sich anschließend die Konstituierung der Bundesrepublik Deutschland in vier Etappen vollziehen:
Zusammentritt des *Bundestages* und des *Bundesrates,*
Wahl des *Bundespräsidenten* durch die *Bundesversammlung,* bestehend aus dem Bundestag und derselben Zahl weiterer Abgeordneter, welche von den Landtagen zu stellen waren,
Wahl des *Bundeskanzlers* durch den *Bundestag,*
Vereidigung des Bundeskanzlers und der Bundesminister (Präsentierung der *Bundesregierung* vor dem Parlament).
Gleichzeitig sollten der Wirtschaftsrat und der Verwaltungsrat des Vereinigten Wirtschaftsgebietes der Auflösung verfallen; einen Tag nach Vereidigung der Bundesregierung war das Besatzungsstatut in Kraft zu setzen. An die Stelle der Militärgouverneure traten damit die drei Hohen Kommissare (zusammengefaßt in der »Alliierten Hohen Kommission«): Sir Brian Ro-

bertson (jetzt als Zivilist) für Großbritannien, John McCloy für
die USA und André Francois-Poncet für Frankreich.

Dieser Zeitplan konnte eingehalten werden (7., 12., 15. und
20. September); Präsident des Bundestages wurde der schon im
Frankfurter Wirtschaftsrat bewährte Dr. Erich Köhler, CDU
(Vizepräsidenten: Prof. Carlo Schmid, SPD, und Dr. Hermann
Schäfer, FDP), Präsident des Bundesrates der nordrhein-west-
fälische Ministerpräsident Karl Arnold, CDU. Die Bundesversammlung wählte Prof. Theodor Heuss, FDP, zum Bundespräsidenten; im Bundestag setzte sich Dr. Konrad Adenauer,
CDU, mit knappster Mehrheit von 202 Stimmen als vorgeschla-
gener Bundeskanzler durch.

Man sieht es auf den ersten Blick: nachdem es im Wahlkampf
um die Frankfurter Konzeption einschließlich ihrer außenpolitischen Verpflichtungen und Ambitionen gegangen war,
gelang die formale Sicherung ihrer Weiterexistenz durch die
neuen Bundesorgane. Schon gleich nach der Wahl hatte Adenauer eine entsprechende Aktivität entfaltet, um die *Frankfurter
Koalition* (CDU/CSU-FDP-DP) in *Bonn* (am 12. Mai vom Parlamentarischen Rat mit 33:29 Stimmen gegen Frankfurt zur vorläufigen Bundeshauptstadt erkoren) fortleben zu lassen, ja um
sie recht eigentlich für lange Zeit zu verankern. Er tat es, obgleich bei einigen prominenten Vertretern der Besatzungsmächte, bei der Sozialdemokratie und selbst in den eigenen Reihen
(Kaiser, Lemmer) starke Wünsche bzw. Neigungen nach der
Bildung einer Koalition der beiden großen Parteien bestanden.
Sogar die Wahl eines sozialistischen Bundespräsidenten war anfangs im Gespräch. Der Ausgang der Wahlen sei »gut« gewesen,
schrieb Adenauer am 25. August dem französischen Außenminister Robert Schuman und fuhr dann fort:

Auf Grund des Wahlergebnisses werden wir mit einer Regierung
rechnen können, die den Aufbau Deutschlands im Innern nach
christlich-demokratischen Grundsätzen auf allen Gebieten des staatlichen und wirtschaftlichen Lebens fortführen und die es sich besonders angelegen sein lassen wird, die Beziehungen zu den Nach-
barvölkern *im Sinne Ihrer und meiner Bestrebungen zu gestalten.*

Der CDU-Vorsitzende aus Rhöndorf, dessen persönliche
Bekanntschaften und Beziehungen zu Politikern des europäischen Westens bereits vor Zusammentritt der Bundesorgane bestanden und dessen Prestige durch den monatelangen Verkehr
mit den Militärgouverneuren als »Sprecher der werdenden Bundesrepublik« erheblich gewachsen war, zeigte sich gewillt und

war auch dessen sicher, daß er spätestens im dritten Wahlgang Regierungschef werden und ungünstigenfalls eine Minderheitsregierung bilden würde. Mit Berechnung und zu diesem Zeitpunkt (2. September) seine Umgebung überraschend betonte er, daß das Grundgesetz ein »konstruktives Mißtrauensvotum« (d. h. die Einigkeit der Opposition über einen Nachfolger) vorschreibe, wodurch eine reine CDU-Regierung »durchaus lange Zeit regieren könne, ohne Gefahr zu laufen, gestürzt zu werden«. Den willkommenen Anlaß zur Zerstörung der zahlreichen Hoffnungen auf eine große Koalition fanden Adenauer und seine Gruppe dann in den einleitenden Sätzen des sog. *Dürkheimer Programms* der SPD, in denen es hieß, daß das Ergebnis der Bundestagswahlen die Gefahr heraufbeschwöre, »daß die bisherige Wirtschaftspolitik fortgeführt, die deutsche Arbeitskraft ruiniert, staatsbildende Kräfte gelähmt und die deutsche Demokratie zerstört würde«. Adenauers Ansicht, eine Koalition mit der SPD sei grundsätzlich nicht möglich, setzte sich daraufhin in der ganzen CDU/CSU-Fraktion durch und trug schließlich dazu bei, daß die SPD-Fraktion der Bundesversammlung im letzten Augenblick noch Schumacher als Präsidentschaftskandidaten nominierte, der in beiden Wahlgängen immerhin 311 Stimmen gegen Heuss (377 bzw. 416 Stimmen) auf sich vereinigen konnte.

Die Sozialdemokraten hatten schon vorher bemängelt, daß die Nominierung Heuss' im Zusammenhang mit den Koalitionsverhandlungen erfolgt sei, an welchen wiederum der immer noch sehr kritisch eingestellte bayerische Regierungschef Ehard auszusetzen hatte, sie seien zu früh begonnen worden und man habe damit »die Bundesorgane überspielt«. In der Tat ist auch eine von dem Teilnehmer Robert Pferdmenges gegebene bezeichnende Darstellung von einer Zusammenkunft führender CDU-Politiker in Rhöndorf am Sonntag nach der Wahl lange Zeit unwidersprochen geblieben und 1965 in den Memoiren Adenauers bestätigt worden: in ungezwungener Atmosphäre habe sich der Hausherr, schon hier intern als Kanzler nominiert, für eine Fortsetzung der bizonalen Koalition eingesetzt und dafür wie auch en passant zu dem anderen Vorschlage Zustimmung erhalten, der FDP-Vorsitzende Heuss könne ja dann Bundespräsident werden.

Wer will, mag in derartigen Sondierungen und »Beschlüssen« die Ankündigung eines sehr persönlichen Regierungsstiles sehen, der ebenso pragmatisch wie patriarchalisch geprägt war und überdies in den wirklich neuartigen Bestimmungen der provisorischen Verfassung einen nicht unerwünschten Rückhalt fand. Und noch bedeutsamer war der Umstand, daß dieser Stil sofort in der »Außenpolitik«, oder korrekter gesagt: auf dem Gebiete der Beziehungen zu den Besatzungsmächten seine erste sichtbare Anwendung gefunden hat.

Von der Regierungserklärung vom 20. September 1949 soll uns daher der knapp gehaltene außenpolitische Teil besonders interessieren. Bezeichnenderweise bezog sich Adenauer auf Dinge und Probleme, die ihn zum Teil noch gar nichts angehen durften. »Unter den Bundesministerien«, hieß es da, »fehlt ein Außenministerium. Das bedeutet keineswegs, daß wir damit auf jede Betätigung auf diesem Gebiete Verzicht leisten.« Er werde versuchen, in Zusammenarbeit mit den Hohen Kommissaren »unsere Freiheiten und unsere Zuständigkeiten Stück für Stück zu erweitern«. Er betonte die Zugehörigkeit der Bundesrepublik zur westeuropäischen Welt und hob den Wunsch hervor, trotz der unbefriedigenden Situation im Saargebiet den deutsch-französischen Antagonismus der Vergangenheit zu überwinden. Und obgleich das Besatzungsstatut die Zugehörigkeit des neuen Staates zu internationalen Organisationen nicht zuließ, forderte Adenauer mit aller Eindringlichkeit: »Wir wünschen möglichst bald in die Europäische Union aufgenommen zu werden!«

Einen Tag später stellte Adenauer einige der Bundesminister im Hotel auf dem Petersberg (Siebengebirge) den Hohen Kommissaren vor. Die dabei erfolgte offizielle Überreichung der Urkunde des Besatzungsstatuts war dem Bundeskanzler Nebensache; viel wesentlicher erschien ihm das Echo auf die Regierungserklärung aus dem Munde François-Poncets: weitreichende Änderungen des Besatzungsstatuts würden möglich sein, wenn die deutsche Regierung sich ihrerseits an die Bestimmungen des Statuts halte. Die Revision würde um so schneller erfolgen und um so intensiver sein, je gewissenhafter das Besatzungsstatut befolgt werde.

In der Tat war schon im IX. Absatz des Statuts vermerkt worden, die westlichen Regierungen würden nach 12 Monaten, »mindestens aber innerhalb von 18 Monaten nach Inkrafttreten« bereit sein, alle Bestimmungen auf Grund der bis dahin gemachten Erfahrungen zu überprüfen mit dem Ziel, die Befugnisse der deutschen Stellen »auf dem Gebiet der Gesetzgebung, Verwaltung und Rechtsprechung zu erweitern«. Einstweilen aber behielten sich die drei Mächte Sonderbefugnisse auf folgenden Gebieten vor:

Abrüstung, Entmilitarisierung einschließlich der Beschränkungsmaßnahmen für Industrie und zivile Luftfahrt, Kontrolle des Ruhrgebietes, Rückerstattungen, Reparationen, Dekartellisierung, Entflechtung, Diskriminierung im Geschäftsverkehr, ausländische Vermögenswerte in und vermögensrechtliche Ansprüche gegen Deutschland,
auswärtige Angelegenheiten einschließlich völkerrechtlicher Abkommen, Problem der verschleppten Personen, Zulassung von Flüchtlingen, Schutz und Sicherheit der alliierten Streitkräfte und sonstiger alliierter Staatsangehöriger, Deckung der Besatzungskosten,
Beachtung des Grundgesetzes und der Länderverfassungen, Außenhandel, Devisenwirtschaft, eine Teilkontrolle über innenpolitische Maßnahmen und schließlich die Kontrolle des Strafvollzugs von Kriegsverbrechern.

Allerdings stand der Bundesregierung und den Länderregierungen das Recht zu, nach Benachrichtigung der Besatzungsbehörden auch »auf den diesen Behörden vorbehaltenen Gebieten Gesetze zu erlassen und Maßnahmen zu treffen«, soweit solches mit den Aufgaben der alliierten Stellen generell vereinbar war (Abs. IV).

Damit war der Bundesregierung gewissermaßen ein Jahr »Probezeit« auferlegt worden. Aber würde Adenauer so lange warten wollen? Es war ihm vom ersten Tage seiner Amtszeit daran gelegen, bei künftigen Gesprächen über das Schicksal Westdeutschlands die Initiative immer mehr an sich zu ziehen. Hierzu bot sich ihm das Besatzungsstatut, von vielen Deutschen immer noch als ein Dokument der Fremdherrschaft gewertet, und besonders dessen Absatz IV als ein willkommenes Instrument dar, mit dem er sich um eine größere Bewegungsfreiheit bemühen konnte. Indem er sich anschickte, davon und von den anderen »revisionsfähigen« Dingen ständig zu sprechen, hielt er die deutsch-alliierten Beziehungen im Fluß.

Die ersten harten Auseinandersetzungen Adenauers mit der Hohen Kommission mußten freilich bereits geführt werden, als im Bundestag noch die Aussprache über die Regierungserklärung lief. Sie bezogen sich auf die Neufestsetzung der D-Mark-Relation zum Dollar (als Folge der englischen Pfund-Abwertung) und auf die Handhabung des Kohlepreises für den Export wie für den Inlandsmarkt. Aber nachdem er hierbei noch einmal alliierte Entscheidungen als »vollendete Tatsachen« hatte hinnehmen müssen, trachtete er danach, seinerseits das Gesetz des Handelns zu erlangen. Seit Mitte Oktober konzentrierte er sich, entsprechend einem Beschluß des Bundestages, auf den endgültigen Abbau der Demontagepraxis und hoffte, mit diesem Vorstoß zugleich die ersten faktischen Lockerungen von den Fesseln des Besatzungsstatuts zu erlangen. Hierzu verfaßte er, im Vertrauen auf amerikanische Unterstützung, zwei Noten mit Vorschlägen für die Hohen Kommissare, denen die vom 9. bis 11. November in Paris zu einer Deutschlandkonferenz versammelten drei westlichen Außenminister eine noch zurückhaltende quasi-Antwort per Kommuniqué gaben:

Die Außenminister haben ihre im Besatzungsstatut zum Ausdruck gebrachte Politik, der deutschen Republik ein weites Maß freien Bestimmungsrechtes in der Leitung deutscher Angelegenheiten zu gewähren, erneut bestätigt; und zwar würde das Ausmaß, gemäß dem Besatzungsstatut, in dem Umfang größer werden, als die Regierung der Bundesrepublik das Vertrauen rechtfertigt, daß sie auf die Errichtung eines freien, demokratischen und friedlichen Deutschlands hinarbeite.

Dennoch setzten am 15. November zähe Verhandlungen des Kanzlers mit den Hohen Kommissaren ein. Von deutscher Seite wurde das Ruhrstatut als weiteres »Instrument« ins Auge gefaßt, und Adenauer hatte scharf und unsentimental abzuwägen, ob es sich die Bundesregierung vor dem Volke leisten könne, der unpopulären, von der Opposition und anfänglich ja auch von ihm selbst bekämpften *Ruhrbehörde* beizutreten und damit eine auf ziemlicher Einseitigkeit aufgebaute Institution der Sieger gleichsam zu sanktionieren. Aber da nach seiner Meinung die Ruhrbehörde eine »politische Realität« war, auf die man nicht mit Gefühlen reagieren dürfe, und die Demontagefrage ihm mehr als eine Frage der »Sicherheit« denn als Frage der »Reparationen« erschien, entschied er sich *für* den Beitritt. Es war ein Entschluß mit voll beabsichtigter Nebenwirkung, denn er war hauptsächlich an die Adresse Frankreichs und an dessen Außenminister Schuman gerichtet. Und da Adenauer im Augenblick nicht mehr in Großbritannien, sondern – mit Recht – beim großen westlichen Nachbarn die Hauptwiderstände gegen seine Anti-Demontage-Politik vermutete, bemühte er sich ab Mitte November betont um das Vertrauen der Pariser Regierungskreise und ließ sogar durchblicken, daß er sich nicht daran stören werde, sollten das Saarland und die Bundesrepublik zugleich der Einladung, sich dem Europa-Rate zu assoziieren, Folge leisten. Die heftigen Angriffe Schumachers, der in diesem

Zusammenhange von einer fahrlässigen Preisgabe deutscher Rechte am und im Saarland sprach, kümmerten ihn wenig. Er hoffte, das Entgegenkommen McCloys und des Außenministers Dean Acheson, später auch der Briten, durch einen kühnen Brückenschlag nach Frankreich – *ohne* »Handelsobjekte«, wie er immer wieder betonte – abzustützen und damit zu rechtfertigen.

•Am Ende der Verhandlungen auf dem Petersberg stand ein vertragsartiges Protokoll, das sog. »*Petersberg-Abkommen*«, am 22. November paraphiert und am 24. veröffentlicht. Es war, wie André François-Poncet in der Rückschau urteilt, »ein beachtlicher Erfolg; denn zum ersten Mal war der betreffende Vertrag nicht aufoktroyiert, sondern auf gleicher Basis frei ausgehandelt und von beiden Parteien unterzeichnet worden«.

Das Abkommen sah vor, daß die Bundesrepublik sowohl dem Europa-Rat (wenngleich nur als assoziiertes Mitglied) als auch der Ruhrbehörde beitreten sowie beim Alliierten Sicherheitsamt mitwirken würde. Die Zugehörigkeit zur OEEC sollte nicht mehr von den Hohen Kommissaren, sondern von der Bundesregierung wahrgenommen werden. Bonn erhielt ferner das Recht, konsularische Beziehungen zu anderen Staaten herzustellen, auch durfte die Bundesregierung mit den USA ein bilaterales Abkommen über die Marshallplan-Hilfe abschließen. Die wichtigsten Gegenleistungen der Alliierten für das deutsche Entgegenkommen in der Saar- und Ruhrfrage bestanden jedoch in der – von wenigen Ausnahmen abgesehen – praktischen Beendigung der Demontagen (in Berlin sogar vollständig), dem Hauptziele Adenauers. Schließlich wurde noch auf dem Gebiete der Dekartellisierung künftig eine Gesetzgebung der Bundesrepublik zugelassen, und deutsche Werften durften fortan Schiffe von größerer Tonnage bauen als bisher.

Adenauer bevorzugte die Taktik der kleinen Schritte, die in der Sache und von der Situation her naheliegend waren. Aber es stand hinter ihnen doch eine klare Konzeption, deren Anfänge bereits in der Zeit vor seiner Wahl zum Bundeskanzler gefunden werden können. Zugleich verneinte er für seine Person die Zweckmäßigkeit einer nationalen Distanz zu den Hohen Kommissaren, wie Schumacher sie für angemessen hielt.

Diese Unterschiedlichkeit in den selbstgewählten Positionen beider gegenüber den Besatzungsmächten führte am 24. und 25. November zu einer überaus heftigen Kontroverse, als das Petersberger Abkommen im Bundestag besprochen wurde. Abgesehen davon, daß die SPD den Beitritt zur Ruhrbehörde grundsätzlich ablehnte, kritisierte sie die Art, wie das Protokoll zustande gekommen sei, und beklagte sich darüber, daß die Opposition angesichts der höchsten Wichtigkeit der einzelnen Punkte kaum oder nicht ins Vertrauen gezogen worden sei; auch die Frage nach der Notwendigkeit einer Ratifizierung tauchte auf. Man empörte sich über den Alleingang (Arndt: »Autoritärer Handstreich«), und erregt über eine zugespitzte Formulierung Adenauers ließ sich Schumacher sogar zu dem leidenschaftlichen Anwurf »Bundeskanzler der Alliierten!« hinreißen. Durch alle diese Vorgänge wurde freilich die Stellung der großen Oppositionspartei im Bundestag und in der Öffentlichkeit für die folgende Zeit erheblich erschwert, und der persönliche Gegensatz zwischen Adenauer und Schumacher vertiefte sich weiter.

Der junge Staat jedoch, dessen Souveränität naturgemäß weiterhin »geknickt« blieb (Theodor Heuss), wurde letzten Endes nicht mit dem Besatzungsstatut, sondern durch die schon zwei Monate später erfolgten Lockerungen dieses Dokuments, kurzum durch das Petersberger Abkommen, gewissermaßen auf die Füße gestellt.

Der Osten zieht nach:
Gründung der Deutschen Demokratischen Republik

Auf die Konstituierung der Bundesrepublik Deutschland hat die Sowjetunion im Zuge ihrer Konsolidierungspolitik bemerkenswert schnell reagiert. Am 7. Oktober 1949 trat in Ostberlin der II. Deutsche Volksrat als *Provisorische Volkskammer* ins Leben, am 11. wurde der Altkommunist Wilhelm Pieck Präsident, am 12. Otto Grotewohl, als ehemaliger Sozialdemokrat ein bis zu seinem Tode gern herausgestelltes Sinnbild der Einheit der Arbeiterklasse, Ministerpräsident einer »Deutschen Demokratischen Republik«. Der Errichtung dieses die sowjetische Besatzungszone umfassenden »Staates« ohne demokratische Legitimation waren langwierige propagandistische und das Endziel genau anvisierende Vorbereitungen voraufgegangen. Die DDR entstand aus der sog. Volkskongreß-Bewegung, der gleichzeitig von der SMA die Aufgabe einer gesellschaftlichen und politischen Gleichschaltung der Zone zuerkannt worden war.

Die Anfänge sind schon Ende November 1947, also noch während der Londoner Außenministerkonferenz, zu finden. Als sich damals abzeichnete, daß der Westen in der deutschen Frage einen eigenen Weg suchte, fingen Moskau und (über die sowjetische Militärregierung) die SED nun ihrerseits an, deutsches Schicksal zu gestalten. Getreu dem Grundsatz Stalins, bei allen Zügen auf dem politischen Schachbrett Deutschlands die Einheit des Landes hervorzuheben, berief die SED damals einen *Deutschen Volkskongreß für Einheit und gerechten Frieden* aus allen Parteien, Gewerkschaften, Massenorganisationen, dazu aus Kreisen der Wissenschaft und des Kunstlebens, nach Berlin ein. Der Aufruf wurde in allen vier Zonen verbreitet, doch kamen aus Westdeutschland nur wenige Delegierte. Der Volkskongreß (40 Prozent seiner Mitglieder gehörten zur SED und KPD) konstituierte sich am 6. Dezember 1947 als gesamtdeutsches quasi-Parlament und verlangte, dabei eindeutig Molotows Haltung unterstützend, von der Londoner Konferenz die Vorbereitung eines Friedensvertrages sowie die Bildung einer gesamtdeutschen Zentralregierung »aus Vertretern aller demokratischen Parteien«, also aus Berechnung genau das, was die Westmächte in dieser Form nicht zuzugestehen bereit waren.

Als dann die große weltpolitische Wende, das Engagement der USA in Europa und deren weitere Auswirkungen auf die deutsche Frage zu Beginn des Jahres 1948 noch sichtbarer wurden (erste Phase der Londoner Konferenz der sechs Weststaaten), verhielt sich die von der SED gesteuerte und einen »Ständigen Ausschuß« unterhaltende Volkskongreß-Bewegung entsprechend. Inzwischen waren die ohnehin bei den Russen schon lange mißliebigen CDU-Vorsitzenden Jakob Kaiser und Ernst Lemmer wegen ihrer Weigerung, am Volkskongreß teilzunehmen, abgesetzt worden, an ihre Stelle trat der frühere DDP-Politiker Otto Nuschke. Er eröffnete als vorgeschobener bürgerlicher »Antifaschist« am 18. März im Berliner Admiralspalast den »Zweiten Deutschen Volkskongreß«. Obgleich das nationale und damit scheinbar überparteiliche Moment sehr betont und zusätzlich noch das Gedenken an den 100. Jahrestag der bürgerlichen Märzrevolution von 1848 bemüht wurde, waren vorher die Delegierten stärker gesiebt worden als beim ersten Male. Jetzt ging man bedeutende Schritte weiter: die Teilnehmer lehnten den Marshall-Plan ab, erkannten die Oder-Neiße-Linie an und beschlossen die Durchführung eines Volksbegehrens zur Frage der deutschen Einheit. Als eine Art ständiger Hauptausschuß des Kongresses mit Unterausschüssen u. a. für Wirtschaft, für Verfassungsfragen (Grotewohl) sowie für den Friedensvertrag etablierte sich mit 400 Mitgliedern der sog. *Deutsche Volksrat*. Seine Vorsitzenden wurden: Pieck (SED), Reichsminister a. D. Dr. Külz (LDP) und Nuschke (CDU). Der Ausschuß Grotewohls erhielt den Auftrag, eine Verfassung auszuarbeiten: bezeichnenderweise erheblich früher als die westdeutschen Länderchefs.

Zum Gremium der Ministerpräsidenten im Westen gesellte sich somit im Osten als deutscher Stimmführer der Volksrat, der z. B. am 7. Juni scharf gegen die Londoner Beschlüsse protestierte. Noch im selben Jahre, auf dem Höhepunkt der Blokkade, teilte ein in mehreren Etappen durchgeführter kalter kommunistischer Staatsstreich die ehemalige Reichshauptstadt in zwei Hälften mit verschiedener Verwaltung. Im November ließ die SED unter dem Schutze der Sowjets Friedrich Ebert, den Sohn des ersten Reichspräsidenten, zum Oberbürgermeister proklamieren; der demokratisch gewählte Magistrat unter Louise Schröder, Ferdinand Friedensburg und Ernst Reuter sah sich gezwungen, im US-Sektor (Schöneberg) ein neues Domizil zu suchen.

Geschickt bewerkstelligten die Organe des Volkskongresses in der Ostzone nicht mehr und nicht weniger, als was auch in den Westzonen zunächst von den Ministerpräsidenten und später vom Parlamentarischen Rat vorbereitet wurde: einen provisorischen »Staat«, der freilich ebenfalls mit dem Anspruch aufzutreten hatte, den Rahmen für Gesamtdeutschland darzustellen und der einzige »rechtmäßige« deutsche Staat zu sein. Dies entsprach auch in etwa den Richtlinien der Warschauer Außenministerkonferenz der Ostblockstaaten vom Juni 1948: es galt eine *neue Volksdemokratie* zu begründen. Bereits vier Wochen nach diesem Treffen war der Verfassungsentwurf des Grotewohl-Ausschusses fertig, was nicht verwundern durfte, da ihm ein alter SED-Entwurf »für eine Deutsche Demokratische Republik« vom November 1946 zugrunde lag. Am 22. Oktober billigte der Volksrat den Verfassungstext, der als Legislative eine Volkskammer und auch eine Länderkammer vorsah, die aber im wesentlichen nur mit einem Einspruchsrecht ausgestattet war. Anschließend wartete man ab und beobachtete sehr genau die Vorgänge in Bonn und Frankfurt bis zur Auseinandersetzung der Parteien über das Grundgesetz. Doch immerhin zwei Monate vor dessen endgültiger Verabschiedung war man in der Ostzone schon einen entscheidenden Schritt weiter: am

19. März 1949 nahm der Volksrat die »*Verfassung der Deutschen Demokratischen Republik*« formell an. Gestützt auf die fragwürdige Parole vom »nationalen Notstand«, der durch die Politik der Westmächte verursacht worden sei, erklärte man zugleich, der Volksrat könne »in dieser Stunde der Gefahr die Verantwortung nicht mehr allein tragen«, es sei daher ein neuer, ein dritter Volkskongreß zu schaffen, und zwar durch eine Wahl, »damit die Verantwortung für die kommenden Ereignisse auf eine breite demokratische Grundlage gestellt würde«.

Die »kommenden Ereignisse«! Zur Vollendung der »bürgerlich-demokratischen Revolution« wurde eine Einheitsliste mit einem vorher festgelegten Schlüssel für die Mandatsträger der Parteien und Massenorganisationen geschaffen, die lediglich ein Ja oder ein Nein zuließ. Am 15. und 16. Mai fanden die Wahlen für den »Dritten Deutschen Volkskongreß« statt, deren Manipulierung die Praxis der nationalsozialistischen Zeit weit hinter sich ließ. Dennoch blieb die relativ hohe Zahl der Nein-Stimmen (31,5%, daneben 6,7% ungültige Stimmen) dieser letzten noch halbwegs freien Wahl beachtlich. Der Volkskongreß stimmte am 29. Mai, dem Tage seines Zusammentritts, ebenfalls der Verfassung zu und wählte nach bewährtem Muster wiederum aus sich heraus den *Zweiten Deutschen Volksrat*. Aber nun trat eine Pause ein. Die Vorbereitungen für die »Deutsche Demokratische Republik«, in der Regel vermittels präventiver Aktionen getätigt, waren abgeschlossen. Lediglich den »letzten« Schritt wollte man eindeutig im »Nachvollzug« vornehmen.

Aus diesem Grunde trat der Zweite Deutsche Volksrat »erst« am 7. Oktober 1949 zusammen, verschob die »verfassungsmäßig« vorgesehenen Wahlen zur Volkskammer um ein Jahr, konstituierte sich selbst unter dem Präsidium von Johannes Dieckmann (LDP) als *Provisorische Volkskammer* und leitete mit der Beauftragung Grotewohls die »Staatsbildung« ein. Eine zentrale Bürokratie war bereits vorhanden: ähnlich den Frankfurter Behörden gab es in Ostberlin seit dem 4. Juni 1947 den Apparat der »Deutschen Wirtschaftskommission«, aus welchem unschwer und in kurzer Zeit nun die größte Zahl der notwendigen Fachministerien gebildet werden konnte. Die Herrschaft der Sowjets über ihre Besatzungszone blieb freilich unverändert erhalten; es änderte sich lediglich die Formen und die Methoden. Fortan residierte in Ostberlin statt der Militärregierung eine *Sowjetische Kontrollkommission*« unter General Tschuikow, dem

Botschafter Semjonow als politischer Berater zur Seite stand. Ein weiterer Botschafter, Puschkin, fungierte als diplomatischer Vertreter Moskaus, wohin wiederum die Regierung Grotewohl ebenfalls einen Botschafter entsenden durfte. Die DDR in das System der osteuropäischen Volksdemokratien endgültig einzugliedern, war für die nächste Zukunft das Hauptziel des Kreml, und eine offen geforderte »Verständigung« beider deutscher Regierungen, der in Bonn und der in Ostberlin, sollte nach dem Willen der SED auch künftig die verschiedensten Möglichkeiten für ein Hineingleiten Gesamtdeutschlands in den Sog des immer noch von Stalin dirigierten kommunistischen Herrschaftsbereichs in Osteuropa kräftig fördern.

4. Kapitel
Das Auseinanderleben der beiden Teile Deutschlands.
Die Außenpolitik Adenauers 1950–1958

Die UdSSR und die deutsche Frage 1949/1950

Die Errichtung der Deutschen Demokratischen Republik war nach dem, was wir gesehen haben, äußerlich in ihrer letzten Phase gewiß ein »Nachziehen«, ihrem Wesen nach jedoch eine vorgeplante Etappe in der revolutionären Umgestaltung Deutschlands oder wenigstens eines Teiles dieses Landes. Sie war ein Glied in der Entscheidungskette der sowjetischen Deutschland-Politik. In einem Telegramm an Pieck und Grotewohl bezeichnete der sowjetische Regierungschef Stalin das Ereignis des 7. Oktober als einen »Wendepunkt in der Geschichte Europas«. Es war in der Tat ein Wendepunkt!

Ein halbes Jahr zuvor war von seiten des Kreml noch einmal versucht worden, auf Vier-Mächte-Basis in die ihm zu entgleiten drohenden deutschen Angelegenheiten einzugreifen. Als man nämlich hatte einsehen müssen, daß die politischen Ziele, die man mit der harten Blockade Berlins verknüpft hatte (wie etwa die Außerkraftsetzung der Londoner Beschlüsse), unerreichbar blieben, war man am 4. Mai 1949 schnell über die Gespräche der UN-Delegierten Jessup (USA) und Malik (Sowjetunion) zu einer Absprache gelangt, nach welcher die Blockade der früheren Reichshauptstadt eingestellt wurde. Gleichzeitig kam man überein, in kürzester Zeit ein neues Treffen der vier Außenminister zu arrangieren.

Die Zusammenkunft der vier Mächte – es war die sechste seit 1945 – begann am 23. Mai in Paris (Palais Marbre Rose). Die Westmächte glaubten sich in einer vorteilhaften Ausgangsposition, denn in Bonn wurde gerade das Grundgesetz verkündet; in der Ostzone dagegen hatten die mißtrauisch beobachteten Einheitslistenwahlen zum Dritten Volkskongreß stattgefunden. Außer Bevin waren es neue Männer, die sich am Konferenztisch niederließen: Dean Acheson als Außenminister der zweiten Administration Trumans, ferner Robert Schuman für Frankreich und Andrej J. Wyschinskij als Nachfolger Molotows für die Sowjetunion.

Wyschinskijs Vorschlag, man möge nach Ausarbeitung eines Friedensvertrages neben dem neuzubelebenden Kontrollrat einen *gesamtdeutschen Staatsrat* ins Leben rufen, kam den seit 1945 veränderten innerdeutschen Verhältnissen insoweit entgegen, als er ihn auf der Grundlage der derzeitig in den vier Zonen noch bestehenden Organe (Wirtschaftsrat in Frankfurt und Deutsche Wirtschaftskommission in Ostberlin) aufgebaut wissen wollte. Aber das wäre freilich nur eine Zentralbehörde und keine Zentralregierung gewesen. Es war klar, daß die Sowjets die Geschehnisse in den Westzonen unwirksam machen und gewissermaßen hinter die Londoner Empfehlungen und Frankfurter Dokumente »zurück« wollten.

Dean Acheson bemängelte daher namens der Westmächte diese taktischen Beschränkungen: den Deutschen müsse jetzt nicht nur Wirtschaft und Verwaltung, sondern auch die Verantwortung für Regierung und Politik zugestanden werden. Nach westlicher Ansicht sei dies mit Hilfe eines für ganz Deutschland verbindlichen Besatzungsstatutes durchaus möglich (Vorschlag vom 28. Mai). Vor allem aber verlangte Acheson, daß vorher in der Ostzone freie Wahlen zu entsprechenden Vertretungen garantiert werden müßten. Die Praktiken bei der Volkskongreßwahl hatten eine zu deutliche Sprache gesprochen; gleichzeitig wurde mit diesem Hinweis des Amerikaners zum ersten Male das *Kriterium der freien Wahlen* in die Auseinandersetzung über Deutschland hineingebracht, ein Kriterium und ein Maßstab, nach welchem künftig bis weit in die 50er Jahre hinein von seiten des Westens die sowjetischen Vorschläge beurteilt worden sind. Hiermit sowie im Zusammenhang mit einem zu planenden Friedensvertrag regten die Westmächte weiter an, den Geltungsbereich des Grundgesetzes auch auf die russische Besatzungszone auszudehnen. Das war natürlich für die Sowjets nicht akzeptabel. Wyschinskij antwortete daher mit der Anklage, die Westmächte wollten mit der Anwendung ihres Statuts das »Besatzungsregime verlängern« und insbesondere »auf undemokratische Art« ihren Willen einem Vierten aufdrängen, ein Argument, das ebenfalls später noch oft wiederkehren sollte.

Mit ständigen gegenseitigen Vorwürfen endete die Konferenz am 20. Juni praktisch ergebnislos. Zu Übereinstimmungen und in der Sache weiterführenden Beschlüssen kam es nicht. Man verabredete lediglich, sich im Herbst erneut zu treffen und inzwischen in Berlin die Kontakte zu intensivieren. Es ergab sich allenfalls, wie Boris Meissner betont, ein modus vivendi in der Ost-West-Diplomatie für die nächsten Monate, der wiederum durch das »Warten« des Ostens auf die Konstituierung der Bundesrepublik gekennzeichnet war. So verstrichen Sommer und Herbst, ohne daß ein neuer Termin für ein Treffen der Außenminister vereinbart worden wäre. Die beiden Staatsgründungen vollzogen sich »planmäßig« in des Wortes wahrster Bedeutung; die sowjetischen Protestnoten vom 1. Oktober, die Gromyko, damals stellvertretender Außenminister, den drei westlichen Botschaftern in Moskau überreichte, hatten wahrscheinlich nur mehr deklamatorischen Zweck. Es ist auch nicht unwahrscheinlich, daß um die Jahreswende 1949/50 die deutsche Frage für die Sowjets vorübergehend weniger interessant geworden war. Andere Dinge waren für die Position Moskaus in Europa wichtiger geworden, denn ihre diplomatischen und propagandistischen Anstrengungen richteten sich jetzt gegen die ersten Versuche eines europäischen Zusammenfindens und vornehmlich gegen die Konsolidierung des atlantischen Bündnisses, der NATO. Auch der vom Osten propagierte Gedanke der »Koexistenz«, des friedlichen Nebeneinanders von kapitalistischen und kommunistischen Staaten, wurde zum ersten Male vernehmbar.

Zielsetzungen Adenauers. Bonn und der Schuman-Plan 1950/51

Nach einer Formulierung von Marion Gräfin Dönhoff erstreckt sich die außenpolitische Leistung des ersten deutschen Bundeskanzlers auf zwei faktische Bereiche:
1. auf die Aussöhnung mit Frankreich,
2. auf die Integration der Bundesrepublik in die freie Welt.
Es waren dies zwei Zielsetzungen, von denen man im Jahre 1963 sagen durfte, daß sie erreicht worden seien, und die andererseits in ihrem ganzen Umfange Konrad Adenauer schon im Jahre 1949 bewegt haben. Dennoch wird man zurückhaltend sein müssen, wenn es um die Beantwortung der Frage geht, ob der Kanzler von Anfang an nach einem großartigen Konzept gehandelt hat oder auch nur hat handeln können. Denn zum Zeitpunkt der Errichtung der Bundesrepublik ließen sich die Möglichkeiten einer deutschen Außenpolitik noch nicht einmal annähernd übersehen, und ihre Handhabung war Ende 1949 strenggenommen eine Prärogative der Hohen Kommissare.

War somit das eine Hemmnis für eine außenpolitische Betätigung in der »geknickten« oder unvollständigen Souveränität der Bundesrepublik begründet, so schien vielleicht das andere im Sinne einer erwarteten Selbstbeschränkung noch schwerer zu wirken: ein Staat, der sich selbst als »Provisorium« empfand, empfinden wollte oder empfinden sollte, mußte, wenn er diese Verpflichtung ernst nahm, besonders außenpolitisch in einer gewissen Regungslosigkeit verharren, da jede Entfernung, ob gewollt oder nicht gewollt, von dem 49er Status quo (den die Westdeutschen zu akzeptieren geneigt waren) auch die Wegstrecke zum Ziel der Wiedervereinigung beider Teile Deutschlands zwar nicht unbedingt verlängern mußte, wohl aber verlängern und beschwerlicher machen konnte. Indessen wurden, wenn auch ungeachtet der außen- und weltpolitischen »Umstände«, die Gefahren eines nur »provisorischen« Staatsbewußtseins zeitig erkannt, und kein geringerer als Theodor Heuss prägte sehr bald den Begriff des *Transitorium*«, als das er die politische Wirklichkeit der von ihm repräsentierten Bundesrepublik aufgefaßt wissen wollte. Damit war bei aller Reservation, welche die damaligen Zeitumstände geboten, eine ausreichende dynamische Sinngebung verbunden, und im Rückblick sieht es durchaus so aus, als sei seinerzeit ein rechtes Wort im richtigen Augenblick gesprochen worden.

Der Bundeskanzler, der nach dem Grundgesetz die Richtlinien der Politik zu bestimmen hatte, konnte sich im Anfang ohne weiteres das Quentchen Außenpolitik, das praktisch im Verkehr mit den Hohen Kommissaren bestand, selbst vorbehalten. Die Richtungen, die er in seiner Regierungserklärung andeutete: mehr Zuständigkeiten für seine Regierung, Zugehörigkeit zum freien Teil Europas und Verständigung mit Frankreich, riefen bei seinen Kontrahenten auf dem Petersberg keinen grundsätzlichen Argwohn hervor. Es waren angedeutete Ziele, die selbst einem gesamtdeutschen Staate wohl zu Gesicht gestanden hätten, also die Wiedervereinigung keinesfalls von vornherein in Frage zu stellen brauchten. Oder etwa doch? Bestanden denn nicht bereits Bindungen an eine Organisation, die der Osten schon im Vorjahre verketzert hatte? Beruhte nicht die Existenz der Bundesrepublik auf einer gemeinsamen westlichen Deutschlandpolitik, »die sich der im Marshallplan enthaltenen Konzeption der Europapolitik einfügte« (Wilhelm Cornides)? Seit dem Frühjahr 1948 war das Vereinigte Wirtschaftsgebiet Partner der OEEC gewesen, und damit war Europa für Bonn schon auf Grund einer übernommenen Priorität das erste außenpolitische Thema und Problem geworden, und zwar sowohl zeitlich als auch nach der Rangordnung. Adenauer trieb also bereits, um es zugespitzt zu sagen, »Europapolitik«, als die Bundesrepublik in Ausführung des Petersberger Abkommens der Ruhrbehörde beitrat (30. November 1949), nachdem sie schon vorher in der Nachfolge des Vereinigten Wirtschaftsgebietes Mitglied der OEEC, der europäischen Marshallplan-Organisation, geworden war. Und gegen Jahresende wurde der erste zwischenstaatliche Vertrag Bonns mit den USA über die Marshallplan-Leistungen und -Gegenleistungen abgeschlossen.

Für alles, was künftig nach bundesdeutscher Außenpolitik aussehen würde, war die Gegnerschaft des Ostens und insbesondere der DDR eine von Anfang an gegebene Vorbelastung. Diese fortan permanente Opposition mitsamt ihrer aggressiven Propaganda mußte in Rechnung gestellt, freilich auch gelegentlich in den Bereich der Nichtbeachtung abgedrängt werden, wollte man nicht in Bonn im Zustand einer Lähmung verharren. Ein Gespräch zwischen Bonn und Ostberlin über Fragen der Zusammenführung beider Deutschland schien daher schon frühzeitig allein von den »drüben« vorherrschenden Vorbedingungen und Methoden her unmöglich zu sein, ehe überhaupt Prestigeprobleme auftreten konnten. Außerdem lag die Verantwortung dafür noch eindeutig bei den vier Großmächten, so daß Bonn diese Dinge ohnehin nur über Washington, London und Paris anzugehen vermochte. Eine solche Konstellation bestärkte Adenauer in der Auffassung, daß die Ziele seiner Regierung allgemein im »Wiederaufbau« zu liegen hätten, von welchem die Rückerlangung außenpolitischen Vertrauenskapitals ein gewichtiger Bestandteil war. Dies mußte erreicht werden durch eine Politik der Anlehnung an die Mächte Westeuropas und die USA, durch Mitarbeit an den europäischen Unionsbestrebungen, kurzum durch »Anlehnung« als die Vorstufe einer Integration. Und jede künftige Wiedervereinigungspolitik Bonns hatte nach des Bundeskanzlers Meinung von diesen Positionen aus zu erfolgen, die es allerdings erst zu erringen galt. Aber noch war man nicht soweit; die Präsenz der Hohen Kommission im Lande wirkte sich bestimmend auf jegliche Schritte aus. Als Adenauer im Dezember 1949 sowohl auf dem Petersberg wie in der Öffentlichkeit die Frage der *Sicherheit der Bundesrepublik* anzuschneiden sich veranlaßt sah, verwies er gleichzeitig auch dieses militärische Problem in die alleinige Zuständigkeit der drei Westalliierten.

Einer seiner ersten Helfer auf dem Gebiete außenpolitischer

Bemühungen war der frühere Legationsrat Herbert Blankenhorn, der zunächst als persönlicher Referent Adenauers ins Bundeskanzleramt einzog. Er hatte schon vorher bei der Erneuerung des deutschen politischen Lebens mitgewirkt: als Mitarbeiter im Sekretariat des Hamburger Zonenbeirates und seit 1948 als CDU-Generalsekretär der britischen Zone. Er galt als Intimus des Kanzlers und wurde nun 1949 Ministerialdirektor und Leiter des Verbindungsstabes zur Hohen Kommission. 1950 übernahm er vorübergehend die Leitung der Dienststelle für auswärtige Angelegenheiten, aus der später das neue Auswärtige Amt hervorging.

Inzwischen war Vizekanzler Blücher (FDP) offizieller deutscher Delegierter in der Ruhrbehörde geworden, ein Umstand, der die Diskussion über die Zukunft der deutschen Kohleförderung und Stahlindustrie wieder aufleben ließ, die schon längst nicht nur in Bonn, sondern auch in anderen westlichen Ländern als Teil der europäischen Montanindustrie angesehen wurde. Berechtigte deutsche Sorgen um das Schicksal der Bergwerke und Industrieanlagen im Saarland komplizierten freilich eine ruhige Betrachtung. Zwischen Januar und März 1950 wurden Adenauers Bemühungen, den französischen Minister Schuman dahin zu bewegen, daß auch die saarländische Schwerindustrie unter eine Art internationales Statut ähnlich dem Ruhrstatut gestellt würde, zum Mißerfolg verurteilt. Vielleicht mußten Schuman und die französische Regierung beim Abschluß ihrer dem Saarland aufgezwungenen Konventionen vom 3. März, durch welche u.a. die Saargruben auf fünfzig Jahre an Frankreich verpachtet wurden, Rücksicht auf die Stimmung im eigenen Lande nehmen; der Bundeskanzler verhehlte indessen keineswegs die Enttäuschung, die er zeitweilig über Schuman empfand, jenen Mann, mit dem ihn gemeinsame politisch-weltanschauliche Grundsätze verbanden, zumal die Solidarität der christlich-demokratischen Parteien Westeuropas damals stark betont wurde.

Um so angenehmer berührten Adenauer Nachrichten, die er am 9. Mai 1950 aus Paris erhielt, dem Tage, als die Bundesregierung beschlossen hatte, dem Bundestag den Beitritt Deutschlands zum Europa-Rat zu empfehlen. Der Inhalt eines Schreibens Schumans schien nunmehr einen Schritt weiterzuführen und gegebenenfalls sogar die in Bonn schmerzhaft empfundene Einseitigkeit der eben abgeschlossenen französisch-saarländischen Verträge entschärfen zu können. Frankreich war nicht nur auf frühere deutsche, seit 1948 von Arnold und Adenauer angedeutete Anregungen eingegangen, sondern hatte sie auch durch den Wirtschaftsexperten Jean Monnet entscheidend weiterentwickeln lassen. Schuman schlug in seinem Briefe Adenauer vor (und teilte es auf einer Pressekonferenz mit):

die Gesamtheit der französisch-deutschen Produktion von Kohle und Stahl unter eine gemeinsame oberste Autorität innerhalb einer Organisation zu stellen, die der Mitwirkung anderer Staaten Europas offensteht. Die Zusammenlegung der Produktion von Kohle und Stahl wird sofort die Errichtung gemeinsamer Basen der wirtschaftlichen Entwicklung als erste Etappe der europäischen Föderation sicherstellen . . .

Die gegebene Begründung (»Die Vereinigung der europäischen Nationen erfordert, daß der jahrhundertealte Gegensatz zwischen Frankreich und Deutschland ein Ende nimmt. Die zu unternehmende Aktion muß sich in erster Linie an Frankreich und Deutschland wenden . . .«) entsprach genau den Gedankengängen Adenauers, der dieses »Junktim« ebenfalls für eine geeignete methodische Koppelung hielt. Es war geradezu selbstverständlich, daß der Kanzler diese Vorschläge, die inzwischen unter dem Namen *Schuman-Plan* in die Geschichte eingegangen sind, auf das herzlichste begrüßte und im Namen der Bundesregierung ohne Zögern guthieß. Ihm war nicht entgangen, daß jener Schritt der französischen Regierung zwar mit Acheson abgesprochen, aber doch völlig unabhängig vom Londoner Foreign Office getan worden war. Am liebsten hätte Adenauer es gesehen, daß sich zunächst Frankreich und Deutschland allein über den Plan verständigten, ehe man andere Staaten zum Beitritt aufforderte. Aber die Franzosen betonten ihren Wunsch, daß mögliche Interessenten an den Besprechungen teilnehmen sollten.

So begannen schon sechs Wochen später, am 20. Juni, in Paris die Verhandlungen der sechs Staaten Frankreich, Italien, Deutschland, Belgien, Niederlande und Luxemburg. Zum allgemeinen Bedauern – und das nicht nur bei der deutschen Opposition – zeichnete sich freilich eine »kleineuropäische Lösung« ab. Mit der Berufung des Frankfurter Ordinarius für Handels-, Arbeits- und Wirtschaftsrecht, Prof. Walter Hallstein, zum Chef der dazu in Bonn gebildeten Delegation trat eine zweite wichtige Figur in das deutsche außenpolitische Leben ein. Seine in Paris sich anbahnende erfolgreiche Wirksamkeit wurde schon im August durch die Ernennung zum Staatssekretär für auswärtige Angelegenheiten belohnt; er überrundete damit Blankenhorn. Viele Monate lang wurde verhandelt. Am 18. April 1951 konnte das fertiggestellte Abkommen über die Errichtung einer *Europäischen Gemeinschaft für Kohle und Stahl* paraphiert werden. Es trat nach Ratifizierung durch die beteiligten Parlamente am 25. Juli 1952 in Kraft. Damit war praktisch auch das Ende der Ruhrbehörde gegeben.

Doch zurück zum Jahre 1950. Nachzutragen bleibt der Eintritt der Bundesrepublik Deutschland als assoziiertes Mitglied in den seit Mai 1949 bestehenden Straßburger *Europa-Rat* (20. Juli), neben der OEEC einem zweiten, wenngleich »kleineren« europäischen Gremium, auf das jedoch seinerzeit starke politische Hoffnungen, besonders die der allenthalben entstandenen »Europa-Vereinigungen« gesetzt wurden. Im August nahmen zum ersten Male deutsche Parlamentarier an den Sitzungen der Beratenden Europäischen Versammlung teil. Im selben Sommer wurden auch – sanktioniert durch das Petersberger Abkommen – nicht ohne Drängen der drei Westmächte die ersten bundesdeutschen konsularischen Vertretungen im Auslande eingerichtet. Deutsche Generalkonsuln amtierten fortan in New York (Krekeler), London (Schlange-Schöningen) und Paris (Hausenstein). Alle diese Ereignisse zeigen aber, wie sehr die Politik der Anlehnung im ersten Jahre des Bestehens der Bundesrepublik Deutschland bereits in voller Entfaltung war.

Der deutsche Wehrbeitrag und der Plan einer Europäischen Verteidigungsgemeinschaft (EVG): Erste Phase 1950–1952

Wenige Tage nach Aufnahme der Schumanplan-Besprechungen in Paris verdunkelte die Korea-Krise den Horizont der Welt und rief akute Befürchtungen auch in Europa wach. Sofort wurden diesseits und jenseits des Rheins Parallelen zu den deutschen Verhältnissen gezogen, und in der Tat hatte die seit einem dreiviertel Jahr zur Deutschen Demokratischen Republik umgewandelte Sowjetzone in der sogenannten »Bereitschaftspolizei« eine Streitmacht unter Waffen, die einen eiligen Vergleich mit den Insurgententruppen Nordkoreas rechtfertigen mochte.

Seit seiner Berufung ins Kanzleramt war Adenauer um die Sicherheit der Bundesrepublik ernsthaft besorgt gewesen. Außerhalb Bonns jedoch, auf »der anderen Seite«, stand seit etwa einem Jahre die Erkenntnis westlicher Politiker, das europäische

Sicherheitssystem, gebildet 1948 durch den Brüsseler Pakt und 1949 durch die Schaffung der NATO gewissermaßen überwölbt, weise gerade in der Mitte des Kontinents eine verhängnisvolle Lücke auf. An Anregungen und Winken, die die Notwendigkeit oder Zweckmäßigkeit eines deutschen Verteidigungsbeitrages zugunsten Europas und der freien Welt besprachen, hatte es bisher nicht gefehlt. Diskutiert wurde daher dieser Beitrag außerhalb und innerhalb Westdeutschlands bereits zu einer Zeit, da die Bundesrepublik noch gar nicht bestand, nämlich seit Ende 1948, wobei »Verteidigungsbeitrag« nicht unbedingt »deutsche Soldaten« bedeuten mußte.

Bis zum Sommer 1950 blieb die Angelegenheit auf unverbindliche Presseartikel und Interviews beschränkt. Die drei Westmächte taten von sich aus offiziell nichts, Adenauer hob seinerseits des öfteren hervor, daß er keine neue deutsche Wehrmacht wolle. Nur wenn die Alliierten »unabdingbar« auf einem Verteidigungsbeitrag bestünden, so sagte er Anfang Dezember 1949, »sei im äußersten Fall . . . alsdann die Frage eines deutschen Kontingents im Rahmen einer Armee einer europäischen Föderation zu überlegen«. »Nur im Rahmen einer europäischen Streitmacht«: vor dem Kabinett fügte er hinzu, diesen Standpunkt vertrete er seit Jahr und Tag. Hierbei erhebt sich allerdings die Frage, warum eigentlich der Bundeskanzler neben seinen Stellungnahmen zum Sicherheitsproblem, die ihre aktuelle Berechtigung hatten, auch solche zu einem deutschen Wehrbeitrag abgab, der bislang noch nicht Gegenstand von Anfragen der Besatzungsmächte gewesen war. Die Antwort mag heute u. a. darin zu sehen sein, daß Adenauer in einem Verteidigungsbeitrag einschließlich deutscher Kontingente auch ein Mittel, einen »Hebel« zum vorzeitigen Abbau des Besatzungsregimes und dessen Auswirkungen, zur baldigen Erlangung einer politischen Gleichberechtigung der Bundesrepublik erblickt hat.

Die Ereignisse in Korea und der von den Anfangserfolgen der kommunistischen Streitkräfte ausgehende Schock haben dann die Dinge ins Rollen gebracht und zu einer ungeahnten Beschleunigung getrieben. Zunächst übernahm die Beratende Europäische Versammlung in Straßburg die Rolle eines »Schrittmachers« (Günter Moltmann). Hier wurden am 8. und 11. August konkrete Vorschläge zur Schaffung einer europäischen Armee durch André Philip und besonders Winston Churchill präzisiert und in einer empfehlenden Resolution angenommen.

Sie trafen mitten hinein in die Überlegungen des Kanzlers, daß die politische Stärkung seines Staates und damit wesentliche Schritte auf dem Wege zur Souveränität nur von einer gleichberechtigten Beteiligung an der europäischen Verteidigung ihren Ausgang nehmen könnten. Am 17. August sprach Adenauer auf dem Petersberg bei den Hohen Kommissaren vor. Er erläuterte die psychische Situation in der Bundesrepublik, hob das nicht zu leugnende, weit verbreitete Unsicherheitsgefühl hervor, forderte einmal eine Verstärkung der Besatzungstruppen und ersuchte zum anderen darum, »der Bundesrepublik den Aufbau einer Sicherheitstruppe von gleichem Umfang und gleicher Bewaffnung wie die Volkspolizei zu gestatten«, eine »deutsche Freiwilligentruppe bis zur Höchststärke von 150000 Mann«. Damit war in erster Linie natürlich eine Polizeitruppe gemeint, eine Art kasernierter Bundespolizei. In einem am selben Tage für die ›New York Times‹ gegebenen Interview wiederholte er u. a. die Notwendigkeit eines westdeutschen Gegengewichts zur ostdeutschen Volkspolizei, ließ aber auch den Satz einfließen: »Unsere Beteiligung an westeuropäischen Armeen sollte schnell entschieden werden.«

Die deutschen Sicherheitswünsche wurden am 22. August von Adenauer mit den Vorsitzenden der Bundestagsfraktionen erörtert. Während Schumacher für die SPD auf seinem gegen die deutsche Aufrüstung sich aussprechenden Standpunkt verharrte, hieß Heinrich von Brentano für die Regierungsparteien die Bereitschaft zur Entsendung deutscher Truppenkontingente in eine europäische Armee gut, jedoch müsse vorher die deutsche Gleichberechtigung hergestellt werden. Am 25. befaßte sich das Bundeskabinett mit der Sicherheitsfrage.

Unterdessen hatten die Hohen Kommissare Adenauers auf dem Petersberg vorgetragene Argumente vom 17. August mit Interesse aufgenommen, wurden jedoch durch dessen nachfolgende Interviews erheblich irritiert, so daß der Eindruck entstand, der deutsche Regierungschef vermenge Polizei- und Verteidigungsfragen in unzulässiger Weise. Am 24. August forderte daher McCloy den Kanzler in aller Form auf, ihm eine »klare Zusammenfassung« seiner Ansichten zu geben.

Dieser »Zusammenfassung« der Sicherheitswünsche galt wohl die für den 31. August angesetzte Kabinettssitzung, auf der die Mitglieder der Bundesregierung Stellung nehmen sollten. Aber zu einer ordnungsgemäßen Beratung kam es nicht mehr. Adenauer war nämlich unter Zeitdruck geraten, da McCloy schon am 30. morgens von Frankfurt aus in die Staaten fliegen wollte und die deutschen Auffassungen der vorzubereitenden Außenministerkonferenz der Westmächte als Unterlage dienen sollten. Jetzt schien Eile geboten. Am 29. August setzte daher der Bundeskanzler zwei Memoranden auf, eines über die Neuordnung der Beziehungen zu den Besatzungsmächten, das andere über die militärische Situation Westdeutschlands. Seine Wünsche nach »mehr Sicherheit« durch Aufstellung einer Bundespolizei und Verstärkung der alliierten Truppen auf deutschem Boden waren darin präzisiert. Und hinzu kam der bedeutungsvolle Satz:

Der Bundeskanzler hat ferner wiederholt seine Bereitschaft erklärt, im Falle der Bildung einer internationalen westeuropäischen Armee einen Beitrag in Form eines deutschen Kontingents zu leisten.

Beide Schriftstücke konnten noch rechtzeitig McCloy mitgegeben werden.

Am 31. August mußte sich das Bundeskabinett damit begnügen, das Sicherheitsmemorandum vom Bundeskanzler vorgelesen zu bekommen; zu beraten gab es nichts mehr. Innenminister Heinemann wußte sechs Jahre später zu berichten, man sei »über die Eigenmächtigkeit des Kanzlers empört« gewesen, vor allem aber war er es, der den Schritt Adenauers nicht mitzuverantworten gedachte und schließlich im Oktober aus der Regierung ausschied. Am Vorwurf der »Eigenmächtigkeit« läßt sich bis heute nicht rütteln, mochten auch Vorbesprechungen mit den Kabinettsmitgliedern voraufgegangen sein und mochte gar im Sicherheitsmemorandum (aber nicht in dem zweiten über das Besatzungsregime) ehrlicherweise nur von den Erklärungen und Bitten des Bundeskanzlers und nicht von solchen der Bundesregierung die Rede gewesen sein.

Indessen – die Würfel waren gefallen und das Angebot eines deutschen Wehrbeitrages faktisch jetzt schon, nämlich verfrüht, ausgesprochen worden. Wer sich jedoch die spärlichen zeitgenössischen Quellen näher ansieht, wird feststellen, daß die Meinungen der beiden Antagonisten Adenauer und Schumacher im Anfangsstadium der Wiederbewaffnung prinzipiell gar nicht so übermäßig differierten. Vordergründig gesehen, war die Haltung der SPD natürlich ablehnend, weil die Sicherheitspolitik des Bundeskanzlers von dessen spezifisch persönlicher Methode überschattet wirkte und ergo bekämpft wurde, und draußen im Lande widerstand die Partei nicht immer der Versuchung, die oftmals wenig artikulierten Parolen einer unorganisierten »Ohne-mich-Bewegung« in die innenpolitische Auseinandersetzung hineinzudirigieren. Schumachers Gedanken aber, die sich in der geistigen Auseinandersetzung mit dem Kommunismus sogar offensiv ausnahmen, waren einschränkend und weitreichend zugleich: eine deutsche Wiederaufrüstung sah er nicht im nationalen »und nicht einmal im europäischen Rahmen«; an sie könne ernsthaft erst gedacht werden, »wenn die Besatzungsmächte bereit seien, die Verteidigung nicht am Rhein aufzubauen«; in Deutschland müsse zunächst »eine Konzentration des großen Teils der militärischen Kräfte der Weltdemokratie erfolgen«, vorher seien alle Rüstungsangebote und ähnliche »Organisationsspielereien« zu verwerfen, ja sie würden die Bundesrepublik »nur in einen Partisanenstatus führen«. Er wollte also sowohl ein »transozeanisches Dünkirchen« als auch das Schicksal Südkoreas, wie es sich im Sommer und Herbst 1950 vor der besorgten Weltöffentlichkeit abspielte, von vornherein als Möglichkeit ausgeschieden wissen, ehe die Deutschen »wieder Waffen tragen« dürften bzw. sich dazu bereit erklärten. Die in diesen und ähnlichen Äußerungen Schumachers liegenden letzten – »bejahenden« – Konsequenzen sind jedoch damals nicht von allen seiner Parteifreunde verstanden worden.

Da Adenauer nicht gesonnen war, der Opposition in den grundsätzlichen Fragen des Wehrbeitrages (wie *er* sie sah) entgegenzukommen, und es sich leisten zu können glaubte, alle weiteren Entscheidungen, unbekümmert um den von der SPD anläßlich einiger Landtagswahlkämpfe im Herbst vorgebrachten Ruf nach Neuwahlen zum Bundestag, an die formale Zuständigkeit des Parlamentes (und damit der Regierungsparteien) zu verweisen, begann nunmehr die lange Reihe der sozialdemokratischen »Nein« zur Außen- und Wehrpolitik der Bundesregierung. Vorerst freilich hatten die Bundesorgane noch nichts zu entscheiden, und auch Adenauer mußte sich gedulden.

Auf der durch den Korea-Krieg ausgelösten Außenministerkonferenz der drei Westmächte in New York (12. bis 18. September) kam die deutsche Wiederbewaffnung zum ersten Male offiziell zur Sprache. Die Memoranden Adenauers lagen vor. Der deutsche Wehrbeitrag fand in Acheson einen entschiedenen Fürsprecher (und zwar im Rahmen der NATO), Bevin stimmte ihm nach Zögern und unter Vorbehalten bedingt zu, Schuman lehnte ihn aus verständlichen Gründen rundweg ab. Zu einem entscheidenden Beschluß kam es aus diesen Gründen nicht. Man erklärte sich nur bereit, einen deutschen Beitrag zur europäischen Verteidigung künftig weiter zu erörtern. Die Außenminister wollten also im Gespräch bleiben und erhielten auf eine Rückfrage am 17. September von Adenauer den Rat, sie möchten doch die Angelegenheit des Wehrbeitrages »zum Gegenstand einer formellen Anfrage an die Bundesrepublik machen«.

Wann genau die »Anfrage« dann erfolgt ist, kann bis heute mangels Quellen nicht gesagt werden: wahrscheinlich kam sie erst Ende Dezember 1950, jedenfalls nach dem Bekanntwerden des Pleven-Planes (26. Oktober). Wohl aber sind ab Oktober Besprechungen zwischen Hoher Kommission und Bundesregierung über Fragen der inneren Sicherheit und andere Themen geführt worden, zumal die New Yorker Konferenz der Bundesrepublik neue politische Vorteile durch eine weitere Lockerung der Bestimmungen des Besatzungsstatuts in Aussicht gestellt hatte:

1. Die ausdrückliche Zuerkennung des Rechtes, für das gesamte Deutschland zu sprechen.
2. Die Genehmigung, nicht nur konsularische, sondern nun auch diplomatische Vertretungen im Auslande zu errichten.
3. Aufhebung von Beschränkungen auf dem Gebiete der Wirtschaft und der technischen Wissenschaften.
4. Erlaubnis für die deutschen Länder, Bereitschaftspolizeien zu errichten, und vor allem
5. die *Sicherheitsgarantie* für das Gebiet der Bundesrepublik und West-Berlins, verbunden mit der Zusage, die alliierten Truppen auf deutschem Boden zu verstärken.

Für alles dieses waren allerdings handfeste Gegenleistungen gefordert worden, über die im einzelnen noch verhandelt werden mußte: Anerkennung der alten Auslandsschulden durch die Bundesrepublik sowie die Beteiligung Deutschlands bei der Beschaffung von Rohstoffen für eine gemeinsame Verteidigung. Zwischen den USA und der Bundesrepublik galt es dabei schon jetzt stillschweigend als ausgemacht, daß diese Rohstofflieferungen, die Verstärkung der Truppen in Europa und ein realer deutscher Verteidigungsbeitrag »ein Ganzes« zu bilden haben würden. Diesem »Ganzheitsbilde« entsprach die Ende Oktober erfolgte Berufung des CDU-Abgeordneten Theodor Blank zum »Beauftragten der Bundesregierung für die mit der Verstärkung der alliierten Truppen zusammenhängenden Fragen«. Erst die Dezember-Konferenz der NATO, auf der die Nominierung und

Ernennung General Eisenhowers zum europäischen NATO-Befehlshaber erfolgte, gab das Startzeichen für Verhandlungen und höchstwahrscheinlich implicite auch für die von Adenauer erwartete »Anfrage«. Am 19. Dezember billigten die Außenminister der drei Westmächte grundsätzlich einen deutschen Verteidigungsbeitrag im europäischen Rahmen.

Dieser Fortschritt war aber nur dadurch möglich geworden, weil zuvor die Franzosen, die gegen die Aufstellung einer deutschen Nationalarmee waren, sich wieder einmal etwas einfallen ließen. Am 26. Oktober 1950 hatte der französische Ministerpräsident René Pleven einen sogleich von der Nationalversammlung befürworteten Plan bekanntgegeben, nach welchem eine *europäische Armee* unter einem europäischen Verteidigungsminister zu schaffen sei; deutsche Kontingente sollten jener Armee eingegliedert sein. Sein Plan knüpfte an die Straßburger Empfehlungen vom August an und war als Alternative zu den dringenden Wünschen Achesons gedacht, doch beruhte er ebenfalls auf der kleineuropäischen Gruppierung der künftigen sechs Montanunion-Staaten. Der Pleven-Plan war die »militärische Version des Schuman-Planes« (Paul Weymar). Adenauer billigte ihn unverzüglich im großen und ganzen, jedoch unter der für ihn entscheidenden Voraussetzung, daß die nationalen deutschen Verbände »die vollständige Gleichstellung mit allen anderen Kontingenten« haben müßten. Die NATO-Organe hatten dann zum Ende des Jahres um ihrer Sachverständigkeit willen vor allem deswegen eingeschaltet werden müssen, weil die Vorstellungen des Pleven-Planes (»kleinstmögliche« nationale Einheiten in Bataillonsstärke) an Hand realer militärischer Anforderungen und Erfahrungen modifiziert werden mußten (»Spofford-Plan«: »Kampfgruppen« – combat teams in Stärke von 6000 Mann = Brigaden – als größte nationale Einheiten). Jetzt war eine Diskussionsgrundlage geschaffen, die auch Adenauer vorerst akzeptieren konnte, obgleich er, nicht zuletzt aus Rücksicht auf die Opposition, noch erhebliche Vorbehalte hatte.

Die Verhandlungen begannen am 9. Januar 1951 auf dem Petersberg und wurden während des ganzen Jahres in Paris auf der »Konferenz über die Europa-Armee« fortgesetzt. Neben den Vertretern der anderen Staaten saßen jetzt von deutscher Seite Theodor Blank sowie die ehemaligen Generale Heusinger und Dr. Speidel als militärische Experten gleichberechtigt an einem Tisch. Für Adenauer stellte sich die deutsche Beteiligung an der »*Europäischen Verteidigungsgemeinschaft*« *(EVG)* (so die

Bezeichnung ab Juli 1951) schließlich als die im Augenblick vollkommenste Form dar, um die westeuropäische Einheit innerhalb der freien Welt festigen zu können. Und indem der Kanzler weiter argumentierte, die Befriedung der Welt sei nur über Verhandlungen mit der Sowjetunion möglich und letztere würden nur dann Erfolg haben, wenn der Westen über eine starke Abwehrfront verfüge, bekannte er sich wie die USA zur sog. »Politik der Stärke«. Gleichzeitig verwies er jedoch damit das Problem der Wiedervereinigung eindeutig auf den zweiten Platz, wenn nicht in der Rang-, so doch in der Reihenfolge der seiner Regierung gestellten außenpolitischen Aufgaben. Es war das eine unausbleibliche Folge der vom Bundeskanzler initiierten Wehrpolitik.

So liefen in der ersten Hälfte des Jahres 1951 zwei Verhandlungen, die einem europäischen Zusammenschluß auf Teilgebieten dienten, nebeneinander her. Ein dritter, ebenso Ausdauer beanspruchender Verhandlungsstrang betraf das gewandelte und daher formell abzuändernde Verhältnis der Bundesrepublik zu den Führungsmächten des Westens, die zugleich auch Träger der »Besatzung« waren. Gewissermaßen gekoppelt mit der bald nachfolgenden Paraphierung des Vertrages über die Montanunion kam, in Ausführung der New Yorker Empfehlungen vom September des Vorjahres, eine Einigung über das »Revidierte Besatzungsstatut« zustande, das die Hohen Kommissare am 6. März verkündeten. Im Kampf um Revision und Rückgabe der Souveränität war damit ein weiterer Schritt getan. Von allen Erleichterungen kam der Öffentlichkeit am deutlichsten zu Bewußtsein, daß nunmehr die Zuständigkeit in der Außenpolitik an die Bundesrepublik zurückfiel. Das Amt des Außenministers übernahm Adenauer zunächst selbst und behielt es bis zum 7. Juni 1955; Staatssekretär des Auswärtigen Amtes wurde Prof. Hallstein.

Die Tatsache jedoch, daß ein besetztes Land an Beratungen über eine Europa-Armee teilnahm, verlangte freilich eine generelle Ablösung des Besatzungsstatuts – selbst eines »revidierten« – durch eine Neuregelung der Beziehungen auf vertraglicher Basis. Was Adenauer bereits in seinem zweiten Memorandum vom 29. August 1950 verlangt hatte, sollte und mußte nunmehr verwirklicht werden, nämlich eine Art »Deutschlandvertrag«.

Es blieb also auch weiterhin bei der zeitlichen Parallelität in der Behandlung zweier außenpolitischer Großprobleme. Während die EVG-Konferenz über das ganze Jahr weiterlief, begannen einen Monat nach Paraphierung des Montanunion-Vertrages Vorbesprechungen zwischen Vertretern der Bundesrepublik und der westlichen Alliierten wegen der neuen vertraglichen Regelungen des künftigen Verhältnisses zueinander. Dabei kam es zu westlichen Vorleistungen, die nur in dem Tempo der von der weltpolitischen Situation bewirkten faktischen Emanzipierung der Bundesrepublik ihre Erklärung finden können:

1. Ab 9. Juli 1951 wurde die Beendigung des Kriegszustandes gegenüber dem Deutschen Reich durch die Regierungen der USA, Großbritanniens und Frankreichs bekanntgegeben,

2. am 14. September 1951 votierten die Außenminister der Westmächte für die »Einbeziehung eines demokratischen Deutschland auf der Grundlage der Gleichberechtigung in eine kontinentaleuropäische Gemeinschaft«.

Strenggenommen waren derartige Proklamationen bereits Vorgriffe auf einen Friedensvertrag. Ab September, als der erste Entwurf eines Deutschlandvertrages von westlicher Seite vorlag, begannen regelrechte Verhandlungen, die freilich bald kompliziert wurden und an Härte ständig zunahmen, zumal immer noch die Sicherheitswünsche Frankreichs eine große Rolle spielten und ständig die verschiedensten Einzelfragen der EVG-Besprechungen zusätzlich hineinwirkten. Am Jahresende zeichneten sich die ersten Ergebnisse ab, einige Monate später waren zwei Verträge unterschriftreif (26./27. Mai 1952):

1. der *Vertrag von Bonn*, auch »Generalvertrag« oder »Deutschlandvertrag« (Adenauer) genannt, zwischen der Bundesrepublik und den »drei Mächten«. Er gibt Deutschland ein Höchstmaß an faktischer Souveränität zurück und soll bis auf weiteres an Stelle eines Friedensvertrages stehen. Das Besatzungsstatut wird abgelöst, Westdeutschland gleichberechtigter Partner innerhalb der Gemeinschaft freier Staaten.

2. der *Vertrag von Paris*, der die Europäische Verteidigungsgemeinschaft begründet sowie ihre Rechte und Pflichten als supranationales Gebilde auf dem Wege der Gewaltenteilung festlegt (Ministerrat, Versammlung, Kommissariat, Gerichtshof). Die Artikel 56 und 57 weisen bereits eindeutig in die Richtung einer künftigen Europäischen Politischen Gemeinschaft.

Das Inkrafttreten des Deutschlandvertrages wurde indessen von einer voraufgehenden allseitigen Ratifizierung und dem Inkrafttreten des EVG-Vertrages abhängig gemacht. Aber kaum jemand zweifelte daran, daß diese Prozedur schnell durchgeführt und die Souveränität der Bundesrepublik somit nicht mehr in allzuweiter Ferne liegen würde. So durfte dem Zeitgenossen das Jahr 1952 als ein für die Herausbildung der Einheit des freien Europa bedeutsames Jahr erscheinen, zumal im Juli die Montanunion ihre Arbeit aufnehmen konnte. Aber dasselbe Jahr brachte auch Störungen mit sich, die als von sowjetischer Seite kommend geradezu erwartet werden mußten.

Die sowjetischen Deutschlandnoten vom Frühjahr 1952

Wir deuteten bereits an, daß die sowjetische Politik sich seit der Jahreswende 1949/50 in zunehmendem Maße gezwungen sah, einer auf Kooperation bedachten neuen Europapolitik (Marshall-Plan, Montanunion) entgegenzuwirken. Mit der Zeit häuften sich die Versuche Moskaus, mit vielfach wechselnden Taktiken und Aktionsträgern in die Entwicklung einzugreifen. Vollends die Anzeichen einer bevorstehenden Wiederbewaffnung Westdeutschlands erschien der Sowjetunion als eine unerträgliche Bedrohung, so daß sie begann, Einzelfragen des Deutschland-Problems in den Vordergrund zu schieben.

Zunächst versuchte man – vergeblich –, die früheren Bundesgenossen an ihre in Potsdam eingegangenen Verpflichtungen bezüglich der Entmilitarisierung Deutschlands zu erinnern. Dann wurde die Wiedervereinigung als Lockmittel ins Spiel gebracht: Grotewohl schrieb am 30. November 1950 einen Brief an Adenauer und trat für die sofortige Aufnahme zweiseitiger Besprechungen über die Bildung eines paritätisch zu besetzenden »Gesamtdeutschen Konstituierenden Rates« ein. Jedoch der damit beginnenden Einheitspropaganda der SED (»Deutsche an einen Tisch!«), verbunden mit einer »Volksbefragung gegen die Remilitarisierung und für den Abschluß eines Friedens mit Gesamtdeutschland«, blieb der Erfolg in Westdeutschland versagt. In einer Erklärung vom 15. Januar 1951 lehnte Adenauer den Vorschlag Grotewohls ab. Die Gründe dafür lagen auf der Hand. Wenn er als Ursache der deutschen Teilung das Regime in der DDR bezeichnete, durfte er sich mit dem überwiegenden Teile des Volkes einer Meinung wissen. Sowohl die Westmächte und die Bundesregierung als auch die sozialdemokratische Opposition sahen daher freie Wahlen als Voraussetzung für Gespräche und als Vorstufe für die Bildung eines demokratischen gesamtdeutschen Staates an. Auf diese unabdingbar gewordene Forderung wurde in den Jahren 1950 und 1951 von den drei Besatzungsmächten und von Bonn aus immer wieder hingewiesen (Stufenplan der Bundesregierung zur Wiedervereinigung vom 9. März 1951), ohne daß jedoch die Gegenseite darauf eingegangen wäre. Es gelang auch nicht, den Stufenplan über die Westmächte auf den Verhandlungstisch zu bringen, da die im Frühjahr in Paris tagenden Stellvertreter der vier Außenminister sich nicht über eine Tagesordnung für eine neue Zusammenkunft des »Rates der Außenminister« einigen konnten.

Als Grotewohl Mitte September 1951 abermals einen Vorstoß unternahm (bzw. zu unternehmen hatte) und vor der Volkskammer »gesamtdeutsche Beratungen« vornehmlich zur Abhaltung von Wahlen in allen vier Zonen forderte, antwortete der Bundestag am 27. September (gegen die Stimmen der Kommunisten) mit der Billigung einer Regierungserklärung, welche die Abhaltung freier, allgemeiner, gleicher, geheimer und direkter Wahlen in ganz Deutschland zu einer verfassunggebenden Nationalversammlung verlangte. Das Ziel schien also das gleiche zu sein. Der Bundestag stimmte aber außerdem einer vorgelegten Wahlordnung zu und setzte darüber hinaus den Wunsch nach Entsendung einer internationalen Kommission der Vereinten Nationen zur Vorprüfung der praktischen Durchführbarkeit solcher Wahlen mit Hilfe der Westmächte am Jahresende durch. Anfang 1952 wurde die Welt Zeuge des Schauspiels, daß die Kommission der UN zwar von der Bundesregierung alle Unterstützung zugesichert erhielt, ihr aber die Einreise in die DDR und nach Ostberlin verweigert wurde. Hier sprach man von einer »Einmischung in die inneren friedlichen Angelegenheiten des deutschen Volkes«. Die Regierung Grotewohl verlangte daraufhin mit schnellem taktischem Themenwechsel und mit Zustimmung Moskaus im Februar den sofortigen Abschluß eines Friedensvertrages »in Übereinstimmung mit den Potsdamer Beschlüssen«.

Die Kenntnis aller dieser Einzelheiten ist notwendig, um die bereits von Legenden umrankten sowjetischen *Deutschlandnoten* vom Frühjahr 1952 beurteilen zu können. Sie haben bekanntlich im publizistischen Streit der 50er Jahre weitergewirkt und vor allem in der außenpolitischen Debatte des Bundestages vom Januar 1958 eine erhebliche Rolle gespielt.

Die erste der beiden Noten (vom 10. März), welche an den eben erwähnten Schritt der DDR-Regierung vom 13. Februar anknüpfte und den Vorschlag eines unverzüglich abzuschließenden Friedensvertrages mit Deutschland sowie die wichtigsten Grundsätze für den Charakter des wiedervereinigten deutschen Staates enthielt (»Entwurf für einen Friedensvertrag mit Deutschland«), war in der Tat das weitestgehende Angebot, das die Sowjetunion in der Deutschlandfrage jemals gemacht hat. Es war ein gewisses – nicht vollständiges – Absetzen von der bislang so hartnäckig behaupteten Potsdamer Basis und nannte hinsichtlich Gesamtdeutschlands folgende Punkte als »Grundlage«:

Einheitlicher Staat

Abzug der Besatzungstruppen spätestens nach einem Jahre nach Abschluß des Friedensvertrages

Demokratische Rechte und Grundfreiheiten

Freie Betätigung für Parteien und Organisationen

Nichtzulassung von Organisationen, »die der Demokratie und der Sache der Erhaltung des Friedens feindlich sind«

Gleiche Rechte auch für alle Angehörigen der Wehrmacht und für frühere Nationalsozialisten, mit Ausnahme der wegen Verbrechen Verurteilten

Keine Bündnisse gegen ehemalige Gegner des Zweiten Weltkrieges

Potsdamer Grenzen

Keine Beschränkungen für Friedenswirtschaft und Handel

Eigene nationale Streitkräfte, dazu die »entsprechenden« Kriegsmaterialien

Befürwortung der Aufnahme in die UN.

Der Zeitpunkt der Überreichung dieser Note entsprach dem Stande der angeblich »bedrohlichen« Entwicklung im Westen: der Abschluß des EVG-Vertrages war in Kürze zu erwarten. Die Aufnahme ihres Inhalts in Bonn schwankte zwischen gedämpftem Optimismus einerseits (so Jakob Kaiser, der sich für eine sorgsame Prüfung des sowjetischen Vorschlages aussprach) und andererseits der Geneigtheit, sie noch nicht als das »große Angebot« einer ratlos gewordenen Kremlpolitik zu werten und sie vielmehr als Störmanöver gegenüber der westlichen Einigungspolitik hinzustellen (Adenauer). Wirklich fehlte im Text ein Anzeichen auf das Zugeständnis freier Wahlen, auf jene Voraussetzung also, über die bislang bei Regierung und Opposition betonte Einmütigkeit geherrscht hatte. Grotewohl beeilte sich daher, schon vier Tage später ausdrücklich auf einen von der Volkskammer schon am 9. Januar verabschiedeten Gesetzentwurf für gesamtdeutsche Wahlen zu verweisen. Die allein in der Note Angesprochenen waren indessen die Westmächte, und ihre Antwort vom 25. März betonte (u. a.) deutlich die Notwendigkeit freier Wahlen, denn nur auf dieser Grundlage könne eine gesamtdeutsche Regierung, mit der der Friedensvertrag abzuschließen sei, verwirklicht werden. Zur Abhaltung solcher Wahlen bedürfe es aber erst der eindeutigen Feststellung durch die bereits ernannte Kommission der UN, daß in ganz Deutschland die nationalen und individuellen Freiheiten gesichert seien. Die Westmächte, die USA vor allem, wünschten dabei – und das war implicite auch ihre Antwort zum Punkt des faktischen Bündnisverbotes –, daß ein gesamtdeutscher Staat Bestandteil der sich abzeichnenden europäischen Ordnung bleiben und mindestens in der geistigen Auseinandersetzung ein Kombattant für die Freiheit und die westlich-demokratische Gesellschaftsordnung sein müsse.

Hiermit war etwas Entscheidendes angesprochen worden. Handelte es sich wirklich nur um eine »Deutschland«note? Daß ihr Inhalt nicht nur auf die Preisgabe der bisherigen deutschen Europa-Politik abzielte, sondern auch (Forderung des Abzuges der Besatzungstruppen) mittelbar auf weitere geographische Bereiche, verstanden nicht nur die deutschen Politiker, sondern die anderen auch. Es war klar, daß mit dem Angebot die in der Abwehr sich immer stärker herausbildende Einmütigkeit des Westens aufgelockert, wenn nicht gar zerstört werden sollte. Außerdem: in Verbindung mit den damals gemachten Abrüstungsvorschlägen Moskaus wäre nach einem Abzug der Besatzungstruppen aus Deutschland bei den seinerzeitigen militärischen Machtverhältnissen in Mittel- und Osteuropa den Sowjets eine ausreichende Ausgangsposition für künftige Aktionen verblieben, zumal ohne weiteres angenommen werden darf, daß Stalin einem verselbständigten und unter dem Zwang von Friedensvertragsbestimmungen künstlich neutralisierten Deutschland eine konkrete politische Rolle in seinem Spiele zugedacht hatte. Das zeigen deutlich die von G. A. Bürger zusammengestellten Presse- und Rundfunkkommentare aus DDR und Ostblockstaaten aus den Monaten März und April 1952 über ein künftiges »einheitliches, friedliebendes und demokratisches« Gesamtdeutschland.

Bei dem offensichtlichen Konkurrieren je eines Wahlgesetzentwurfes der Bonner und der Ostberliner Regierung konnte es ferner keinem Zweifel unterliegen, welcher von beiden Prozeduren die Sowjetunion bei Verhandlungen den Vorzug geben würde, sollten jemals Vorbesprechungen zu den nun auch von ihr am 9. April (Zweite Note) zugestandenen Wahlen stattfinden. Eine Voruntersuchung durch die UN-Kommission war freilich abgelehnt worden. Befremdend mußten im Westen zudem die vielfältigen Hinweise der DDR-Politiker auf den dreißig Jahre zuvor abgeschlossenen Rapallo-Vertrag wirken. War es daher verwunderlich, daß Truman und Acheson während dieses Notenwechsels zusätzlich oder gar hauptsächlich auf Zeitgewinn bedacht waren, um die Unterschriften unter den EVG- und den Generalvertrag noch vor etwaigen Deutschlandverhandlungen zu erlangen? Die »strategic plans« der USA durften jedenfalls nicht angetastet werden.

Die Westmächte wollten nach den bisherigen Erfahrungen mit der sowjetischen Nachkriegspolitik billigerweise kein Terrain mehr in Europa verlieren. Aus diesem Grunde gingen sie auf den Inhalt der Noten (besonders der vom 10. März) als Ganzes nicht ein, sondern befaßten sich mit den Voraussetzungen der russischen Vorschläge, insbesondere mit der »Priorität« freier Wahlen. Hierbei wußten sie sich in Übereinstimmung mit der Volksmeinung in den westlichen Ländern einschließlich der Bundesrepublik. Sie sahen aber auch die »Deutschland«note durch die weltpolitische Brille und waren darauf bedacht, weder die Konzeption einer gemeinsamen Verteidigung des Westens noch die Aufbauphasen in der Konsolidierung Westeuropas stören oder gar gefährden zu lassen.

In dieser Haltung wurde ihnen durch die Bundesregierung sekundiert. Freilich: so eindeutig die Auffassungen der – durch die Noten nicht direkt angesprochenen – Bundesregierung sich uns heute über die Resolutionen des Bundestages oder über gelegentliche Äußerungen Adenauers und anderer Minister darbieten, so fehlt uns eine Kenntnis vom Grade der Einwirkungen Bonns auf die Willensbildung der Westmächte. Wir wissen nur, daß Absprachen erfolgt sind. Über die alliierte Antwortnote vom 25. März 1952 erklärte Adenauer vor dem Vorstand der CDU/CSU-Fraktion, er habe »vollberechtigt an ihrer Abfassung teilgenommen. Mehreres konnte ich streichen und einiges hinzufügen«. Aber darüber hinaus sind in jenen Frühjahrs- und Sommermonaten des Jahres 1952 die Bundesrepublik und die drei Mächte wieder um ein erhebliches Stück stärker zusammengewachsen: die intensive Arbeit am Artikel 7 des Generalvertrages, den man stillschweigend schon zur Zeit der Paraphierung theoretisch »gültig« werden ließ (Vorbehaltsklausel: anzustrebende Fortdauer der gegenseitigen Bindungen auch im Falle der Wiedervereinigung!), ist dafür ein wichtiges Zeugnis.

Im Sinne des Artikels 7 handelte Adenauer bereits, als er mehrfach offen gegen die von den Russen angestrebte Neutralisierung Gesamtdeutschlands Stellung bezog. Aber er hätte gewiß nicht gegen Inhalt und Sinn dieses Artikels verstoßen, wenn von ihm damals ernsthaft *die Frage nach dem* »*Preise*« gestellt worden wäre, den Westdeutschland den Sowjets für eine Wiedervereinigung hätte entrichten müssen. Von den Westmächten wäre ihm ein solcher Vorstoß schwerlich verübelt worden; allein Adenauer vermied es, derartigen Gedanken öffentlich nachzugehen. Sicher nicht in Stellvertretung für den Kanzler, sondern aus persönlicher Besorgnis heraus hat es immerhin der FDP-Abgeordnete Karl Georg Pfleiderer getan, der in einem Vortrag und in einer Denkschrift zu dem Ergebnis kam, man müsse im Augenblick von der Priorität der Wahlen ablassen, und statt dessen vorschlug, als erstes den Rückzug der Russen aus ihrer Zone gegen die handfeste Gegenleistung einer westlichen Truppenrücknahme bis auf einige »Brückenköpfe« in der Bundesrepublik geradezu aushandeln zu lassen. Um die einzuleitende Demokratisierung eines unbesetzten deutschen »Kerngebietes« und später ganz Deutschlands im herkömmlich-freiheitlichen Stile glaubte Pfleiderer nicht besorgt sein zu müssen. Den eigentlichen »Hauptpreis« an Moskau aber sollte schließlich eine selbstgewählte Neutralität des deutschen Gesamtstaates darstellen, der im übrigen vermittels Spezialverträgen nach Art derjenigen von Locarno (1925) und Berlin (1926) völkerrechtlich abzusichern sei.

Im Sommer 1952 versickerte der Notenwechsel. Die Sowjets hatten sich in ihren Vorschlägen inzwischen wieder auf die Vorrangigkeit des Friedensvertrages vor den Wahlen kapriziert. Man gelangte noch nicht einmal bis zu den von den Westmächten zugestandenen Vorverhandlungen. Zusammenfassend darf man feststellen, daß in den sowjetischen Noten reale Chancen für eine Wiedervereinigung so gut wie nicht enthalten gewesen

sind, auch nicht in Richtung auf eine »Österreich-Lösung«, wie
sie drei Jahre später praktiziert worden ist. Das sagt uns heute
die politische Einsicht nach Abwägung aller Faktoren, da die
»Deutschland«noten in ihrer Zielsetzung kaum auf Deutschland beschränkt gewesen sind. Es wäre freilich besser, man
könnte dieses Urteil von »Proben aufs Exempel« herleiten, von
den Verhandlungen nämlich, die ebenso ausgeblieben sind wie
die offizielle Frage nach dem »Preis«.

Die zweite Phase der EVG-Politik und die Berliner Konferenz 1952–1954

Durch die Fertigstellung der Verträge von Bonn und Paris
wurde die Schaffung »vollendeter Tatsachen« vorübergehend zu
einer Sache des Westens, obgleich die Weltlage sich zunehmend
entspannt hatte und diese Tendenz auch weiterhin anzuhalten
schien. Als die Vertreter der sechs Montanunion-Staaten am
27. Mai 1952 den EVG-Vertrag unterzeichneten, hatten in
Korea längst Verhandlungen über einen Waffenstillstand begonnen. Gewiß zogen sie sich hin, aber die unmittelbare Gefahr
globaler Auseinandersetzungen war weitgehend gemildert, und
ebenso, wie infolge der unnachgiebigen Haltung der Westmächte die von den Sowjets begonnene Deutschland-Diskus-
sion abstarb und der Notenaustausch versandete, nahm auch die
Aktivität der amerikanischen Außenpolitik, oder besser: die
Neigung, sich festzulegen, merklich ab. Die sehr langwierige
und daher spannungsreiche Nominierung der Präsidentschaftskandidaten beherrschte in den Vereinigten Staaten das Interesse
der Öffentlichkeit. Auch die Ratifizierung des EVG-Vertrages
in den Parlamenten zog sich hin. Gleichzeitig aber begann man
hier und da mit neuen Möglichkeiten und Wendungen in der
allgemeinen Entwicklung zu rechnen, nachdem Churchill als
einer der früheren Repräsentanten der alten Anti-Hitler-Koalition nach einem Wahlsiege der Konservativen mit Anthony
Eden als Außenminister die Leitung der britischen Politik zum
letzten Male übernommen hatte (Herbst 1951).

Was sich in der Weltpolitik des Jahres 1952 darbot, war im
ganzen gesehen eine Phase der Erstarrung, wobei man westlicherseits darum besorgt war, daß die organisatorischen Fortschritte der militärischen Zusammenschlüsse nicht angetastet
wurden. Doch USA und Bundesrepublik dürften kaum zu der

Erkenntnis gelangt sein, daß sie sich seit dem Zustandekommen der 52er Verträge einer Haltung befleißigten, die ihnen schon nach kurzer Zeit von Moskau und Ostberlin mit entsprechender Münze rückvergütet wurde. Wir meinen den fortan neu auftretenden und oft von östlicher Seite wiederholten Hinweis auf den »Entwicklungsprozeß der letzten Jahre in Deutschland«, auf die »gründlich gewandelte Lage«, die es nicht mehr zulasse, bei etwaigen Verhandlungen vom Potsdamer Abkommen auszugehen, das doch nur für die erste Übergangszeit der Besatzung bestimmt gewesen sei. Seit dem Herbst 1952 baute Moskau, nachdem es mit seinen gesamtdeutschen Plänen nicht zum Zuge gekommen war, vor sich selbst die Verpflichtung zur Vier-Mächte-Kontrolle in dem Maße ab, wie es gleichzeitig die Umwandlung der DDR in eine Volksdemokratie betrieb. In dieser neuen sowjetischen Sicht der deutschen Frage lagen auch die Anfänge der sehr bald vor der Welt hochgespielten Theorie von den »zwei deutschen Staaten«, die zu Beginn der 60er Jahre, als sich der politische Kampf um Berlin verschärfte, sogar von einer die Westsektoren der Reichshauptstadt einschließenden »Drei-Staaten-Theorie« abgelöst wurde.

Dieser Zeitabschnitt der starren Fronten wurde freilich im Jahre 1953 durch schwerwiegende Ereignisse innerhalb der östlichen Welt unversehens angereichert: Stalins Tod im März zunächst und seine Nachfolge durch die »Troika« Malenkow/Molotow/Berija. Am 17. Juni folgte der *Arbeiteraufstand in der Ostzone,* dann einen Monat später der Sturz Berijas und schließlich die Berufung Chruschtschows zum faktischen Parteichef im September. Es waren Ereignisse, die den neuen amerikanischen Außenminister des inzwischen in die Präsidentschaft berufenen Eisenhower, John Foster Dulles, veranlaßten, seine Konzeption der Zurückdrängung (rolling back) des Kommunismus immer wieder neu zu überprüfen. Zugleich erbrachte das Jahr 1953 die bislang stärkste Annäherung zwischen Washington und Bonn; die erfolgreiche Reise Adenauers nach den Staaten und zahlreiche persönliche Sympathiebezeigungen Dulles' für den deutschen Kanzler wirkten sich zweifellos fördernd auf den Sieg der Unionsparteien bei den Wahlen zum Zweiten Deutschen Bundestag im September aus.

Die personellen Veränderungen in Moskau hatten zudem neue Hoffnungen auch in der Bundesrepublik geweckt. Sowohl Adenauer als auch der Bundestag nahmen sich in einem Memorandum bzw. einer Resolution im Sommer 1953 erneut der

Wiedervereinigungsfrage an (mit freien Wahlen als erstem Punkt ihrer Forderungen) und erreichten damit, daß die in Washington versammelten Außenminister der Westmächte am 15. Juli Moskau zu einer Außenministerkonferenz zu viert einluden, um das deutsche Problem (Wahlen und Gesamtregierung) zu besprechen.

Wenig vorher hatte Winston Churchill, dessen Land durch die diplomatische Anerkennung Rotchinas nicht in allen Dingen die Vorwürfe Moskaus auf sich zog, eine neue Initiative zu entfalten versucht. Die Lage hatte sich weiter entschärft; in Korea trat am 23. Juli eine Waffenruhe in Kraft. Indessen bestanden die generellen Gegensätze zwischen Ost und West weiter, und man hatte es sich angewöhnt, die Deutschlandfrage nur mehr als einen Teil von ihnen anzusehen. Vor dem Unterhaus schlug der britische Premier am 11. Mai eine Konferenz »auf höchster Ebene« vor, eine Nachahmung also der Kriegskonferenzen, deren zwanglosen Aussprachestil er unbefangen rühmte, jedoch jetzt übersah, welche verhängnisvollen Entwicklungen gerade aus jenen nicht immer präzise geführten Verhandlungen erwachsen waren. Damit wurde die allgemeine Hoffnung auf »Gipfelkonferenzen« ins Spiel gebracht, indessen unterschiedlich aufgenommen.

Churchill drang mit seinem Plan zunächst nicht durch; was erreichbar zu sein schien, war doch wieder nur eine Außenminister-Konferenz. Aber in der Bundesrepublik wurden nun erstmals Sorgen laut, die seitdem niemals ganz verstummt sind, Befürchtungen nämlich, die *vier Großen könnten sich über den Kopf Bonns hinweg* und vielleicht gar auf Kosten des Anliegens der Wiedervereinigung verständigen. Für den Kanzler ging es darum, den Anschluß an die Gesprächsbereitschaft der Großen zu finden *und* zugleich seine Ansichten zur Geltung zu bringen. In der Folgezeit gelang es Eisenhower und Dulles, Adenauers Sorgen in diesem Sommer zu zerstreuen. Aber die deutschen Angelegenheiten hatten an Aktualität verloren: Moskau arbeitete mit wechselnden Mitteln und wich, im Bewußtsein der nach der eigenen Wasserstoffbomben-Explosion (12. August) vermehrten Stärke, jetzt in der Deutschlandfrage auffallend aus. Die in Washington vorgeschlagene Viererkonferenz sollte nach den Worten Molotows zunächst »Maßnahmen zur Entspannung der internationalen Beziehungen« einschließlich derjenigen in und über Asien verhandeln; Dulles beharrte dagegen auf den Themen Deutschland und Österreich, bis es vor Jahresschluß durch starken persönlichen Einsatz Churchills glückte, alle vier Mächte für eine nach Berlin einzuberufende Außenministerkonferenz (also keine Gipfelkonferenz; diese kam erst 1955 zustande) zu gewinnen. Mit dem Entgegenkommen, auch die Möglichkeiten einer Fünferkonferenz unter Teilnahme Pekings (über Korea und Indochina) besprechen zu wollen, hatte man endlich die Sowjets dazu gebracht, die Punkte Deutschland und Österreich auf der Berliner Tagesordnung gutzuheißen.

Die *Berliner Konferenz* fand vom 25. Januar bis zum 18. Februar 1954 statt. Es war seit 1945 das siebte Außenministertreffen der vier Mächte. Soweit die deutsche Frage besprochen wurde, ging es praktisch um die Reihenfolge der Etappen, mit deren Ablauf die beiden Deutschland zusammengeführt werden sollten. Aber hierbei zeigte sich keine Seite geneigt, Konzessionen zu machen. Die Westmächte präsentierten am 29. Januar einen Plan Edens, der mit den freien Wahlen als erster Stufe einsetzte und dann (2) Nationalversammlung, (3) Verfassung mit parallel laufender Vorbereitung des Friedensvertrages, (4) Annahme der Verfassung und Regierungsbildung und (5) den Abschluß des Friedensvertrages folgen ließ. Bei den Vorschlägen Molotows vom 1. Februar dagegen (weiterentwickelt aus den Noten vom Frühjahr 1952) stand die Ausarbeitung des Friedensvertrages an erster und die Bildung einer gesamtdeutschen Regierung an fünfter Stelle. Die freien Wahlen als ersten »Akt« meinte Molotow mit dem Argument ablehnen zu können, Vorbereitung und Durchführung würden in diesem Falle noch unter der Ägide der Besatzungsmächte stattfinden und darin würde sich ein ungerechtfertigtes Mißtrauen gegenüber dem deutschen Volke äußern. Doch jede Seite beharrte auf ihren Vorschlägen, und dem Plan Molotows war deutlich abzulesen, daß die DDR, so wie sie jetzt war, unversehrt und geschlossen ohne Preisgabe von Errungenschaften in ein Gesamtdeutschland eingebracht werden sollte. Der Westen wünschte dagegen, hierin einem Ersuchen der Bundesregierung gern nachkommend, für eine gesamtdeutsche Regierung die Entscheidungsfreiheit gegenüber den bisher in Bonn und Ostberlin eingegangenen internationalen Verpflichtungen, und meinte damit, wohl noch ausgeprägter als 1952, auch das vereinigte Deutschland würde somit dem Westen, speziell dem atlantischen System, zugeordnet bleiben können. Die Sowjetunion lehnte diesen Gedanken als Zumutung ab und befand sich dadurch in der taktisch besseren Position, ja sie brauchte daraufhin kaum mehr Farbe zu bekennen, was sie denn zur Zeit mit Deutschland im Schilde führe.

Das einzige greifbare Ergebnis der Konferenz blieb der Beschluß, die Brandherde Asiens auf einer Konferenz in Genf mit Rotchina als fünftem Partner zu erörtern. Speziell über die deutsche Frage haben dann für mehrere Jahre keine offiziellen Zusammenkünfte mehr stattgefunden; die im folgenden zu behandelnden Ereignisse von 1954 und 1955 sind, soweit sie die Bundesrepublik betrafen, eigentlich Zwangsläufigkeiten gewesen. Auch in Berlin hatte auf sowjetischer Seite hinter den Deutschland-Besprechungen als das eigentliche übergeordnete Ziel die Aufweichung des westlichen Verteidigungsbündnisses gestanden, was aus dem Umstand zu entnehmen ist, daß Molotow plötzlich mit einem »Entwurf eines Gesamteuropäischen Vertrages über die kollektive Sicherheit in Europa« zu operieren begann, dessen Verwirklichung die militärische Abdrängung der USA aus Europa und den Versuch einer Wiederbelebung des sowjetisch-britischen Bündnisses von 1942 sowie vor allem des sowjetisch-französischen von 1944 bedeutet haben würde, mit dem Ziel, »gemeinsame Maßnahmen gegen die Möglichkeit einer neuen Aggression des deutschen Militarismus zu treffen, was zugleich dem Ziel entspricht, die Sicherheit aller Staaten Europas zu garantieren«, wie in einer Moskauer Note vom 3. November 1953 gestanden hatte.

Wenn Adenauer den Vorbereitungen und dem Ablauf der Berliner Konferenz mit ausgeprägter Skepsis gegenübergestanden hatte, dann nicht nur deshalb, weil er befürchtete, die Westmächte könnten sich von einer seit dem Führungswechsel in Moskau möglicherweise wirklich eingetretenen Verhandlungsbereitschaft der Russen zuviel versprechen, sondern auch aus einem anderen Grunde. Er sah mit Sorge, daß die Sowjets schon seit längerer Zeit darauf aus waren, sich die immer deutlicher werdende Zurückhaltung des französischen Parlamentes gegenüber der Ratifizierung des EVG-Vertrages zunutze zu machen. Unablässig betonte er daher, unter taktischer Hintanstellung des ursprünglichen Verteidigungszweckes, den integrierenden Charakter dieses Vertragswerkes und hob gegenüber dem westlichen Nachbarn hervor, daß in diesem Abkommen der künftige Friede zwischen Deutschen und Franzosen doch geradezu garantiert werde. Im Gegensatz zu den geheimen Absichten der Sowjets suchte er seiner Umgebung, dem Volke und den Westmächten klarzumachen, daß die EVG und die Berliner Konferenz nichts miteinander zu tun hätten oder zu tun haben dürften. So gesehen bedeutete das Scheitern der Konferenz für den Bundeskanzler sogar eine gewisse Erleichterung. Wilhelm G. Grewe sprach indirekt auch die Meinung Adenauers aus, als er im Anschluß an das Treffen feststellte: »Die westliche Solidarität ging gekräftigt aus dieser Konferenz hervor. Die letzten Illusionen über einen Kurswechsel der sowjetischen Politik nach Stalins Tod waren zerstoben.«

Aber der französische Anteil an dieser Solidarität galt nur für die Absicht, die Bundesrepublik im westlichen System zu belassen, nicht jedoch für das endliche Inkrafttreten des EVG-Vertrages. Tatsächlich wuchsen die Widerstände in Parlament und Öffentlichkeit, wobei die Sorge um ein wirtschaftliches und politisches Übergewicht der Bundesrepublik innerhalb der – jetzt von den Franzosen als zu eng empfundenen – Verteidigungsgemeinschaft überwog. Am 30. August 1954 lehnte die Nationalversammlung die Ratifizierung des EVG-Vertrages ab, indem sie sich weigerte, »a priori das Vertragsprojekt überhaupt in Betracht zu ziehen«. Es war ein Rückschlag nicht nur für die Europa-Politik der Westmächte, sondern auch für Adenauer persönlich, der die Kraft von nahezu vier Jahren an dieses Projekt gesetzt hatte. Dennoch fand er sich schnell in der neuen Situation zurecht.

Die Pariser Verträge und der Abschluß des Warschauer Paktes 1954-1955

Aller Wahrscheinlichkeit nach wirkte bei dem Beschluß der Nationalversammlung ein starkes Prestigeempfinden mit, das es nicht zu dulden schien, die französische Armee bzw. Teile von ihr in einer supranationalen Gemeinschaft aufgehen zu sehen, die, verglichen mit der NATO, ihrem Wesen nach den militärpolitischen Spielraum eines Landes noch mehr einengen mußte. Gegen die westdeutsche Wiederbewaffnung war das Votum vom 30. August jedenfalls kaum gerichtet, und dadurch mochten auch von vornherein die von England ausgehenden »Ersatzlösungen«, um die man sich nunmehr mit großer Eile bemühte, unter einem relativ günstigen Start gestanden haben. Namentlich Eden entwickelte eine besondere Aktivität und schlug unverzüglich vor, entweder eine abgeänderte (»verwässerte«) EVG innerhalb der NATO anzustreben oder schlankerhand gleich an eine Aufnahme der Bundesrepublik als 15. Staat zu denken. Adenauer neigte auf Befragen der zweiten Lösung zu und konzedierte in Vorgesprächen gewisse, noch auszuhandelnde Beschränkungen für das künftige deutsche Militärpotential, die aber Deutschland nicht diskriminieren dürften. Weitere Sondierungen Edens, begleitet von dem wohlwollenden Interesse Dulles', führten am 28. September zu einer *Neun-Mächte-Konferenz in London*, an der außer den sechs Montanunion-Staaten auch England, die USA und Kanada teilnahmen.

Auf ihr mußten hauptsächlich diejenigen politischen Wege gefunden werden, die es zum einen ermöglichten, den mit dem Scheitern der alten EVG-Konzeption im Augenblick in der Luft hängenden Generalvertrag gleichsam am Leben zu erhalten, zum anderen aber den deutschen Wehrbeitrag institutionell sicherstellten. Zu diesen Zwecken beschloß man am 3. Oktober, die beiden noch außerhalb befindlichen Montanunion-Staaten, die Bundesrepublik und Italien, dem Brüsseler Pakt von 1948 beitreten zu lassen und ihn zur *Westeuropäischen Union* (WEU) auszugestalten: das war der formale Ersatz der EVG. Die deutschen Kontingente jedoch wollte man dem Kommando der NATO unterstellt wissen, wozu der Nordatlantikpakt-Organisation die Aufnahme der Bundesrepublik nahegelegt werden sollte, unter gleichzeitiger Verpflichtung Bonns, den defensiven Charakter dieses (und auch des Brüsseler) Bündnisses streng zu beachten. Schließlich folgten noch wichtige Garantiebeschlüsse: die USA, Kanada und Großbritannien versprachen, weiterhin Streitkräfte auf dem Kontinent zu unterhalten, und die drei Besatzungsmächte versicherten, daß sie die Bundesregierung als die alleinige rechtmäßige deutsche Regierung ansähen; im übrigen seien die Wiederherstellung Gesamtdeutschlands und der Schutz Berlins nach wie vor die Ziele, denen sie sich verpflichtet fühlten. All das war in der Schlußakte der Konferenz und in zahlreichen zusätzlichen Erklärungen niedergelegt. Schon am 7. Oktober stimmte der Bundestag gegen die Sozialdemokraten der befürwortenden Stellungnahme Adenauers zu den Londoner Beschlüssen zu.

Mit unveränderter Schnelligkeit begann man darauf, die notwendigen zwischenstaatlichen Abkommen auszuarbeiten. Dies geschah durch in London eingesetzte Expertengruppen, die zugleich die schon am 19. Oktober in Paris beginnenden *vier Konferenzen* vorzubereiten hatten. Hier standen, bei unterschiedlicher Zusammensetzung der Teilnehmerkreise, zur Debatte:

1. die Aufnahme der Bundesrepublik in die NATO,
2. die Umformung des Brüsseler Vertragssystems zur Westeuropäischen Union (WEU),
3. die Beendigung des Besatzungsregimes in Deutschland, und
4. das künftige Schicksal des Saarlandes.

Innerhalb von fünf Tagen wurden zahlreiche Vereinbarungen und Abkommen unterschriftsreif gemacht und unterzeichnet, die in ihrer Zusammenfassung als die *Pariser Verträge* vom 23. Oktober 1954 bekanntgeworden sind.

Der *Deutschlandvertrag* vom 26. Mai 1952 hatte insofern eine Abänderung erfahren, als der umstrittene dritte Absatz des Artikels 7 (»Vorbehalts-« oder »Bindungsklausel«) ersatzlos gestrichen worden war. Ein weiterer Vertrag machte aus den Besatzungstruppen nunmehr »Stationierungstruppen«, deren Anwesenheit reinen Verteidigungszwecken diente. Die Bundesrepublik verpflichtete sich ferner, auf ihrem Gebiete keine sog. ABC-Waffen herzustellen und die Produktion strategischer Waffen ohne die Genehmigung der WEU zu unterlassen; die Höhe der deutschen Streitkräfte blieb (wie schon im EVG-Vertrag vorgesehen) auf 500000 Mann begrenzt. Ein Protokoll beendete das Besatzungsregime in Deutschland, ein anderes regelte die Umgestaltung des Brüsseler Vertrages. Und schließlich gehörte zu dem Vertragswerk auch ein *Saarstatut*, von dem noch zu sprechen sein wird. Am 22. Oktober hatten die NATO-Staaten in einem Kommuniqué zum Ausdruck gebracht, daß sie bereit seien, die Bundesrepublik in den Pakt aufzunehmen.

Um die Jahreswende herrschte bei den westlichen Politikern weitgehend Genugtuung darüber, die europäische Verteidigung trotz aller bisherigen Verzögerungen dennoch zustande gebracht zu haben, obgleich zuletzt nicht mehr so sehr das Wohl des in den ersten 50er Jahren dank der Marshallplan-Hilfe sichtlich aufgeblühten Kontinents im Vordergrunde des politischen Blickfeldes gestanden hatte, sondern die künftigen Funktionen der ebenfalls wirtschaftlich wieder zu Kräften gekommenen Bundesrepublik. Seit 1950/52 hatten sich Perspektiven und Konturen erheblich verschoben, und dem weitreichenden Entgegenkommen gegenüber dem westdeutschen Teilstaate neun bis zehn Jahre nach der bedingungslosen Kapitulation entsprach eine nicht minder großzügige Gelassenheit, mit der man in den Hauptstädten der drei Westmächte die Gegenzüge der Sowjets zur Kenntnis nahm oder ihnen entgegensah.

Letztere hatten damit begonnen, daß Molotow unmittelbar nach der Berliner Konferenz als wohl vorbereiteten Schritt der Deutschen Demokratischen Republik die bevorstehende »Souveränität« (als gleichberechtigte Volksdemokratie) verhieß. Seit dem Herbst rissen dann die sowjetischen Interventionen nicht mehr ab. Drei Tage nach Abschluß der Londoner Neun-Mächte-Konferenz sprach sich Molotow in einer Rede in Ostberlin nicht nur für freie Wahlen in ganz Deutschland aus, sondern ließ auch durchblicken, daß er den Berliner Eden-Plan zu akzeptieren geneigt sei, falls die Wiederbewaffnung der Bundesrepublik rückgängig gemacht werden würde (6. Oktober), – also die Wiederholung der Taktik vom Frühjahr 1952 unter gründlich gewandelten Voraussetzungen. Am 2. Dezember verwahrte sich eine Konferenz der Staaten des Ostblocks in Moskau gegen die Pariser Verträge, beriet den Zusammenschluß ihrer Länder zu einer militärischen Gegenorganisation des Ostens und verkündete, ehe es »zu spät« für eine Wiedervereinigung Deutschlands sein würde, wolle man gern über die Abhaltung gesamtdeutscher Wahlen verhandeln. Ab Januar 1955 wurden auch die innenpolitischen Kräfte der Bundesrepublik lebendig. Die aus Moskau kommenden Erklärungen riefen Überlegungen und Appelle besonders von sozialdemokratischer Seite hervor, die in der Forderung gipfelten, es dürfe von seiten der Bundesrepublik wie der Westmächte nichts unversucht bleiben, die Vorschläge der Sowjets auf ihre Ernsthaftigkeit hin zu prüfen (Aktivität Erich Ollenhauers und »Deutsches Manifest« der Paulskirchen-Bewegung).

In diesen Wochen, die der Ratifizierung der Pariser Verträge durch den Bundestag am 26./27. Februar 1955 vorausgingen, hielt sich Adenauer an seine jahrelang praktizierte Grundauffassung, nämlich die Wiedervereinigung als *Punkt 2* der vor sich selbst festgesetzten »Reihenfolge« zu betreiben bzw. von den drei Westmächten betreiben zu lassen. Die »Stärke«, die er sich von den europäischen Integrationsformen (Montanunion, WEU) erhoffte, sollte als Voraussetzung hierzu geschaffen werden und allen Staaten des Westens einschließlich der Bundesrepublik zugute kommen sowie nicht zuletzt so die gemeinsame Position absichern, aus der heraus dann später Verhandlungen mit dem Osten, sei es über die Vereinigung Deutschlands, sei es über Sicherheits- und Abrüstungsthemen, geführt werden könnten. Diese Haltung des Bundeskanzlers wurde durch die drei Mächte gedeckt, indem sie auf die Anregungen Moskaus zu

Zusammenkünften einzugehen versprachen, nachdem das Ratifizierungsgeschäft in den betroffenen Staaten erledigt sein würde. So verwarf Adenauer die Appelle der SPD-Opposition, mit der Ratifizierung der Pariser Verträge wenigstens noch so lange zu warten, bis die Angebote der Russen für angeblich noch im Jahre 1955 »mögliche« freie Wahlen durch Konsultationen der vier Mächte auf die Probe gestellt seien. Die augenscheinlich ungenützten Möglichkeiten in der Wiedervereinigungsfrage bewogen dann die SPD dazu, bei der dritten Lesung der Verträge gegen die Gesamtheit der Pariser Abmachungen zu stimmen.

Am 5. Mai 1955 wurden in Paris die Ratifikationsurkunden hinterlegt; das Vertragswerk vom Oktober trat damit in Kraft. Die Hohe Kommission in Deutschland beendete ihre Tätigkeit; *die Bundesrepublik war souverän.* Am 7. Mai konstituierte sich die Westeuropäische Union, am 9. schließlich war Deutschland zum ersten Male in der Sitzung des NATO-Rates als Mitglied vertreten. Die Bundesregierung aber vergrößerte sich: Theodor Blank (CDU), bislang Leiter der inzwischen unförmig angeschwollenen und dem Bundeskanzleramt unterstehenden militärpolitischen Dienststelle, erhielt seine Ernennung zum ersten Bundesminister für Verteidigung. Der Ostblock freilich reagierte auf diese für die Stabilisierung der Bundesrepublik Deutschland entscheidenden Tage entsprechend. Schon am 14. Mai wurde in Warschau ein militärisches Bündnis, der Warschauer Pakt, als Gegenstück zur NATO zwischen allen Ostblockstaaten einschließlich der DDR abgeschlossen und ein »Vereintes Kommando« in Aussicht genommen.

Das Saarproblem und seine Lösung 1954–1956

Trotz Montanunion, europäischer Partnerschaft und endlich erlangter Souveränität stand im Jahre 1955 zwischen der Bundesrepublik und Frankreich immer noch die Saarfrage als ungelöstes und die verbesserten Beziehungen dennoch belastendes Problem; ein politischer »Schönheitsfehler« inmitten des west- oder kleineuropäischen Kerngebietes. Da das wirtschaftlich an Frankreich angeschlossene und seit den Konventionen vom 3. März 1950 als »autonom« geltende Saarland trotz mancher in Paris angestellten Bemühungen weder Mitglied der Montanunion noch gar des atlantischen Bündnisses werden konnte, war eine Lösung vonnöten. Bis zum Scheitern der EVG hatte man in Paris, Saarbrücken und Bonn geglaubt, die Meinungsverschiedenheiten spätestens bei den erhofften Beratungen über eine »Europäische Politische Gemeinschaft« bereinigen zu können. Als sich dieser Weg eines ersten »Europäisierungsversuches« nicht mehr als gangbar erwies, war eilig als Bestandteil der Pariser Verträge ein Abkommen getroffen worden (23. Oktober 1954), nach welchem bis zum Abschluß eines deutschen Friedensvertrages ein provisorischer Status des Saarlandes innerhalb der Westeuropäischen Union unter einem »europäischen Kommissar« vorgesehen wurde: eine Volksabstimmung sollte das am 5. Mai 1955 in Kraft getretene Statut bestätigen. Von der damaligen Lage aus gesehen waren die dem Statut zugrunde liegenden Gedanken keinesfalls rückständig zu nennen. Wenn Frankreich und Deutschland gemeinsam an Europa »bauen« wollten, konnten sie dann nicht auch gemeinsam das Saarland in eine »Union« einbringen, wie es ähnlich Karl Arnold schon 1949 gefordert hatte?

Aber nicht nur in der Bundesrepublik, sondern mehr noch im Saarlande, wo die demokratischen Freiheiten jahrelang unter der Regierung des Ministerpräsidenten Hoffmann (CVP) nicht in hoher Achtung gestanden hatten, stieß diese Regelung auf Kritik, ja entrüsteten Widerstand. Die Zeiten hatten sich sehr geändert; von der Bundesrepublik ging in wirtschaftlicher Hinsicht eine starke anziehende Wirkung aus. Am 23. Oktober 1955 lehnte die Bevölkerung des Saarlandes mit über zwei Dritteln der Stimmberechtigten die ihr zugedachte »Europäisierung« ab. Sie tat es nicht so sehr aus neu entfachten nationalistischen Emotionen heraus, obgleich diese in dem leidenschaftlich geführten Wahlkampf nicht zu leugnen waren, sondern mehr auf Grund eines gesunden Gefühls der Zusammengehörigkeit. Frankreich und die Bundesrepublik zogen aus dem Abstimmungsverhältnis schnell die notwendigen Konsequenzen; etwaige Spannungen vermied man klugerweise, sofern sie sich nicht überhaupt von selbst verboten.

Nach einem Jahr der Verhandlungen kam es am 27. Oktober 1956 zu einem alle Teile im wesentlichen befriedigenden Übereinkommen. Es bewirkte, daß das Saarland zum 1. Januar 1957 das zehnte Bundesland und ein Bestandteil der Bundesrepublik wurde. Zur Vorbereitung der wirtschaftlichen Rückgliederung sollte eine Übergangszeit von höchstens drei Jahren gelten; in Wirklichkeit konnte sie schon am 6. Juli 1959 erfolgen.

Weder die deutsch-französischen Beziehungen, noch die Europa-Konzeptionen Adenauers haben damals, als Frankreich die EVG torpedierte, ernsthaften Schaden genommen. Indem der Bundeskanzler weiterhin die zahlreichen möglichen Formen eines europäischen Zusammenschlusses im Auge behielt, blieb er persönlich der seit 1947/48 durch den Marshall-Plan und die Gründung erster europäischer Institutionen angebahnten Entwicklung verbunden, ja er machte auch die Wiedervereinigungswünsche der Bundesrepublik zu einem Teile dieser Politik, ohne aber die vier Großmächte aus ihrer Verantwortung für die deutsche Frage entlassen zu wollen oder zu können. Er trieb gewiß eine Europa-Politik um Europas willen; er tat es jedoch in Übereinstimmung mit den europäischen Zielen Amerikas *und* im Hinblick auf die Vereinigung beider Teile Deutschlands. Diesem zweiten Ziele ist er freilich bis zum Ende seiner Amtsführung in keiner Weise nähergekommen, denn der Geltungsbereich europäischer Verträge stieß von vornherein genauso hart an den Eisernen Vorhang des von der Sowjetunion so hartnäckig behaupteten Status quo von 1945 wie die Existenz der Bundesrepublik selbst. Dennoch wurde Entscheidendes wenigstens innerhalb der Europa-Politik erreicht.

Im Juni 1955, nach Errichtung der WEU, nahmen die sechs Montanunion-Staaten in Messina vorsichtig einen neuen, einen zweiten Versuch auf sich, zu einer Europäischen Politischen Gemeinschaft als Fernziel zu gelangen, mindestens aber eine Vorform zu erreichen. Diesmal sollte nicht die Verteidigung, sondern der weite wirtschaftliche Bereich zum Versuchsfeld und damit zum Ansatz- oder Hebelpunkt gemeinsamer Institutionen von politischer Funktion und Gewicht werden. Als »Nahziele« wurden vorgeschlagen

die Errichtung eines Gemeinsamen Marktes und

der Aufbau einer Europäischen Atom-Gemeinschaft.

Regierungssachverständige und Außenminister berieten sich durch das Jahr 1956 im Wechsel. Am 28. März 1957 kam es zur Unterzeichnung der *Römischen Verträge:*

    1. *Gemeinsamer Markt.* Das Ziel ist die Schaffung eines einheitlichen Marktbereiches ohne innere Handelsschranken. Die Binnenzölle der sechs Teilnehmerstaaten sollten daher

stufenweise abgebaut werden, und zwar innerhalb eines Zeitraumes von zwölf (höchstens fünfzehn) Jahren.

2. *Europäische Atom-Gemeinschaft.* Sie dient der Koordinierung der Atomforschung in den sechs Staaten sowie der Errichtung und Unterhaltung gemeinsamer Anlagen.

Mit dem Vertrage über den gemeinsamen Markt war die *Europäische Wirtschaftsgemeinschaft (EWG)* begründet worden, jene bis heute »am weitesten vorgetriebene Integrationsspitze« im Bereich des alten Kontinents (Rüdiger Altmann). Sie begann ihre Wirksamkeit am 1. Januar 1958; Sitz der EWG wurde nach längerem Hin und Her die belgische Hauptstadt Brüssel, erster Präsident der EWG-Kommission, also der Exekutive, der deutsche Staatssekretär Prof. Dr. Walter Hallstein (wiedergewählt im Januar 1964).

Gleichzeitig gab es Fortschritte in der Parlamentarisierung Europas. Nachdem von der Gemeinsamen Versammlung der Europäischen Gemeinschaft für Kohle und Stahl seit November 1954 entscheidende Impulse zur Errichtung der späteren EWG ausgegangen waren, sollte die neue Wirtschaftsgemeinschaft ursprünglich ebenfalls eine eigene parlamentarische Versammlung erhalten. Da war es das Verdienst des Präsidenten Prof. Hans Furler, daß er Anfang 1957 bei den EWG-Verhandlungen seinen Gedanken durchsetzen konnte, die bisherige Gemeinsame Versammlung der Montanunion »in die neue parlamentarische Institution mit ihrer materiellen Substanz und mit allen politischen Rechten und Befugnissen hineinzuführen«. Dadurch entstand ein einheitliches Parlament der Europäischen Gemeinschaften. Es trägt den Namen *Europäisches Parlament* und hat seinen Sitz in Straßburg, wie auch die Beratende Versammlung des Europa-Rates, der jedoch einen größeren Kreis europäischer Staaten einschließlich der Neutralen umfaßt und dessen politische Bedeutung seit dem Aufkommen der kleineuropäischen Gemeinschaftsgründungen leider geringer geworden ist.

Bonn, das Deutschlandproblem und die vier Mächte 1955–1958

Der Eintritt der Bundesrepublik in die NATO schloß um so mehr ein Kapitel Deutschlandpolitik ab, als sich auf der anderen Seite umgehend die Aufnahme der mitteldeutschen Volksrepublik, der DDR, in das neue militärische Bündnis der Ostblockstaaten vollzog (14. Mai 1955). Etwaige künftige Notenwechsel oder gar Gespräche über das Deutschlandproblem waren fortan nicht mehr nur Angelegenheiten der vier Großmächte, sondern auch der beiden großen Paktsysteme. Wieweit dieser Umstand den damals im Amte befindlichen Staatsmännern bewußt gewesen ist, kann nur vermutet werden. Der Graben durch Deutschland war jedenfalls tiefer geworden, und insofern hatten die Gegner der Pariser Verträge recht behalten.

Eine »gänzlich neue Lage« für das Deutschlandproblem, wie sie von der sowjetischen Diplomatie von nun an immer wieder hingestellt wurde, war aber auch in der westlichen Sicht der Dinge gegeben, wenngleich aus einem anderen Grunde. Angesichts des Gegenüberstehens der beiden »europäischen« Verteidigungssysteme mußten nämlich fortan zusätzlich die Fragen der europäischen Sicherheit und der Abrüstung ständig in die Erwägungen einbezogen werden, zumal Moskau sie schon jahrelang vorher in die Debatte zu werfen versucht hatte. Man sieht deutlich, wie sich zehn Jahre nach dem Ende des Zweiten Weltkrieges die Akzente der großen Politik verschoben hatten und neue Themen durch das Nachziehen der Sowjets in der strategischen Rüstung aufgetreten waren.

Etwa gleichzeitig mit der »Vervollkommnung« der NATO durch Einbeziehung Deutschlands waren unter amerikanischen Auspizien zwei weitere Paktsysteme ins Leben gerufen worden: eine südostasiatische Verteidigungsorganisation, *SEATO*, als Folge des Zusammenbruches der französischen Herrschaft in Indochina (Manila, September 1954) und ein Militärbündnis zwischen der Türkei und dem Irak (*Bagdad-Pakt*, 24. Februar 1955), dem noch im selben Jahre Großbritannien, Pakistan und der Iran beitraten. Zu beiden Abschlüssen hatte die Politik Dulles' erheblich beigetragen, der nun doch zu den containment-Maximen der Administration Truman/Acheson zurückfand. Die bisherigen amerikanischen Richtlinien für die Auseinandersetzung mit dem Kommunismus wurden daher auch weiter angewandt. Man glaubte, in der Deutschlandfrage mit den alten Methoden und Bedingungen auch nach dem 5. Mai 1955 fortfahren zu können.

So spielten die freien Wahlen als Vorbedingung für die Wiederherstellung der Einheit Deutschlands zunächst auch in den Vorschlägen des Westens ihre Rolle weiter. Sie waren bekanntlich im Eden-Plan der Berliner Konferenz (1954) enthalten gewesen und wurden mit diesem zusammen gemäß einer Empfehlung der Großen Vier (Eisenhower, Bulganin, Eden und

Faure), die sich Ende Juli 1955 in Genf getroffen hatten, auf der im Oktober nachfolgenden Außenministerkonferenz wieder vorgebracht. Molotow, abermals umschwenkend, lehnte jedoch den Plan nunmehr ab und machte sich dabei nicht einmal mehr die Mühe, auf das Thema »freie« Wahlen überhaupt einzugehen, nachdem Chruschtschow, damals erster Parteisekretär der KPdSU, es schon am 26. Juli auf der Rückkehr von Genf anläßlich einer Kundgebung in Ostberlin öffentlich kurzerhand zu den Akten geworfen hatte.

Im Jahre 1956 lag die Initiative zum Teil bei der *Bundesrepublik*, wo am 7. Juni 1955 der bisherige Vorsitzende der CDU/CSU-Fraktion im Bundestag, Dr. Heinrich von Brentano, das Amt des Außenministers (bis Oktober 1961) von seinem »Vorgänger« Adenauer übernommen hatte. Aber die damals gegebenen Anregungen, wenigstens einen ständigen Meinungsaustausch der vier Mächte aufrechtzuerhalten, fanden in Moskau kein Gehör. Ganz offensichtlich war die Sowjetunion an einer direkt zu schaffenden Einheit Deutschlands nicht mehr interessiert. Ihre bei jeder Gelegenheit vorgebrachte These von der »gänzlich neuen Lage«, die durch die »Existenz zweier deutscher Staaten« bedingt sei, beschränkte daher den seit März 1957 tatsächlich von Zeit zu Zeit stattfindenden Gedankenaustausch auf die drei Westmächte und die Bundesrepublik. Damals entstand in Washington für die nunmehr gekoppelten Probleme der Wiedervereinigung und der europäischen Sicherheit eine Arbeitsgruppe, deren Aufgaben später von einem Botschafter-Lenkungsausschuß übernommen wurden.

Aber die Forderung nach den freien Wahlen trat seit dem Sommer 1957 in dem Maße etwas zurück, als sich im Westen der Trend nach Verklammerung dieser Fragen mit den *Abrüstungsbemühungen* durchsetzte, eine neue Leitlinie, die anzuerkennen sich schließlich selbst Bundeskanzler Adenauer bequemen mußte. Hiermit zusammenhängend wurde der Gedanke vertieft, besondere »Zonen« zu schaffen, die einer Rüstungsminderung und -inspektion zu unterwerfen seien. Er ging zurück auf Premierminister Eden, der ihn 1955 auf der Genfer Gipfelkonferenz vorgeschlagen hatte, ein Gedanke natürlich, der bei näherem Hinsehen speziell das deutsche Gebiet diesseits und jenseits des Eisernen Vorhangs meinte. Bonn freundete sich zwar notgedrungen auch mit dieser neuen Variante im West-Ost-Gespräch an, die im Anwendungsfalle die Wiedervereinigung über eine die Sicherheit in Europa garantierende kontrollierte Abrüstung anzustreben gehabt haben würde, doch traten Adenauer und Brentano hierbei mit eigenen Gedanken nicht hervor. Sie ließen sich lediglich anläßlich eines Kanzlerbesuches in Washington (Kommuniqué vom 28. Mai 1957) von Eisenhower bestätigen, daß die Vereinigten Staaten »auf dem Gebiet der Abrüstung nichts unternehmen werden, was geeignet wäre, die Wiedervereinigung Deutschlands zu erschweren«, während Adenauer konzedierte, nach einem »einleitenden Abkommen« über die Abrüstung würde auch er den Beginn einer Viererkonferenz über Deutschland für zweckmäßig ansehen. Dieses Agreement wurde mit der sog. *Berliner Erklärung* vom 29. Juli desselben Jahres in anderer Formulierung auf die beiden anderen Westmächte ausgedehnt. Was zu derartigen Fragen der Belgrader Botschafter und vorherige FDP-Abgeordnete Karl Georg Pfleiderer bereits seit 1952 an Überlegungen zu bieten gehabt hatte (»Pfleiderer-Plan«), ging der Bundesregierung jedenfalls schon zu weit: »in Deutschland eine militärisch verdünnte Zone zu schaffen, bevor über die Einzelheiten der Wiedervereinigung gesprochen« werde. Adenauer war allenfalls geneigt, umgekehrt zu verfahren oder verfahren zu lassen. Der Gedanke der Kontrollzonen fand zunehmend auch in den Augen der östlichen Diplomatie Beachtung, ohne jedoch unbedingt als ein Mittel zum Zweck der Zusammenführung beider Deutschland betrachtet zu werden; er ist dann Ende 1957 konkret vom Außenministerium in Warschau aufgegriffen und in der Folgezeit einigermaßen selbständig weiterentwickelt worden (*Rapacki-Plan*, vgl. S. 159).

Die Haltung der Sowjetunion war dadurch gekennzeichnet, daß sie in den Jahren 1957 und 1958 besondere Initiativen in der Deutschlandfrage nicht entwickelt hat. Ihre an die Westmächte gerichteten Vorschläge bezogen sich nur noch auf die Vorbereitung eines Friedensvertrages mit Deutschland (28. Februar 1958), nicht aber mehr auf das Zustandekommen eines gesamtdeutschen Staates. Hierüber wollte sie auf einer Vier-Mächte-Konferenz nur dann mit sich reden lassen, wenn Vertreter »beider deutscher Staaten« zugezogen würden (18. September 1958), denn die Bereinigung dieser Frage sei längst zu einer Angelegenheit geworden, welche die Deutschen unter sich selbst auszumachen hätten. Das von der DDR gemachte Angebot, eine »Konföderation der beiden deutschen Staaten« zu schaffen (2. August 1957), wurde daher von Moskau gutgeheißen, doch sollte nach der Meinung des Kreml die vom Kommunismus ge-

prägte neue soziale Struktur (»Errungenschaften«) in Mitteldeutschland unter allen Umständen unangetastet bleiben. Daß
der Konföderationsgedanke von der Bundesregierung nicht
zuletzt aus diesem Grunde abgelehnt wurde, verstand sich von
selbst. Andererseits türmten sich die Steine auf dem Wege zur
Wiedervereinigung immer höher auf, und die Schwierigkeiten,
vor die sich Bonn in der deutschen Frage gestellt sah, waren
durch die sich nun auch im Westen ausbreitende Disengage-
ment-Diskussion gleichfalls größer geworden.

So trat die Auswegslosigkeit der westlichen und der Bonner
Deutschlandpolitik, die über geringfügige Angebote nicht hin-
auszugehen geneigt war, am Jahresende 1958 in aller Deutlich-
keit zutage. Die Verbundenheit der Bundesrepublik mit dem
Westen war ein vom Volke gewünschter und anerkannter Tat-
bestand, der im September 1957 bei den Wahlen zum Dritten
Deutschen Bundestag, bei denen die Unionsparteien die absolute Mehrheit erreichten, bestätigt worden war (»Keine Experimente«). Aber diese Verbundenheit war zugleich ein schicksal-
haftes Hemmnis in der Wiedervereinigungsfrage. Gewiß hatte
die Bundesregierung bewiesen, daß auch ihre Politik sich veränderten Umständen anpassen und in gewissem Maße flexibel
sein konnte. Pflichtgemäß hatte sie alle Entspannungs- und Ab-
rüstungsvorschläge der Mächte nach dem Kriterium geprüft:
»Kommt dadurch das deutsche Volk der Wiedervereinigung
näher oder nicht?« Und es war stets zum Ausdruck gebracht
worden, Bonn werde einer allgemeinen und kontrollierten weltweiten Abrüstung zustimmen, wenn dadurch mitgeholfen werden könne, auch der Teilung Deutschlands ein Ende zu setzen.

Andererseits aber sorgte sich Bonn, wie Waldemar Besson
schreibt, »um seine Sicherheit, wenn die bisherige Linie einer
Konsolidierung der Machtverhältnisse in Europa durch eine
beweglichere Politik abgelöst werden würde, in der um möglicher Gewinne willen auch eine Bereitschaft zum Risiko spürbar wäre«. In einer außenpolitischen Bundestagsdebatte hatte
daher die Bundesregierung festgestellt, »daß die Wiedervereinigung nicht auf Kosten von Freiheit und Sicherheit erfolgen
könne« (31. Januar 1957). Der Schock über den Ausgang der
Ereignisse in Ungarn wirkte spürbar nach. Auch für die Neutralisierung (nach dem Vorbilde Österreichs) eines vereinigten
Deutschland um jeden Preis wollte man sich in Bonn nicht einsetzen, wie etwa Brentano auf einer Konferenz deutscher Mis-
sionschefs in Berlin hervorhob (April 1957). Aber gerade die

»Konsolidierung der Machtverhältnisse« wurde in der Sicht des Ostblocks als störender und ärgerlicher Faktor empfunden. Ende 1955 hatte die Bundesrepublik begonnen, auf Grund der Pariser Verträge die *Bundeswehr* aufzubauen. Am 7. Juli 1956 beschloß der Bundestag die Einführung der allgemeinen Wehrpflicht und im Oktober hatte Franz-Josef Strauß (CSU) den CDU-Politiker Blank als Verteidigungsminister abgelöst. Seitdem verlief der Aufbau der Streitkräfte in systematisch abgegrenzten Stufen, aber schon 1957 wurde die Frage akut, ob atomare Waffen auf dem Territorium der Bundesrepublik zu stationieren seien oder nicht. Und nicht zuletzt sind von dieser »atomaren Gefahr« her die Disengagement-Pläne des Ostens kräftig beeinflußt worden.

So beschaffen also war die Lage innerhalb der gesamtdeutschen Problematik, als am 27. November 1958 der sowjetische Regierungschef Chruschtschow, der am 27. März die Nachfolge Bulganins angetreten hatte, in Noten an die drei Westmächte und an die Bundesrepublik sein berühmt gewordenes *Berlin-Ultimatum* losließ, das eine neue Phase im permanenten Ost-West-Konflikt einleiten sollte.

Das Wiedervereinigungsproblem im Zeichen von Abrüstungskonferenz und Rapacki-Plan 1957–1958

Die deutsche Frage im Spiel der großen Mächte war, um es noch einmal zu sagen, seit dem Ende der atomaren Überlegenheit der USA (1953) eingepreßt in die Anstrengungen, einen modus vivendi zwischen der freien Welt und dem Ostblock zu finden; genauer gesagt: die deutsche Frage war seit der Berliner Konferenz (1954) mit dem Problem der gesamteuropäischen Sicherheit und seit 1955 allmählich auch mit demjenigen der Abrüstung verknüpft worden. Sie hatte damit aufgehört, ein Problem sui generis zu sein, und zugleich bei den Westmächten ihre bisherige Priorität eingebüßt. Diese Koppelung dreier Fragenkomplexe bei einer deutlich abgestuften Wertigkeit zuungunsten der Wiedervereinigung bestand bis in die 60er Jahre hinein. Daß gerade während der ersten Aufbauphase der Bundeswehr die Londoner Abrüstungsverhandlungen von 1956 begannen, schien damals, wie Wilhelm Cornides festgestellt hat, nach dem Scheitern der EVG »den zweiten schweren Rückschlag für die Außenpolitik der Bundesrepublik« zu bedeuten.

Etwas später gingen in Polen bedeutsame innen- und parteipolitische Änderungen vor sich. Wir meinen die Vorgänge des »polnischen Oktober« (1956), die Gomułka an die Spitze der polnischen Vereinigten Arbeiterpartei zurückkehren ließen und dem bisher praktizierten Stalinismus im Lande ein Ende bereiteten. Anders als Imre Nagy in Budapest, auch unter wesentlich anderen Umständen, hat Gomułka daraufhin einen selbständigen Kurs auf den Gebieten der Wirtschaft, der Landwirtschaft und der Ideologie durchsetzen können. Daß man es auch im außenpolitischen Bereich versuchte, war wohl bald zwangsläufig und ergab sich nicht zuletzt aus der besonderen Lage Polens in Europa und dem Bewußtsein seiner jahrhundertelangen kulturellen Eigenständigkeit. Dieser Versuch hakte bei der damaligen Diskussion der Sicherheitsfrage ein.

Der Gedanke der kontrollierten Abrüstung hatte während der Jahre 1956 und 1957 die Fünf-Mächte-Konferenz in London beschäftigt. Ein Bündel von Themen wurde behandelt; indessen scheiterten die Gespräche u. a. am Widerstand der Sowjets gegen einen Luftüberwachungsplan. Daneben gab es noch weitere Meinungsverschiedenheiten. Immerhin ventilierten die Sowjets schon Ende März 1956 eine Variation des sog. Eden-Planes (Genfer Gipfelkonferenz 1955), den der britische Premier seinerzeit bewußt als ein »Abrüstungsexperiment« bezeichnet hatte: Errichtung einer Kontrollzone zu beiden Seiten der »Demarkationslinie« zwischen Ost und West (vgl. den Gromyko-Plan vom 27. März 1956). In dieser Richtung stieß nun im März 1957, also ein Jahr später, ein offiziös inspirierter Artikel der polnischen Zeitschrift ›Świat i Polska‹ nach.

In ihm dachte man an eine Vertragszone in Europa, wo alle Angelegenheiten der Bewaffnung unter internationaler Kontrolle stehen sollten. Die Vertragszone sollte die Bundesrepublik, die DDR, Polen, die Tschechoslowakei, Ungarn und einen Teil der Niederlande umfassen. Der Austritt der Vertragspartner aus schon geschlossenen Militärbündnissen – NATO oder Warschauer Pakt – sei dabei nicht Bedingung.

Urheber dieser Vorschläge waren der polnische Außenminister Adam Rapacki und dessen Berater im Warschauer Außenministerium. Ihnen ging es dabei um zweierlei:

1. um einen Beitrag zur Entspannung an einer neuralgischen Stelle Europas zu leisten, genauer: dort, wo die Spaltung Deutschlands durch das Nebeneinander der Machtblöcke überhöht wurde und sowohl der Sicherheit als auch der

Souveränität Polens innerhalb des sozialistischen Lagers Abbruch tat,

2. um eine Aufwertung des polnischen Prestiges vor allem in den Augen der USA zu erreichen.

Offiziell, also im zwischenstaatlichen Verkehr, wurde der »*Rapacki-Plan*« nach Sondierungen bei Gromyko und Ulbricht erst auf der Vollversammlung der Vereinten Nationen bekanntgegeben. Am 2. Oktober 1957 – zwei Tage vor dem »Sputnik«-Start – schlug Rapacki in New York vor, beide Teile Deutschlands sollten auf Herstellung und Lagerung von Kernwaffen verzichten, worauf sich Polen diesem Schritt anschließen würde. Hierbei wurde die Theorie von den beiden deutschen Staaten zur praktischen Voraussetzung erhoben, aber auch der schon in der Öffentlichkeit geläufigen »verdünnten Zone« das Wort geredet, wie man sie in den Gedankengängen Gromykos, Edens, Gaitskells und Kennans bereits angetroffen hatte (kontrollierte Ausschaltung schwerer Atomwaffen) und der auch Adenauer – wenigstens prinzipiell – ursprünglich nicht abgeneigt gewesen zu sein scheint (Erklärung vom 25. Januar 1957). Auf Grund des polnisch-sowjetischen Truppenvertrages vom 17. Dezember 1956 konnte Rapacki sich und Polen ohne weiteres für eine atomwaffenfreie Zone festlegen, – von Ungarn war allerdings keine Rede mehr. Am 14. Dezember schloß sich Prag dem Vorschlag Rapackis an. Als rein polnischen Ursprungs kann man diesen Plan – bei aller Würdigung der ihm innewohnenden nationalpolnischen Anliegen – natürlich nicht bezeichnen. Sein Text zeigte deutliche Übernahmen aus dem Inhalt des am 27. März 1956 in London vorgetragenen Gromyko-Planes.

Die Aufnahme der polnischen Gedanken in der Weltöffentlichkeit vollzog sich ohne Aufsehen, fast routinemäßig. Daß freilich die deutsche Frage damit einer Lösung entgegengeführt werden könne, war der knappen Erklärung Rapackis vom 2. Oktober in keiner Weise zu entnehmen, und erläuternde Kommentare gab es vorerst nicht. Lediglich das starke polnische Sicherheitsbedürfnis klang generell durch.

Den Westmächten wurde daher die Bedeutung der Vorschläge Rapackis erst Wochen später voll bewußt, als nämlich Gomułka die Bemerkung fallen ließ (28. November), der Plan wolle natürlich einer atomaren Bewaffnung Westdeutschlands entgegenwirken, aber auch ebenso einer Teilung Europas, »die weder Polen noch irgend jemand, der den Frieden will, wünschen kann«. Dem nun auftretenden Interesse des Westens und der gleichzeitig erwachenden Kritik begegnete Rapacki dadurch, daß er nach einer weiteren Rücksprache mit Gromyko am 14. Februar 1958 den interessierten Staaten ein Memorandum überreichen ließ, in dem die Vorschläge präzisiert wurden mit besonderem Hinweis darauf, daß die kernwaffenfreie Zone auch auf die Tschechoslowakei ausgedehnt werden sollte und daß für diese »Gesamtzone« ein Kontrollsystem notwendig sei. Die Bedeutung dieses Memorandums lag in folgenden Anregungen:

Bindung der »Zonen-Staaten« an das Kontrollsystem,

darüber hinaus Bindung der vier Großmächte als Garanten des Kontrollsystems,

keine Preisgabe bisheriger Verpflichtungen gegenüber der NATO oder dem Warschauer Pakt.

Der Beitritt könne durch einseitige Deklarationen erfolgen. Also *keine* vorherigen gemeinsamen Verhandlungen oder gemeinsame Unterschriften (etwa Brentano neben Bolz).

Erfahrungen für weitere Ergänzungen des Systems sollten gesammelt werden.

Das Memorandum erging an insgesamt zehn Staaten in Ost und West; die Bundesrepublik erhielt es über die schwedische Botschaft zugestellt, und es kostete anscheinend besondere Bemühungen, Bundesaußenminister von Brentano zu bewegen, wenigstens via Stockholm offiziell den Empfang bestätigen zu lassen. Er hatte schon vorher die Befürchtung zu erkennen gegeben, daß es Rapacki in erster Linie um die Anerkennung des Ulbricht-Regimes durch die Bundesregierung zu tun wäre (Bundestagssitzung vom 23. Januar 1958). Rapacki aber baute in dem Memorandum Bonn geradezu eine goldene Brücke, mit der unter Umständen die Auswirkungen der Hallstein-Doktrin hätten umgangen werden können. Doch Brentano blieb auch jetzt bei der Ablehnung, da er und Adenauer gegen jegliches Risiko eingestellt waren. Seine Argumente, »die Annahme des polnischen Vorschlages müsse zur Erschütterung des Gleichgewichtes führen, da er die konventionelle Bewaffnung, in welcher der Osten überlegen sei, ausklammere und die Gefahr des Truppenabzugs der Verbündeten in sich berge« (Jakob Stehle), deckten sich im wesentlichen mit den Auffassungen der Westmächte, mochten diese auch die Akzente etwas anders setzen. Am 4. Mai 1958 lehnten die USA den Plan offiziell ab. Sie bezeichneten ihn mit Bestimmtheit, wenngleich in einem sehr verbindlichen Tone, »als zu begrenzt, um mit seinen Möglichkeiten die Gefahr eines Atomkrieges zu verringern«. Währenddessen hatte Gomułka mit der sowjetischen These gearbeitet und betont, daß die Wiedervereinigung allein Sache der Deutschen sei, jedoch der Weg zu ihr durch die Annahme des Rapacki-Planes erleichtert werden könne.

Rapacki ließ sich nicht beirren. Der westliche Hinweis auf das Problem der konventionellen Streitkräfte brachte ihn dazu, den Plan umzuarbeiten. Er wurde am 4. November 1958, also wenige Tage vor Beginn der Genfer Expertenkonferenz zur Verhinderung von Überraschungsangriffen, erneut auf einer Warschauer Pressekonferenz vorgelegt. So sollte jetzt die kernwaffenfreie Zone in zwei Stufen errichtet werden, erste Stufe: Einfrierung, zweite Stufe: Beseitigung der Kernwaffen. Ferner sollte die zweite Stufe mit einer gleichzeitigen Einschränkung der konventionellen Rüstungen einhergehen, d. h. die Schaffung einer wahrhaft »verdünnten« Zone einleiten. Wieder war die Aufnahme im Westen kühl und reserviert; in der Bundesrepublik deuteten sich Beharren auf alten Standpunkten und zaghaftes Verlangen nach vorsichtiger Prüfung an. Aber eine sachliche Diskussion wurde schon nach wenigen Tagen durch die unversehens ausgelöste *Berlin-Krise* abgewürgt (Chruschtschows Moskauer Sportpalast-Rede vom 10. November 1958). Der Rapacki-Plan trat daraufhin schnell in den Hintergrund; der Minister mußte sich den neuen Forderungen und Methoden der Sowjetunion anpassen. Der Plan war jedoch damit keinesfalls tot. Verschiedene spätere Auslandsreisen Rapackis haben dafür gesorgt, daß er nicht in Vergessenheit geriet. Eine Fühlungnahme mit Präsident Kennedy (Herbst 1961) und anderen amerikanischen Politikern ließ sogar das Wagnis zu, ihn in Übereinstimmung mit Moskau im Frühjahr 1962 noch einmal zu präsentieren.

Wenn bis zum November 1958 die deutsche Öffentlichkeit die aus Warschau kommenden Anregungen mit Interesse verfolgte, so spielten dabei Erwartungen mit, die man trotz der schmerzhaften Enttäuschung über die Vorgänge in Ungarn grundsätzlich auf die Auswirkungen des östlichen »Tauwetters« gesetzt hatte. Denn bis zu diesem Zeitpunkt stand die Herstellung normaler Beziehungen der Bundesrepublik zu den Ländern des Ostblocks immer noch aus.

Die bekannte Reise Adenauers nach Moskau zu Bulganin und Chruschtschow (9. bis 13. September 1955) war für den Bundeskanzler persönlich erst »möglich« geworden, nachdem der Beitritt Bonns zur NATO erfolgt war. Der Vorschlag der Sowjets jedoch, zwischen beiden Ländern Beziehungen aufzunehmen, beruhte bereits auf der Theorie von den »beiden deutschen Staaten«. Dennoch akzeptierte Adenauer den Austausch von Botschaftern, weil er den Wunsch hatte, zur vierten Besatzungsmacht, die man aus der Verantwortung für Gesamtdeutschland nicht entlassen wissen wollte, ebenfalls direkte Kontakte zu besitzen. Mit den übrigen kommunistischen Ländern gedachte man sich vorerst nicht diplomatisch zu arrangieren, da diese mit Botschaftern in Ostberlin, akkreditiert bei der DDR, vertreten waren. Aus dieser Haltung entwickelte sich noch im selben Jahre die sogenannte *Hallstein-Doktrin*, von der es zwar keinen offiziellen Wortlaut gibt, die aber dem Sinne nach besagt, daß die Bundesrepublik keine diplomatischen Beziehungen mit Staaten unterhält, die (ausgenommen die UdSSR) ihrerseits die DDR völkerrechtlich anerkennen. Als im Oktober 1957 die jugoslawische Regierung einen Gesandten in Ostberlin akkreditieren ließ, schloß Bonn seine Vertretung in Belgrad und berief Pfleiderer ab. Seit dieser Zeit ist die »Doktrin«, die man wohl der Einfachheit wegen mit dem Namen des damaligen Staatssekretärs Hallstein verbindet, des öfteren der Kritik ausgesetzt gewesen, und der Ruf nach ihrer flexiblen Handhabung, ja nach ihrem Abbau ist dann in den 60er Jahren immer vernehmlicher geworden.

5. Kapitel

Die innere Entwicklung der Bundesrepublik Deutschland
in den 50er Jahren (1950–1961)

*Problematik des Neuanfangs. Die Überwindung der Hypotheken
aus der nationalsozialistischen Zeit*

Es ist eine weitverbreitete Meinung, daß trotz der oder gerade
durch die außenpolitischen Anfangserfolge der Bundesrepublik
die innenpolitische Entwicklung – im Sinne einer Harmonisierung des Neuen – zu kurz gekommen sei. Sachliche und personelle Möglichkeiten seien nicht wahrgenommen worden, der
Stil der Auseinandersetzungen, ja überhaupt der gesamte politische Habitus des neuen Staates und seiner Bürger seien unbefriedigend gewesen. Nach außen: neue Geltung und bereits
wieder verschämter Stolz, im Innern: Unbehagen. Freilich, das
Bewußtsein, mehr oder weniger unverdient im lebenswerteren
Teil eines gespaltenen Vaterlandes zu leben, der Gedanke an die
Allgegenwart sowjetischer Macht mitten in Deutschland und
die zumeist kaum eingestandene Erfahrung, daß mit jedem
Jahre der Trennungsgraben tiefer werde, all dieses waren permanente psychische Belastungen. Die bange Frage nach dem
»Provisorium oder nicht« stellte sich eigentlich in der Sphäre
der innenpolitischen Meinungsbildung noch intensiver als in
Ansehung der außenpolitischen Problematik, etwa der des
Kalten Krieges zwischen Ost und West.

Aber das erregende Moment dieser Fragestellung wurde nur
von einer Minderheit bemerkt. Das Bekenntnis zum Staate, auch
wenn es sich bei einzelnen Deutschen zunächst nur unterschwellig herauszubilden schien, baute eindeutig auf der Abfolge der
weltpolitischen Situationen auf. Überhaupt waren die außenpolitischen »Funktionen« der Bundesrepublik in den ersten
Jahren ihres Bestehens leichter zu begreifen und mit weniger
Zwang zur Selbstbesinnung verbunden als vier Jahre vorher die
Vorbedingungen für einen gesellschaftlichen Neuanfang, dessen
aktuelle Problematik besonders die Sozialdemokratie nicht unter den Tisch gewischt sehen wollte. Würden hierzu Fleiß und
technisches Organisationstalent des deutschen Volkes allein genügen? Mußten nicht vielmehr primär sozialpolitische Korrekturen kräftiger Art als Voraussetzungen für ein völlig neues

Beginnen im Rahmen einer immer noch unerprobt scheinenden Demokratie geschaffen werden, wobei dann auch dem Zäsurcharakter des totalen Zusammenbruches von 1945 Genüge getan worden wäre? Die »Gnade« des Jahres Null war ja des öfteren und ziemlich deutlich in der wiedererstehenden Publizistik unbefangen gelobt worden.

Doch dazu hätten sich wohl das Ende des Krieges und die Kapitulation der nationalsozialistischen Gewaltherrschaft in anderen Formen vollziehen müssen, als es tatsächlich durch die beiden »getrennten« Akte in Berlin (Selbstmord Hitlers) und in Reims bzw. Berlin-Karlshorst (Vollzug der Unterwerfung durch die militärische Führung) geschehen ist. Die damit im Mai 1945 einsetzende Phase der »Benommenheit« (Klaus Bölling) dauerte zudem für viele Deutsche sogar dann noch an, als 1949 die Bundesrepublik ins Leben trat. Neben dieser Erkenntnis sind vier weitere Faktoren zu beachten:

(1) Das deutsche Volk war am Schlußpunkt des Zweiten Weltkrieges weder für innere revolutionäre Aktionen noch für nennenswerte evolutionäre Reformen zu haben, ganz abgesehen davon, daß im Anfang der Besatzungszeit jedweder politischer »Vollzug« keinesfalls in seinen Händen lag. Parteiprogramme hatten bei weitem nicht mehr dieselbe Zugkraft wie vor 1933, ein Phänomen, das auch nach 1949 bis in unsere Tage seine Gültigkeit kaum eingebüßt hat. Und vor allem: die Führungskader der deutschen Widerstandsbewegung befanden sich nach vorausgegangener Dezimierung im Zustand der Zerstreuung. Zu ihrer geringen faktischen Wirksamkeit trugen bei

(2) die sofortigen trennenden Folgen der Vier-Zonen-Gliederung. Das frühe Entstehen einer künstlichen Grenze längs durch das Land sowie der desolate Zustand der Verkehrs- und Nachrichtenmittel machten überdies im Anfang den Wenigen, die zu politischer Mitarbeit und Mitgestaltung bereit waren, ihre Tätigkeit mehr als schwer. Politiker etwa und zumal die bürgerlichen unter ihnen, die ihren Wohnsitz in der ehemaligen Reichshauptstadt hatten, vermochten weder in die sowjetische Besatzungszone noch in die drei Westzonen ihrer Absicht entsprechend in ausreichendem Maße hineinzuwirken.

(3) Je mehr »praktische Revolution« im Sinne der kommunistischen Ideologie bei weitestgehender Passivität und gewaltsam erzwungener Duldung seitens der Bevölkerung in der Ostzone »von oben nach unten« durchgesetzt wurde, um so mehr versuchte man sich deutscherseits in den Westzonen davon

abzuheben. Diese Haltung hatte zur Folge, daß die gesellschaftliche Struktur in Westdeutschland neben anderen Gründen auch deshalb unversehrt blieb, weil die sowjetischen Praktiken und die der SED von allen Volkskreisen verabscheut wurden und jeder Verdacht einer Affinität selbst in Plänen und Programmen vermieden werden sollte.

(4) Das Desinteresse und Ruhebedürfnis der jahrgangsmäßig weit zu fassenden »Kriegsgeneration« und der Ausfall zahlreicher »Belasteter« brachten es mit sich, daß sich im Anfang zur Mitarbeit wohl auch Angehörige der mittleren Generationen (z. B. Arnold, Zinn, Weisser, Erhard, Blankenhorn u. a.) fanden, überwiegend jedoch sich Männer zur Verfügung stellten, die bereits zur Zeit der Weimarer Republik in den ersten drei Gliedern des Staats- und Parteiendienstes zu finden gewesen waren, und daß vereinzelte jüngere Kräfte (z. B. Schröder, Barzel, Franz-Josef Strauß) stets nur in deren persönlichem Gefolge auftraten. Die Geburtsjahre dieser »Alten« lagen zwischen 1875 und 1895 (Severing, Grotewohl, Schumacher, Ollenhauer, Reuter, Kopf, Hoegner, Kaisen, Brauer; Pünder, Schlange-Schöningen, Adenauer, Hermes, Kaiser, Lemmer, Ehard, Schäffer, Stegerwald, Amelunxen; Dietrich, Höpker-Aschoff, Steltzer, Heuss, Külz, Schiffer, Reinhold Maier und viele andere). Es war eine ansehnliche Gruppe von Personen, in denen somit, die Ära Hitler gleichsam abkapselnd, ein starkes Stück *Kontinuität* deutscher Politik und ihrer Träger sichtbar geworden ist.

Damit ist ein entscheidendes Stichwort gefallen. Entstammten nicht diese Männer jenen Parteien, deren fehlerhaftes Verhalten oder gar »Versagen« am Ende der Weimarer Republik wenig später oft und gern »bewiesen« und bescheinigt worden ist? Man hat wohl damals schon das Gefühl gehabt, daß ein Eingehen auf diese Frage wie überhaupt die Suche nach verkappten »Steigbügelhaltern« in ein Labyrinth von Problemen geführt hätte. Überdies fehlte es am Ende der 40er Jahre sowohl an der Bereitschaft als auch an der Zeit, neben den Spruchkammern für Nationalsozialisten auch noch Untersuchungsausschüsse für Angehörige der Weimarer Parteien einzurichten (die Franzosen haben etwas Ähnliches in ihrem Lande immerhin getan). In Deutschland waren andere Aufgaben wichtiger, ja lebensnotwendiger. Es genügte daher wohl auch, daß jene Männer, denen wir die Normalisierung und Konsolidierung des öffentlichen Lebens in Westdeutschland danken, den Erfahrungsgehalt der unglückseligen zwölf Jahre berücksichtigt und nicht ausschließlich dort wieder angeknüpft haben, wo sie 1933 hatten aufhören müssen. Ihre Politik und ihre Methoden waren undogmatisch, sie waren pragmatisch und auf das im Augenblick Erforderliche gerichtet; die Rück- und Selbstbesinnung trat zwangsläufig in den Hintergrund. Hier wurde namentlich Adenauer zum großen Lehrmeister. Nur bei der Führungsgruppe der SPD, die auch im Exil eine gewisse Geschlossenheit bewahrt und damit hinreichend Gelegenheit zu ausführlichen internen Diskussionen über Soll und Haben ihrer Partei gehabt hatte, hielt sich noch für lange Zeit ein ehrlicher Wille zur inneren Erneuerung von Staat und Gesellschaft. Der moralisierende Zug im politischen Gebaren Schumachers, der sich von Zeit zu Zeit sowohl hinter seinen Forderungen nach außenpolitischer Abstinenz als auch in Fällen scheinbar nationalistischen Auftrumpfens zu zeigen pflegte, ist dafür ein deutliches Zeichen gewesen. Doch dieser Stil einzelner hat weder das allgemeine politische Bewußtsein noch die eigentliche Nachkriegspolitik geprägt.

So blieb es alles in allem genommen bei dem Phänomen der Kontinuität des politischen Lebens. Der neue, von den westlichen Alliierten mit unterschiedlicher Intensität und Methode unterstützte Versuch mit der Demokratie setzte eben nicht mit dem Jahre Null einer avantgardistischen Zeitrechnung ein, sondern wurde zum schlichten Bestandteil deutscher Geschichte, die damit zum Erstaunen vieler »am ausgebrannten Krater der Machtpolitik« (Friedrich Meinecke) vorbei und über das Katastrophenjahr 1945 hinaus nun doch weiterlief. Wenn man freilich geneigt war, die zwölf Jahre nach 1933 lediglich als eine »Ausnahmeperiode« zu empfinden, und sie gar aus dem historisch-politischen Bewußtsein ausklammern wollte, dann war das ein Unterfangen, das zwangsläufig mißlingen mußte. Hier ergab sich ein Aufgabenfeld, auf welchem später in den 50er Jahren die Historiographie und die Politische Wissenschaft vieles durch Rekonstruktion, Klärung und Interpretation aufgearbeitet haben.

Zunächst allein auf kommunaler Ebene, dann auch in den Ländern und ab 1949 zusätzlich durch die Institutionen der Bundesrepublik wurde intensive praktische Aufbauarbeit betrieben, und mit nüchternen und sachlichen Forderungen und Programmen traten auch die wiederzugelassenen Parteien bei den Wahlen vor das Volk. Das Gefühl jedoch, daß es andererseits eine Konkursmasse zu verwalten gab und daß millionenfach geübtes Unrecht so gut es ging durch angemessene Leistungen wiedergutgemacht werden mußte, war und blieb über die Routine der Aufbauarbeiten hinaus lebendig. Im Jahre 1955 fuhr eine Regierungsdelegation unter Adenauer nach Moskau. Da fiel im Kreml, als unter anderem auch berechtigte Ressentiments zur Sprache kamen, ein Wort des Bundeskanzlers, zur Beruhigung der Gemüter bestimmt, um Vertrauen werbend und dennoch von besonderer Wahrheit. Er sagte: »Wir alle, die Mitglieder der Bundesregierung und die Herren des Bundestages, sind ja doch nur die armseligen Erben Hitlers.«

Sobald die Bundesrepublik finanziell dazu in der Lage war, hat sie sich neben den Fragen der inneren auch denen der äußeren Wiedergutmachung zugewandt. Allem voran standen natürlich die Ansprüche des jüdischen Volkes. Im Anschluß an eine Regierungserklärung vom September 1951, in der sich Adenauer zu Verhandlungen mit den Vertretern des Judentums bereiterklärte, begannen im März 1952 im Haag Beratungen mit zwei Partnern: mit dem Staate Israel und mit Vertretern der Dachorganisation »Conference on Jewish Material Claims against Germany«. Nach einem halben Jahre kam ein Abkommen zustande, welches Adenauer und der israelische Außenminister Sharedt am 10. September 1952 in Luxemburg unterzeichneten. Demnach sollten 3 Milliarden DM Israel zur Abgleichung der »Eingliederungskosten« zufließen, die dem Lande bei der Ansiedlung jüdischer Flüchtlinge nach 1933 entstanden waren; weitere 450 Millionen DM sollten zur Unterstützung jüdischer Opfer bzw. von deren Hinterbliebenen aus der Zeit des Nationalsozialismus außerhalb Israels zur Verfügung gestellt werden. Einige Jahre später wandte man sich in Bonn auch den Wiedergutmachungsleistungen an europäische Länder zu, sofern sie zwischen 1939 und 1945 die Leiden einer Besatzungszeit unter nationalsozialistischer Herrschaft hatten mitmachen müssen. Diese Verträge galten der Behebung menschlicher Not, die durch politische Verfolgungsmaßnahmen gegen ausländische Staatsangehörige verursacht worden war, und wurden abgeschlossen 1959 mit Norwegen und Dänemark, 1960 mit Griechenland, Frankreich und Belgien, 1961 mit Italien und der Schweiz. Auch mit den Niederlanden und Luxemburg gibt es entsprechende Regelungen, die jedoch Bestandteil der besonderen »Ausgleichsverträge« (über Grenzregulierungen) geworden sind. Weitere Leistungen sind in einem Ausgleichsvertrag mit Österreich (1961) enthalten bzw. gingen an die Dienststelle des Hohen Kommissars der Vereinten Nationen für Flüchtlinge

(45 Millionen DM). 1964 folgten Wiedergutmachungsabsprachen mit Großbritannien und Schweden nach.

Parteien und Verbände

Mit den Wiedergutmachungsleistungen kam die Bundesrepublik Erwartungen nach, die – neben anderen – besonders von der öffentlichen Meinung des Auslandes gehegt worden waren und die im Grunde noch viel weiter gingen. Die innere Entwicklung des neuen Staates wurde genau und sicher auch mit anfänglichem Argwohn beobachtet. So bestand z. B. 1949 der Jüdische Weltkongreß nicht nur auf Sühnung der deutschen Schuld durch Taten, sondern auch darauf, daß man sich in Deutschland stets rechtzeitig gegen das Wiederkehren von nationalsozialistischen Doktrinen wenden solle, »durch alle notwendigen konstitutionellen und administrativen Vorkehrungen«.

In dieser Hinsicht ist allerdings von Anfang an Vorsorge getroffen worden. Nicht nur organisierte antisemitische Strömungen, sondern überhaupt extremistische und antidemokratische Tendenzen und Gruppen hatten die Väter des Grundgesetzes im Auge, als sie dem Abs. 2 des Artikels 21 (»Parteien-Artikel«) folgende Fassung gaben:

Parteien, die nach ihren Zielen oder nach dem Verhalten ihrer Anhänger darauf ausgehen, die freiheitliche demokratische Grundordnung zu beeinträchtigen oder zu beseitigen oder den Bestand der Bundesrepublik Deutschland zu gefährden, sind verfassungswidrig. Über die Frage der Verfassungswidrigkeit entscheidet das Bundesverfassungsgericht.

Darüber hinaus wurden besondere strafrechtliche Bestimmungen geschaffen, die in Fällen von Rassenhaß, Verunglimpfung von Religionsgemeinschaften usw. ein entsprechendes Eingreifen der Gerichte gewährleisten. Doch aus dem Art. 21 GG sowie aus dem Grundgesetz allgemein lassen sich zwei weitere Maximen ablesen:

    1. die Unantastbarkeit der demokratisch-freiheitlichen Rechtsordnung, nachdem einmal der verfassunggebende Parlamentarische Rat sich für sie entschieden hatte; ja das Bekenntnis zu einer militanten Demokratie, die sich notfalls ihrer selbst erwehren will und wird,

    2. die staatsrechtliche Funktion der politischen Parteien, ihre

Anerkennung als Faktoren der politischen Willensbildung des Staatsvolkes und als »Makler« zwischen Gesellschaft und Staat durch die Verfassung.

Wir haben hier noch einmal einen Hinweis darauf, wie sehr man 1948/49 bemüht gewesen ist, strukturelle Unzulänglichkeiten der Weimarer Republik sich nicht wiederholen zu lassen. Freilich dauerte es sehr lange, bis der im Art. 21 vorgezeichnete weitere Weg zur »Institutionalisierung« der Parteien bis zum Ende durchschritten wurde. Erst am 24. Juli 1967 beschloß der Bundestag nach langen Vorarbeiten (zu erwähnen hier z. B. der Bericht der vom Bundesministerium des Innern eingesetzten »Parteienrechtskommission« von 1957) das sog. Parteiengesetz. Es definiert den Begriff der politischen Partei, enthält Bestimmungen über die innere Ordnung der Parteien und regelt detailliert ihre Finanzierung (Offenlegung der finanziellen Mittel aus Beiträgen, regelmäßigen Einnahmen und Spenden; Teilerstattung von Wahlkampfkosten).

Die äußere Entwicklung der Parteien während der 50er Jahre wurde durch folgende Momente gekennzeichnet:

(1) Die ursprüngliche, »klassische« Zusammensetzung der »ernannten« Landtage aus vier Parteien (zwei sozialistische: KPD und SPD, zwei bürgerliche: CDU und FDP) sowie deren durch vielfache Notumstände begründete Zusammenarbeit seit 1945/46 wirkte insofern weiter, als sich in den Ländern für geraume Zeit zunächst »Allparteienregierungen«, später »Große Koalitionen«, also mindestens Regierungsverbindungen zwischen SPD und CDU, hielten: besonders lange in Baden-Württemberg, am längsten in West-Berlin.

(2) Auf der anderen Seite gab es frühzeitig, besonders aber nach der Festigung der Parteiorganisation der CDU auf Bundesebene (Parteitag in Goslar 1950), Rückwirkungen der Frankfurter und Bonner bürgerlichen Koalitionsmodelle auf die Parlamente und die Regierungsbildung in den Ländern. Hierbei spielten von seiten Bonns spezielle Wünsche hinsichtlich der Zusammensetzung des Bundesrates eine erhebliche Rolle.

(3) Gleich nach der Arbeitsaufnahme der Frankfurter Organe (Vereinigtes Wirtschaftsgebiet) vollzog sich die Herausbildung des Antagonismus zwischen den Unionsparteien und der Sozialdemokratie, gefördert sowohl durch die Taktik des Bundeskanzlers Adenauer als Parteiführer der CDU als auch durch die geringe Konzilianz Kurt Schumachers. Die mit den ersten Anläufen sofort überscharf werdende Frontstellung färbte ab auf

die Wahlkämpfe zu den einzelnen Landtagswahlen, in denen viel zu oft – bei offen gezeigter Bereitwilligkeit auf beiden Seiten – außenpolitische Fragen zur Diskussion und Abstimmung gestellt wurden. Man sah sogar bald die Landtagswahlen als »Test« für die vermeintliche oder angezweifelte Haltbarkeit der jeweiligen politischen Kräftekonstellation auf der Bundesebene an, beginnend schon 1950/51 bei der weitflächigen Diskussion um den deutschen Wehrbeitrag.

(4) Da sich die beiden großen Parteien, zweifellos von unterschiedlichen Ausgangspunkten herkommend, zwar bemühten, zu ideologisch sparsam wirtschaftenden »Volksparteien« modernen Stils unter Führung populärer oder als populär ausgegebener Politiker zu werden (erstmals 1961: Herausstellung der »Kanzler-« bzw. »Spitzenkandidaten«; Willy Brandt contra »Adenauer, Erhard und die Mannschaft«), die Wirksamkeit ihrer weltanschaulichen Kerngehalte jedoch nicht gänzlich auszuschalten vermochten, hielten sich lange Zeit einige mehr oder weniger ausgeprägte Alternativgruppen. Diese wiederum wurden von sozialen, bildungsmäßigen, traditionellen oder regionalen Faktoren geformt: an ihrer Spitze die Freien Demokraten (FDP), ferner die Bayernpartei (BP), die Deutsche Partei (DP, hervorgegangen aus der Niedersächsischen Landespartei), der den Namen zweimal wechselnde BHE (Block der Heimatvertriebenen und Entrechteten), die »Wirtschaftliche Aufbau-Vereinigung« der späten 40er Jahre, die Zentrums-Partei in Nordwestdeutschland, extreme Rechtsgruppen (Sozialistische Reichspartei, Deutsche Reichspartei) sowie die äußerste Linke (Kommunisten; später quasi an ihrer Stelle die Deutsche Friedens-Union).

(5) Abgesehen von den Freien Demokraten gingen diese kleineren Parteien bis zu den ersten 60er Jahren ihrer relativen Bedeutung und zumeist auch ihrer Existenz verlustig. Zwei von ihnen verfielen gar einem Verbot, nachdem in Prozessen vor dem Bundesverfassungsgericht gemäß Art. 21 GG im Jahre 1952 die Verfassungswidrigkeit der Sozialistischen Reichspartei (SRP), 1956 die der Kommunisten (KPD) festgestellt worden war. Die beiden Landesparteien (Deutsche Partei, auf Niedersachsen zurückgedrängt, und Bayernpartei) verloren ihre Anziehungskraft endgültig in der zweiten Hälfte der 60er Jahre. Dasselbe muß heute auch von der 1950 gegründeten, hauptsächlich die Interessen der Flüchtlinge und Vertriebenen vertretenden Gruppe gesagt werden (letzter Name: Gesamtdeut-

sche Partei), deren Verdrängung aus den Landtagen inzwischen abgeschlossen ist.

(6) Seit 1961 sind im Bundestag nur mehr drei Parteien vertreten: die CDU/CSU, die SPD und die FDP. Obgleich die Freien Demokraten hier die bei weitem kleinste Gruppe darstellen, scheint der oft behauptete, angeblich unausweichliche »Zug zum Zweiparteiensystem« in der Bundesrepublik noch keinesfalls schlüssig bewiesen zu sein.

Die Erwähnung des »Gesamtdeutschen Blocks/BHE« als Typ einer Interessenpartei leitet zu einem anderen Bereich des öffentlichen Lebens über. Im Falle des BHE, der freilich selbst in Vertriebenenkreisen als umstrittene Gründung galt, war es naheliegend, daß wichtige Vertreter dieser Partei zugleich Funktionen innerhalb der Organisationen der Heimatvertriebenen und der Landsmannschaften ausübten; allerdings gab es außer ihm keine andere Partei, hinter der in so massierter Weise Fach- oder Interessenverbände standen. Dadurch, daß die Vertriebenen ihre Vertrauensleute zum Teil auch in den größeren Parteien arbeiten ließen, ergab sich durch die 50er Jahre hindurch ein oftmals sehr vordergründiger Richtungs- und Methodenstreit, der sich auf die wenig von Glück begünstigte Geschichte ihrer Dachorganisationen niederschlug. Trotz gelegentlicher Fusionsversuche arbeiteten lange Zeit der »Zentralverband der vertriebenen Deutschen« (ZvD), gegründet 1949, unter langjähriger Leitung von Dr. Linus Kather, und der »Verband der Landsmannschaften« (seit 1952) nebeneinander her. Gelegentliche Friktionen mit dem Bundesvertriebenenministerium über dessen Tätigkeit bei der Vorbereitung der Vertriebenen- und Flüchtlingsgesetzgebung blieben nicht aus. Erst Ende 1958 gelang die Gründung eines umfassenden »Bundes der Vertriebenen/Vereinigte Landsmannschaften und Landesverbände«, in dessen Präsidium Politiker der CDU, der SPD und des BHE vertreten waren. Zu dieser Zeit hatte der Abstieg des BHE jedoch bereits begonnen; die großen Parteien hatten sich in der Zwischenzeit weitgehend der Belange der – inzwischen nahezu vollständig eingegliederten – Vertriebenen angenommen.

Die Existenz und allerorten intensive Wirksamkeit solcher und anderer Verbände (Deutscher Bauernverband, Bundesverband der deutschen Industrie u. a.) stellen ein Novum dar, das in dieser Dichte und offensichtlichen Durchschlagskraft in politischen Dingen zur Zeit der Weimarer Republik kaum Vorformen gehabt hat. Gewiß hat es auch damals »Verbände« und sehr ausgeprägte Einflußnahmen auf die Reichsregierung gegeben, wie etwa die Erinnerung an Zielsetzung und Gebaren des Reichslandbundes zwischen 1930 und 1933 zeigt. Doch für den Habitus der Bundespolitik nach 1949 wurde die ständige Konfrontation und Auseinandersetzung mit den Fach- und Interessengruppen geradezu zu einem Charakteristikum. Ein kenntnisreicher Beobachter der Bundesrepublik, Alfred Grosser, weiß zu berichten:

Seit 1952 gab es in Bonn weit über hundert Büros, in denen Geschäftsführer oder Verbindungsmänner von Verbänden, Organisationen, Arbeitsgemeinschaften, Studiengruppen, Kammern, Blocks und Gewerkschaften aller Art arbeiten (die große Zahl der verschiedenen Einzelunternehmen nicht mitgezählt). Inzwischen sind diese Organisationen noch weit zahlreicher geworden.

Zweifellos standen sich in der frühen Nachkriegszeit, gefördert durch die Besatzungsmächte des Westens, sehr schnell die klassischen Sozialpartner in organisierten Gruppen als halbinstitutionalisierte Faktoren wieder gegenüber, und vor allem die Gewerkschaften (DGB als »Einheitsgewerkschaft«), in massive Säulen gegliedert, hatten bald eine von niemandem ernsthaft angefochtene Position nicht nur im sozialpolitischen, sondern überhaupt im allgemein-politischen Leben bezogen, als zu Beginn der 50er Jahre ihre breit angelegten Bemühungen um die betriebliche Mitbestimmung einsetzten oder ihre Stimme auch in der Auseinandersetzung um den Wehrbeitrag zu hören war. Doch in der nachfolgenden Zeit bildete sich mit Vehemenz eine »profilierte Interessenstruktur« heraus. Der Pluralismus des gesellschaftlichen und politischen Lebens wurde nachgerade unübersichtlich; ja, Beobachter kamen zu der Meinung, die forcierte Interessenpolitik, getragen durch eine »Expertokratie«, gleichermaßen beschäftigt im Dienste der Parteien wie im Sold der Verbände und erfolgreich im direkten Verkehr mit den Bonner Regierungsstuben, könnte am Ende die eigentlichen und durch das Grundgesetz garantierten Träger der politischen Willensbildung, die Parteien mitsamt der Institution des Parlamentes (des Bundestages) in Aufgabenerfüllung und Ansehen beeinträchtigen. Das Wort von der »*Herrschaft der Verbände*« ist dann auch verhältnismäßig früh geprägt worden.

Mit Recht hat K. D. Bracher darauf verwiesen, daß die Gründe für die von ihm so bezeichnete »profilierte Interessenstruktur« einmal

in der »Reaktion auf die Zwangsgemeinschaft des Dritten Reiches« und zum anderen

in der »Konsequenz der Entscheidung für die sogenannte Soziale Marktwirtschaft«

gelegen hätten. Von der Zwangsgemeinschaft wollte man – nach Möglichkeit für immer – loskommen, und bei der Entfaltung der prosperierenden Marktwirtschaft gedachte man als Mitträger oder Nutznießer dabeizusein. Doch die Unausgeglichenheit der Zahl der Interessenverbände, ihrer Positionen, ihres sehr abgestuften Verantwortungsbewußtseins für das Ganze und ihrer zumeist gar von Tagesbedürfnissen diktierten Taktik trug zu dem oft unbefriedigenden Bilde einer kompliziert wirkenden innenpolitischen Situation ebenso bei wie die Neigung und gern geübte Praxis höchster Regierungsstellen und des Bundeskanzlers, durch nachdrückliches Eingehen auf die vorgetragenen Wünsche und Beschwerden sowohl die Legislative als auch die Exekutive und damit sogar sich selbst in wenig bedachter Weise zu überspielen. Von dieser besonderen Form der *Kanzlerdemokratie* – Autorität durch Schiedsrichtertum – wird in einem anderen Zusammenhang noch einmal die Rede sein.

Vertriebenenproblem und Lastenausgleich

Der handgreifliche Bedeutungsschwund, dem der BHE und, diesem nachfolgend, die Gesamtdeutsche Partei (GDP) während der 60er Jahre erlegen sind, macht deutlich, daß das größte sozialpolitische Problem der deutschen Nachkriegsgeschichte, nämlich die Eingliederung der Millionen von Heimatvertriebenen in das gesellschaftliche und wirtschaftliche Leben, wenigstens auf dem Gebiete der Bundesrepublik in großen Zügen als gelöst betrachtet werden kann. Die praktische Bewältigung dieser neuartigen Ballung von Kriegsfolgebelastungen war jedoch schon in vollem Gange, als 1949 die Bundesrepublik ins Leben trat. Die Hauptarbeit, die von simplen Fürsorgemaßnahmen in einem weitgehend zerstörten Vaterlande ihren Ausgang nahm und hinsichtlich Unterbringung, Ernährung, Wohnraumzuteilung und Arbeitsbeschaffung zunächst unvollkommen, ja ungenügend sein mußte, war zunächst Aufgabe der Länder gewesen, die mit eigenen Ämtern, auch Ministerien, und Landes-

gesetzen operierten. Besonders Schleswig-Holstein, Niedersachsen, Hessen und Bayern als grenznahe und ursprüngliche
»Aufnahmeländer« hatten in den ersten Jahren hohe finanzielle
Opfer zu bringen. Bemühungen alliierter und zonaler deutscher
Stellen, zahlenmäßig eine etwas gleichmäßigere Verteilung der
Vertriebenen über die drei Westzonen zu erreichen, waren freilich so gut wie ohne nachhaltigen Erfolg geblieben, doch hielt
sich das Bemühen, alle praktikablen Regelungen und Maßnahmen so zentral wie möglich auszuschöpfen und zu gestalten. So
galten bereits umfassende Anstrengungen der Behörden des
Vereinigten Wirtschaftsgebietes der Linderung der ärgsten Not:
im August 1949 wurde das *Soforthilfegesetz* erlassen. Es sollte
durch Belastung des Volksvermögens Abgaben in bestimmter
Staffelung ermöglichen, um mit Hilfe der dadurch zu gewinnen-
den Mittel sowohl den Heimatvertriebenen als auch anderen
Kategorien von Kriegsgeschädigten spürbare Unterstützungen
zukommen zu lassen.

Einen Monat später ging ein erheblicher Teil dieser Zuständigkeiten auf den Bund über; ein »Bundesvertriebenenministerium« unter dem früheren Oberpräsidenten in Oppeln, Lukaschek (CDU), wurde geschaffen. Die neue Zielsetzung ging
dahin, daß man die »vollkommene« Eingliederung der Vertriebenen anstreben wollte, ohne daß dabei von Bundes wegen ein
Verzicht auf das »Heimatrecht« (niedergelegt in der »Charta der
deutschen Heimatvertriebenen«, August 1950) ausgesprochen
oder ein Verzicht den Aufzunehmenden nahegelegt worden
wäre. Bald wurden zwei grundlegende Gesetze erlassen:

(1) Das *Lastenausgleichsgesetz* (14. August 1952) trat an die
Stelle des nur provisorischen Charakter tragenden Soforthilfe-
gesetzes. Es behielt im Prinzip die Belastung der Vermögen bei;
ein »Spezialfonds«, an den auch der Bund und die Länder regel-
mäßige Beiträge zu entrichten hatten, ermöglichte diverse
Leistungen wie Hauptentschädigung (vornehmlich für Grund-
besitz), Hausratentschädigung, Aufbaudarlehen, Arbeitsplatz-
darlehen und Entschädigung für Sparguthaben. Ferner gab
es eine Vielzahl von besonderen Hilfsmöglichkeiten für Wohn-
raumbeschaffung, Ausbildung usw. Nach beiden Gesetzen
wurden bis zum 31. Dezember 1957 25,7 Milliarden DM, bis
zum 31. Dezember 1961 47,0 Milliarden DM zur Auszahlung
gebracht.

(2) Das *Bundesvertriebenengesetz* (19. Mai 1953), mit Gültigkeit
auch in West-Berlin, bezieht sich sowohl auf die Vertriebenen

als auch auf die Flüchtlinge aus der DDR. Es setzt Normen für ihre Rechtsstellung, regelt die Ausgabe von Ausweisen wie überhaupt den Gesamtbereich der materiellen und wirtschaftlichen Eingliederung, wobei nach einem entsprechend den »*früheren* wirtschaftlichen und sozialen Verhältnissen zumutbaren Maße« zu verfahren ist.

Weitere staatliche Eingriffe bzw. Hilfsmaßnahmen, zum größten Teil im Zusammenhang mit den beiden erwähnten Gesetzen, bezogen sich auf die Beschaffung von Arbeitsplätzen (besonders in den »Hauptvertriebenenländern«), wobei zeitweilig die Schwerpunkte auf bekannte Notstandsgebiete und Landstriche an der Demarkationslinie (»Zonenrandprogramme«) gelegt wurden, ferner auf soziale Betreuung (Kriegsopfer-Versorgungsgesetz), Wohnungsbau, sowie schließlich auf die Eingliederung in die gewerbliche Wirtschaft, freie Berufe und in die Landwirtschaft.

Gleichzeitig ist aber auch zu betonen, daß die Sorgepflicht des Bundesgesetzgebers und der Bundesorgane sich auf alle von den Folgen des Krieges nennenswert Getroffenen erstreckt: also neben den Kriegssachgeschädigten, Evakuierten, Flüchtlingen und Vertriebenen deutscher Volkszugehörigkeit auch auf die Kategorien der späteren Aussiedler (in Verbindung mit den Aktionen der »Familien-Zusammenführung«), der heimatlosen Ausländer, der in den 50er Jahren immer noch heimkehrenden Kriegsgefangenen aus Ostblockländern, sowie der bis zum Anfang der 60er Jahre zahlenmäßig ständig zunehmenden Flüchtlinge aus der DDR. Allein zwischen 1949 und 1962 haben 2 759 922 Deutsche aus der DDR einen Notaufnahmeantrag gestellt.

Im Mai 1956 hieß es in einer Denkschrift des Bundesvertriebenenministeriums:

50 Prozent der Vertriebenen können als gut eingegliedert betrachtet werden, weitere 40 Prozent sind beschäftigt, 10 Prozent haben keine Möglichkeit; von den ehedem Selbständigen haben nur 30 Prozent ihre Selbständigkeit wiedererlangt.

Bis zur Mitte der 60er Jahre verbesserten sich die Verhältniszahlen weiter; 1969, bei Bildung der Regierung Brandt/Scheel, wurde das Ressort des Vertriebenenministers nicht mehr besetzt. Die Aufgaben des Amtes gingen größtenteils an das »Bundesministerium für innerdeutsche Beziehungen« über. Die anfangs so bedrohlich erscheinende Problematik der Vertriebenen und Flüchtlinge ist heute kein das innere Leben belastender oder störender Faktor mehr. Der Phase der »Eingliederung« ist längst die Phase der »Verschmelzung« gefolgt.

Die wirtschaftliche Entwicklung

Der nicht zuletzt mit dem Worte »Vollbeschäftigung« zu kennzeichnende wirtschaftliche Aufstieg Westdeutschlands seit den Jahren 1948 und 1949 stand auch mit der nahezu vollständig geglückten Eingliederung der Vertriebenen in den Arbeits- und Produktionsprozeß in Zusammenhang. Er hätte ohne ihre tatkräftige Mitarbeit beim Wiederaufbau individueller Existenzen keinesfalls jene Höhe erreicht, die schon bald den Zeitgenossen im In- und Auslande als ein »Wunder« vorkam. Doch mit diesem Begriff läßt sich so gut wie nichts erklären; vielmehr hat der Aufstieg ziemlich »natürliche« Ursachen gehabt.

Die Bevölkerung Westdeutschlands mußte in den harten Nachkriegsjahren schwer und intensiv arbeiten, und das baldige Sichtbarwerden erster Anfangserfolge, die sich unverkennbar auf den Lebensstandard auswirkten und das Gefühl einer zunächst bescheidenen sozialen Sicherheit aufkommen ließen, führte zu der Erkenntnis, daß sich der Einsatz des Arbeitnehmers und das Risiko des Arbeitgebers inmitten einer Trümmerumwelt dennoch lohnten. Dadurch erst kam das Moment der Beschleunigung in die Entwicklung hinein, die dann von Jahr zu Jahr mit stolzeren Bilanzen aufzuwarten wußte. Das »Ungewöhnliche« bestand lediglich darin, daß die westlichen Besatzungsmächte etwa ab 1946/47, wenn auch nacheinander – aber jedenfalls zu einer Zeit, als »es« noch nicht zu spät war –, ihre Verpflichtung erkannten, dem wirtschaftlichen Chaos in Mitteleuropa nicht länger tatenlos zusehen zu dürfen, und daß die Vereinigten Staaten als der leistungsstärkste Sieger im Erkennen der Problematik und im Verfolgen der Konsequenzen hierbei das Beispiel gaben, vorangingen und die anderen Mächte der freien Welt mit sich zogen. Währungsreform, Marshall-Plan, der gelinde politische Zwang, die Anfänge einer wirtschaftlichen Zusammenarbeit in Europa »organisieren« zu lassen, *und* die Entschlossenheit des deutschen Volkes und seiner Repräsentanten zur Aufbauarbeit müssen also als Ganzes gesehen werden, will man Konzeption und Auswirkungen in gerechter Weise würdigen.

Als fördernde Faktoren kamen bald hinzu, daß die internationale Kooperation auf wirtschaftlichem Gebiete sich seit den 40er Jahren institutionell verbessert und verfeinert hat. Abgesehen von der erfolgreichen Wirksamkeit der Europäischen Wirtschaftsgemeinschaft (EWG, seit 1. Januar 1958) entstanden in der Nachkriegszeit Einrichtungen wie der »Internationale Währungsfonds«, die »Internationale Bank für Wiederaufbau und Entwicklung« und das »Europäische Währungsabkommen« (mitsamt dessen Vorläufer), die alle imstande sind, durch Kreditgewährung, Ratschläge und auch Kritik, wo sie notwendig ist, den Bereich der »Weltwirtschaft« zu sanieren und zu stabilisieren. Darüber hinaus aber werden, wie Bernhard Pfister festgestellt hat, »durch dieses Einwirken auf inflationierende Regierungen, Zentralnotenbanken und Volkswirtschaften ... Krisenherde für künftige Weltwirtschaftskrisen schon in ihrem Entstehen in großem Ausmaß unterbunden«.

Der Weg der deutschen Wirtschaft während der 50er Jahre sei kurz nachgezeichnet. Die »Soziale Marktwirtschaft«, gestützt durch die neue DM-Währung, gestattete wieder, was ein Jahrzehnt lang nicht mehr hatte praktiziert werden können: freie Produktion, freie Konsumwahl und Neubildung der Preise durch Angebot und Nachfrage. Da man sich bemühte, den Geldumlauf knapp zu halten, blieben in der Anfangszeit die Preise trotz flacher Steigerungskurven relativ stabil. Mit der Zunahme der Gütererzeugung vergrößerten sich die Gewinne der Unternehmer, aber auch die Einkommen an Löhnen und Gehältern; die Zahl der Arbeitslosen nahm rasch ab. Die Einfuhren aus dem Auslande wurden der Bundesrepublik durch ihre Teilnahme an der Marshallplan-Organisation devisenmäßig sehr erleichtert; anfängliche Verschuldungen infolge Einfuhrüberhangs konnten bald durch seit 1952 auftretende Außenhandelsüberschüsse abgedeckt werden.

So wurden schnell, nicht zuletzt durch die kluge Geld- und Kreditpolitik der »Bank deutscher Länder« (seit 1958 führt sie den Namen »Deutsche Bundesbank«), die Leistungs- und Handelsbilanzen aktiv, die Deutsche Mark wandelte sich zu einer der härtesten Währungen der Welt, und im Lande selbst mehrten sich die Bestände an Gold und Devisen. Zum Jahresende 1956 betrugen sie bereits 17,58 Milliarden DM. Durch verstärkte Kapitalausfuhren hat man seit 1957 versucht, diesen vom Auslande zunehmend beargwöhnten »Hort« herabzusetzen, um eine die Handelspartner belastende Aufwertung der DM vermeiden zu können. Im März 1961 jedoch mußte sich die Deutsche Bundesbank dennoch zu einem derartigen Schritt entschließen: es erfolgte eine Aufwertung um 5 Prozent.

Die Soziale Marktwirtschaft trat freilich auch mit einem besonderen Anspruch auf. Ihre wissenschaftlichen Befürworter sowie diejenigen, welche sie von Amts wegen zu vertreten und zu überwachen hatten, glaubten sagen zu können, daß die Soziale Marktwirtschaft nicht nur den Wirtschaftsprozeß als solchen den politischen und sozialen Gegebenheiten der Zeit anzugleichen vermöge, sondern daß sie gar imstande sei, soziale und gesellschaftliche Zielsetzungen innerhalb ihrer Ordnungskategorien zu *verwirklichen*! Kein Wunder, daß viele Deutsche diesen Vorstellungen zunächst zwischen 1948 und 1952 keinen Glauben schenken wollten, ja daß sich Argwohn und erbitterte Gegnerschaft gegen die von der Bundesregierung praktizierte Wirtschaftspolitik erhoben, zumal 1950 die Auswirkungen der Korea-Krise und des mit ihr einhergehenden »Korea-Booms« jenen Gegnern recht zu geben schienen. Durch gesteigerte Nachfrage und Versuche, Waren erneut zu horten, zogen die Weltmarktpreise und bald darauf auch die innerdeutschen an. Da jedoch die Kämpfe in Korea lokalisiert blieben, konnten diese Störungen in der Bundesrepublik überwunden werden. Gewiß war es nicht ohne staatliche Eingriffe in das Wirtschaftsleben abgegangen, und für die Gegner der Sozialen Marktwirtschaft hätten sie wohl noch drastischer ausfallen sollen, da nach ihrer Meinung das System Erhards durch sich selbst zu Fall gekommen war. Aber der Staat griff jetzt und auch später als Regulator nur mit leichter Hand ein und gewissermaßen immer am »langen Zügel«; die Ausgleichung der Zahlungsbilanz (Dezember 1950 Aufnahme eines Kredites der »Europäischen Zahlungsunion«, der schon im Mai 1951 zurückgezahlt werden konnte) war ihm einstweilen ebenso wichtig wie die Notwendigkeit vermehrter industrieller Erzeugung und die Ausweitung der deutschen Absatzgebiete. 1951 und 1952 waren die Jahre der endgültigen Normalisierung, zumal der westdeutsche Markt im Zuge der von der OEEC verlangten »vollständigen« Liberalisierung nunmehr generell allen Einfuhren geöffnet wurde. Eine Investitionshilfe für Kohlenbergbau und Stahlindustrie ermöglichte – als letzter Akt – schließlich auch die Einfügung der Grundstoffindustrien in das Gefüge der freien Marktwirtschaft.

Vom selben Zeitpunkt an gerechnet erlangte das deutsche innere Preisniveau trotz ständiger langsamer Aufwärtsbewegung eine wesentlich größere Festigung als dasjenige anderer

Länder. Die 1955 beginnende Hochkonjunktur in Europa riß
allerdings die Preise wieder stärker nach oben, da jetzt die Vollbeschäftigung in Deutschland erreicht war; gleichzeitig begab
sich die Deutsche Mark auf den Weg der freien Konvertier-
barkeit, der 1958 seinen Abschluß fand. Ab 1960 wurden Maßnahmen zur *Konjunkturdämpfung* notwendig (wie die schon erwähnte Aufwertung der DM); Zahlungsbilanz und Preisniveau
sollten sich danach fortan nicht mehr gegenseitig in die Höhe
drücken. Es wird hiermit zusammenhängen, daß sich der Außen-
handelsüberschuß sowie die jährliche Wachstumsrate von 1961
und 1962 spürbar verringert haben.

Anfang 1964 sah es abermals so aus, als seien neue Dämpfungs-
vorkehrungen notwendig geworden. Erneute Devisenüber-
schüsse und eine Vergrößerung des Geldvolumens machten ein
Ausbalancieren von Angebot und Nachfrage besonders auf dem
Kapitalmarkt erforderlich. Die ständigen Sorgen um die Stabilität des Geldwertes gingen also weiter; Bruttoinlands- und
Bruttosozialprodukt stiegen jedoch auch 1962 und 1963 langsamer an als während der zweiten Hälfte der 50er Jahre.

Die Bundeswehr und der Staat

Wirtschaft und Wehrwesen sind heute im Zeitalter der mit
mechanischen Waffen und hochwertigen Spezialgeräten geführten Kriege mehr denn je aufeinander angewiesen. Als im Jahre
1950 die Diskussion um den deutschen Verteidigungsbeitrag
einsetzte und Konrad Adenauer bald darauf je häufiger um so
nachdrücklicher für eine Europa-Armee und die Ratifizierung
der 52er Verträge plädierte, gehörte es zu seinen wichtigsten
Argumenten, daß er auf die hohen finanziellen und wirtschaftlichen Belastungen hinwies, die durch den Aufbau von rein
»nationalen« Streitkräften einem einzelnen Lande aufgebürdet
werden würden. Daß er damit recht hatte, zeigte sich, als nach
dem Scheitern der EVG die Bundesrepublik nun doch – trotz
vorgesehener Integrierung der größeren Truppenkörper in die
NATO-Struktur – eine »eigene« militärische Macht aufbauen
mußte. Denn obgleich der Aufbau der Bundeswehr sich unter
kräftiger materieller Hilfe der USA vollzog und in den deutschen Verteidigungshaushalt von Anfang an stattliche Summen
scheinbar mühelos eingesetzt werden konnten, blieb auch weiterhin eine spürbare Belastung der bundesdeutschen Finanz-

kraft bestehen und wird nach menschlichem Ermessen andauern, zumal sich bei der Beurteilung ein Vergleich der Verteidigungsausgaben mit den ständig gesteigerten Verpflichtungen der öffentlichen Hand auf anderen Gebieten stets aufdrängt und gern gezogen wird. Im September 1965 standen in der Bundeswehr 436000 Mann unter Waffen, davon im Heer 272000, in der Luftwaffe 96000, in der Marine 31000, bei Bundeswehrdienststellen und in der Territorialen Verteidigung 37000 Mann. Das Heer gliederte sich 1965 in 7 Panzergrenadier- und 3 Panzer-Divisionen, 1 Gebirgs- und 1 Luftlande-Division; sie sind nach und nach Kommandobehörden der NATO unterstellt worden.

Es war bis dahin eine etwa zehnjährige Aufbauzeit mit allen Kennzeichen organisatorischer Leistung, des guten Willens, aber auch der Hast, des Personalmangels und einer noch fehlerhaften inneren Integration. Alle Bemühungen um einen guten Ausbildungsstand gelangten bald an eine Grenze, die dadurch gegeben war, daß der Truppe im Gegensatz zum Reichsheere der Weimarer Zeit – bei manchen generellen Unterschieden natürlich – kaum ein Zeitraum der Ruhe und des Zusammenwachsens der Einheiten zuteil geworden war. Der Zwang der Vertragserfüllung, die Erwartungen besonders der Vereinigten Staaten als der Führungsmacht der NATO und die immanente Problematik der technischen Ausrüstung mit den jeweils modernsten Waffen und Geräten haben den Aufbau in zuweilen hektisch anmutende Phasen gebracht, deren erste, im Herbst 1956, bereits den bekannten Wechsel in der Leitung des Bundesverteidigungsministeriums von Theodor Blank (CDU) zu Franz Josef Strauß (CSU) notwendig zu machen schien. 1963 wurde Kai-Uwe von Hassel (CDU) Verteidigungsminister.

Die *Position der Bundeswehr* im Volksganzen und im Gefüge des Staates konnte nach Abschluß des Aufbaus als zufriedenstellend bezeichnet werden. Das anfängliche Mißtrauen weiter Bevölkerungskreise gegenüber dem Wiederauftreten deutscher Soldaten war geschwunden, die parlamentarische Opposition hatte sich nicht zuletzt durch ihre Mitarbeit an zahlreichen Wehrgesetzen bis zum Ende der 50er Jahre vollständig und endgültig auf die wehrpolitischen Realitäten eingestellt, und die Streitkräfte selbst waren samt ihrem Führungsapparat, der ebenfalls neu geschaffen werden mußte, von Anfang an in den Staat integriert gewesen. Denn anders als nach dem Ersten Weltkriege, da die ehemals kaiserliche Oberste Heeresleitung gewissermaßen an der Wiege des neuen republikanischen Staates gestanden, somit die Armee zeitlich bereits *vor* der Weimarer Republik existiert hatte und General von Seeckt nachdrücklich eine Wehrpolitik der »Kontinuität« von Traditionen und überlebten Prärogativen einleiten konnte, – *anders* als damals schuf sich die Bundesrepublik ihre Bundeswehr selbst, und zwar erst im siebten Jahre ihres Bestehens und unter besonderen »positiven« innen- und außenpolitischen Umständen. Die verfassungsmäßige »Nähe« der Bundeswehr zu den legislativen und exekutiven Bundesorganen verdient besondere Hervorhebung. Zwar ernennt der Bundespräsident die Offiziere, doch liegt der Oberbefehl im Frieden beim Bundesverteidigungsminister und im »Verteidigungsfalle« beim Bundeskanzler (Art. 65a bzw. 59a GG). Der *Generalinspekteur* der Bundeswehr als der ranghöchste Soldat rangiert erst nach dem Staatssekretär im Verteidigungsministerium. Der *Wehrbeauftragte* des Bundestages, ein Novum in der deutschen Wehrverfassung und als Hilfsorgan des Parlamentes »zum Schutz der Grundrechte« berufen, hat dafür zu sorgen, daß größere und kleinere Mißstände bei der Truppe auch außerhalb des Dienstweges durch direkte Informierung des Bundestages Abhilfe finden können.

Denn nicht so sehr die Stärke, die Ausrüstung und die Unterstellung der Streitkräfte standen in den ersten zehn Jahren im Mittelpunkt der Diskussion einer starkes Interesse nehmenden Öffentlichkeit, sondern das Bild des gegenwärtigen und künftigen deutschen Soldaten unter Zugrundelegung der Erfahrungen aus der jüngsten deutschen Geschichte. Der Soldat sei während seiner Dienstzeit immer als »*Staatsbürger in Uniform*« zu respektieren, so lautete die Forderung jüngerer Reformer, die zunächst im Amte Blank und später im Ministerium auftragsgemäß über neue, zeitgerechte Formen des inneren Gefüges der Bundeswehr nachzudenken hatten (Graf Baudissin). Ein ganzes Gehäuse für den Bereich der Menschenbehandlung, der Disziplin und der staatsbürgerlichen Weiterbildung ist damals neu errichtet und mit der Bezeichnung »*Innere Führung*« bedacht worden. Doch Baudissin, seine Mitarbeiter und seine Nachfolger haben nicht verhindern können, daß die Rasanz der Aufbaujahre und in Verbindung damit die oft zahlenmäßig unzulängliche und ständig wechselnde Zusammensetzung des Offizier- und Unteroffizierkorps in Stäben und Truppeneinheiten diese fortschrittlichen Pläne und die daraus abgeleiteten allgemeinen Vorschriften im wahrsten Sinne des Wortes zugedeckt haben. Das Bestreben, die äußere Einsatzbereitschaft zu gewährleisten, dominierte im Grunde auch unbewußt bei denjenigen Vorgesetzten, die den neuen Ideen aufgeschlossen gegenüberstanden. So konnten sich die Maximen einer Inneren Führung bislang weder vollständig auswirken, noch wurde ihre Gültigkeit zum geistigen Allgemeingut auch des letzten Führers und Unterführers.

Die Geschichte der Bundeswehr spiegelte sich anfangs auch in der Abfolge der *Wehrgesetzgebung* wider. Wehrvorlagen hatte der Bundestag seit 1953 zu erledigen: sie begannen mit dem Gesetz über den EVG-Vertrag und – auf Drängen der Sozialdemokraten – der Ersten Wehrergänzung des Grundgesetzes, welche am 26. Februar 1954 die Wehrhoheit des Bundes festlegte, aber dann doch die Zustimmung der SPD nicht fand. Nach dem Beitritt zur NATO folgten als wichtigste Vorlagen:

Das Gesetz über die Einrichtung des *Personalgutachterausschusses* (23. Juli 1955). Dieser Ausschuß hatte die persönliche Eignung aller für die Einstellung vorgeschlagenen Offiziere vom Dienstgrad des Obersten an aufwärts zu überprüfen.

Das *Freiwilligen-Gesetz* (23. Juli 1955) sollte die ersten Vorbereitungen zum Aufbau der Streitkräfte personell sicherstellen. Es wurde abgelöst vom

Soldatengesetz (»Gesetz über die Rechtsstellung der Soldaten«) (März 1956), verbunden mit

der *Zweiten Wehrergänzung des Grundgesetzes* (19. März 1956), die u. a. die Frage des Oberbefehls behandelte.

Das *Wehrpflicht-Gesetz* (25. Juli 1956) und das *Gesetz über die Dauer des Wehrdienstes* (Dezember 1956: zwölf Monate, ab 1962 achtzehn Monate) schlossen die Reihe der grundlegenden Wehrvorlagen, die hier nicht alle aufgeführt werden können, ab. Wenn auch die Sozialdemokratie für lange Zeit eine Gegnerin der Adenauerschen Wehrpolitik blieb und seit der Ablehnung der Pariser Verträge (1954) mit Konsequenz in ihrer Haltung verharrte, sah sie sich indessen nicht gehindert, an mehreren Gesetzgebungswerken mitzuarbeiten bzw. sie gutzuheißen (so beim Personalgutachterausschuß, beim Eignungsübungsgesetz, bei Beschwerde- und Disziplinarordnung und beim Soldatenversorgungsgesetz), um, wie ihr Abgeordneter Wilhelm Mellies hervorhob, »für die Demokratie innerhalb und außerhalb der in der Entstehung begriffenen Bundeswehr Sorge zu tragen«.

Die Existenz der Bundeswehr und die nachträgliche Zuerkenntnis der Wehrhoheit an den Bund durch eine Grundgesetzänderung haben das politische Gewicht des »Bundes« gegenüber den Ländern zweifellos gestärkt. Aber diese Tatsachen lagen in der Konsequenz von Entwicklungen, die 1949 noch nicht hatten übersehen werden können, obgleich die außenpolitische Funktion der westdeutschen Staatswerdung seinerzeit schon offen zutage lag. Bis zu diesem Zeitpunkt waren die Länder Träger der deutschen Nachkriegspolitik gewesen, und 1949 konnte nicht etwa nur in Bayern, sondern auch anderswo ein Stück Länderselbstbewußtsein anklingen:

Es kommt vielmehr vor allem darauf an, daß die Männer der Bundesregierung auch von wahrhaft demokratischem Geist erfüllt sind und daß sie gewillt sind, Bund und Länder in echter Gemeinschaftsarbeit zu führen und das berechtigte Eigenleben der Länder zu achten. Ebenso wird es entscheidend sein, daß die Länder im Bunde nicht einen Konkurrenten oder gar einen Gegner erblicken, sondern ihn als das empfinden, was er ist und was er sein soll, nämlich als ein Teil ihrer selbst (Ministerpräsident Hinrich Wilhelm Kopf vor dem Niedersächsischen Landtag, 20. Mai 1949).

In diesen Worten drückte sich ein Stück gesunder Auffassung über das Verhältnis der Länder zum Bund aus. Vielleicht wird man von einem »pragmatischen« Föderalismus reden dürfen. Aber lief die nachfolgende Entwicklung wirklich so, wie es sich einzelne Länderchefs damals erhofft haben mögen?

Bonn wurde gleichsam über Nacht nicht nur zu einer provisorischen Hauptstadt, sondern auch zu einer Schaltstelle deutscher Politik; eine Wandlung freilich, der bekanntermaßen eine ausgeprägte persönliche Komponente innewohnte: die Ära Adenauer begann. Die sich bildenden Vorstellungen über ein ausgewogenes Verhältnis zwischen Bund und Ländern mochten bei der jungen Zentralinstanz noch etwas unbefangen und unzureichend gewesen sein: Gedanken tauchten auf, ob sich nicht die Bundespolitik und die der Länder koordinieren ließe. Damit war jedoch eine »Koordinierung« gemeint, die auch äußerlich in Erscheinung treten sollte, nämlich im Umbau oder Neubau von Landesregierungen, grob gesagt: durch Angleichung an die Koalition der Bonner Regierungsparteien. Dem Bundeskanzler war sehr bald offen daran gelegen, im Bundesrat mit »regierungsfreundlichen« Ländern rechnen zu können, da die Stimmabgabe hier in Abhängigkeit von Kabinettsbeschlüssen der Länderregierungen erfolgen würde. Versuche in dieser und auch in umgekehrter Richtung sind seit 1949/50 des öfteren erwogen und über parteipolitische Kanäle probiert worden, aber keinesfalls erfolgreich gewesen. Das machtpolitische Verhältnis von Bund und Ländern ist seitdem im großen und ganzen ausgewogen geblieben, mochte auch die Kritik am Geiste des Föderalismus und an den im Grundgesetz vorgeschriebenen Prozeduren niemals ganz verstummen.

Nach Art. 50 GG wirken die Länder »durch den Bundesrat« bei der Gesetzgebung und Verwaltung des Bundes mit und kommen dadurch politisch »zum Wort«. Durch die Mitbehandlung von Gesetzesvorlagen ist die Möglichkeit einer umfassenden Beratung und Kontrolle der Regierungsbürokratie gegeben. Andererseits hat der Bundesrat aber auch wie das Parlament das Recht der Gesetzesinitiative (Art. 76). Die seit Jahren geübte Praxis besteht freilich überwiegend darin, daß die Vorlagen vom Bundestag und mehr noch von der Bundesregierung kommen und in jeweils zwei Durchgängen an den Bundesrat gelangen. Für die Klärung von Kontroversen ist nach amerikanischem Vorbild der Vermittlungsausschuß geschaffen worden, dem je 11 Mitglieder des Bundestages und des Bundesrates angehören.

Den notwendigen und auch von beiden Seiten gewünschten Kontakt (Orientierung über die laufenden Geschäfte der Bundesregierung, Entgegennahme und Bearbeitung der Stellungnahmen des Bundesrates, Verbindung zur Konferenz der Ministerpräsidenten usw.) besorgte das *Bundesministerium für die Angelegenheiten des Bundesrates und der Länder*. Schon 1949 eingerichtet und damals mit dem föderalistisch gesinnten Heinrich Hellwege (DP) aus Niedersachsen besetzt, ist es lange Zeit als überflüssiges, weil neuartiges Ressort empfunden worden. 1969 wurde es aufgehoben; seine Aufgaben gingen an das Bundeskanzleramt über.

Gewiß ist Landes- und Länderpolitik in zunehmendem Maße »Verwaltungspolitik« geworden (Theodor Eschenburg), doch bestehen die besonderen Interessen der Länder auf finanziellem, ergo lebenswichtigem Gebiet nach wie vor, von den kulturpolitischen Kompetenzen und Empfindlichkeiten ganz zu schweigen. Man denke nur an die Fragen des Finanzausgleichs und an die immer wiederkehrenden Ansprüche des Bundes hinsichtlich der Neuregelung seines Anteils an der Einkommens-

und Körperschaftssteuer. Auch die mehr juristische Frage der »*Bundestreue*« (der Länder gegenüber dem Bund) bzw. der »*Bundesfreundlichkeit*« (des Bundes gegenüber den Ländern) ist bereits 1961 anläßlich des Fernsehstreites akut geworden. Die Grenze der oben erwähnten »Ausgewogenheit« wurde zudem gestreift, als es anfangs der 60er Jahre so aussah, als ob die Landesregierungen mehr und mehr dazu übergingen, dem Bund so etwas wie eine Gemeinschaft der Länder gegenüberzustellen, d. h. einen vom Verfassungsgeber nicht gewünschten Staatenbund, der sich zwischen den Bundesstaat und dessen einzelne Glieder hätte einschalten können. Auch gibt es eine gewisse »Vereinbarungsfreudigkeit« der Länder untereinander, paradoxerweise zur Lösung von Aufgaben, für die eigentlich der Bundesstaat in seiner Gesamtheit zuständig ist. Auf diese schon etwas bedenklich anmutenden Erscheinungen hinweisen zu sollen, hat im Oktober 1962 der Präsident des Bundesverfassungsgerichtes Anlaß gesehen.

Die Zahl der Länder hat sich seit 1949 etwas verändert. Nachdem die seit 1948 laufenden Versuche – als Auswirkung des Zweiten der Frankfurter Dokumente –, die drei Länder Württemberg-Baden, Baden und Württemberg-Hohenzollern durch einen untereinander abzuschließenden Staatsvertrag zu vereinigen, gescheitert waren, griff nach kurzer Zeit der Bund auf Grund von Art. 118 GG ein und veranlaßte per Gesetz eine Volksbefragung. In den Stimmbezirken Nordbaden, Nordwürttemberg und Südwürttemberg ergab sich daraufhin am 9. Dezember 1951 eine Mehrheit für den Zusammenschluß; lediglich im Süden Badens hatten sich altbadische Kreise, die eine Wiederherstellung des alten Landes Baden anstrebten, dagegen ausgesprochen. Nach der Wahl einer Verfassunggebenden Landesversammlung konstituierte sich am 25. April 1952 in Stuttgart das neue Bundesland *Baden-Württemberg*; erster Ministerpräsident wurde Dr. Reinhold Maier. Zu weiteren territorialen Neugliederungen und damit zur Bemühung des Art. 29 GG ist es jedoch im Anschluß daran nicht gekommen, obgleich ein Sachverständigenausschuß unter der Leitung des früheren Reichskanzlers Dr. Hans Luther zwischen 1952 und 1955 auf eine Reihe von reformbedürftigen Problemen im Sinne von Grenzberichtigungen zwischen einzelnen Ländern hingewiesen hat.

Mit der Schaffung von Baden-Württemberg verringerte sich die Zahl der Bundesländer auf neun; eine Erhöhung auf zehn kam zustande, als zum 1. Januar 1957 das *Saarland* in die Bundesrepublik eingegliedert wurde. Darüber hinaus werden seit 1949 auch die drei westlichen Sektoren *Berlins* in gewissem Sinne als ein »Land« der Bundesrepublik angesehen, da sich der Geltungsbereich des Grundgesetzes (Art. 23) auch auf Berlin erstreckt. Die noch gültigen Vorbehalte der drei Mächte verhindern jedoch die volle und uneingeschränkte Zugehörigkeit Berlins zur Bundesrepublik Deutschland. Es ist im Bundestag und im Bundesrat zwar vertreten, besitzt aber kein Stimmrecht.

Regierungskoalition und Opposition
in den ersten drei Legislaturperioden des Deutschen Bundestages
(1949–1953, 1953–1957 und 1957–1961)

Die oben angedeutete Frontstellung »hie Bund« – »hie Gemeinschaft der Länder« ist, ob ausgeprägt oder nur angedeutet, nicht ohne Berücksichtigung der innenpolitischen Entwicklung während der Ära Adenauer zu verstehen, nämlich als Folgeerscheinung dessen, was die Zeitgenossen zuweilen als »Kanzlerdemokratie« zu bezeichnen pflegten, eine Folgeerscheinung auch des großen Rollenwechsels im Jahre 1949, als in Bonn neue politische Macht gebildet wurde.

Die *Ära Adenauer* ist identisch mit dreieinhalb Legislaturperioden des Deutschen Bundestages, wobei die letzte halbe, ziemlich ausgefüllt mit Regierungskrisen und -umbildungen (1962 und 1963), hier außer Betracht bleiben kann. Die Unionsgruppen, CDU und CSU, waren in dieser Zeit die Regierungsparteien schlechthin, wobei bei ihnen das Gefühl, auch »Koalitionspartner« zu sein, weitgehend verlorenging. Ja, man empfand sich gern in bestimmten Situationen als »die« Staatspartei, ohne daß darüber in den eigenen Reihen ein nennenswertes Unbehagen entstanden wäre. Der Habitus als »Adenauer-Partei« sowie die Art und Weise der Herrschaftsausübung durch den Bundeskanzler innerhalb der CDU ließen sie und ihre Schwesterpartei 1953 eine überragende und 1957 gar die absolute Mehrheit bei den Bundestagswahlen erringen, wonach Adenauer jeweils dennoch aus taktischen Gründen keinesfalls auf die Konstruktion einer *antisozialistischen Koalition* verzichten wollte. So wurde 1953 die 49er Koalition (damals von Frankfurt übernommen) mit den Freien Demokraten und der Deutschen Partei nicht nur fortgesetzt, sondern auch die nach drei Jahren ihres Bestehens sich gemäßigt gebende Vertriebenenpartei »Gesamtdeutscher Block (BHE)« für geeignet genug befunden, um in das bürgerliche Bündnis aufgenommen zu werden. Doch gerade diese Vierer-Koalition hatte keinen Bestand und zerfiel, wobei der merkwürdige Umstand eintrat, daß der »Rückzug« zweier Parteien weder den Regierungschef Adenauer noch dessen Kabinett als Ganzes zu gefährden imstande war! 1957, als die dritte Regierung Adenauer gebildet wurde, war es daher nur mehr die Deutsche Partei, die als Partner der jetzt übermächtigen Unionsparteien ihre jahrelang behaupteten Ministersessel behielt. Wieder vier Jahre später, 1961, riefen die Bundestagswahlen eine deutliche Veränderung hervor: der Mandatsanteil der CDU/CSU sank wieder unter 50 Prozent ab. Mit diesen Wahlen wurde auch das Ende der Ära Adenauer eingeleitet.

In der zweiten Hälfte der 50er Jahre vollzog sich der Verschleiß der Bundesgenossen. Die Gründe hierfür lagen in dem zugemuteten Zwang, mit dem Bundeskanzler durch das Dick und Dünn sämtlicher innen- und außenpolitischer Fragen und Entscheidungen gehen zu sollen, wobei die Eigenständigkeit der eigenen Parteiziele sowie die Erwartungen der Anhänger im Lande, mochten sie auch oft unterschiedlich artikuliert sein, übermäßig strapaziert wurden. Und die Gründe lagen ferner in dem »umarmenden« Sog, der von den restaurierenden und allgemeines Gefallen findenden Erfolgen der Kanzlerpartei ausging. Er gefährdete zunehmend das Bestreben nach Selbsterhaltung bei allen drei Koalitionspartnern; innerparteiliche Auseinandersetzungen waren die Folge.

(1) Im Juli 1955 löste sich der BHE von den Unionsparteien, da seine politischen Ansichten in der Regierung zu wenig Beachtung zu finden schienen. Der »Ministerflügel« dieser Partei machte jedoch die Wendung zur Opposition nicht mit und spaltete sich ab. Waldemar Kraft (Bundesminister für besondere Aufgaben) und Prof. Dr. Oberländer (Bundesminister für Vertriebene und Flüchtlinge) behielten dabei ihre Ressorts und traten im Februar 1956 der CDU bei. Oberländer gehörte sogar bis 1960 dem Kabinett Adenauer an.

(2) Im Februar 1956 kam es zur Spaltung der FDP. Hierzu hatten zunächst außenpolitische Erwägungen beigetragen (scharfe Kritik am Saarstatut), Befürchtungen wegen der Auswirkungen eines neuen Bundeswahlgesetzes traten bald hinzu. Des weiteren war es in Nordrhein-Westfalen zu einem plötzlichen Szenenwechsel gekommen, wo sich eine SPD-FDP-

Koalition unter Ministerpräsident Steinhoff gebildet hatte. Die Parteileitung entschloß sich, die Koalition im Bund aufzukündigen. Aber wiederum fühlte sich der »Ministerflügel« der Freien Demokraten weiterhin mit dem Regierungskurs solidarisch. Franz Blücher (Vizekanzler und Bundesminister für wirtschaftliche Zusammenarbeit), Dr. Preusker (Bundesminister für Wohnungsbau), Dr. Schäfer (Bundesminister für besondere Aufgaben) und Fritz Neumayer (Bundesjustizminister) gedachten ihre Positionen im Kabinett nicht aufzugeben und gründeten die »Freie Volkspartei« (FVP); 16 FDP-Abgeordnete schlossen sich dieser Gruppe an. Die FVP suchte jedoch bald Anlehnung an die damals noch intakte Deutsche Partei (zunächst Fraktionsgemeinschaft, 1957 gemeinsamer Parteitag). Der Kern der FDP unter der Führung Dr. Thomas Dehlers ging zur parlamentarischen Opposition über.

(3) Am 1. Juli 1960 verließen neun Abgeordnete, darunter die Bundesminister Dr. Seebohm (Verkehr) und Dr. von Merkatz (Bundesrat und Länder) die Fraktion der Deutschen Partei und traten im September der CDU bei. Dieser Abfall wurde mit zum Anlaß, daß sich DP und GB/BHE im November 1960 zur »Gesamtdeutschen Partei« (GDP) zusammenschlossen, die jedoch 1961 nicht mehr in den Bundestag gelangt ist.

Nach Verdrängung der immer mehr an Eigenständigkeit und Bedeutung verlierenden Parteien BHE (1957) und DP (1961) aus dem Bundestag blieben als einzige der kleineren Parteien die *Freien Demokraten* übrig. Obgleich sie angesichts des ständigen Anwachsens von CDU/CSU und SPD kaum noch »Alternativen« in Programmatik und Nahzielsetzung anzubieten hatten (was um so schwieriger war, da ja alle drei sich um eine Typwandlung hin zur »Volkspartei« bemühten), obgleich sie somit praktisch lediglich für die Funktion lebten, in den Augen der Wähler zwischen den beiden »Großen« eine als solche durchaus zu Recht empfundene »Lücke« nach besten Kräften auszufüllen, gelang es ihnen dennoch, seit 1956 unter der Führung Dr. Dehlers, dann Dr. Reinhold Maiers und schließlich (1960) Dr. Mendes die divergierenden Gruppen zusammenzuhalten und sich als Ganzes über einen Umweg, den sie als freiwillige Oppositionspartei beschritten, zu regenerieren. Die FDP fühlte sich als legitime dritte Partei innerhalb des innenpolitischen Spiels der Kräfte und gedachte vor den 61er Wahlen eine neue Koalition mit den Unionsparteien nur dann einzugehen, wenn vorher deren absolute Mehrheit gebrochen sein würde. Ihre

Haltung jedoch gegenüber der SPD zu fixieren, fiel ihr erheblich schwerer, zumal die *Sozialdemokratie* während der zweiten Hälfte der Ära Adenauer einen langwierigen und teilweise schmerzhaften Wandlungsprozeß bewußt auf sich genommen hatte.

Am 20. August 1952 war Dr. Kurt Schumacher, der einzige wirkliche Antagonist des Bundeskanzlers in dessen vierzehnjähriger Regierungszeit, gestorben. Obgleich die von ihm geübte Oppositionshaltung weitreichender Gedankengänge und klarer oder versteckter Konzeptionen nicht entbehrte, hatte sie im Effekt, verglichen mit den durch persönliche Wendigkeit zustande gekommenen praktischen Erfolgen des Pragmatikers Adenauer, immer nur »starr« gewirkt. Seine Nachfolge hatte Erich Ollenhauer angetreten, der sich bei persönlicher Lauterkeit als Oppositionsführer während einer langen Zeit von elf Jahren verschliß. Ohne die Aggressivität seines Vorgängers zu besitzen oder gar anwenden zu wollen, war er Adenauer zu keiner Zeit gewachsen. In der ersten Zeit versuchte er das Erbe Schumachers zu wahren, doch war er es auch, der sich der alsbald auf wirkliche Neuerungen und Reformen bedachten Tätigkeit seiner Mitarbeiter in der Parteiführung nicht widersetzte.

Damit ist eine Entwicklung der SPD gemeint, die nun wirklich einer erstaunlichen Metamorphose gleichkam. Als sie 1963 auf eine hundertjährige Geschichte zurückblicken konnte, war trotz oder gerade wegen der Gedenkfeiern eine betonte Aufgeschlossenheit gegenüber den Realitäten der Gegenwart und den Aufgaben der Zukunft nicht mehr zu verkennen. Es war ihr gelungen, in der zweiten Hälfte ihrer bisherigen bundesrepublikanischen Vergangenheit endlich den Anschluß an jene modernen Phänomene parteipolitischen Verhaltens zu gewinnen, in denen ihr die CDU als junge Nachkriegspartei trotz starker struktureller Schwächen jahrelang vorausgewesen zu sein schien. Daß es sich dabei um Formen und Methoden der Selbstdarstellung und Taktik handelte, die oftmals die Grenzen zum Opportunismus zu überschreiten pflegen, wurde in Kauf genommen. Als Motor und Schrittmacher dieses Anpassungsprozesses an eine sich mehr und mehr beschleunigende gesellschaftliche Entwicklung im »Industriestaat« haben wir neben Fritz Erler, Carlo Schmid und Waldemar von Knoeringen besonders Herbert Wehner, den langjährigen Freund und Berater Ollenhauers, anzusehen. Vielleicht wurde er gar somit – trotz der herausgeschobenen Positionen Ollenhauers und später Willy Brandts – zum eigentlichen Erben Schumachers, der ihn in der frühen Nachkriegszeit persönlich für eine aktive Mitarbeit innerhalb der SPD gewonnen hatte.

Es ist Wehners Verdienst, die aus der gelegentlichen Verketzerung der SPD durch Adenauer und andere Unionspolitiker sich ergebenden Gefahren aufgefangen und unschädlich gemacht zu haben. Auch im Bewußtsein zahlreicher Nicht-Sozialdemokraten stellte sich zu Beginn der 60er Jahre die SPD als modern gewordene Volkspartei dar, als »Alternativpartei« neben der CDU/CSU und der FDP, bereit zur Übernahme der exekutiven Verantwortung und – schwererwiegend noch – offensichtlich »koalitionswürdiger« denn je. Ein ständiges Ansteigen der Wählerzahlen, genährt nicht zuletzt durch Erfolge in der Kommunalpolitik, scheint der Parteileitung recht gegeben zu haben. Neben der Verkündung des Godesberger Programms (1959) war das entscheidende Ereignis die Rede Wehners vor dem Bundestag am 30. Juni 1960, in welcher er sich für seine Partei zur gewachsenen Realität der Bundesrepublik mitsamt deren außenpolitischen Funktionen und Verpflichtungen'innerhalb der freien Welt des Westens bekannte, oder schärfer ausgedrückt, die Bereitschaft dieser seiner Partei zum Ausdruck brachte, das umfangreiche und durchaus mit Problemen durchsetzte Erbe Adenauers zu übernehmen und es weiterzugestalten. Fortan sollte eine Regierungsübernahme durch die Sozialdemokratie keinen außenpolitischen Kurswechsel zu bedeuten haben.

Seit dieser Rede gerieten zwar die erstarrten Positionen und Fronten in der deutschen Innenpolitik in Bewegung, büßten jedoch ob der neuen Dynamik auch ihre bisherige Unterscheidbarkeit ein. So stellte sich bereits vor der Wahl zum Vierten Deutschen Bundestag (1961) die Frage, ob die drei Parteien wirklich noch sich unterscheidende »Alternativen« in wichtigen Lebensfragen des Volkes zu bieten hätten. Tatsächlich bezog sich der Wahlkampf nicht mehr nur allein auf Programme und Zielsetzungen, sondern erstmals deutlich auch auf Personen, »Mannschaften« und »Kanzlerkandidaten«.

Nun lassen sich diese Feststellungen hinsichtlich der SPD in der Rückschau leicht treffen; indessen sind die Jahre der inneren Umwandlung keineswegs ohne Schmerzen vorbeigegangen. Interne Gegner waren die mittleren und kleineren Funktionäre, welche die liebgewordenen Vorstellungen von einer traditionsreichen Arbeiterpartei nur ungern aufgeben wollten. Die für eine Reform zwingenden Momente gingen zweifellos von der

Stabilität der Regierung und des parlamentarischen Lebens sowie vom Stil der Interessenpolitik der Verbände aus. Die Bändigung der vielfältigen Ansprüche, erwachsen aus dem demokratischen Pluralismus, durch den amtierenden Bundeskanzler war zudem zu einer Aufgabe geworden, der unter Umständen auch ein sozialdemokratischer Regierungschef würde gewachsen sein müssen. So galt es für die SPD, vieles über Bord zu werfen; ein Vorgang, der um so problematischer erschien, als das geistige Vermächtnis Schumachers vielfach mißverstanden wurde, denn sowohl die Reformer als auch die Traditionalisten beriefen sich auf ihn. Dennoch löste man sich bald von vielem, was bislang unabdingbar schien: von der gelegentlichen »Diskussionsüberschärfe« früherer Jahre, von weltanschaulichen und dogmatischen Erbstücken und gewissen anti-marktwirtschaftlichen Zielsetzungen bis hin zu den nicht mehr zugkräftigen außenpolitischen Gegenkonzepten, – sogar der sog. Deutschlandplan von 1959 wurde nach kurzer Lebensdauer geopfert, wobei, wie noch zu zeigen sein wird, natürlich auch die Ausweglosigkeit in der deutschen Frage eine Rolle gespielt hat.

So erfreulich in bestimmten Beziehungen die Auflösung der bisherigen unfruchtbaren Frontstellungen (Wehner am 30. Juni 1960: »Das geteilte Deutschland kann nicht unheilbar miteinander verfehdete Christliche Demokraten und Sozialdemokraten ertragen«) erscheinen mochte, so bleibt doch auch die Notwendigkeit, eine negative Folgeerscheinung bei Namen zu nennen: die Oppositionspartei verlor manches an oppositionellem Profil, und das vielleicht entscheidend, seitdem im Herbst 1962 Wehner und Frhr. von Guttenberg über das Zustandekommen einer Großen Koalition als parlamentarischen Abschluß der Strauß-Krise verhandelt haben. Im letzten Jahre seiner Kanzlerschaft hat dann auch *Adenauer* die SPD als Oppositionspartei nicht mehr ernsthaft in Rechnung zu stellen brauchen, und seit 1959 haben überhaupt die politischen Scharmützel des Kanzlers vermehrt den Angelegenheiten seiner eigenen Partei gegolten. Nicht Ollenhauer beschäftigte ihn, sondern Prof. Erhard, der von ihm nicht gewünschte Sukzessor im Amte.

Die Frage der Nachfolgeschaft trat in internen Überlegungen ernsthaft auf, als 1958 zwar – letzter Höhepunkt der Europa-Politik – die EWG ihre Arbeit aufnahm, gleichzeitig aber die eben erwähnte Ausweglosigkeit in der deutschen Frage offenkundig wurde. Diese allmählich sehr verbreitete Erkenntnis trat erstmals im Januar während der außenpolitischen Bundestagsdebatte und dann wieder im November deutlich zutage, als Chruschtschow seine Berlin-Krise startete, mit einem separaten Friedensvertrag für die DDR drohte und damit die Westmächte wie auch Bonn zwang, die bisherigen Positionen und Methoden im Ost-West-Konflikt zu überprüfen. In Amerika machte sich der todkranke Dulles auf den Tag gefaßt, da er sein Amt würde aufgeben müssen. Der alte Bundeskanzler hatte viel erreicht, doch nun schien es, als müßten von jetzt an neue Kräfte mit neuen Impulsen in die vordere Reihe der Regierungsverantwortung treten. Der populärste Mann im Kabinett nach Adenauer war Ludwig Erhard, der erfolgreiche Wirtschaftsminister, – aber Adenauer hatte weder die Absicht, einen Nachfolger zu nominieren, noch ihn einzuarbeiten, und wenn überhaupt, dann niemals Erhard. Wieweit andere Persönlichkeiten in seiner Partei, etwa Finanzminister Etzel, der Vorsitzende der Bundestagsfraktion, Dr. Krone, oder Brentano als nachweislich ergebene Gefolgsleute oder gar als Außenseiter Bundestagspräsident Dr. Gerstenmaier, in entsprechenden Überlegungen des Kanzlers eine Rolle gespielt haben, ist auch heute noch schwer zu sagen. Erhard jedenfalls sprach er jede Begabung für die Außenpolitik ab; er konnte es sich nicht vorstellen, daß bei seinem Wirtschaftsminister und (seit 1957) Vizekanzler die notwendigen Eigenschaften der Taktik, Geschmeidigkeit und Härte zu finden sein würden.

Um eine mögliche Nachfolge durch Erhard zu verhindern, leistete sich der Bundeskanzler im Jahre 1959 ein Spiel, das einer offenen Abwertung des Amtes des Bundespräsidenten gleichkam. Theodor Heuss, dessen zweite Amtszeit im Sommer ablief, hätte nach dem Grundgesetz nicht ein drittes Mal kandidieren können. Zunächst wurde Krone, dann Erhard für diesen höchsten Posten nominiert. Beide lehnten ab. Dann, am 7. April, entschied sich Adenauer dafür, selber die Präsidentschaftskandidatur anzunehmen. Von der Villa Hammerschmidt aus gedachte er die Kontinuität der von ihm zehn Jahre zuvor inaugurierten Politik garantieren zu können. Vor der Öffentlichkeit schien darauf eine Kanzlerschaft Erhards so gut wie gesichert zu sein. Da erklärte Adenauer am 4. Juni unerwartet, er ziehe die Kandidatur wieder zurück. Inzwischen war er sich wahrscheinlich darüber klar geworden, wie wenig politische Machtausübung ihm das höchste deutsche Staatsamt gestatten würde, entscheidender aber war der Umstand, daß die Parteigremien seinen schnell erkorenen »Kronprinzen«

Etzel abgelehnt hatten. Somit waren seine Bedenken gegen Erhard, an dem die CDU/CSU-Fraktion festgehalten hatte, wieder kräftig durchgebrochen. Daß ehrliche Besorgnis, genährt durch die damaligen außenpolitischen Krisen und die Stagnation der gerade tagenden Genfer Außenministerkonferenz (zu der Adenauers Freund Dulles schon nicht mehr erscheinen konnte), dabei mitgespielt hat, darf als sicher angenommen werden. Doch nicht nur der Verlauf, sondern auch der Ausgang dieses Intermezzos war insofern unerfreulich, als der dann eilig nominierte und im Juli zum Staatsoberhaupt gewählte Bundesernährungsminister Heinrich Lübke (CDU) noch geraume Zeit danach unverdient als »Lückenbüßer« angesehen worden ist.

Adenauer war nicht gewillt, freiwillig von jenem Platze zu scheiden, auf dem die Richtlinien der Politik, und das hieß seit mehr als zehn Jahren: »seiner« Politik, bestimmt wurden; zumindest gedachte er den Zeitpunkt seiner Ablösung durch Erhard, auf den sich die Fraktion schließlich doch immer wieder einigen würde, so weit wie möglich hinauszuschieben. Daher verkündete er am Tage nach der Bundestagswahl, am frühen Morgen des 18. September 1961 vor Pressevertretern, daß er Bundeskanzler zu bleiben gedenke. Schnell und gründlich überspielte er als Parteichef der CDU vorherige, seinen Absichten zuwiderlaufende Absprachen zwischen Erhard, Franz-Josef Strauß und Erich Mende, brachte die Freien Demokraten, die wirklich »gegen« ihn 67 Mandate errungen hatten, in fast tödliche Verlegenheit und bildete dann doch nach wochenlangen zähen Verhandlungen mit der FDP, freilich ohne Mende, sein viertes, bekanntermaßen kurzlebiges Kabinett. Allerdings mußte er sich dem Koalitionspartner gegenüber verpflichten, nach etwa zwei Jahren, zur Halbzeit der Legislaturperiode, das Palais Schaumburg einem Nachfolger zu räumen; außerdem hatte er vorher auf Druck der FDP den Außenminister Brentano preisgeben müssen.

Aber unter dem vierten und fünften Kabinett des Bundeskanzlers, die jeweils nur ein knappes Jahr amtierten, zerfiel die bisherige Autorität, die aus seiner Person zugunsten des Staates erwachsen war, dessen Lebensfähigkeit er 1949 Schritt für Schritt den Besatzungsmächten abgetrotzt hatte. So verlief das Ende der Ära Adenauer leider in anderen Formen, als sie der Leistung des Mannes, welcher der Epoche seinen Namen gab, angemessen gewesen wären. Dafür wuchs seit dem Frühjahr 1962 innerhalb der CDU die innerparteiliche Opposition und aus ihr eine rege innerparteiliche Diskussion, so daß am Ende die CDU keine »Kanzlerpartei« mehr zu sein schien (Herausstellung *Dufhues'* als geschäftsführender Parteivorsitzender). Ein Jahr später war es soweit: am 22. April 1963 entschied sich die CDU/CSU-Fraktion für die *Kanzlerschaft Erhards*, zu verwirklichen im Herbst, wenn die halbe Legislaturperiode abgelaufen sein würde. Erst jetzt konnte Adenauer »allmählich im Bewußtsein des Volkes wieder an den Platz« rücken, »der ihm in der Geschichte zukommt« (Marion Gräfin Dönhoff).

6. Kapitel
Die Deutsche Demokratische Republik 1950–1961

Wesen und Funktion der Sozialistischen Einheitspartei (SED)

Ähnlich wie ihre Schwesterparteien in den anderen Volksdemokratien im Osten und Südosten Europas spielt die Sozialistische Einheitspartei im Rahmen der Deutschen Demokratischen Republik die Rolle einer *Staatspartei*. Nach dem Vorbild
der KPdSU befiehlt sie dem Staat, den sie in diesem Falle un-
gleich der NSDAP nicht einmal hatte usurpieren müssen. Im
Gegenteil: die DDR entstand nach Zielen und Plänen, bei denen
die sowjetische Besatzungsmacht, die kommunisistische Parteiführung in Moskau und die Führungskader der nach russischem
Vorbild sich strukturierenden SED eng zusammengearbeitet
haben. Die SED jedoch war nach Errichtung des ihr gemäßen
Staatsgebildes nur mehr der Sowjetunion und der Moskauer
Parteizentrale verantwortlich. Im Einvernehmen untereinander
wurden die gesellschaftspolitischen Entwicklungsstufen der
DDR festgelegt:

1. Die *antifaschistisch-demokratische* Ordnung als Übergangs-
   stadium zwischen alter bürgerlicher und neuer sozialistischer Ordnung, beginnend 1945, unter gleichzeitiger
   »Vollendung« dessen, was die Revolutionsversuche von
   1848 und 1918 nicht erreichen konnten.
2. Die *volksdemokratische Ordnung* als Voraussetzung für den
   Beginn des »sozialistischen Aufbaus«, beginnend 1952.

Daß es sich bei der SED um eine Partei des freiwilligen und
spontanen Zusammenschlusses der beiden sozialistischen Parteien handeln sollte, wie er im April 1946 durch den symboli-
schen Händedruck zwischen Grotewohl und Pieck der Öffentlichkeit vorgeführt worden war, ließ sich schon nach wenigen
Jahren nicht mehr erkennen. Die ursprünglich paritätische
Machtverteilung und Besetzung aller wichtigen Stellen mit
Kommunisten und Sozialdemokraten hielt nicht lange an. Schon
1948/49 war die Mehrzahl der Sozialdemokraten ausmanövriert
und durch linientreue Kommunisten (starker Prozentsatz junger
SED-Mitglieder) abgelöst worden. Im Gegensatz zu den herkömmlichen parlamentarischen Parteien entfiel ziemlich früh
die Praxis einer innerparteilichen Demokratie von unten nach

oben; Kreis- und Landesorganisationen hatten so gut wie nichts auszurichten. Statt dessen erfolgten alle Führungs- und organisatorischen Maßnahmen straff von oben nach unten, von der Installierung der abgestuften regionalen Kontrolle der staatlichen und kommunalen Verwaltungen bis zur taktischen und ideologischen Sprachregelung für die Angelegenheiten des öffentlichen Lebens.

Diese gestrafften Organisationsformen und die Ausschaltung des angeblich »reformistischen« und »opportunistischen« Gedankenguts samt seiner Träger, also vorwiegend früherer Sozialdemokraten, stand in engem Zusammenhang mit einem Vorgang, der im Jahre 1948 auf sowjetischen Druck vorbereitet und durchgesetzt wurde: der Beschluß des SED-Zentralsekretariats vom 3. Juli, die SED in eine *Partei des »neuen Typus«* im Sinne der organisatorischen Regeln des Marxismus-Leninismus zu verwandeln. Zwei besondere außenpolitische Anlässe wirkten dabei aus dem Hintergrunde mit:

1. der Bruch Moskaus mit Marschall *Tito* und der jugoslawischen kommunistischen Partei,
2. die Initiative der Westmächte in der Deutschlandfrage (Londoner Empfehlungen).

Bezogen auf das erstere war der Beschluß eine Art Abwehrreaktion, um »titoistische« Strömungen unterdrücken zu können, angesichts der Londoner Empfehlungen galt es jedoch, die angebliche Gunst der Stunde propagandistisch und präventiv zu nutzen. Die Umbildung der SED war gleichsam eine Voraussetzung für die Errichtung des zweiten deutschen Teilstaates.

Der Umwandlungsprozeß hatte praktisch vielerlei zu bedeuten, denn unabhängig davon, ob nun die gewaltsame Fusion von KPD und SPD im Jahre 1946 der kommunistischen Organisation die von den Sowjets gewünschte Massenbasis gebracht hatte oder nicht, wurden von jetzt an völlig neue Wege beschritten:

(1) Die SED wurde zu einer *Kaderpartei*, zusammengesetzt und aufgebaut nach rigorosen Auswahlprinzipien. Die weitere Gewinnung und Lenkung der in sozialistischen Organisationen zusammenzufassenden Massen erfolgte dagegen ab 1948 in der Weise, daß der »Freie Deutsche Gewerkschaftsbund«, die »Freie Deutsche Jugend«, ferner als Neugründungen die »National-Demokratische Partei« und die »Demokratische Bauernpartei« als kommunistisch gelenkte, neue Teilhaber in den seit 1945 be-

stehenden »Antifaschistisch-demokratischen Block« eingefügt wurden und dadurch in willkommener Weise das ohnehin geringe Gewicht der bürgerlichen Gruppen, CDU und LDP, sich noch weiter verringerte.

(2) Im Rahmen dieses weiterbestehenden »Blockes« beanspruchte die SED für die Zukunft die Rolle der innerlich geschlossenen und dadurch überlegenen »*Führungspartei*«; sie übernahm außerdem 1949/50 die alles bestimmende und regulierende »Vorhut« im Gefüge der zur Zeit der Volkskongreß-Bewegung ins Leben gerufenen »Nationalen Front des demokratischen Deutschland«.

(3) Für sich selbst verpflichtete sich die SED den *bolschewistischen Organisationsprinzipien* der KPdSU, deren Führungsrolle innerhalb der kommunistischen Parteien des Ostblocks schon seit langem von den deutschen Funktionären verbindlich anerkannt worden war. Als »Partei des neuen Typus« hatte die SED sich fortan deren ideologische Grundsätze zu eigen zu machen, also die Theorien des mit wissenschaftlichem Anspruch auftretenden Marxismus-Leninismus, dem in der Bezeichnung damals noch der dritte Teilbegriff »Stalinismus« beigefügt war.

(4) Fortan *leugnete* man also den noch 1945/46 deutlich herausgestellten sog. »*eigenen*« *nationalen Weg* zum Sozialismus (Anton Ackermann), der bislang auf Grund der speziellen deutschen gesellschaftlichen Gegebenheiten als gangbar hingestellt worden war. Man benötigte im Grunde auch nicht mehr die »Einheitsfront der antifaschistisch-demokratischen Kräfte«, sondern begann als Kaderpartei und Vorhut der Arbeiterklasse einen verschärften *Klassenkampf* im eigenen Lande, wobei die bürgerlichen Gruppen zunehmend geistig und personell gleichgeschaltet wurden. Schulung der Parteimitglieder, Ausrichtung der Funktionäre auf die beispielgebende *Geschichte der KPdSU*, ja eine grundsätzliche Umdeutung der Geschichte der deutschen Arbeiterbewegung, einhergehend mit einer Verdammung der Rolle der SPD, des »Sozialdemokratismus« und des angeblich pseudowissenschaftlichen »Objektivismus« waren ebenso die weiteren Folgen der Parteiumwandlung wie der *Personenkult* (der »große«, der »weise«, der »geniale« Stalin) und die ständige Warnung vor dem ãllüberall lauernden »Klassenfeind«.

(5) Die SED setzte sich als treibende Kraft an die Spitze der fortzusetzenden revolutionären gesellschaftlichen Umschichtung in der DDR. Zu diesem Zweck nahm sie auch Aufstellung und gewaltsame Durchführung von »Wirtschaftsplänen«

(Erster Zweijahrplan 1949/50, vorher als Übergang ein »Halbjahrplan« 1948) in die eigene Regie.

Unter solchen Voraussetzungen und Begleitumständen etablierte sich die SED zwischen 1949 und 1953 als *Staatspartei*. Ihr eigentlicher Herr wurde, nach dem Abschieben der zunächst »Parteivorsitzende« bleibenden Pieck und Grotewohl in Staatsämter, Walter Ulbricht (geb. 1893, 1919 Mitbegründer der KPD in Leipzig, nach 1933 im Exil, 1943 Organisator des Nationalkomitees »Freies Deutschland« in der Sowjetunion). 1946 war er entscheidend an der Fusion der beiden sozialistischen Parteien mitbeteiligt, seit 1950 verband er sein Staatsamt als Stellvertretender Ministerpräsident und seine Mitgliedschaft im Politbüro mit dem einflußreichsten Posten, den die SED, nunmehr »Partei des neuen Typus«, zu vergeben hatte: mit dem des *Generalsekretärs* (1953 in »Erster Sekretär« umbenannt) *des Zentralkomitees der SED*.

Die DDR als Volksdemokratie im Gefüge des Ostblocks

Zur Zeit, da die sowjetische Besatzungszone Deutschlands zu einem staatlich organisierten Territorium mit der Bezeichnung DDR umgebaut wurde, war kurz vorher die Föderative Volksrepublik Jugoslawien aus dem Gefüge der kommunistischen Satellitenstaaten ausgebrochen. Die Separation Titos aber hatte nicht nur ideologische und organisatorische Konsequenzen für die einzelnen kommunistischen Parteien, sondern auch Folgen, welche bald in der Art der Bindung oder des Neugebundenwerdens dieser Staaten an die Sowjetunion zum Ausdruck kamen. Ab 1949 trat – in der letzten Phase der Ära Stalin – der *Ostblock* nicht nur als eine in den Gremien der Vereinten Nationen gemeinsam abstimmende Staatengruppe in Erscheinung, sondern Moskau war auch um kollektive vertragliche Zusammenschlüsse bemüht, durch welche, analog zur Montanunion, zur NATO, zur EVG und zur späteren EWG, der Kreml mit einem von der Sowjetunion geführten Bündnissystem die Politik des Kalten Krieges nachdrücklicher als vorher fortsetzen konnte, und zwar mit Schwerpunkt auf dem europäischen Kontinent, und vor allem auch *außerhalb* der UNO.

Anstelle des eigene Wege beschreitenden früheren sowjetischen Partners Jugoslawien trat sofort nach ihrer Installierung die DDR als neuer, wenngleich zunächst verhältnismäßig stiller

Teilhaber im System der Volksdemokratien auf. Sie war dreifach an die Führungsmacht gebunden: ideologisch, wirtschaftlich und militärisch.

Äußerlich gesehen sind alle übernationalen Einrichtungen des Ostens im »Nachziehen« gegenüber entsprechenden durch den Westen »vollzogenen Tatsachen« entstanden und solcherart auch der Weltöffentlichkeit vorgestellt worden. So bildete man im Januar 1949 als Gegenstück zum Marshall-Plan und dessen europäischer Organisation (OEEC) in Moskau den *Rat für gegenseitige Wirtschaftshilfe* (COMECON). Zur Mitgliedschaft in diesem »Rat« wurde die DDR am 28. September 1950 zugelassen und einen Monat später auch zu der in Prag tagenden Konferenz der Außenminister des Ostblocks (Beschluß der Eingliederung). Es war nun freilich nicht so, als ob die DDR in diesen Institutionen als neuer Partner von Anfang an vorbehaltlos von den anderen Staaten begrüßt worden wäre. Ressentiments gegen die Deutschen aus der Zeit des Zweiten Weltkrieges bestanden auch hier und mußten erst auf den Druck Moskaus hin und über die Solidarität der kommunistischen Parteiführungen beseitigt werden. Formal geschah das in drei Akten, die man schon vorsorglich im Sommer vorgenommen hatte:

6. Juni 1950: Gemeinsame Erklärung der *polnischen* und der Ostberliner Regierung, daß »die zwischen beiden Staaten bestehende Friedens- und Freundschaftsgrenze an der Oder und Neiße als unantastbare Grenze endgültig« sei. Hierauf folgte am 6. Juli der formelle Grenzvertrag von Görlitz.

26. Juni 1950: In einem Vertrage von Prag verzichteten die *tschechoslowakische* und die Ostberliner Regierung gegenseitig auf Gebietsansprüche und erklärten, »daß die durchgeführte Umsiedlung der Deutschen aus der Tschechoslowakischen Republik unabänderlich, gerecht und endgültig« sei.

24. Juni 1950: Auch in Budapest betonten die *ungarische* und die Ostberliner Regierung in einer gemeinsamen Verlautbarung, »daß es keine strittigen Fragen zwischen beiden Staaten« gebe.

Die militärische Bindung und Integration der DDR in den Ostblock erfolgte offiziell erst im Jahre 1955, nachdem die Bundesrepublik in die NATO aufgenommen worden war. Streitkräfte besaß die DDR bereits früher mit der im Juni 1948 geschaffenen Grenz- und Bereitschaftspolizei, die im Herbst 1949 zur sog. *Kasernierten Volkspolizei* (KVP) umgewandelt und erweitert worden war, und zwar in militärischer Gliederung mit

Artillerie und Panzertruppe. Ende 1952 umfaßte die KVP bereits 6–7 große Truppenkörper, daneben Marine- und Lufteinheiten. Am 14. Mai 1955 gehörte die DDR dann zu den acht Teilnehmerstaaten, die im *Warschauer Pakt* ein Verteidigungsbündnis schlossen, indem sie ältere militärische Bindungen an die Sowjetunion oder untereinander in eine neue multilaterale Form brachten. Gleichzeitig beschloß man die Bildung eines Vereinigten Kommandos und die Ernennung des sowjetischen Marschalls Konjew zum Oberkommandierenden dieser Warschauer-Pakt-Streitkräfte (ab Juli 1960: Marschall Gretschko). Bald darauf begannen die Bemühungen der DDR, ihre bereits vorhandenen KVP-Kontingente zur Truppe ausbauen zu lassen, um auch auf militärischem Gebiete zu einer Art Mitspracherecht zu gelangen. Das war nicht eben leicht, denn Ulbricht als Parteichef und der neuernannte Verteidigungsminister und Generaloberst Willi Stoph haben sich noch längere Zeit um zusätzliche außenpolitische Vertrauensbeweise der Polen und Tschechen bemühen müssen. Doch hier konnte die sowjetische Regierung über das Hilfsmittel des *Moskauer Vertrages* vom 20. September 1955 eine gewisse moralische Unterstützung gewähren.

Bemerkenswerterweise hatte die SED die Aufstellung von »Nationalen Streitkräften« schon 1952 gefordert, und zwar genau zu dem Zeitpunkt, da die Sowjetunion in ihren Frühjahrsnoten »Nationale Streitkräfte« für ein wiedervereinigtes Deutschland gutzuheißen schien. Ebenfalls seit 1952 bestand die »Gesellschaft für Sport und Technik« mit der Aufgabe, eine vor- und außermilitärische Ausbildung im Wehrsport und in wehrtechnischen Disziplinen durchzuführen.

Die Eingliederung der ostdeutschen Armee erfolgte erst, als sich im Januar 1956 der im Warschauer Pakt vorgesehene und dem Vereinigten Kommando übergeordnete *Politische Beratende Ausschuß* konstituiert und die Empfehlung ausgesprochen hatte, die Truppen der DDR dem Vereinigten Kommando zu unterstellen. Zugleich wurde Verteidigungsminister Stoph einer der sieben Stellvertreter des sowjetischen Oberkommandierenden (27./28. Januar). Vorher war durch ein Gesetz über die Aufstellung einer »Nationalen Volksarmee« (18. Januar) die Kasernierte Volkspolizei in diese eingegliedert und ihre Ausrüstung mit modernen Waffen und Geräten bzw. deren Vermehrung und Verbesserung eingeleitet worden. Während die Bildung der Formationen der Volksarmee rasche Fortschritte machte, wurde eine Neuaufstellung und Umstrukturierung der Polizeiverbände notwendig. Sie sind ähnlich wie die in den Betrieben von der SED organisierten »Kampfgruppen«, bestimmt zur »Heimatverteidigung«, zu jenen halbmilitärischen Formationen der DDR zu zählen, die nicht direkt in das Gefüge des Paktes integriert wurden. 1957 bestanden wieder

die *Grenzpolizei* (dem Innenministerium unterstehend) in Stärke von rund 35 000 Mann, gegliedert in 28 Bereitschaften, davon 16 an der »Staatsgrenze West«, 4 rund um Berlin,

die *Bereitschaftspolizei*, seit 1955 ebenfalls dem Innenministerium unterstehend, und

die *Volkspolizei-Bereitschaften* in Ostberlin, in einer Stärke von rund 20000 Mann.

Stationen der gesellschaftlichen Umwandlung

Als im Jahre 1952 zu Ostberlin auf der Zweiten Parteikonferenz der SED das Verlangen nach »Nationalen Streitkräften« ausgesprochen wurde, tat man es mit der Begründung, sie seien notwendig, um die neu erstandene »Staatsmacht« des »ersten deutschen Arbeiter- und Bauernstaates« vor der westlichen Aggression und vor allem vor der Bedrohung durch den Militarismus der Bundesrepublik zu schützen. Der Begriff der »Staatsmacht« war mit Überlegung gewählt worden. Zwischen dem Oktober 1949 und dem Sommer 1952 lag die Phase einer – wie man drüben sagte – »machtpolitischen Befestigung« der DDR, eine anspruchsvolle Formulierung, die doch den Ereignissen subjektiv und objektiv einigermaßen gerecht wird. Worte wie *»unsere* Republik«, »Aufbau *unseres* Staates«, *»unsere* Arbeiter- und Bauernmacht« spiegelten die ständig die Bevölkerung berieselnde Rundfunk-, Presse- und Spruchbänderpropaganda wider, die den einzelnen Bürger zwingen sollte, zumindest passiv und unbewußt die Identifizierung seiner Person mit dem Staatsgebilde der SED zu vollziehen. Die »machtpolitische Befestigung der DDR« bedeutete aber auch den gleichzeitigen Beginn einer *geistigen und ideologischen Separation* des DDR-Territoriums vom anderen, größeren Teil des deutschen Volkes. Die Berliner Mauer von 1961 hat somit eine Vorgeschichte von mindestens zehn Jahren.

Schrittmacher für all diese Pläne, Gesetze, Maßnahmen, angeblichen »Reformen« und tatsächlichen Verfolgungen, die als Summe die »Staatsmacht-Befestigung« ergaben, waren die Ereignisse und Vorgänge innerhalb der umgewandelten SED.

Ihr III. Parteitag 1950, der Ulbricht zum Generalsekretär des Zentralkomitees berief, nahm eine Entschließung an, in der sich ein bedeutungsschwerer Satz findet. Er ist keine Propagandaphrase geblieben, sondern Wahrheit geworden: »Die Partei lenkt die Arbeit des Staatsapparates mit Hilfe der in diesem Apparat tätigen Mitglieder der Partei; diese haben diszipliniert die Beschlüsse der Partei durchzuführen.« Auch das Parteistatut war gegenüber dem von 1946 abgeändert worden. Hierin hieß es jetzt: »Das Ziel der Partei ist der Sozialismus, der die Errichtung der politischen Herrschaft der Arbeiterklasse zur Voraussetzung hat.«

Bald darauf wurden die 1949 um ein Jahr verschobenen Wahlen zur 1. ordentlichen Volkskammer nachgeholt. Wie bereits bei der Wahl zum Dritten Volkskongreß im Mai des Vorjahres wurde wieder mit einer Einheitsliste gearbeitet, der am 15. Oktober 1950 angeblich 99,7 Prozent der Wahlberechtigten ihre Stimme gaben. Der vorher festgelegte Schlüssel garantierte folgende Sitzverteilung (in Prozenten):

25	Sozialistische Einheitspartei Deutschlands
15	Christlich-Demokratische Union
15	Liberal-Demokratische Partei
7,5	National-Demokratische Partei
7,5	Deutsche Bauernpartei
10	Freier Deutscher Gewerkschaftsbund
5	Freie Deutsche Jugend
3,7	Demokratischer Frauenbund Deutschlands
3,7	Vereinigung der Verfolgten des Naziregimes
5	Kulturbund zur demokratischen Erneuerung Deutschlands
1,3	Vereinigung der gegenseitigen Bauernhilfe
1,3	sonstige Genossenschaften.

Es waren Pseudowahlen, die ein Pseudoparlament ergaben, denn abgesehen von der Fragwürdigkeit der Einheitsliste forderten die örtlichen Wahlleiter größtenteils eine offene Stimmenabgabe; vor allem erlangte die SED trotz ihres nur 25prozentigen Mandatsanteils durch die Aufnahme der von ihr gelenkten und durchsetzten »Massenorganisationen« in die Volkskammer dort eine unangreifbare Position. Im selben Jahr wurde ein »Ministerium für Staatssicherheit« eingerichtet und die Leitung dem Altkommunisten Wilhelm Zaisser übertragen; die personellen Gleichschaltungsmaßnahmen gegenüber CDU und LDP wurden fortgesetzt.

Eine der wesentlichsten Maßnahmen zur Durchführung wirtschafts- und gesellschaftspolitischer Veränderungen war die Proklamierung des *Ersten Fünfjahrplans*, dessen Laufzeit am 1. Januar 1951 begann. Seitdem beherrschte das Plandenken die Verwaltung, die einzelnen Produktionszweige und zwangsweise über die Propagandamittel auch die Öffentlichkeit; die Begleiterscheinungen waren: Aufrufe zur Planerfüllung, zur Planübererfüllung, zur Selbstverpflichtung einzelner und von Gruppen, ferner Erhöhung der Arbeitsnormen, Einsatz der Gewerkschaft als Antreiber und damit endgültige Zerstörung der traditionellen »Partnerfunktion« der Gewerkschaften im sozialpolitischen Leben. Der »Plan« wurde, wie man sagte, zum »obersten Gesetz der Bürger« der DDR. Die bisherigen bäuerlichen Genossenschaften hatten schon am 20. November 1950 ihr Ende gefunden; Nachfolgerin war die »Vereinigung der gegenseitigen Bauernhilfe« geworden. Die wenigen seit 1945 noch in der Landwirtschaft sowie in den industriellen und gewerblichen Wirtschaftszweigen erhalten gebliebenen Freizügigkeiten wurden durch die Anwendung des Fünfjahrplans weiter eingeschränkt, da man die Lenkung jeglicher Produktion und die vielfältigen Formen der »Kontrolle« durch Staat und SED von Jahr zu Jahr schärfer handhabe. Von letzteren sind besonders zu nennen:

die *Zentrale Kommission für staatliche Kontrolle*, dem Ministerpräsidenten unterstehend, mit der Aufgabe, den Staatsapparat zu beaufsichtigen, und

die *Zentrale Partei-Kontrollkommission*. Sie hat als Oberinstanz alle SED-Parteiorgane zu beaufsichtigen, denen wiederum die Kontrolle des gesamten öffentlichen Lebens übertragen ist.

Von ganz besonderer Bedeutung für die weiteren Lebensbedingungen in der DDR ist dann die Zweite Parteikonferenz der SED vom 9. bis 12. Juli 1952 gewesen. Auf ihr wurde durch Ulbricht der »planmäßige Aufbau der Grundlagen des Sozialismus« verkündet und vom Plenum beschlossen. Damit bereitete man sich vor, dem Ideal einer volksdemokratischen Ordnung immer näher zu kommen, und zwar durch eine weitere stufenweise zu tätigende Umformung der staatlichen, gesellschaftlichen und wirtschaftlichen Lebensbereiche, durch genaue Berücksichtigung, ja sklavische Interpretation der »Gesetzmäßigkeiten«, wie sie der dialektische und historische Materialismus lehrte. Wegbereiter dieses Prozesses sollte die Partei sein (die SED wird offiziell und kurz »die Partei« genannt), das »Exekutivorgan der Geschichte«. Man verlangte »die Stärkung der demokratischen Volksmacht, der demokratischen Ordnung und Gesetzlichkeit sowie die Organisierung bewaffneter Streitkräfte«. Denn, so hieß es im Beschlußtext: »Das Hauptinstrument bei der Schaffung der Grundlagen des Sozialismus ist die Staatsmacht. Deshalb gilt es, die volksdemokratischen Grundlagen der Staatsmacht ständig zu festigen. Die führende Rolle hat die Arbeiterklasse, die das Bündnis mit den werktätigen Bauern, der Intelligenz und anderen Schichten der Werktätigen geschlossen hat. Es ist zu beachten, daß die Verschärfung des Klassenkampfes unvermeidlich ist und die Werktätigen den Widerstand der feindlichen Kräfte brechen müssen. Nötig sind eine Justizreform und eine Verwaltungsreform . . .«

Mit anderen Worten: die SED proklamierte zwar einen »Aufbau«, rief aber zugleich auch zum »Kampf« im eigenen Lande auf. Die geforderte Justizreform war schon dadurch vorbereitet worden, daß Dr. Hilde Benjamin, später Justizminister der DDR, Anfang 1951 verlangt hatte, es müsse aufhören, daß der Richter »objektiv« Angeklagte, Verteidiger und Staatsanwalt als gleichberechtigte Parteien behandele, denn er sei »unserem Volk, den werktätigen Menschen, der Arbeiterklasse verantwortlich«. Ferner müsse beachtet werden, die Straftaten eines Angeklagten »unter Zugrundelegung der Gesetze des Klassenkampfes, in dem seine Verbrechen wurzeln«, zu bestrafen. Ganz im Sinne dieser Vorschläge war dann durch Gesetz vom 23. Mai 1952 die Staatsanwaltschaft völlig aus dem Gesamtbereich der Justiz herausgenommen worden, sie wurde verselbständigt und somit neben den Kontrollorganen des Staates und der SED zu einer »weiteren zentralen Kontrollinstanz« (Hans Schütze) erhoben.

Ein Stück der genannten Verwaltungsreform in Gestalt einer »weiteren Demokratisierung des Aufbaus und der Arbeitsweise der staatlichen Organe in den Ländern der DDR« (also wieder der »Staatsmacht«) vollzog sich schon einige Tage später. Die fünf Länder Mecklenburg, Brandenburg, Sachsen-Anhalt, Sachsen und Thüringen erhielten die Weisung, sich neu zu gliedern und die bisher von den Landesregierungen wahrgenommenen Aufgaben auf die Organe der neu zu bildenden »Bezirke« (Rostock, Schwerin, Neubrandenburg, Magdeburg, Halle, Potsdam, Frankfurt a. O., Cottbus, Dresden, Chemnitz [Karl-Marx-Stadt], Leipzig, Gera, Erfurt und Suhl) zu übertragen. Die Landtage folgten sofort mit dem Beschluß von fünf gleichlautenden Gesetzen und lösten sich damit selbst und die Länder dazu auf. Das Ganze war eine zentralistische Maßnahme, unter Anpassung an die Bezirkseinteilung der Sowjetunion und der anderen Ostblockstaaten und überdies ein klarer Verstoß gegen die DDR-Verfassung (Art. 1, 71 und 109). Aus der »Länder-kammer« wurde damals eine »Kammer der Vertreter der ehe-maligen Länder«, die fortan von Delegierten der 14 Nachfolge-Bezirke beschickt wurde. Im Dezember 1958 verfiel auch sie der Auflösung.

Der 17. Juni 1953

Zur Vorgeschichte des tragischen und erschütternden Arbei-teraufstandes des Jahres 1953 in der DDR gehört der Umstand, daß sich aus der wirtschaftlichen und Ernährungskrise des Win-ters 1952/53 Erkenntnisse ergeben hatten, welche die DDR-Regierung beunruhigen mußten. Die Fluchtbewegung aus Mitteldeutschland nach West-Berlin und in die Bundesrepublik wies folgende Bilanz auf:

    1950: 197788
    1951: 165648
    1952: 182393.

Besonders hatte sich eins erwiesen: die jährlichen Planziele auf wirtschaftlichem Gebiet waren unter den bisherigen Voraus-setzungen nicht einmal annähernd zu erreichen. Da schaltete sich die SED ein und verlangte im April »Maßnahmen zur Ent-faltung des sozialistischen Wettbewerbs«, die freilich in erster Linie eine Erhöhung der Arbeitsproduktivität und damit auch der Arbeitsnormen zur Folge haben mußten. Es waren Maß-nahmen, die genau in die seit 1952 verstärkte Zwangspolitik hineinpaßten, zumal auch in der Landwirtschaft die ersten »Pro-duktionsgenossenschaften« (LPG) unter rigorosem Druck und unter einsetzender Massenflucht der Bauern eingerichtet wor-den waren, wodurch die Ernährungsschwierigkeiten sich weiter vergrößerten. Die Zahl der in den Jahren 1952 und 1953 ge-flohenen Landwirte mitsamt ihren Familienangehörigen belief sich auf 51437! Am 28. Mai erfolgte durch Verordnung eine Erhöhung der Arbeitsnorm in wichtigen, für den »Plan« we-sentlichen Produktionszweigen einschließlich des Baugewerbes um mindestens 10 Prozent.

    Jetzt wurden Unruhe und Kritik in der Arbeiterschaft laut.

Schlechte Lebensmittelversorgung und Erhöhung der Leistungsnormen mußten zusammen das Maß dessen, was den Arbeitern noch eben tragbar erschien, übersteigen. Zu diesem Zeitpunkt aufflackernden Unwillens erst versuchte die SED einzulenken, nachdem sie bislang die unzähligen Schwierigkeiten und »Engpässe« mit Aufrufen und Beschlüssen zu überwinden getrachtet hatte, die stets zu Lasten der Bevölkerung gegangen waren. Auf Grund von Ratschlägen, die von der sowjetischen KP nach Stalins Tod im März nach Berlin gelangten, leitete man Anfang Juni einen »Neuen Kurs« ein; ja das Politbüro des Zentralkomitees der SED ließ sogar öffentlich verlautbaren (11. Juni), man habe in Verwaltung, Polizei und Justiz »Fehler« gemacht. Durch sie sei nicht nur ein berechtigtes »Anwachsen der Unzufriedenheit in der Arbeiterschaft« hervorgerufen worden, sondern auch zahlreiche Bürger hätten der Republik für immer den Rücken gekehrt. Von Versprechungen war die Rede, die einen Abbau oder doch ein zeitweiliges Aussetzen von Zwangsmaßnahmen und Strafbestimmungen in Wirtschaft und Landwirtschaft verhießen.

Da jedoch die in Aussicht genommenen und bis zum Monatsende zu verwirklichenden neuen Arbeitsnormen unangetastet blieben, entstand im Bewußtsein der Betroffenen eine Diskrepanz. Bauarbeiter in Ostberlin verfaßten daher Resolutionen, in denen die Reduzierung der Normen auf den bisherigen Stand gefordert wurde. Sie legten am 16. Juni morgens die Arbeit nieder, als die Gewerkschaften durch einen Artikel ihres Organs ›Tribüne‹ sich unerwartet auf die Seite von SED und Regierung stellten und die Arbeiter im Stich ließen. Jetzt wollten die Bauarbeiter vom Ministerrat selber ihr Recht und ihren Schutz gegen körperliche Ausbeutung, praktische Lohnverringerung und schlechte Ernährung holen. Hatte denn nicht gerade eben die »Partei«, die doch angeblich immer recht hatte, selbst Fehler eingestanden und Korrekturen versprochen? Schon Stunden später waren es nicht mehr die Bauarbeiter allein, die in einem ständig länger werdenden Zug in die Berliner Innenstadt marschierten; aus allen Teilen der Stadt kam Zulauf, und mit dem Anwachsen der Kolonnen griffen auch die Wünsche und Hoffnungen, jahrelang zurückgestaut und unterdrückt, ins Politische aus. Der Unmut richtete sich bereits gegen Personen und deren Regierungsmethoden, gegen die Verantwortlichen, die an diesem Vormittag in Permanenz tagten. War es ein Zufall, daß der allmächtige Generalsekretär Ulbricht just an diesem Tage auch durch eine Fronde im Politbüro, verkörpert durch Wilhelm Zaisser und Rudolf Herrnstadt, denen der »Neue Kurs« des 11. Juni nicht ausreichte, um den Anschluß der SED an das Volk wiederherzustellen, hart bedrängt wurde?

Mittags demonstrierten Tausende vor dem »Haus der Ministerien« in der Leipziger Straße. Die Versicherung des Ministers Selbmann, die Normerhöhung würde rückgängig gemacht werden, verfing jetzt nicht mehr, denn die Solidarität nahezu der gesamten Arbeiterschaft Ostberlins mit den Bauarbeitern der Stalinallee hatte Formen angenommen, die nicht mehr allein von den Gravamina hinsichtlich der Normerhöhungen herrührten. In der Leipziger Straße verlangte die Menge vielmehr den Rücktritt der Regierung und das Verschwinden Ulbrichts, wandte sich also bereits gegen das System selbst und insbesondere gegen die herrschende Staatspartei. Die sowjetische Besatzungsmacht hielt sich zurück; die Volkspolizei zeigte sich den Demonstrationen gegenüber machtlos. Am Abend verkündeten zwar Ulbricht und Grotewohl auf einer Sitzung von »Parteiaktivisten« offiziell die Zurücknahme der Normenverfügung, doch gleichgültig, ob der Beschluß nun bekannt wurde oder nicht, der Wille zur menschlichen Freiheit war inzwischen so mächtig geworden, daß die Demonstranten längst für den nächsten Tag einen Generalstreik beschlossen hatten.

Dieser 17. Juni 1953 ist dann der Tag gewesen, dem in der Bundesrepublik und in West-Berlin immer wieder das Gedenken gilt. Was am 16. begonnen hatte, setzte sich am 17. mit ungestümer Vehemenz fort. An diesem Tage ging es für alle Menschen in Ostberlin und in Mitteldeutschland, auch für diejenigen, die nicht auf den Straßen waren, eindeutig um die Hoffnung auf Freiheit und Menschlichkeit im politischen Leben wie im Alltag, manifestiert durch die allgemeine Arbeitsniederlegung und den allerorts in Sprechchören erschallenden Ruf nach freien Wahlen (in diesem Falle für die DDR). Nicht mehr nur allein die Arbeiterschaft, sondern auch Angehörige anderer Berufsgruppen aus Ostberlin und den Außenbezirken hatten die Arbeitsstätten und Wohnungen verlassen. Schon am Vormittag vermochte sich die Volkspolizei nicht mehr durchzusetzen; die Behörden und die SED-Führung zeigten vollendete Ratlosigkeit. Ulbricht verließ Berlin und zog sich auf ein der Partei gehöriges Gut in der Mark Brandenburg zurück.

Wäre die *Rote Armee* nicht im Lande gewesen, niemand wüßte heute zu sagen, wie lange noch die »Staatsmacht« der

DDR sich damals hätte halten können. Doch schon am Mittag des 17. Juni und in erster Linie aus eigener Initiative griff die sowjetische Besatzungsmacht ein. Zwei motorisierte sowjetische Divisionen mit Panzereinheiten kamen der Kasernierten Volkspolizei zu Hilfe, nachdem vorher noch Läden der »Handels-Organisation« (HO), SED-Büros und Vopo-Reviere in Flammen aufgegangen waren. Auf dem Brandenburger Tore wehte statt der sowjetischen die schwarz-rot-goldene Flagge. Nachdem der sowjetische Stadtkommandant, General Dibrowa, den Ausnahmezustand verkündet hatte, brach der Aufstand zusammen, und zwar unter Blutopfern, denn deutsche Arbeiter hatten sich unbewaffnet gegen sowjetische Panzer zur Wehr gesetzt. Die Sowjets arbeiteten mit Standgerichten und ließen die Todesurteile sofort vollstrecken. Da sich die Berliner Ereignisse des 16. in Windeseile über die gesamte DDR verbreitet hatten, kam es am 17. Juni auch in Halle, Leipzig, Magdeburg, Erfurt und vielen anderen Städten, ja selbst in Landgemeinden, zu Sympathiestreiks, Befreiung von politischen Gefangenen und ähnlichen Demonstrationen wie in Berlin. Auch sie wurden bis zum Abend durch den Einsatz sowjetischer Truppen erstickt.

Die Zahl der wegen Beteiligung am Aufstand verhängten Urteile betrug über 1100, darunter – soweit aus Informationen festzustellen ist – mindestens 100 Todesurteile (einschließlich der standrechtlich Erschossenen) sowie etwa 100 Verurteilungen zu lebenslänglicher Haft.

Die Konsolidierung der Herrschaft Ulbrichts
bis zum Bau der Mauer durch Berlin (1953–1961)

Es war schon angedeutet worden, daß die Ereignisse des 17. Juni in die nachstalinistische Ära gehören, in einen eben gerade einsetzenden Zeitabschnitt, der mit Kämpfen um die Nachfolgeschaft im Kreml und um neue Zielsetzungen ausgefüllt war. Manche Beobachter meinen sogar, ohne diesen Aufstand in der DDR seien »die Freiheitsregungen weder in Polen, noch in Ungarn oder anderswo im Sowjetreich« denkbar gewesen. Doch gerade wenn man geneigt ist, die Entwicklungen des Jahres 1953 in Moskau und in Ostberlin, die Vorgänge des Herbstes 1956 und die allenthalben schrittweise erfolgte Beseitigung der administrativen und ideologischen Erscheinungsformen des Stalinismus im ganzen zu sehen, muß es um so verwunderlicher erscheinen, daß Walter Ulbricht, einer der getreuesten Anhänger Stalins seit den 30er und 40er Jahren, seine Machtstellung in der DDR unangefochten weiter ausüben konnte. Hierzu haben besonders sein opportunistisches Geschick und seine Anpassungsfähigkeit, daneben aber auch die taktisch gewandte Behandlung seiner Mitarbeiter in der Parteiführung, ob Freund, ob Gegner, beigetragen.

Im Zusammenhang mit dem Sturze Berijas in Moskau (9. Juli 1953) konnte sich Ulbricht alsbald auch der »Parteifeinde« Herrnstadt und Zaisser entledigen. Er vermochte seiner Partei und den Sowjets zu beweisen, daß nur Weichheit in der Führung und das öffentliche Eingestehen von Fehlern den 17. Juni überhaupt ermöglicht hätten; die demonstrierenden Arbeiter seien letzten Endes nur von außenstehenden konterrevolutionären Provokateuren mißbraucht worden. Indem er sich gezwungenermaßen zu dem von den Sowjets »verordneten« Neuen Kurs der kurzlebigen Ära Malenkow bekannte, die Verhaftung Berijas jedoch seine deutschen Gegner in der SED gleichsam mit ausschalten half, wurde Ulbricht paradoxerweise durch die Nachwirkungen des Juni-Aufstandes vor dem drohenden Sturz gerettet (Carola Stern). Im Februar 1955 überlebte er die Ausschaltung des sowjetischen Regierungschefs Malenkow, und der nunmehrige »Erste Sekretär des Zentralkomitees der SED« überstand auch die vom XX. Parteitag der KPdSU (Februar 1956) ausgehende Entstalinisierung, die durch die bekannte Rede Chruschtschows gegen den toten Stalin ausgelöst wurde. Zwar applaudierte Ulbricht den Vorgängen in der russischen Partei, intern aber trachtete er danach, die »Entstalinisierung« zu verzögern oder gar ihre »Notwendigkeit« dadurch zu leugnen, daß er zu verstehen gab, in Deutschland habe es gar keine Auswüchse und damit auch keinen Stalinismus gegeben.

Dennoch begann im Sommer 1956 eine Vertrauenskrise um seine Person, die sich im Zeichen der polnischen und ungarischen Vorgänge nur noch steigerte. Ulbricht jedoch predigte Wachsamkeit, verwies auf die gefährliche Haltung der Bundesrepublik, die doch gerade die KPD verboten habe, und lenkte von den ihm nahegelegten innerparteilichen Diskussionen immer wieder ab. Er beschäftigte das Interesse der Öffentlichkeit mit dem Aufbau der »Nationalen Volksarmee« und den Zielen des Zweiten Fünfjahrplans, während er namentlich im Oktober und November mit Hilfe des »Staatssicherheitsdienstes« (SSD) die unruhig gewordenen Intellektuellen, Studenten und

Arbeiter im Zaume hielt. So setzte er sich durch, und Anfang 1958 konnte er auch – mit Erlaubnis Chruschtschows – Abrechnung mit weiteren internen Parteigegnern halten: die Funktionäre Karl Schirdewan, Ernst Wollweber und weitere Angehörige ihrer »Fraktion« wurden aus ihren hohen Partei- und Staatsämtern entfernt.

Inzwischen war der Zweite Fünfjahrplan angelaufen, der wieder der Schwerindustrie zu Lasten der Konsumgüterproduktion den Vorzug gab; ab 1959 wurden erneut die Bemühungen verstärkt, die Landwirtschaft durch das »Gesetz über die landwirtschaftlichen Produktionsgenossenschaften« endgültig zu kollektivieren, ein Unternehmen, das vermittels Druck und begleitet von einem von oben verordneten »Wettbewerb« der Kreise und Landgemeinden schnell vorangetrieben wurde, freilich auch bis 1961 die Flüchtlingszahlen erneut anschwellen ließ, wie die Aufstellung zeigt:

1953: 331 390	1958: 204 092
1954: 184 198	1959: 143 917
1955: 252 870	1960: 199 117
1956: 279 189	1961, bis zum 13. August: 181 133.
1957: 261 622	

In dieser Zeit vermochte sich Ulbricht jedoch nicht nur als SED-Chef, sondern auch außerhalb seiner Partei zu behaupten und an der Macht zu halten, nämlich

1. durch seine Stellung im Ministerrat als permanenter Erster Stellvertreter des Ministerpräsidenten,
2. durch den praktischen Ausfall des jahrelang kränkelnden und 1964 verstorbenen Regierungschefs Otto Grotewohl,
3. als Nachfolger Wilhelm Piecks, des 1960 gestorbenen Staatspräsidenten der DDR. Ulbricht wurde »Nachfolger« durch sein Amt als Präsident des neugeschaffenen »Staatsrates«.

Diese Ausnahmeposition Ulbrichts ließ sich indessen nicht nur durch die persönliche Wendigkeit erklären. Als ein ebenso wesentlicher Grund kam hinzu die Ausnahmefunktion der DDR innerhalb des europäischen Ostblocks. Bezogen auf den sowjetischen Einflußbereich in Deutschland spielten die ideologischen Veränderungen der nachstalinistischen Ära *keinesfalls* die allein ausschlaggebende Rolle. Hier im Herzen Mitteleuropas überwogen die außenpolitischen und militärpolitischen Interessen Moskaus, so daß von Malenkow, Bulganin und später Chruschtschow die opportunistische Haltung Ulbrichts bewußt in

Kauf genommen wurde, vielleicht auch *werden mußte*. Er war ihnen eben trotz mancher ungünstigen Wirkung nach außen wertvoll. In der DDR galt es für Moskau, eine territoriale Erbschaft des Zweiten Weltkrieges zu wahren: ein Status-quo-Denken, wenn man so will, denn in Deutschland standen und stehen Lebensinteressen sowohl der Sowjetunion als auch des Weltkommunismus auf dem Spiel.

Unter dem Aspekt dieser vitalen sowjetischen Interessen, die auch Entspannungsphasen im Kalten Kriege bislang immer noch überdauert haben, muß man auch das seit November 1958 durch das Ultimatum. Chruschtschows hochgespielte Berlinproblem, die damit verknüpften bekannten Forderungen des Kreml sowie schließlich die »Konsequenz« des Mauerbaus längs durch Berlin am 13. August 1961 betrachten. Aus alleiniger deutscher Sicht sehen diese Dinge natürlich ganz anders aus, doch wird man sich ohne einen Blick durch die Moskauer Brille niemals die Härte und die Feindseligkeit im Gebaren der DDR gegenüber der Bundesrepublik erklären können.

7. Kapitel
Das Deutschlandproblem und die Europapolitik bis zum Ende
der Ära Adenauer 1958–1963

Das Ultimatum Chruschtschows vom November 1958 und die
Auslösung der Berlin-Krise

Fragt man nach den Gründen, welche die Sowjets veranlaßt
haben könnten, im November 1958 gleich einem Paukenschlag
jene Krise um Berlin auszulösen, die für Jahre hindurch die
letzte Phase auf dem europäischen Theater des Ost-West-Konfliktes darstellen sollte, so ist zunächst auf drei Zusammenhänge
zu verweisen. Einmal waren die neuen Bemühungen um die
Herauslösung der »Westsektoren« der ehemaligen Reichshauptstadt aus dem Machtbereich des Westens lediglich ein Bestandteil älterer und längst bekannter Anstrengungen Moskaus, den
Status quo des Jahres 1945 zu stabilisieren, und mithin auch ein
Teil der sowjetischen Deutschlandpolitik. Zum anderen gehörte
es zu der Taktik des Kreml, die Schauplätze der Aktionen zu
wechseln: ein Brandherd wie Laos ließ sich bequem mit dem
ohnehin im Bewußtsein der Welt als neuralgisch empfundenen
Interessenschnittpunkt Berlin vertauschen. Noch ein Jahr zuvor, im Herbst 1957, hatte der Historiker und frühere amerikanische Botschafter in Moskau, George Kennan, in einem Rund-
funkvortrag gewarnt:

Wir möchten immer gerne das Problem Berlin vergessen, solange es
dort keine Schwierigkeiten gibt, und hoffen, daß sich alles dort schon
irgendwie von selbst klären wird... Die Zukunft Berlins ist eine
Grundlage der Zukunft Deutschlands; die Verantwortung gegenüber
den Berlinern und die Unsicherheit der westlichen Position in dieser
Stadt sind Grund genug, weshalb niemand im Westen die Teilung
Deutschlands als Dauerlösung akzeptieren kann.

Und zum dritten: das seit dem Auftrumpfen Bulganins während
der Herbstereignisse 1956, seit der Vervollkommnung der sowjetischen Raketentechnik und den Prestigeerfolgen im Londoner Abrüstungsgespräch wesentlich gesteigerte Gefühl der
militärischen Unangreifbarkeit traf sich mit der Auffassung des
neuen (seit 27. März 1958) sowjetischen Regierungschefs Nikita
S. Chruschtschow, nur die USA und die UdSSR seien die beiden

Hauptmächte im Gefüge der Weltpolitik, und nur auf das Aushandeln ihrer Positionen allein käme es an. So gesehen war dem Berlin-Vorstoß sogar eine doppelte Funktion zugedacht: er zielte nicht nur auf die beabsichtigte Zementierung des Status quo in Mitteleuropa ab, sondern sollte zugleich den Präsidenten Eisenhower dazu nötigen, in ein direktes Gespräch mit dem sowjetischen Regierungschef einzuwilligen.

Bei näherem Hinsehen erweist sich freilich das Geflecht der Motive als wesentlich dichter, denn zu den Hintergründen gehörte auch ein Kapitel Deutschlandpolitik. Vorangegangen war nämlich seit 1957 ein längerer Dialog zwischen Moskau und Bonn (Briefwechsel Bulganin/Adenauer und Gespräche Adenauer/Botschafter Smirnow), der an seinem Ende (Januar 1958) konkrete Dinge insofern ansprach, als die sowjetische Regierung hier (wie auch anderswo) den starken Wunsch nach einem Gipfeltreffen geäußert hatte, um auf ihm ihre damaligen speziellen Anliegen behandeln zu lassen: Schaffung einer atomwaffenfreien Zone in Mitteleuropa und Abschluß eines Nichtangriffspaktes zwischen den Staaten der NATO und denen des Warschauer Paktes. Die Erörterung eines Friedensvertrages mit Deutschland als »Gipfel«-Traktandum wurde kurz darauf auch noch zugestanden, nicht aber Verhandlungen über die Wiedervereinigung Deutschlands. Adenauer wollte sich dem Gedanken einer Gipfelkonferenz nicht verschließen, hatte aber als Verhandlungspunkte Gespräche über eine kontrollierte Abrüstung und über die Möglichkeiten einer allgemeinen Entspannung in der Weltpolitik für zweckmäßiger gehalten; außerdem habe die Wiederherstellung der deutschen Einheit durch die vier Siegermächte absoluten Vorrang vor einem auszuhandelnden Friedensvertrag. Es war das Bonns »alte« Position; zu einer Annäherung der Standpunkte kam es nicht, denn Moskau bestand darauf, daß die Lösung der deutschen Frage eine Angelegenheit der beiden deutschen Staaten sei. Hinzu waren deutliche Warnungen Smirnows und – anläßlich seines Besuches in Bonn am 26. April 1958 – Anastas I. Mikojans getreten, eine Ausstattung der jungen Bundeswehr mit atomaren Waffen würde sich verschlechternd auf die deutsch-sowjetischen Beziehungen und den Weltfrieden auswirken sowie eine Wiedervereinigung mit Sicherheit unmöglich machen. Entsprechende Mitteilungen des Botschafters in Moskau, Dr. Hans Kroll, an Brentano rundeten das Bild von der neuen Situation deutlich genug ab. Ob mit oder ohne »Gipfel«: Moskau verlagerte im

Herbst den Schwerpunkt seiner Sicherheitspolitik auf die Deutschlandfrage, wurde initiativ und setzte dort an, wo es die Gegenseite am wenigsten vermutet hatte: in Berlin.

Der neuen russischen Strategie haftete zweifellos etwas Kühnes an, mochte sie auch in ihrer Durchführung mit grober Argumentation einhergehen. Der Beginn der Berlin-Krise wurde zunächst durch zwei Schritte der Sowjets gekennzeichnet:

(1) die Rede Chruschtschows im Moskauer Sportpalast am 10. November 1958 gewissermaßen als Ankündigung,
(2) die Noten der sowjetischen Regierung an die drei Westmächte vom 27. November 1958, die das Ultimatum zum Inhalt hatten.

Der Tenor der damit eingeleiteten Offensive ging dahin, daß Chruschtschow die Hoheits- und Besatzungsrechte der Westmächte in Berlin, die seit langem mit einer wichtigen Schutzaufgabe verbunden waren (bekräftigt am 23. Oktober 1954 in einem den Pariser Verträgen zugehörigen Protokoll), auslöschen wollte. Daher verknüpfte er sie in seiner Rede – fälschlich – mit dem Potsdamer Abkommen, obgleich dieses für die Sowjets schon seit Jahren aufgehört hatte, als Bezugspunkt für außenpolitische Aktionen zu dienen. Er betonte, es sei offensichtlich die Zeit gekommen, daß die Mächte, die das Potsdamer Abkommen unterzeichnet hätten, auf die Reste des Besatzungsregimes in Berlin verzichteten und damit die Möglichkeit gäben, eine normale Lage »in der Hauptstadt der DDR« zu schaffen. Die Sowjetunion werde ihrerseits die Funktionen in Berlin, die noch sowjetischen Organen oblägen, »an die souveräne Deutsche Demokratische Republik« übertragen. In der darauf folgenden Note hieß es dann – angeschlossen an längere Ausführungen über die dreizehnjährige Entwicklung »nach Potsdam« –, daß Moskau das *Verwaltungsabkommen über Groß-Berlin* vom 12. September 1944 (Protokoll der EAC) sowie die darauf bezogenen Zusatzabkommen als nicht mehr in Kraft befindlich ansehe, da es nur »für die ersten Jahre nach der Kapitulation« berechnet gewesen sei. Bezeichnenderweise sprach man nicht von einer »Berlin-Frage«, sondern von einer »West-Berlin-Frage«: man halte es für möglich, »West-Berlin« in eine Freie Stadt umzuwandeln. Sechs Monate lang wolle man an den bisherigen Gepflogenheiten bezüglich der militärischen Transporte der Westmächte nichts ändern. Würde diese Frist nicht zu einer »entsprechenden Übereinkunft« genutzt werden, so wird die Sowjetunion durch ein Abkommen mit der DDR die geplanten Maßnahmen verwirklichen. Dabei ist daran gedacht, daß die Deutsche Demokratische Republik, wie auch jeder andere selbständige Staat, in vollem Umfange für die ihr Gebiet angehenden Fragen zuständig sein muß, das heißt, daß sie ihre Souveränität zu Lande, zu Wasser und in der Luft ausüben muß. Gleichzeitig werden alle bisherigen Kontakte zwischen den Vertretern der Streitkräfte und anderen offiziellen Personen der USA, Großbritanniens und Frankreichs in Fragen, die Berlin betreffen, aufhören.

Mit diesem Druckmittel sollten die Westmächte gezwungen werden, die DDR anzuerkennen, welcher man von seiten Moskaus die Kontrolle der Verkehrswege von und nach Berlin zuzuspielen gedachte.

Man wird nicht sagen können, daß Bonn von der sowjetischen Aktion unvorbereitet getroffen worden ist. Eine Erklärung Ulbrichts, ganz Berlin habe einmal zur sowjetischen Besatzungszone gehört und liege heute auf dem Territorium der DDR, war schon am 27. Oktober bekannt geworden und nach der Sportpalastrede Chruschtschows hatten sowohl Smirnow (am 20. November) als auch Kroll (am 24. November) bei Adenauer vorgesprochen und auf den Ernst der Lage hingewiesen, wobei letzterer sich sogar zu sondierenden Gesprächen anbot, ohne beim Kanzler auf Gegenliebe zu stoßen.

Der Inhalt der Note wirkte auf die westliche Öffentlichkeit ebenso bestürzend wie auf die Regierungen in Washington, London und Paris. Daß sie allein schon aus Prestigegründen abgelehnt werden mußte, stand zu erwarten. Aber war damit die unversehens über die Welt gebrachte Krise zu beseitigen? Die Herausforderung galt in erster Linie den USA; sie war ein Test auf die früher oftmals zu erkennen gegebene Haltung Dulles', das »Duell am Abgrund« in die Kalkulationen der westlichen Abwehr einzubeziehen. Doch Dulles war bereits von einer tödlichen Krankheit gezeichnet. So reagierten die drei Mächte auf das Ultimatum zunächst sehr zurückhaltend, während sie noch nach der Rede Chruschtschows spontan zu verstehen gegeben hatten, daß sie am Vier-Mächte-Status Berlins festzuhalten die Absicht hätten.

Bonn hat damals sichtlich auf die Erteilung einer unmißverständlichen, ablehnenden Antwort gedrängt, stieß aber bei seinen Verbündeten auf zögerndes Verhalten. Man konnte sich nicht mit der Auffassung Adenauers befreunden, die Berlin-Frage müsse unbedingt vom Deutschland- und vom Sicherheitsproblem isoliert gehalten werden. Eine solche Taktik, so argumentierte man in den westlichen Hauptstädten, führe bald zu einem toten Punkt. Schon Anfang Dezember war die Neigung zu spüren, mit den Sowjets grundsätzlich verhandeln zu wollen und dabei den frischen Fall Berlin als Ausgangsbasis für Gespräche über weitere Probleme zu benutzen. Auch der Regierende Bürgermeister von Berlin, Willy Brandt, hatte sofort nach dem Bekanntwerden des Ultimatums in seiner Stellungnahme gesagt:

Es gibt keine isolierte Lösung der Berliner Frage. Wenn ein Beitrag zur Entspannung und zur Wiedervereinigung Deutschlands geleistet werden soll, wie es in der sowjetischen Note unter anderem heißt, dann handelt es sich hier und jetzt nicht um die Berliner Frage, sondern um die Überwindung der Spaltung Deutschlands. Darüber muß verhandelt werden und nicht über die Änderung des Status quo von Berlin.

Meinungen dieser Art setzten sich gegen Jahresende durch; Adenauer zeigte sich umgestimmt. Die vom 31. Dezember 1958 datierenden Antworten der Westmächte wiesen daher zwar die Berlin-Forderungen Moskaus zurück, enthielten aber die Bereitschaft, »die Frage Berlin in dem weiteren Rahmen von Verhandlungen zur Lösung des deutschen Problems wie auch des Problems der europäischen Sicherheit zu erörtern«. Selbst künftige amerikanische Zugeständnisse schienen bereits wahrnehmbar zu sein. Noch kurz vor Empfang der sowjetischen Note hatte Dulles am 26. November durchblicken lassen, bei einer Kontrolle der westlichen Zufahrtswege Berlins durch Organe der DDR könne man ja diese als Beauftragte (»agents«) der sowjetischen Besatzungsmacht ansehen; eine Äußerung freilich, die in Bonn erhebliche Beunruhigung hervorrief. Wich der große alte Mann Amerikas bereits zurück?

Paul Sethe hat einmal (1963) gemeint, die im November 1958 einsetzende Krise habe John Foster Dulles veranlaßt, das Scheitern seiner gegen die Bedrohung durch den Weltkommunismus gerichteten Politik »durch die Tat« einzugestehen, nämlich durch die Einleitung von Ausgleichsbemühungen während seiner letzten Lebensmonate. Adenauer jedoch, des Amerikaners Freund in Bonn, habe sich nicht zu einer derartigen Einsicht durchzuringen vermocht. Wies nicht auch die Erklärung Dulles' vor der Presse (13. Januar 1959) neue »Wege«: freie Wahlen seien der natürliche, aber nicht der einzige Weg, auf dem die Wiedervereinigung Deutschlands vollzogen werden könne?

Nun, ob damals »eingestanden« oder nicht, sowohl für die USA als auch für die Bundesrepublik wurde von nun an eine Neuorientierung von Positionen und Zielsetzungen gegenüber Moskau und dem Ostblock notwendig. *Die Deutschlandpolitik Bonns wurde endgültig zu einem Teil der Ostpolitik, speziell der Rußlandpolitik.*

Doch ehe hieraus die ersten Konsequenzen gezogen wurden, bedurfte es noch längerer Zeit. Da auch die Bundesrepublik zu den Empfängern der Moskauer Noten vom 27. November gehört hatte, antwortete die Bundesregierung am 5. Januar 1959 ebenfalls, wies den Vorschlag für eine »Freie Stadt West-Berlin« zurück und setzte sich für eine »offene vorbehaltlose Aussprache, die nicht durch ultimative Forderungen oder auch einseitige Aufkündigung bindender Abmachungen belastet werden darf,« über die Deutschlandfrage, die europäische Sicherheit und die Abrüstung ein.

Die Verhandlungsgeneigtheit der Westmächte schien durch eine neue Note Moskaus vom 10. Januar eine gewisse Bestätigung zu finden, als die sowjetische Regierung sich vom Berlinproblem etwas löste und den 28 Teilnehmerstaaten des Krieges, der Bundesrepublik und der DDR Vorschläge zu einem *Friedensvertrag mit Deutschland* machte. Diesen Vertrag sollten beide deutsche Regierungen unterzeichnen, und solange eine Einheit Deutschlands (als »Konföderation«) nicht herzustellen sei, müsse zusätzlich eine »Freistadt West-Berlin« geschaffen und garantiert werden. Die Konferenz solle innerhalb von zwei Monaten in Warschau oder Prag stattfinden. In dem Vertragsentwurf waren als wichtige Punkte enthalten: Friedensschluß mit den beiden deutschen Teilstaaten nach dem Gebietsstande vom 1. Januar 1959, Verzicht auf die deutschen Ostgebiete, Ungültigkeit des Münchner Abkommens vom 29. September 1938, Beschränkung der Streitkräfte, Abzug der ausländischen Truppen, Neutralität. Mit diesen Vorschlägen war klargestellt, daß die Sowjetunion zwar nicht nur über Berlin zu verhandeln wünschte, prinzipiell jedoch ihre Bemühungen um Verfestigung des Status quo einer außenpolitischen Aufwertung der DDR galten, und daß hinter allem, bei einkalkulierter ablehnender Haltung der Westmächte gegenüber dem Friedensvertragsentwurf, die große Spekulation Chruschtschows auf die *Gipfelkonferenz* stand. Die Note war also sowohl eine Antwort auf die Stellungnahmen des Westens vom 31. Dezember und 5. Januar als auch gleichsam der »dritte Schritt« innerhalb der am 10. November eingeleiteten

Aktionen Moskaus. Dadurch, daß Außenminister Gromyko auf dem XXI. Parteitag der KPdSU am 29. Januar erklärte, seine Regierung denke daran, notfalls auch ohne Beteiligung der Westmächte über einen Friedensvertrag mit Deutschland zu verhandeln, wurden die allgemeinen Spannungen und die Bedrängnis des Westens nur noch verstärkt.

Obgleich sich sowjetische Politiker bemühten, die peinliche Wirkung der Sechsmonatsfrist wieder zu verwischen, herrschte in den ersten Wochen des Jahres der Eindruck vor, als liefe das Uhrwerk des Ultimatums unerbittlich auf den Endtermin zu. Dabei war aber die Stellungnahme Bonns weniger auf eine vorsichtige Anpassung an die neugeschaffene Lage gerichtet, sondern vielmehr auf mißtrauische Sondierungen dahingehend, ob nicht etwa die »Wahlen-Doktrin« in der Wiedervereinigungsfrage durch die USA aufgegeben werden würde (Missionen des Ministerialdirektors Dittmann und des Bundespressechefs von Eckardt in Washington). Zunächst bedauerten Kanzler und Außenminister, daß in der Moskauer Note von der Wiedervereinigung nicht mehr die Rede gewesen sei; Brentano sagte vor dem Fraktionsvorstand der CDU/CSU am 12. Januar, er sehe »in dem sowjetischen Entwurf nicht einen einzigen Ansatzpunkt zu Verhandlungen«. Dem Kanzler schien der Bundestagsbeschluß vom 20. Juli 1958, welcher die Einsetzung eines Vier-Mächte-Gremiums (Ost und West) für Beratungen über die Deutschlandfrage verlangt hatte, als westdeutscher »Gedankenbeitrag« immer noch zu genügen. Aber im letzten Januardrittel drängte das State Department mehr denn je darauf, daß Bonn mit eigenen Vorschlägen herauskommen möge, anstatt sich wie bislang nur darauf zu beschränken, im internen Verkehr mit den Verbündeten bei der Abfassung gemeinsamer Arbeitspapiere oder Antwortnoten mitzuwirken. Es kann sein, daß Adenauer diesen Druck Washingtons rechtzeitig aufgefangen hat. Schon um den 20. Januar hatte er veranlaßt, daß im Auswärtigen Amte ein Expertenkreis unter der Leitung des Ministerialdirektors Duckwitz die Zusammenhänge der deutschen Frage mit dem Sicherheitsproblem im Hinblick auf die neue Situation zu untersuchen begann. Duckwitz wurde dann auch am Monatsende zum deutschen Vertreter in einer Vier-Mächte-Arbeitsgruppe ernannt (zusammen mit Botschafter Grewe) und begab sich nach Washington.

Die Beratungen der Gruppe (USA, Großbritannien, Frankreich und Bundesrepublik) setzten am 5. Februar ein. Ihre Auf-

gabe war es, die Antwort auf den Moskauer Vorschlag vorzubereiten und einen Fragebogen aufzustellen, mit dessen Hilfe
man die Auffassungen der Mächte zur Berlin-Frage sowie zum
Deutschland- und Sicherheitsproblem in Erfahrung bringen
wollte. Die Absichten der Westmächte liefen auf eine Außenministerkonferenz der vier Siegerstaaten hinaus, die am 16. Februar offiziell vorgeschlagen wurde, mit dem Ziele eines Meinungsaustausches über alle Fragen, die das Deutschlandproblem
angingen. Man empfahl zudem, deutsche Berater zur Konferenz
einzuladen, eine Konzession freilich, die in der Bonner Note nur
in abgeschwächter Formulierung enthalten war:

Ferner sollten die vier Außenminister über die Form einer deutschen
Beteiligung entscheiden.

Daraufhin stellten die Sowjets nachdrücklicher als zuvor ihr
Verlangen nach einer Gipfelkonferenz heraus, erklärten sich
aber ab 2. März bereit, vorher eine Außenministerkonferenz ab-
halten zu lassen, und gaben damit indirekt zu erkennen, daß mit
diesem Treffen auch den von ihnen im November verlangten
Berlin-Verhandlungen Genüge getan werden würde.

Als sich zunächst Eisenhower und bald darauf auch der britische Premierminister Macmillan zu einer Gipfelkonferenz mit
Chruschtschow bereit erklärten, waren interne Auseinandersetzungen voraufgegangen. Der bisherige Kurs der amerikanischen
Außen- und Verteidigungspolitik, am atomaren Patt orientiert,
erwies sich als zu wenig flexibel. Die NATO-Partner zeigten
wenig Lust, im Falle »Berlin« ein Überschreiten der »Schwelle
zum Atomkrieg« zu riskieren, nachdem jahrelang die konventionelle Rüstung der westlichen Führungsmacht zugunsten der
nuklearen vernachlässigt worden zu sein schien. Vor allem um
die zweifelhaft gewordene Einhelligkeit seiner Verbündeten in
militärischen Fragen zu erkunden und notfalls zu stärken, entschloß sich Dulles gegen den Rat seiner Ärzte, Anfang Februar
die westeuropäischen Hauptstädte aufzusuchen. Da Bonn dem
kommenden Ost-West-Gespräch mit starken Vorbehalten gegenüberstand, galt es für den Amerikaner auch herauszubekom-
men, welchen »Spielraum« die Bundesregierung bei den künftigen Verhandlungen für zulässig halten würde. Adenauer
scheute sich nicht, ab und zu doch wieder die Berlin-Frage isoliert zu betrachten, und war zur Zeit des Dulles-Besuches der
Meinung, daß an Einzelheiten der Konferenzvorschläge, an
einen westlichen »Plan« erst dann gedacht werden könne, wenn

vorher in der Berlin-Frage eine gemeinsame, starke westliche Haltung habe herbeigeführt werden können. Selbst ein geringes Nachgeben, und sei es auch nur durch die Anwendung der »Agenten-Theorie«, müsse die Stellung des Westens erheblich schwächen. Wenn Adenauer damals auf die von Dulles proponierte flexiblere Taktik eingegangen zu sein scheint, dann tat er es in erster Linie seinem todkranken Freunde zuliebe und vielleicht auch deshalb, weil er nur Dulles, aber keinem anderen, eine erfolgreiche Handhabung zugetraut hat.

Aber auch Macmillan drängte darauf, jeden nur möglichen Verhandlungsspielraum auszunutzen. Nach seiner Europatour mußte Dulles das Krankenhaus aufsuchen; wenig später reiste der britische Premier nach Moskau, um Chruschtschows persönliche Meinungen zu erfahren. Die Sorgen freilich blieben. Eisenhower konnte auf Ratschläge oder Führung der Politik von seiten seines Außenministers bald nicht mehr zählen; am 15. April schied Dulles aus dem Amte, Nachfolger wurde Christian A. Herter. Und weiterhin hörte man aus Chruschtschows Munde, daß die Sowjetunion entschlossen sei, mit der DDR einen Separatfrieden abzuschließen, falls Bonn nicht zur Unterzeichnung des von Moskau vorgeschlagenen Friedensvertrages bereit sei (am 4. März in Leipzig), oder daß der Westen seine Truppen in einer Freien Stadt West-Berlin belassen könnte, allerdings müßte dann auch ein sowjetisches Kontingent in den Westsektoren der Stadt stationiert werden (Pressekonferenz am 19. März).

Am 9. März hatte die Vier-Mächte-Arbeitsgruppe des Westens in Paris die Arbeit wieder aufgenommen. Ihre Tätigkeit konzentrierte sich jetzt ausschließlich auf das, was auf der Konferenz im Mai an Vorschlägen vorzubringen sein würde, also auf die Themen europäische Sicherheit einschließlich Abrüstungsmaßnahmen, deutsche Einheit und Friedensvertrag.

Da jedoch die Ausarbeitungen der einzelnen Delegationen und die Zwischenergebnisse des Gremiums auf eine starke Kritik von seiten Adenauers stießen, kam es zu erheblichen Verzögerungen. Der Kanzler hatte besonders einen von den Amerikanern ausgehenden Föderationsplan, der wohlweislich nicht so sehr die beiden deutschen Staaten, sondern unmittelbar die sechzehn west- und mitteldeutschen Länder betraf, beanstandet. Der Plan war als eine der »Stufen« zur Wiedervereinigung gedacht, hatte jedoch praktisch die freien Wahlen, die bei Adenauer absolute Priorität genossen, auf eine spätere Etappe abgedrängt. Des weiteren stand er einem (eigentlich älteren, seit 1955 oftmals abgewandelten) englischen Plane, in Mitteleuropa für Deutschland und andere Staaten eine Zone kontrollierter Streitkräfte und Bewaffnung zu schaffen, höchst mißtrauisch gegenüber, weil er um die Effektivität der noch im Aufbau befindlichen Bundeswehr fürchtete und ihm der Plan zu sehr nach einer drohenden Neutralisierung deutschen Bodens aussah. Als Macmillan und sein Außenminister Selwyn Lloyd am 12. und 13. März in Bonn weilten, hatten sie sich bemüht, Adenauer die Vorteile solcher Bemühungen klarzumachen, wenn einmal die Kräfte auf beiden Seiten »tatsächlich ausbalanciert« sein würden. Als ihm jedoch später Einzelheiten darüber aus Paris übermittelt wurden, behielten Adenauers Einwände, die aus seinem Sicherheitsdenken resultierten, die Oberhand. Dem Bundeskanzler schwebte allenfalls eine nahezu ganz Europa umfassende »Inspektionszone« zur Verhinderung von Überraschungsangriffen vor, gleichsam als erster Schritt für die »globale kontrollierte Abrüstung«, welch letztere er persönlich immer noch für die geeignetste Vorstufe einer erfolgreichen Wiedervereinigungspolitik hielt. Somit konnte die Vier-Mächte-Gruppe im März den ihr gesetzten Aufgaben nur zum Teil nachkommen, und Herter (in Vertretung Dulles'), Selwyn Lloyd, Couve de Murville und der diesen Vorschlägen vorher nicht unbedingt abgeneigte Brentano sahen sich auf ihrer Zusammenkunft in Washington am 1. April veranlaßt, die Expertengruppe zu beauftragen, einen weiteren Bericht, diesmal in London, auszuarbeiten.

Aber auch die Londoner Tätigkeit der Arbeitsgruppe (13. bis 24. April) verlief nicht ohne bundesdeutsche Einwirkungen. Eine Einigung über einen konkreten Sicherheitsplan kam nicht zustande, da der Kanzler sich nun einmal nicht mit einer mitteleuropäischen Entspannungszone zu befreunden vermochte und seine Einwendungen daher grundsätzlicher Art waren. Die Sicherheitsvorschläge wurden daher auf Adenauers Wunsch mit den für die Wiedervereinigung vorgesehenen Phasen im einzelnen verkoppelt. Auch der Föderationsplan kam zu Fall; lediglich untergeordnete Organe der Bundesrepublik und der DDR sollten sich zur Kooperation zusammenfinden dürfen, um, den »Stufen« entsprechend, die Beziehungen zwischen West- und Mitteldeutschland bis zum Zusammenwachsen zu normalisieren. Bezüglich der Berlin-Frage erklärte man lediglich die Verbindungswege von und zum Westen zum Verhandlungsobjekt; beim Friedensvertrag schließlich sollten die Verhandlungen von einer gesamtdeutschen Regierung geführt werden, die auf Grund freier Wahlen im ganzen Lande zu bilden sein würde. Abgelehnt wurden also der Friedensschluß mit zwei deutschen Staaten sowie die sowjetische Anfechtung der westlichen Besatzungs- und Garnisonrechte in Berlin. Obgleich zahlreiche Fragen ungeklärt geblieben waren, stimmten die vier westlichen Außenminister am 29./30. April in Paris diesem Paket von Arbeitspapieren zu.

Ob auch Adenauer, der damals allgemein als Präsidentschaftskandidat und Nachfolger Theodor Heuss' galt, alle Einzelheiten hundertprozentig gebilligt hat, darf bezweifelt werden. Seine Auffassung, daß der Westen mit Vorschlägen zurückhaltend sein und die Sowjets »kommen lassen« solle, hat er jedenfalls im April an seinem Urlaubsort Cadenabbia nicht verhehlt. Hierin sowie in seinen Bedenken gegen mitteleuropäische Disengagement-Zonen wußte sich der Bundeskanzler spätestens seit März mit dem neuen französischen Staatspräsidenten *Charles de Gaulle*, der sein Amt auf Grund der Verfassung vom 5. Oktober 1958 (»Fünfte Republik«) am 8. Januar angetreten hatte, im wesentlichen einer Meinung. Um dieses Gleichklangs willen glaubte Adenauer sogar über eine Äußerung des Generals hinwegsehen zu sollen, die besagte, daß Frankreich eine Wiedervereinigung Deutschlands begrüßen würde, vorausgesetzt, daß sie »die gegenwärtigen Grenzen im Westen, Osten, Norden und Süden nicht in Frage stellt«. Es ist bemerkenswert, daß gerade in jenen Wochen, da Dulles allmählich aus der aktiven Politik ausschied, zunehmend von einer Achse »Paris-Bonn« gesprochen wurde, und daß Anfang April die englische Presse ausführlich auf Verstimmungen zwischen Bonn und London einging, die zweifellos von den erneut vorgetragenen britischen Ideen einer Rüstungsbegrenzung herrührten. Hieran hatte auch eine persönliche Botschaft Macmillans an Adenauer vom 25. März nichts ändern können, in der es hieß, es sei falsch, aus dem Plan einer Einfrierung der derzeitigen Rüstungsstärken in Mitteleuropa den Schluß zu ziehen, daß Großbritannien hierdurch die atomare Bewaffnung der Bundeswehr verhindern wolle.

Die Genfer Konferenz 1959 und der Herter-Plan

Anfang Mai gab es somit im westlichen Bündnisgefüge einige unausgeräumte Belastungen, die intern weiterschwelten, als sich die Außenminister anschickten nach Genf zu reisen. Auf der anderen Seite waren durch die amerikanischen Bemühungen um Stationierung von taktischen Atomwaffen (Raketen) auf deutschem Boden sowie durch die Kontroversen auf der Drei-Mächte-Konferenz über den Stop von Kernwaffenversuchen die internationalen Beziehungen nur noch gespannter geworden. Am 21. April hatte die sowjetische Regierung schriftlich in Bonn gegen eine atomare Bewaffnung der Bundeswehr protestiert und vor möglichen Konsequenzen gewarnt.

Am 11. Mai traten im Großen Saale des »Palais des Nations« zu Genf die Delegationen der vier Siegerstaaten, angeführt von den Außenministern Herter, Gromyko, Selwyn Lloyd und Couve de Murville, zu der lange und nicht ohne Hoffnungen erwarteten Konferenz zusammen. Sowohl die Bundesrepublik als auch die DDR waren durch Berater vertreten: die Bonner Gruppe im Saale leitete Botschafter Prof. Grewe, der jedoch seine Weisungen von dem gleichfalls in Genf anwesenden Brentano erhielt; am Tisch der DDR saß Außenminister Bolz als Sprecher Ostberlins. Der Generalsekretär der Vereinten Nationen, Dag Hammarskjöld, sprach die Begrüßungsworte.

Nachdem die ersten drei Tage mit Grundsatzerklärungen ausgefüllt waren und Gromyko mit seinem Wunsche, auch Polen und die Tschechoslowakei an den Konferenztisch zu bitten, keinen Erfolg gehabt hatte, legte Herter am 14. Mai das in wochenlangen Bemühungen erarbeitete Verhandlungspaket auf den Tisch. Es führte die Bezeichnung »Westlicher Friedensplan. Grundzüge eines Stufenplanes für die deutsche Wiedervereinigung, die europäische Sicherheit und eine deutsche Friedensregelung«. Vom Inhalt her war der Gegensatz zur sowjetischen Auffassung, welche die Wiedervereinigung als Aufgabe der Sieger bereits seit langem leugnete, ebenso zu erkennen wie der Umstand, daß die damit offiziell bezogene Gegenposition freilich immer noch dem Kerngehalt der westlichen Vorschläge von 1955 entsprach. In vier zeitlichen Stufen sollte eine Regelung der deutschen Einheit, der Sicherheit in Europa und des Friedensvertrages erreicht werden, die Fortschritte innerhalb der drei Teilprobleme sollten sich gegenseitig bedingen.

Stufe I wollte die Wiedervereinigung in Berlin beginnen lassen, um damit von vornherein die Stadt ganz Deutschland, dem sie gehöre, »vorzubehalten«. Ein »frei gewählter Berliner Rat« sollte die Stadt unter Vier-Mächte-Kontrolle verwalten. Gleichzeitig würden die vier Mächte erste Beratungen über mögliche Abrüstungsmaßnahmen einleiten.

Stufe II sah bereits einen Gemischten Deutschen Ausschuß (25 Mitglieder aus der Bundesrepublik, 10 aus der DDR) vor. Er sollte seine Beschlüsse mit einer Dreiviertelmehrheit fassen können und Vorschläge über technische Kontakte, allgemeine Freizügigkeit sowie einen Wahlgesetzentwurf zu formulieren haben. Das Wahlgesetz wäre in beiden Teilen Deutschlands zum Volksentscheid zu stellen. Bis dahin würde der Ausschuß ein Jahr Zeit haben. Im Falle der Nichteinigung auf einen Gesetzentwurf sollte dann über je einen westlichen und einen östlichen in beiden Teilen des Landes abgestimmt werden. Derjenige Entwurf, für den eine Mehrheit in beiden Teilen stimme, würde Gesetzeskraft erhalten und für ganz Deutschland verbindlich werden. Sollte es binnen zweieinhalb Jahren nicht zu gesamtdeutschen Wahlen gekommen sein, wäre es Aufgabe der Mächte, über das weitere Schicksal des Ausschusses zu entscheiden. Gleichzeitig mit diesen Vorgängen wollte der Herter-Plan einen Informationsaustausch über militärische Streitkräfte sowie die Begrenzung der Streitkräfte der vier Mächte auf auszuhandelnde Höchstzahlen gesichert sehen, bei Überwachung durch eine internationale Kontrollorganisation und Festlegung eines Inspektionssystems.

Stufe III: »Spätestens zweieinhalb Jahre nach Unterzeichnung der Vereinbarung« seien Wahlen für eine »Gesamtdeutsche Versammlung« abzuhalten; zu kontrollieren entweder durch die Vereinten Nationen oder durch die vier Mächte, jedoch unter Zuziehung von »Vertretern beider Teile Deutschlands«. Die Versammlung würde eine Verfassung ausarbeiten und auf Grund dieser Verfassung würde eine gesamtdeutsche Regierung zu bilden sein. Die Regierung hätte an die Stelle der Bundesregierung sowie an die der DDR-Regierung zu treten, mit voller Entscheidungsfreiheit in innen- und außenpolitischen Dingen und mit der Verpflichtung, umgehend Friedensverhandlungen aufzunehmen. Bis zum Abschluß des Vertrages würden allerdings die vier Mächte gewisse Rechte und Verantwortlichkeiten beibehalten. Auf dem Gebiete der Sicherheit würde dann der Zeitpunkt gekommen sein, eine Einigung über eine rüstungsmäßig verdünnte Zone beiderseits einer festzulegenden Linie zu erzielen. Im Falle eines Beitritts Gesamtdeutschlands zu einem Sicherheitspakt könnten bezüglich der militärischen Auswirkungen bestimmte vorsorgliche Abmachungen der vier

Mächte untereinander getroffen werden. Letztere wiederum würden sich verpflichten, ihre Rüstungen nach Verwirklichung der Stufe II weiter herabzusetzen. Auch mit »anderen wichtigen Staaten« könnten (wie schon bei Stufe II) weiterführende entsprechende Vereinbarungen getroffen werden.

Stufe IV: »Da eine endgültige Friedensregelung nur mit einer Gesamtdeutschland vertretenden Regierung getroffen werden kann, sollte sie in diesem Stadium getroffen werden. Diese Regelung sollte allen Mitgliedstaaten der UNO, die sich mit Deutschland im Krieg befunden haben, zur Unterzeichnung offenstehen. Die Regelung sollte in Kraft treten, wenn sie von den vier Mächten und Deutschland ratifiziert worden ist.«

Absprachegemäß bot Herter den (später nach ihm benannten) Plan als Ganzes an, und es sah anfangs so aus, als würden sich die Westmächte strikt weigern, das »Stufenpaket« auszupacken und die einzelnen Punkte gesondert zur Debatte zu stellen. Da Gromyko jedoch schon am folgenden Tage (15. Mai) die westlichen Verhandlungsvorschläge en bloc mit der Begründung zurückwies, sie seien die »Zusammenfassung komplizierter Fragen« zu einem unlösbaren Knäuel, und lediglich über den Friedensvertrag auf der Grundlage des sowjetischen Januar-Entwurfs verhandeln wollte, stand zu erwarten, daß sich die Besprechungen in absehbarer Zeit festlaufen würden. Die westlichen Außenminister gewannen den Eindruck, daß Moskau die Teilung Deutschlands sanktioniert sehen wollte. Nach weiteren zehn Tagen trat man nur noch auf der Stelle, und es erhob sich die Frage, ob neben den Deklamationen im Sitzungssaale in Anwesenheit der deutschen Beratergruppen nicht auch andere Wege beschritten werden könnten, sei es in der Form (Geheimsitzungen im kleinsten Kreise), sei es in der Thematik (Konzentrierung der Gespräche auf das Berlinproblem). Die Bereitschaft, eine gute Verhandlungsatmosphäre zu bewahren, war jedenfalls auf beiden Seiten zu erkennen, und sie zeigte sich nicht zuletzt darin, daß am 26. Mai nicht nur die westlichen Außenminister, sondern auch Gromyko nach Washington flog, um an den Beisetzungsfeierlichkeiten für John Foster Dulles teilzunehmen.

In diese erste Konferenzphase gehört ein nachrichtenpolitisches Ereignis, welches schlaglichtartig die voraufgegangenen Bemühungen der westlichen Vier-Mächte-Arbeitsgruppe wie auch interne Überlegungen des Bonner Auswärtigen Amtes zu beleuchten vermochte. Eine Meldung der ›New York Times‹ vom 21. Mai offenbarte nämlich den Inhalt einer Konzeption, hinter der zwar noch keine endgültige Entschlußfassung stand, immerhin über die Vermittlung Brentanos jedoch ein mehr oder weniger freudiges Einverständnis Adenauers. Es war daran gedacht worden, unter der Voraussetzung eines für den Westen günstigen Fortschreitens der Genfer Besprechungen über den Herterschen Stufenplan Polen und der Tschechoslowakei, gegebenenfalls auch Ungarn, Rumänien und Bulgarien die Aufnahme diplomatischer Beziehungen zu offerieren und überdies – oder mindestens – mit Warschau und Prag einen *Nichtangriffspakt* abzuschließen. Allerdings hätte Bonn im Augenblick des Angebots darauf bestanden, daß damit den erst durch den Friedensvertrag zu regelnden Grenzfragen nicht vorgegriffen werden dürfe. Natürlich wurde seitens der Bonner Delegation die auf Indiskretionen beruhende Meldung der ›New York Times‹ sofort dementiert, was insofern berechtigt schien, als zehn Tage nach Konferenzbeginn bereits zu überschauen war, daß ein »geeigneter« Zeitpunkt für die Abgabe einer derartigen, die Verhandlungen vielleicht weiter beschleunigenden Erklärung vorerst nicht gegeben war. Die Überlegungen des Auswärtigen Amtes und Brentanos zu einem Nichtangriffs- oder Gewaltverzichtsvertrag mit Polen und der Tschechoslowakei haben dann noch einmal am 22. Juli das Bundeskabinett beschäftigt (wo sie unterlagen) und mündeten schließlich – ihrer Substanz nahezu entkleidet – in die Erklärung Adenauers ein, die er zum 1. September 1959, dem 20. Jahrestage des deutschen Angriffs, an das polnische Volk gerichtet hat. Politische Verpflichtungen nach Art vertraglicher Vereinbarungen waren freilich in ihr nicht mehr enthalten; sie war ein auf Versöhnung gerichtetes Grußwort, das dann trotz oder wegen des Anlasses in Warschau keineswegs anerkannt worden ist.

Es mag sein, daß Brentano schon seit dem Tage seiner Berichterstattung über den ersten Konferenzabschnitt (24. Mai) Adenauers Einwilligung zu der Lancierung derartiger Offerten praktisch hat abschreiben müssen, zumal sich ohnehin eine neue Taktik des Westens – im stillen Einverständnis mit Gromyko – anbahnte. Auf dem Rückflug von Washington waren die vier Außenminister übereingekommen, sich künftig – unter Beibehaltung der öffentlichen – auch auf nichtöffentlichen Sitzungen (ohne die Deutschen) zu treffen. Damit begann man am 1. Juni, nachdem vorher Gromyko den Berlin-Teil des Friedensplanes (Stufe I), von Herter am 26. Mai ausführlich erläutert, zurückgewiesen hatte. Es war naheliegend, daß die Gespräche sich nunmehr der *Berlin-Frage* selbst zuwandten, wobei von westlicher Seite betont wurde, es ginge dabei weder um die verpönte Aufschnürung des »Paketes«, noch um den von den Russen geforderten neuen Status West-Berlins, sondern schlicht um die Wahrung der Interessen der drei Mächte, also um die Sicherung des alten Status quo. Die Heraushebung solcher Unterscheidungen vor der Öffentlichkeit war schon um des Prestiges willen notwendig. Die Sowjets indessen bauten alsbald ein neues Hindernis auf: Gromyko verlangte am 9. Juni, man möge die Bildung des im Herter-Plan vorgesehenen »Gemischten Deutschen Ausschusses« (Stufe II), jedoch bei paritätischer Zusammensetzung, mit einer auf ein Jahr befristeten Übergangslösung für West-Berlin verbinden (symbolische Kontingente des Westens, keine atomaren oder Raketenstützpunkte in West-Berlin, Verbot jeglicher Spionage- oder Propagandatätigkeit gegen den Osten). Denn Gromyko betrieb nunmehr offen die Aufschnürung des »Paketes«, um dadurch den Friedensvertrag wieder in die Besprechungen einschleusen zu können. Herter lehnte dieses »gefährliche Junktim« (Wilhelm G. Grewe) sofort ab und sprach sogar von einem »gleichen Element der Nötigung«, wie es in der sowjetischen Note vom 27. November enthalten gewesen sei (10. Juni). Wieder saß man fest; ein Ende der Genfer Konferenz ohne das geringste Anzeichen einer Einigung deutete sich an. Nicht einmal ein »Interim« für Berlin war zu erreichen, obgleich die westlichen Minister ihre Neigung zu erkennen gegeben hatten, für eine Dauerlösung ihre Truppen in den Westsektoren zahlen- und rüstungsmäßig auf dem jetzigen Stande begrenzt zu halten und Propagandaaktionen, welche »die Rechte anderer beeinträchtigen könnten«, abzudrosseln. Auch hinsichtlich des Zugangs nach West-Berlin waren die drei Mächte zu der Konzession bereit, die dafür notwendigen »Verfahren«, »soweit dies nicht schon der Fall ist, von deutschem Personal« ausführen zu lassen. Doch Gromyko sah in einer Dauerregelung eine Verewigung des Besatzungsregimes, bestand auf dem Junktim und wollte die Übergangslösung lediglich auf achtzehn Monate erweitert wissen. Das war für die Westmächte ebenso unannehmbar wie das Ansinnen vom 9. Juni. So beschloß man am 20. die Vertagung der Besprechungen um drei Wochen.

Die Konferenzpause bot den beteiligten Staaten des Westens Gelegenheit zu Besinnung und internen Erörterungen. Während am 1. Juli in der Reichshauptstadt Heinrich Lübke zum Bundespräsidenten gewählt wurde, die DDR diesen Akt als eine die Genfer Verhandlungen störende »Provokation« beschimpfte und Gromyko gar von Moskau aus die Bundesrepublik beschuldigte, daß ihre Delegation die Arbeit der Konferenz behindert habe, rief in den USA und England der Bericht Averell Harrimans über seine Reise in die Sowjetunion und ein mit Chruschtschow geführtes Gespräch (23. Juni) Besorgnisse hervor. Es war zu vernehmen, daß der sowjetische Regierungschef sich hart gezeigt (Drohung mit einem Separatvertrag für die DDR) und angekündigt habe, die russische Haltung werde während der nächsten Phase der Konferenz ebenso unnachgiebig sein wie vorher. Zum Thema der deutschen Einheit habe er bekräftigt:

Seien Sie überzeugt, daß ich der Wiedervereinigung Deutschlands nicht zustimmen werde, falls nicht ein sozialistisches System für Deutschland vorgesehen wird.

In der Presse und in den Amtsstuben setzten Diskussionen über Kompromißlösungen in der Berlin-Frage ein, wobei die Junktim-Taktik Gromykos Früchte zu tragen schien: um den *Gesamtdeutschen Ausschuß* rankten sich hoffnungsvolle Spekulationen. Zum Wiederbeginn der Konferenz wurden daher besondere Anstrengungen Adenauers, unterstützt vom Auswärtigen Amt, nötig, um den Verbündeten hinsichtlich dieses Ausschusses den Unterschied zwischen dem Herterschen (Stufe II) und dem sowjetischen Vorschlage vermittels eines Memorandums klarzumachen. Dieses Arbeitspapier wurde den Westmächten am 10. Juli zugänglich gemacht, und man erfuhr als Ansicht Bonns, daß es – wenn überhaupt Junktim – in diesem Falle realistischer sei, eine ständige Deutschlandkommission der vier Mächte unter Hinzuziehung deutscher Vertreter anzustreben. Es war das im Kern der alte Vorschlag Adenauers seit 1958, und gleichzeitig bedauerte der Kanzler einmal mehr, daß die von ihm erhoffte Besprechung der westlichen Regierungschefs während der Konferenzpause ausgeblieben war.

Daß die neue Bonner Wachsamkeit vorübergehend Herter und Selwyn Lloyd samt deren Delegationen miteinbezogen hat, ist keineswegs ausgeschlossen. Nach Konferenzbeginn schienen es jedenfalls vorerst nur Couve de Murville (15. und 16. Juli) und Grewe zu sein, letzterer am 16. Juli in auffallend scharfer Form, die sich speziell gegen die Verbindung des Gesamtdeutschen Ausschusses à la Gromyko mit einer interimistischen Berlin-Lösung wandten. Am 20. Juli lehnte dann auch Herter den Ausschuß-Vorschlag Gromykos endgültig als unannehmbar ab und unterbreitete – ohne Dokument – namens der Westmächte eine Anregung, die sich inhaltlich in den Grundzügen an das deutsche Arbeitspapier vom 10. Juli anlehnte:

Die Genfer Konferenz der Außenminister, so wie sie zur Zeit konstituiert ist, soll weiterhin bestehen, um das deutsche Problem als Ganzes zu erwägen. Sie soll außerdem Fragen erörtern, die mit der Erweiterung und Entwicklung von Kontakten zwischen den beiden Teilen Deutschlands in Beziehung stehen. Zu diesem Zweck soll die Konferenz von Zeit zu Zeit auf einer vereinbarten Ebene und an einem vereinbarten Orte zusammentreten. Die Konferenz kann ferner besondere Abmachungen für die Erörterung spezieller Fragen treffen, die sich aus ihren oben bezeichneten Aufgaben ergeben.

Doch Gromyko war auch hierfür nicht zu haben. Er bestand auf der von ihm vorgeschlagenen Form des Gesamtdeutschen Ausschusses und war auf die gegenwärtige und künftige Handlungsfreiheit seiner Regierung in den Berliner Angelegenheiten bedacht – gleichgültig, ob mit oder ohne Gipfelkonferenz. In Kenntnis der inzwischen von Eisenhower ausgesprochenen Einladung an Chruschtschow, zu Besuch in die USA zu kommen, gaben sich die Russen in Genf großmütig und geschmeidig, ohne indessen Konzessionen zu machen. Ende Juli überwogen die Geheimbesprechungen; eine Annäherung der Standpunkte kam nicht zustande. Am 28. Juli tauschten beide Seiten zum letzten Male ihre Arbeitspapiere mit Formulierungsvorschlägen aus. Die Sechs-Monate-Frist des Ultimatums (27. Mai) war längst vergangen, und kein Mensch sprach mehr davon; eine erste Phase der Krise um die Reichshauptstadt schien überstanden zu sein.

Man schied am 5. August ohne konkretes Ergebnis und mit einem mehr als dürftigen Kommuniqué, in welchem die Neigung zu weiteren Besprechungen durchklang, ein Datum jedoch nicht genannt wurde. Botschafter Grewe hat zwar im Rückblick die Einigkeit der Westmächte untereinander (einschließlich der Bundesrepublik) gegenüber allen Teilaspekten des Deutschlandproblems betonen zu sollen Veranlassung gesehen, aber es zeigte sich gleichzeitig, wie eingeengt und gering der Spielraum für eine Lösung der deutschen Frage nach vierzehn Jahren internationaler Nachkriegspolitik geworden war. Denn die Genfer Konferenz, von den Westmächten ursprünglich zur Besprechung aller »europäischen« Streitpunkte (Deutschland, Sicherheit, Abrüstung) angelegt, hatte sich in ihrem zweiten und dritten Teil doch wieder in eine »Berlin-Konferenz« zurückverwandelt mit engster Beziehung zum Inhalt des sowjetischen November-Ultimatums. In der deutschen Angelegenheit traten fortan nicht nur die Bundesrepublik und ihre Alliierten auf der Stelle, sondern es deutete sich sogar ein Rückzug der USA aus der bisherigen Deutschlandpolitik an: nicht vollständig natürlich und auch niemals essentiell, doch war man im Augenblick des Kampfes in der vorderen Linie müde geworden. Sichtbare Zeichen dafür waren das Sich-Abfinden mit einem ungesicherten und weiterhin bedrohten status quo in Berlin und die intern bereits am 11. Juli von Eisenhower ergangene Besuchseinladung an Chruschtschow, die ein sehr weitgehendes Entgegenkommen darstellte und fast die Gipfelkonferenz vorwegzunehmen schien. So wurde jetzt die Aussichtslosigkeit diplomatischer Wiedervereinigungsbemühungen zunehmend Gegenstand allgemeiner Erkenntnis, doch das Gefühl, in der Defensive zu stehen, lähmte für die nächsten Monate jegliche Bereitschaft zur Entwicklung neuer Initiativen, sei es aus Müdigkeit, Resignation oder Trotz. Während das offizielle Bonn vor und nach der Konferenz argwöhnisch die nach außen gepriesene Geschlossenheit der westlichen Mächte zu erhalten bemüht blieb und diese Anstrengungen schon am 4. Juni zum Entschluß Adenauers, auf die Präsidentschaftskandidatur zu verzichten, mit beigetragen hatten, kam es auch zu Auswirkungen bei der sozialdemokratischen Opposition: fortan fehlte ihr zu einer Alternativpolitik in der Deutschlandfrage angesichts der sowjetischen Haltung jeder Ansatzpunkt. Der Deutschlandplan der SPD vom 18. März 1959 war gegenstandslos geworden, kaum daß ein halbes Jahr ins Land gezogen war. Daher muß das am 30. Juni 1960 mit der bekannten Bundestagsrede Wehners angekündigte Einschwenken der SPD in die Richtung der Außen- und Wehrpolitik Adenauers ebenfalls im Zusammenhang mit den vergeblichen Bemühungen in Genf und den sich daran anschließenden Ereignissen (Scheitern der Pariser Gipfelkonferenz) gesehen werden.

Natürlich blieb die Berlin-Frage drängend und mit ihrer ganzen Gewichtigkeit durchaus im Vordergrunde. Als Ende September 1959 Chruschtschow den Präsidenten Eisenhower in Camp David besuchte, kamen beide Regierungschefs überein, die Berlin-Gespräche in irgendeiner Form wiederaufzunehmen. Das Wort Eisenhowers von der „abnormen" Lage in Berlin machte auch in Bonn die Runde durch die erschreckten Ministerien und bereitete Adenauer wieder schwere Sorgen. Damit gingen die USA abermals einen Schritt rückwärts, denn die

Berlin-Frage wurde nun mit stiller Zustimmung Washingtons aus dem Gesamtbereich des Deutschlandproblems wieder herausgenommen und damit zugleich die Suche nach einer Lösung dieses Deutschlandproblems einschließlich der freien Wahlen »zumindest vorerst aufgegeben« (Helga Haftendorn). Bezüglich der deutschen Angelegenheiten stand jetzt Eisenhower eindeutig an der Wand. Und indem Chruschtschow erneut bekräftigte, seine Berlin-Vorschläge vom 10. und 27. November 1958 seien niemals als eine Drohung gedacht gewesen, glaubte der amerikanische Präsident, dessen Ansehen längst Einbußen erlitten hatte, seiner Teilnahme an der für 1960 vorgesehenen Gipfelkonferenz unter Verzicht auf die von ihm bislang geforderten »Vorgespräche« endgültig zustimmen zu sollen. Vorläufig hielt sich ja Moskau hinsichtlich Berlins zurück und schien bis auf weiteres auf einseitige Maßnahmen zu Lasten dieser Stadt und ihrer Verbindungswege zum Westen zu verzichten.

Die Entwicklung in Europa.
Das deutsch-französische Verhältnis 1959–1962

Als im Sommer 1959 eine sich anbahnende Zusammenarbeit zwischen Paris und Bonn in außenpolitischen Dingen bemerkbar wurde, hatte der Anlaß dazu in der Behandlung des Deutschlandproblems gelegen. Angesichts einer während der Berlin-Krise zuweilen im State Department und im Foreign Office offenkundig werdenden Kompromißbereitschaft war General de Gaulle zunehmend von der Bundesregierung als geeigneter Bundesgenosse angesehen worden. Paris hatte damit in eine gemeinsame Politik auf einem vorerst kleinen Sektor eingewilligt und dem Nachbarn zum ersten Male in dessen junger Geschichte eine speziell »kontinentale« Rückendeckung gewährt, aber es war zu fragen, ob es sich dabei nur um eine Variante in der westlichen Deutschlandpolitik handelte oder ob ein neuartiger, noch nicht voll zu erkennender Kurs Frankreichs auf dem Schauplatz Europa zu erwarten war. Würde das letztere zutreffen, durfte man schließen, daß es Paris weniger um Teilgebiete des deutschen oder eines anderen Problems ging, sondern zunächst schlicht um die Gewinnung eines Partners. Aber erst nach einem solchen Akt des allmählichen Sich-Zusammenfindens konnte man damit rechnen, daß der Herr der Fünften Republik der Regierung in Bonn die wirklichen Ziele Frankreichs klarmachen werde.

Als de Gaulle sich im Mai 1958 mit großartiger Geste wieder dem Vaterlande zur Verfügung stellte, war er 67 Jahre alt. Er versicherte der Öffentlichkeit, keine Diktaturgelüste zu haben; vielmehr sei die »Erneuerung der Republik« sein großes Ziel. Außerordentliche Vollmachten für sein Interimsamt als Ministerpräsident sowie sein schnell erlangtes Ansehen im Parlament und mehr noch im Volke bewirkten die Annahme einer neuen Verfassung – der Verfassung der V. Republik. Ab 1. Januar 1959 fungierte der General als Staatspräsident und bestimmte – anders als seine Vorgänger – die Richtlinien der französischen Regierung. So wurde die Zeitspanne zwischen 1958 und 1962, die sich in dem nach seinem Tode (1970) erschienenen Erinnerungsband ›Memoiren der Hoffnung‹ widerspiegelt, in den Augen de Gaulles zur »Wiedergeburt« Frankreichs. Nach seiner Meinung kehrte Frankreich damit »zur normalen Ordnung zurück«, auf die es seit 1789 habe verzichten müssen. Er war einem »Rufe« gefolgt und betrachtete sich, wie schon zwischen 1940 und 1946, so auch jetzt wieder als ein »Berufener«. Hierzu das Zitat aus den letzten Memoiren: »Alles, was der Staat tut, geschieht kraft meiner Autorität, unter meiner Verantwortung, in vielen Fällen auf meine Veranlassung kraft der überragenden Rolle, die das Land mir instinktiv zuweist.« Er war entschlossen, das algerische Problem in einer Weise zu lösen, daß es für das Mutterland keine Belastung mehr darstellen würde. Auch das ist ihm – vielleicht nicht ganz in der Form, die er erwartet haben mag – bis zum Jahre 1962 hinlänglich gelungen. Für eine neue Politik Frankreichs mußte eben eine neue Ausgangssituation geschaffen werden. Die Befreiung seines Landes aus den afrikanischen Verstrickungen galt ihm als Voraussetzung für ein anderes großes Ziel: die Unabhängigkeit Frankreichs, jene Unabhängigkeit, in deren Sinne er auch seine Europa-Politik zu führen gedachte.

Für die neue deutsch-französische Situation war längst – das sei hier nachgeholt – Vorarbeit geleistet worden, und seitdem standen die Zeichen für den Versuch einer politischen Freundschaft zwischen beiden Staaten, die mehr sein konnte als nur der Zustand einer sich befestigenden Aussöhnung, überaus günstig. Adenauer hatte die Entwicklung in Frankreich seit den Maitagen in einem Zustand zwischen Skepsis und Neugierde für den neuen Mann unablässig beobachtet. Am 14./15. September 1958 kam es zur ersten persönlichen Begegnung der beiden Regierungschefs in Colombey-les-deux-Eglises. Es war ein Meinungsaustausch über grundsätzliche Dinge, und Adenauer kehrte mit dem Eindruck zurück, daß er mit dem General in vielem übereinstimme, in weitaus mehr Dingen jedenfalls, als er ursprünglich angenommen hatte. Beide Männer spürten wohl, daß jeder von ihnen für den jeweils anderen »ansprechbar« war, und erkannten zugleich, daß sich auf dieser Basis die Beziehungen zwischen Frankreich und der Bundesrepublik weitgehend personalisieren ließen. Noch war es freilich nicht so weit, und für eine von de Gaulle angestrebte (und später mehr oder weniger praktizierte) »Aktionsgemeinschaft« zwischen Paris und Bonn fehlten einstweilen die Anlässe.

Gleichwohl hatte sich der Hintergrund der großen Politik verändert: das Verhältnis Bonn-London war völlig abgekühlt, während gleichzeitig das Vertrauen des Bundeskanzlers zu den USA durch den Ausfall Dulles' des wichtigsten Bezugspunktes beraubt war. Daß man auf Amerika »nicht für immer zählen« könne, daß man nicht genau wissen könne, »welches die Haltung der Vereinigten Staaten auf lange Sicht sein werde«, war vom Kanzler als geheime Furcht dem General schon in Colombey offenbart worden. Und 1959, ein Jahr später, war tatsächlich Eisenhower in den Augen Adenauers und vieler anderer Zeitgenossen längst nicht mehr der Zuversicht ausstrahlende »Ike« wie im Anfang seiner Präsidentschaft (1952/53), sondern hatte sich in der jetzt zu Ende gehenden zweiten Administration offensichtlich verbraucht, und Herter vermochte Dulles nicht zu ersetzen. Der Präsident, in dieser Hinsicht verwöhnt, entbehrte also eines wichtigen Rückhalts. Da Eisenhower sich mit der Begegnung von Camp David nicht begnügte, sondern weiterhin zum »Gipfel« (zu viert) und damit im Grunde zu einem Arrangement mit Chruschtschow strebte, meinte der Bundeskanzler sich mit einer Zwangssituation konfrontiert zu sehen, die zahlreiche Grundlagen der bundesdeutschen Außenpolitik in Frage zu stellen schien, einer Politik, die ja auch nach Genf, 1959/60, nach der Absicht ihrer Gestalter, Adenauer und Brentano, »ohne Experimente«, unter Festhalten am »Status quo« einer konzessionsfeindlichen Orientierung nach dem Stande von etwa 1955, weitergeführt werden sollte. Hieran gemessen, erscheint es erklärlich, daß am 19. Dezember 1959, am Rande der routinemäßigen Tagung des NATO-Rates in Paris, plötzlich in Bonn die Alarmglocken schriller klingelten als Ende September, da des Präsidenten Wort von der »abnormen« und also revisionsbedürftigen Lage in Berlin kolportiert worden war. Hier, in Paris, passierte es nämlich, daß Eisenhower im Kreise von de Gaulle, Macmillan,

Adenauer und den vier Außenministern offen aussprach, man sollte sich doch nicht mehr so unbedingt auf den bisherigen Zustand in Berlin festlegen, würde es einmal zu Verhandlungen mit Moskau darüber kommen. »Er führte unter anderem aus,« so heißt es in der Aufzeichnung Adenauers, »die ausdrücklich vereinbarten Rechte der Westmächte in Berlin seien nicht so gewichtig, daß die Öffentlichkeit außerhalb Deutschlands ihre Verletzung als ausreichenden Grund für ein gewaltsames Vorgehen ansehen werde.« Hiergegen wandte sich der Bundeskanzler mit größter Entschiedenheit – zweifellos verärgert – und drang darauf, nicht nur an den Rechten festzuhalten, sondern von westlicher Seite überhaupt keine neuen Verhandlungen über Berlin vorzuschlagen. »Genf sei« nach seiner Meinung »erledigt«. Ihm sekundierte de Gaulle, Macmillan schloß sich an; Eisenhower kam auf seinen Gedanken nicht mehr zurück.

Doch bleiben wir bei den beiden Nachbarn am Rhein. Was bedeutete es, wenn de Gaulle in der Meinungsverschiedenheit zwischen Eisenhower und Adenauer spontan erklärte, »daß er in allen Punkten« dem Bundeskanzler »zustimme«? Hier gibt uns die Aufzeichnung Adenauers, die ich noch einmal zitiere, wohl eine erste Klarheit. Es heißt:

Auch er [de Gaulle] würde es für außerordentlich gefährlich halten, von der Rechtsgrundlage Berlins abzugehen. Er nehme seinen Standpunkt ein im Interesse Frankreichs. Für ihn als Vertreter Frankreichs sei es unmöglich zuzustimmen, daß dem Russen ein weiteres Vordringen nach Westen auf diese Weise ermöglicht würde. Auch er sei der Auffassung, daß die Genfer Verhandlungen erledigt seien und daß man jetzt abwarten solle, was Chruschtschow denn eigentlich wolle. Wenn Chruschtschow ihn demnächst im März besuche, werde er ihm sehr nachdrücklich seinen Standpunkt darlegen. Er werde ihm sagen, daß Frankreich für die Wiedervereinigung Deutschlands in Freiheit sei und er unbedingt darauf bestehe, daß der Rechtsstatus von Berlin gewahrt bleibe. Er werde Chruschtschow erklären, daß er diesen Standpunkt auch auf der Gipfelkonferenz vertreten werde . . .

Wir brauchen uns hier nicht irritieren zu lassen. Natürlich spüren wir aus der Aufzeichnung die Adenauersche Diktion heraus, und dennoch wird in dieser Replik das Programm de Gaulles sichtbar. Die verbale Unterstützung für Bonn, wie schon in Genf, so jetzt in Paris gegenüber Eisenhower, erfolgte aus der Sicht der französischen Staatsräson. Adenauer sollte einmal mehr erkennen, daß auf ihn Hilfe und Rückhalt warteten, wenn die USA sie nicht mehr geben konnten oder wollten. Aber das war nur der eine Aspekt. Neben dem Vierer-Gipfeltreffen in Paris, so erfahren wir, war auch noch, sechs Wochen vorher, ein Staatsbesuch Chruschtschows auf Einladung de Gaulles vorgesehen, und das bedeutete doch, daß sich westliche Politik fortan auch auf einer anderen Ebene initiieren ließ, weniger zur Entspannung (das natürlich auch), doch weitaus mehr mit der Absicht der Demonstration. Es sollte gezeigt werden, daß das wiedergeborene Frankreich durchaus in der Lage war, sich allein gegenüber der Sowjetunion europäischer Probleme und Gravamina anzunehmen.

Freilich erhielten damit die Anliegen Bonns (wie Adenauer sie sah) eine rein subsidiäre Funktion, denn wenn sich die Bundesrepublik weiterhin auf den Gebieten der Sicherheitspolitik, der Abrüstung und der Deutschlandfrage nennenswerter Initiativen enthielt, würde Bonn – bei dem schwindenden Vertrauen zu Washington – um so schneller in den Sog des Pariser Fahrwassers geraten. Hat Adenauer das rechtzeitig gemerkt? Und wenn er es merkte, wollte er dann überhaupt noch zurück? Spätestens im Sommer 1960 verlangte de Gaulle einen Preis für die bislang gewährte außenpolitische Solidarität, indem er nämlich Bonn das Ansinnen stellte, die gewandelten französischen Vorstellungen von der Zukunft Europas und seiner Gemeinschaften anzuerkennen und zu unterstützen.

Hier hatte in der Tat ein Umdenken stattgefunden. Der Zusammenschluß der sechs Montanunion-Staaten zu einer umfassenderen wirtschaftlichen Gemeinschaft (EWG) auf Grund der Verträge von Rom (25. März 1957) war nach zweijähriger Vorarbeit zustande gekommen und eindeutig auf eine zu erstrebende supranationale politische Gemeinschaft angelegt worden. Es war das gewissermaßen der zweite Anlauf gewesen und hatte mit dem Gründungsakt jenes erste Ziel erreicht, an dem die offiziell niemals ins Leben getretene Europäische Verteidigungsgemeinschaft (EVG), gebildet ebenfalls von den Montanunionstaaten, 1954 gescheitert war. Diese Wirtschaftsgemeinschaft, gemanagt von einer in Brüssel residierenden Kommission, existierte jetzt zwei Jahre, und ihre organisatorischen und marktpolitischen Arbeiten (stufenweiser Abbau der Zolltarife) schienen gewisse optimistische Erwartungen für die weitere Konsolidierung wenigstens Westeuropas (»Kleineuropas«) zu rechtfertigen. Doch auch hier machte sich die neue souveräne Taktik de Gaulles bemerkbar, der ja im Gegensatz zu den Regierungschefs der IV. Republik – seinen Vorgängern – zwar für Europa war, aber vom Inhalt der Römischen Verträge sich stets weitgehend distanziert hatte. Kein Zweifel bestand, daß er an der Institution nicht mehr rütteln würde. Aber der europäische Einigungsgedanke, der gerade und wohl auch ausschließlich von der Existenz und dem Wirken der EWG seine Nahrung erhielt, wurde nunmehr von Paris aus mit politischen Nebenzielen belastet, und die EWG samt dem, was sich aus ihr zu entwickeln haben würde, sollte künftig Funktionen auch im nationalfranzösischen Interesse übernehmen.

Die eben bezüglich der Wahrnehmungsfähigkeit des Bundeskanzlers gestellte Frage darf wohl ohne weiteres mit »Ja« beantwortet werden. Er hat die französischen Intentionen gesehen, erkannt und sicher auch in ihrer Tragweite durchschaut, denn dazu gehörte im Grunde nicht viel. Und wenn er bei sich bereit war, den vorhin erwähnten Preis zu zahlen, dann zeigt das im Rückblick auch, wie sehr er von dem wenig kraftvoll gesteuerten Kurs der Regierung Eisenhower enttäuscht war und wie wenig es sich – nach seiner Meinung – lohnen würde, auf den bald zu wählenden Nachfolger im Weißen Hause irgendwelche Hoffnungen zu setzen. Wir wissen, daß Adenauer acht Jahre zuvor sich beim gleichen Anlaß auf diesem Gebiete ganz anderen Spekulationen hingegeben hat.

Adenauer hat sich dann im Jahre 1960 bewußt auf den Weg der Annäherung an Frankreich und den General de Gaulle begeben. Sein Mißtrauen gegenüber Eisenhower und Macmillan hinsichtlich ihrer Status-quo-Politik erreichte den entscheidenden Höhepunkt im Mai, als sich die vier westlichen Regierungschefs in Paris zur internen Vorbereitung jener von Chruschtschow so sehr gewünschten Gipfelkonferenz trafen, die dann letzterer wegen der bekannten U 2-Affäre noch vor dem offiziellen Beginn platzen ließ. Der die Hinwendung zu Frankreich bewirkende Eindruck des Bundeskanzlers ist seinen Erinnerungen zu entnehmen (Wortlaut nach persönlichen Notizen von damals):

Der Gesamteindruck, den ich hatte, war deprimierend und befestigte mich in meinem Entschluß, die Bande mit Frankreich, wie de Gaulle mir das am Tage vorher vorgeschlagen hatte, noch enger zu knüpfen.

Freilich, in voller Harmonie oder doch wenigstens vorbehaltlos geschah auch das nicht. Aber wenn Adenauer – intern – de Gaulle kritisierte, dann bezogen sich seine Klagen mehr auf die neue französische NATO-Politik, die für das Bündnis damals ein

Dreier-Direktorium (USA, Großbritannien, Frankreich) vorschlug und erstmals die Maxime der militärischen Integration abzuwerten versuchte. Kaum oder im Grunde überhaupt nicht bezog sich dagegen die Kritik des Kanzlers auf die französische Europa-Politik neuen Stils, von der er hauptsächlich den Grundgedanken eines verstärkten Zusammengehens von Frankreich und der Bundesrepublik begrüßte und von ihm auch fasziniert war.

Verfolgen wir also die weitere Entwicklung. Was geschah auf dem nächsten Treffen der beiden Staatsmänner auf Schloß Rambouillet am 29. und 30. Juli 1960? Die Einladung war von de Gaulle ausgegangen. Hier wünschte Adenauer zunächst Klarheit über die französische NATO-Politik, war zwar auch für Reformen zu haben (natürlich nach den amerikanischen Präsidentschaftswahlen), versuchte aber auch, da er vieles gefährdet sah, den französischen Präsidenten, dessen Vorgehen er »rigoros« nannte, zu bremsen, ohne daß es ihm dabei gelang, de Gaulle zu überzeugen. Für den General standen vielmehr in Rambouillet die europäischen Dinge im Vordergrunde, die er geschickt mit dem NATO-Problem zu kombinieren verstand. So entwickelte dieser seine Pläne, die unausgesprochen auf eine Stärkung der französischen Position hinausliefen: unter der Führung Frankreichs – die Bundesrepublik selbstverständlich an der Seite – sollten die sechs westeuropäischen Staaten allmählich ihre »Unabhängigkeit« von den USA zu erlangen trachten; in ständigen Konferenzen der beteiligten Regierungschefs und Außenminister seien Weg und Ziel vorzubereiten. Die Abneigung des Generals gegen supranationale Verpflichtungen (er ließ diese nur für die Montan-Union gelten), ja überhaupt gegen ein angeblich drohendes Übergewicht der sich in Brüssel betätigenden »europäischen Bürokratie« klang nicht nur unmißverständlich durch, sondern wurde auch direkt angesprochen. Hier konnte Adenauer zustimmen, denn auch er stand der Tätigkeit der EWG-Kommission unter Hallstein nicht ohne Vorbehalte gegenüber. Aber der Bundeskanzler akzeptierte über diese Einzelkritik hinaus zunächst einmal die Vorstellungen des Generals en bloc, kleinere Korrekturen scheint er sich für später aufgehoben zu haben. Details wurden ebenfalls von französischer Seite vorgetragen und auf einer Pressekonferenz de Gaulles am 5. September der europäischen Öffentlichkeit vorgetragen: sie betonten die politische Seite der Pariser Europaplanung, nämlich nationaler Charakter auch der Verteidigung und die Aussicht auf eine europäische Versammlung, der aber nur beratender Charakter zugewiesen wurde.

Immerhin war damit durch die Initiative de Gaulles von 1960 einer von vielen Wegen zu einer Europäischen Politischen Gemeinschaft gewiesen worden; es fragte sich nur, ob er der zweckmäßigste war und ob er sich als frei von übermäßigem nationalem Eigennutz erweisen würde.

Wenn Adenauer, bei allem Festhalten an den Institutionen der EWG, in Rambouillet zum Ausdruck brachte – und das sicher zur Freude de Gaulles –, daß »die EWG nicht politisch tätig werden dürfe« und daß er Hallstein sogar schon einmal gesprächsweise gebremst habe, dann waren in der Tat künftig Schwierigkeiten für den rührigen und aktionsfreudigen Kommissionspräsidenten zu erwarten. Denn erst am 26. Februar 1960 hatte dieser eine Beschleunigung der Durchführung des EWG-Vertrages empfohlen und war darin vom Europäischen Parlament unterstützt worden. Doch bei dem nunmehr einsetzenden Ringen um die Gestaltung der Gemeinschaft handelte es sich nicht nur allein um die drei genannten Personen. Auch die Europäische Freihandelszone (EFTA), das »andere Europa der Sieben« war Urheber einer gewissen Problematik geworden.

Wirtschaftsminister Erhard hatte jedenfalls bei seinen Überlegungen das gesamte westliche Europa im Auge und war 1960 keineswegs auf die EWG allein festgelegt. Indem er sich für eine gegenseitige Abstimmung der zollpolitischen Maßnahmen zwischen EWG und EFTA aussprach und vor allem England nicht vergrämen wollte, mochte er zugleich aus den Absichten des französischen Präsidenten eine gewisse Ermunterung zur Handlungsfreiheit für alle diejenigen herauslesen, die das Brüsseler EWG-System als zu starr, zu wenig zukunftsträchtig und vor allem als zu sehr vorpreschend empfanden. Denn auch das war zu erkennen: kaum daß die EFTA-Konvention in Kraft getreten war, stellte man in London bereits Überlegungen an, wie man sich der EWG annähern könne. Auch Adenauer, der sich die integrationsfeindlichen Pläne de Gaulles noch nicht in ihrer Gänze zu eigen machen wollte und konnte, wich im Spätsommer in der europäischen Frage gern auf entgegenkommende Gesten aus, so etwa beim Besuch Macmillans in Bonn am 10./11. August. Er tat das, da er damals eine »Blockbildung« zwischen Washington und London befürchtete.

Auf der anderen Seite aber betrachtete der Bundeskanzler zu dieser Zeit etwaige politische Schritte auf dem Gebiete der

Einigungsbestrebungen völlig als eine Prärogative der Regierungen, hierin bereits mit de Gaulle einig. Und gleichsam zur Illustrierung dessen fiel am 13. Oktober in der Nationalversammlung zu Paris das schnell bekanntgewordene Wort vom »Europa der Vaterländer«, vorgebracht zwar vom Ministerpräsidenten Michel Debré, aber doch die persönliche Diktion des Staatschefs offenbarend.

Am Ende des Jahres 1960 bot sich in der Europapolitik folgendes Bild: die grundsätzliche Hinneigung Adenauers und der Bundesrepublik an das Frankreich de Gaulles (ein Schritt, der weit über die Aussöhnungspolitik der 50er Jahre hinausging) war zwar vollzogen, doch bestand neben dieser »Grundtatsache« ein verwirrendes Spektrum weiterer Ansichten und Bestrebungen, die auf einen Nenner zu bringen nur mit taktischen Zugeständnissen der Beteiligten zu erreichen war. Die Frage freilich blieb, ob sich die Konzessionen gleichmäßig verteilen würden oder ob auf einer der beiden Seiten eine größere politische Stärke in Erscheinung treten und wirksam werden würde. In Frankreich war jetzt das Bedürfnis, Initiativen zu ergreifen, erheblich ausgeprägt; de Gaulle schaffte es, zum 10. und 11. Februar 1961 eine Art »EWG-Gipfelkonferenz« nach Paris einzuberufen, in der Hoffnung, daß sie nicht die einzige bleiben würde, und das nicht zuletzt zu dem Zweck, der Brüsseler Kommissionspolitik ein Gegengewicht gegenüberzusetzen. Adenauer dürfte damals der Auffassung gewesen sein – bei allen Vorbehalten, die er noch hegte –, daß schließlich eine Zusammenarbeit der Regierungen, wie de Gaulle sie anstrebte, auch in den Staaten selbst und bei den Völkern den Europa-Gedanken (mit dem Endziel des Zusammenschlusses) kräftig zu fördern imstande wäre.

Tatsächlich verursachte das Pariser Treffen der Regierungschefs in der Folgezeit bei der breiten Öffentlichkeit die Vorstellung, als sei durch das persönliche Engagement de Gaulles nunmehr besser gesorgt als vorher. In der Bundesrepublik gewann der General erklärte Anhänger, die später, in der Ära Erhard/ Schröder, in der Publizistik schlicht die »deutschen Gaullisten« genannt werden sollten. Daß freilich die Pariser Europapolitik auch blitzartige Wendungen zu vollführen sich nicht scheute, wurde schon nach einem Jahre offenbar, wenn man die Arbeiten der sog. Fouchet-Kommission bedenkt.

Sie wurde eingesetzt am 11. Februar 1961 auf dem eben erwähnten Treffen; ihr Vorsitzender, der französische Diplomat

Christian Fouchet, ein alter Anhänger des Generals seit 1940 (übrigens bei den Pariser Mai-Unruhen 1968 Innenminister), hatte ihr den Namen gegeben. Die Kommission, bestehend aus Regierungsvertretern, hatte den Auftrag, unter Zugrundelegung sowohl des alten Europa-Konzeptes (supranationale Einigung) als auch der neuen Vorstellungen de Gaulles (nationale Zusammenarbeit), Vorschläge für eine europäische Union auszuarbeiten. Daß man dabei von dieser doppelten Basis ausging, entsprach dem augenblicklichen Kompromißzustand zwischen de Gaulle und Adenauer, wobei den anderen Partnern klar wurde, daß gegenwärtig allein der Kontakt zwischen diesen beiden Männern Fortschritte in der Europapolitik bringen würde. Aber das verhinderte nicht, daß auch andere sich Gedanken machten.

Die Kommission versuchte, zunächst von März bis Juli ihrer Aufgabe gerecht zu werden. Soweit Meinungsverschiedenheiten auftauchten, bezogen sie sich jetzt schon auf die Stellung Großbritanniens zu den Sechs, denn die Niederlande wollten von dem alten Gedanken einer supranationalen Gemeinschaft (für den die Franzosen nicht mehr zu haben waren) nur dann abgehen, wenn England an dem politischen Zusammenschluß und dessen Vorberatungen beteiligt würde. Da das den sofortigen Beitritt Londons zur EWG als – noch nicht gegebene – Voraussetzung gehabt hätte, einigte man sich darauf, daß neben den Besprechungen der Sechs auch solche innerhalb der Westeuropäischen Union (WEU) geführt würden, in welcher England bereits vertreten war und die sich zunehmend gewissermaßen als »Aushilfegremium« anbot. Gleichzeitig wurde eine besondere Spielart der Treue zur NATO in der Haltung der Niederlande (Außenminister Josef Luns, 1971 NATO-Generalsekretär) deutlich, indem sie der politischen Union keinerlei Verteidigungszuständigkeiten zubilligen wollten und sich somit gegen die auf das atlantische Bündnis bezogenen militärpolitischen Reformpläne des französischen Partners aussprachen. Der General hat das mit steigendem Unwillen zur Kenntnis genommen, zumal später auch der belgische Außenminister Spaak ähnlich dachte. »Aus Holland hallt nichts als Kritik«, heißt es noch fast ein Jahrzehnt später in den Memoiren de Gaulles.

Dennoch wurde, als am 18. Juli 1961 die zweite EWG-Gipfelkonferenz zu Ende ging, in der sog. Bonner Erklärung Einigkeit demonstriert und die Meinungsverschiedenheit kaschiert, was wiederum die damalige Europa-Euphorie weiter am Leben erhielt. Da man sich auf die Unantastbarkeit der drei bereits bestehenden europäischen Gemeinschaften und deren Organe festlegte, schienen die seit Rambouillet in der Öffentlichkeit aufgekommenen Zweifel an dem neuen Europa-Kurs de Gaulles gegenstandslos geworden zu sein, nicht jedoch bei den Regierungen der »Kleinen«. Noch im Rückblick nennt sie der General die »Opponenten«, die sich in Bonn nur deshalb »gemäßigt« hätten, weil er und Adenauer (sein Freund) so nachdrücklich und unmißverständlich aufgetreten seien. Was die so apostrophierten Opponenten, zu denen doch gewichtige Europäer wie Luns und Spaak zählten, vorzubringen hatten, tut er in den Memoiren verächtlich als »Zwistigkeiten« ab, – kurzum, sie fielen ihm lästig. Entscheidend freilich war, daß Fouchets Studienkommission nun in Bonn den Auftrag erhielt, »die verfassungsmäßige Grundlage für eine europäische Ordnung« auszuarbeiten, d. h. den Vertrag für eine Europäische Union. Im September, als bereits überall der Wunsch Londons diskutiert wurde, Verhandlungen über einen Beitritt Englands zur EWG aufnehmen zu lassen, liefen die Arbeiten der Kommission an. Anfang November präsentierte Fouchet auf einer Sitzung den später nach ihm benannten ersten Plan für einen »Bund europäischer Staaten« und machte damit die Gedanken der französischen Regierung in ihren Einzelheiten transparent. Hier wirkte sich die Dominanz der Federführung aus: diskutiert wurde lediglich *ein* Entwurf, und das war ein französischer, bezeichnend für die damalige Bonner Zurückhaltung. »Fouchet I« garantierte die »Achtung« vor den drei »alten« Institutionen; die »neuen«, im Vertragsentwurf genannten, sollten dafür als Arbeitsgebiete Politik, Verteidigung und Kultur zugesprochen bekommen. Vorgesehen wurden

ein Rat der europäischen Regierungschefs, der alle vier Monate tagen sollte, während in der Zwischenzeit die Außenminister sich zu treffen hätten,

eine Europäische Parlamentarische Versammlung, zusammenzusetzen aus Abgeordneten der sechs nationalen Parlamente, mit beratender Funktion,

eine Europäische Politische Kommission für die laufende Arbeit (Exekutivkommission) und Vorbereitung der Beschlüsse des Rates. Später wurde in den Plan auf Antrag der anderen noch ein Generalsekretariat aufgenommen.

Einstimmigkeit für die Entscheidungen des Rates und eine Laufzeit des Unionsvertrages zunächst für drei Jahre.

Alle Staaten, die dem Straßburger Europa-Rat angehörten, sollten, nach voraufgegangenem Beitritt zu den drei »alten« Gemeinschaften, Mitglieder der projektierten politischen Union werden dürfen. Fouchet I wurde gründlich beraten, und bei aller, keineswegs nörgelhafter Kritik zeigten sich die Regierungen der anderen fünf EWG-Staaten schließlich mit dem Inhalt dieses Entwurfs einverstanden, nachdem die Kommission den Rest des Jahres damit verbracht hatte, dem Plane kleine Verbesserungen aus den Elementen der Römischen Verträge von 1957 beizufügen. Auch die Bedenken der Niederlande schienen nunmehr beseitigt zu sein, nachdem die Präponderanz der NATO in Verteidigungsfragen noch einmal gemeinsam betont worden war.

Wer auf französischer Seite dann der Urheber jener schwerwiegenden Veränderungen gewesen ist, die plötzlich am 19. Januar 1962 in der Kommission vorgebracht und, in den Plan eingearbeitet, als Fouchet II bei den Verhandlungspartnern Unwillen und Ablehnung hervorriefen, läßt sich nicht eindeutig sagen. Entweder war es Michel Debré oder gar de Gaulle selbst; Spekulationen, daß Botschafter Fouchets Mitwirkung erzwungen worden sei, wird man heute beiseite tun können, denn in seinen 1971 erschienenen Memoiren hat sich Fouchet eindeutig mit dieser zweiten Fassung seines Planes identifiziert. Die neuen französischen Vorschläge liefen schlechthin auf Erschwerungen hinaus: sie waren ein Anschlag auf die Autonomie der drei »alten« Exekutiven, zumal der »Rat« zusätzlich für die Wirtschaft zuständig sein sollte. Das aber ging besonders eindeutig zu Lasten der EWG und sollte offensichtlich die Entmachtung der von Hallstein geleiteten Brüsseler EWG-Kommission bedeuten. Bezüglich der Verteidigungspolitik war vom atlantischen Bündnis nicht mehr die Rede und damit ein zwischenzeitliches Zugeständnis Frankreichs wieder rückgängig gemacht worden. Die Revisionsklausel verzichtete ausdrücklich auf eine Respektierung der schon bestehenden europäischen Strukturen; ferner sollten die Außenminister vom Rat ausgeschlossen werden. Besonders hervorgehoben wurde die Einstimmigkeit der Ratsbeschlüsse: man konnte fast von der Parole sprechen »Alle Macht den Regierungen – auch in einem vereinigten Europa«. Zugleich erschienen die schon in Fouchet I enthaltenen Bestimmungen über die Neuaufnahmen, wonach der eintrittswillige

Staat Mitglied der EWG sein mußte und seine Aufnahme einem einstimmigen Beschluß der Unionsmitglieder unterliegen sollte, in einem neuen Lichte. Wenn man de Gaulles Fernsehansprache vom 5. Februar glauben durfte, waren sie nicht gegen England gerichtet, denn noch betrieb der Präsident – so seine Worte – eine westeuropäische Staatenunion,

damit nach und nach auf beiden Seiten des Rheins, der Alpen und vielleicht des Ärmelkanals ein politisches, wirtschaftliches, kulturelles und militärisches Gesamtgebilde entsteht, das mächtigste, wohlhabendste und einflußreichste der Welt ...,

doch zu hören war auch – und damit legte der General seine Karten gegenüber der Öffentlichkeit vollends auf den Tisch –, daß seine Politik den Zweck verfolge,

das Netz der früheren Abmachungen, die uns die Rolle einer integrierten, also ausgelöschten Nation zuwiesen,

zu zerreißen.

Das war deutlich genug; in Belgien und mehr noch in den Niederlanden brach ein Sturm der Entrüstung los, und abermals ging man auf die Suche nach Kompromissen, um den gemeinsamen Weg fortsetzen zu können. Am 15. Februar 1962 kam es »auf Wunsch de Gaulles zu einem überraschenden Treffen« zwischen ihm und Adenauer in Baden-Baden, wobei der Bundeskanzler aus dem Munde Couve de Murvilles den speziellen französischen Standpunkt erfuhr. Nicht alles überzeugte ihn, doch sein Widerstand war nur gering. Adenauer war damals geschockt vom Bau der Berliner Mauer und ihren Folgen und trotz aller Skepsis in den amerikanischen Bundesgenossen war er sich der Abhängigkeit der deutschen Sicherheit von der NATO und von Washington bewußt. Seine Sorgen sprach er aus und hielt mit negativen Urteilen über die amerikanische Politik nicht zurück. Kein Wunder aber war es, daß er daher mehr auf de Gaulles beschwörende Argumente einging, als er wohl ursprünglich gewollt hatte, und der General verhielt sich, wo es nichts kostete, generös. Doch was nun in Baden-Baden an Entwürfen für neue gemeinsame Formulierungen hinsichtlich der Präambel und der Ratszuständigkeit ausgehandelt wurde (immerhin wieder Erwähnung der NATO; daneben die Versicherung, daß an der Tätigkeit der alten Gemeinschaften, die freilich »unpolitisch« sein müßten, keine Änderung vorgesehen sei) reichte, wie sich schnell zeigen sollte, zu einem Brückenschlag in Richtung auf die »anderen Vier« keinesfalls aus. Die

Konzilianz des Generals im persönlichen Verkehr mit dem von ihm geschätzten Bundeskanzler durfte nicht über seine grandiose Eigensinnigkeit hinwegtäuschen, und weder von der EWG noch von der NATO, die beide den anderen Fünf mehr oder minder als sakrosankt galten, erwartete er das Heil Europas.

An dieser Stelle sei eingeschaltet, daß de Gaulle in seinen Memoiren, die diese Entwicklung erheblich verkürzt bringen, nur von der zweiten Fassung des Fouchet-Planes, also der vom Januar/Februar 1962, spricht und Fouchet I überhaupt nicht erwähnt. Es kam dann zunächst dazu, daß Fouchet II im März, basierend auf den Baden-Badener Absprachen, ein Gegenentwurf entgegengestellt wurde, der unzweideutig von einem »gemeinsamen Schicksal« sprach, die Verteidigungspolitik in den Rahmen der NATO stellte und die Außenminister vom »Rat« nicht ausgeschlossen sehen wollte. Aber Frankreich zog nicht mit: in einem Gespräch mit Fanfani in Turin am 4. April versuchte de Gaulle, Italien auf seine Seite zu ziehen, und scheint dabei den Eindruck gewonnen zu haben, daß der italienische Ministerpräsident für die französische Linie zu haben sein würde. Doch gerade diese bilateralen Staatsmann-Gespräche brachten die Benelux-Staaten umso mehr auf den Plan. Da sie ihr Ziel, die Föderation, aufs schwerste bedroht sahen, kamen im April die Niederlande und Belgien, ein französisches Übergewicht schon der nächsten Zukunft befürchtend, auf ihren alten Vorschlag zurück, Großbritannien sofort in die Unionsgespräche einbeziehen zu lassen. Zur Verärgerung de Gaulles schwenkte dann auch Italien um: Segni gesellte sich zu Spaak und Luns, was später Fouchet in seinen Memoiren rückblickend freilich nicht allzu tragisch bewertet hat:

... Die Bundesrepublik Deutschland und Italien wären gewillt gewesen, die französischen Abänderungsanträge zu akzeptieren, und hatten es sehr klar zu verstehen gegeben. Belgien und Holland hätten, wenn sie wirklich den Vertrag wollten, das gleiche tun können und sollen ... So wäre das politische Europa entstanden, aber aus verschiedenen Gründen ist es abgelehnt worden. Eine große Hoffnung war somit dahin, eine prächtige Gelegenheit ging verloren ...

Mit diesem Gegeneinander war zugleich das Ende aller Beratungen gegeben: die in Paris versammelten Außenminister gingen am 17. April 1962 ohne Ergebnis auseinander, auch die Fouchet-Kommission stellte bald darauf ihre Arbeit ein. Ein ganzes Jahr lang waren nützliche, aber vergebliche Anstrengungen gemacht worden. Es sprach indessen für die Unverwüstlichkeit des Europa-Gedankens, daß die Kontakte und Tastversuche dennoch weitergingen und daß – wenigstens nach außen – weder de Gaulle noch Adenauer sich allzugroße Enttäuschung anmerken ließen.

Die vier Mächte und die deutsche Frage 1960–1963.
Adenauer, Kennedy und de Gaulle

Was sich während der Genfer Konferenz schon andeutete und in Camp David abermals zu Tage trat, war die Tatsache, daß man auf Seiten der USA den Zusammenhang zwischen dem Berlin- und dem Deutschlandproblem wieder aufgegeben hatte, – sicher nicht aus grundsätzlichen Erwägungen, sondern eher aus Gründen der Zweckmäßigkeit. Doch danach, nach dem Gedankenaustausch der Zwei vom September 1959 passierte nichts Erwähnenswertes mehr, auch nicht auf höchster Ebene. Am 17. Mai 1960 scheiterte die zu Camp David fest abgesprochene Gipfelkonferenz der Vier Mächte in Paris noch vor ihrem eigentlichen Beginn aus von Chruschtschow persönlich provozierten Gründen, die freilich wiederum mit dem von den Amerikanern ausgelösten U 2-Zwischenfall in Verbindung standen. Die Ergebnisse intensiver Vorbereitungen der Westmächte wurden damit hinfällig und waren umsonst. Das ungelöst gebliebene Berlin-Problem stand also weiterhin über der ruhmlos auslaufenden Ära Eisenhower, und um die leidigen deutschen Angelegenheiten breitete sich von neuem Stille aus. Zu Verhandlungen oder auch nur Gesprächen zeigte sich der sowjetische Regierungschef, wie er zweimal offen erklärte, nicht mehr bereit, jedenfalls nicht mit der Administration Eisenhower; Chruschtschow zog es vor, das Ergebnis der Wahlen in den USA abzuwarten. Die Aufgabe, Berlin vor der westlichen Öffentlichkeit im Gerede zu lassen, übertrug er bald der DDR. Ihre Eingriffe in die Freizügigkeit des Berlin-Verkehrs führten zu ärgerlichen Reaktionen auf seiten der Westmächte und Bonns, wie sie sich etwa in der Einreisebeschränkung für offizielle Persönlichkeiten aus Ostberlin oder gar in der vorzeitigen Aufkündigung des Interzonen-Handelsabkommens am 30. September 1960 äußerten. Tatsächlich ließ daraufhin der Druck nach, doch die Hoffnung, bei neuen Verhandlungen über den innerdeutschen Handel etwas mehr als nur Garantien alter Gewohnheitsrechte herauszuholen, erfüllte sich dann doch nicht. Im ganzen gesehen: es fehlten zwar die »Aktionen«, doch es blieb die unfreundliche Stimmung in Moskau, es blieb die Permanenz der Krise.

Im amerikanischen Wahlkampf von 1960 unterlagen im November die Republikaner unter ihrem Präsidentschaftskandidaten Richard Nixon nur knapp. Seit Anfang 1961 wurde die amerikanische Politik durch den neuen Präsidenten John F. Kennedy, bislang demokratischer Senator für den Staat Massachusetts, und seinen Außenminister Dean Rusk repräsentiert. Die von Kennedy entwickelte »Strategie des Friedens« war weltweit orientiert und gedachte dabei prinzipiell die 1945 bezogenen Positionen der USA in Europa auch weiterhin zu halten. Die von Washington ausgehende wohlwollende Ermunterung zur Weiterführung der europäischen Unionsgespräche bedeutete jedenfalls nicht, daß sich Amerika auf dem alten Kontinent in eiliger Weise entlastet sehen wollte, und da die Ziele de Gaulles den Vereinigten Staaten bereits erheblich weit gingen, wachte man in Washington schon fast eifersüchtig über Bestand und Tätigkeit der EWG, der man im Gegensatz zu de Gaulle durchaus eine zukunftweisende, mithin »politische« Funktion zuerkannte. Freilich, ein »Schwerpunkt« im alten Sinne der 50er Jahre, »ein Schwerpunkt der globalen Auseinandersetzung mit dem Kommunismus«, war die Europa-Politik einschließlich der Deutschlandfrage in den Augen Kennedys und Rusks jetzt nicht mehr. Hier verschoben sich die außenpolitischen Prioritäten Washingtons bald sehr deutlich.

Natürlich war Adenauer bestrebt, das Interesse der Vereinigten Staaten an Europa und der Bundesrepublik wachzuhalten. Sein Ansatzpunkt war das Problem der Sicherheit, der aktuelle »Aufhänger« seine schon permanent gewordene Kritik an Struktur und Habitus der atlantischen Bündnisorganisation. Bei seinem ersten Zusammentreffen mit Kennedy am 12. April 1961 in Washington beschwor er den jungen Präsidenten, die USA möchte doch ihre Führungsrolle innerhalb der westlichen Welt und vor allem innerhalb der NATO selbstbewußter und nachdrücklicher handhaben; ein besseres Praktizieren der leidigen Informationen und Konsultationen würde dann sogar – ein besonderes Anliegen des Bundeskanzlers – den Zusammenhalt im Bündnis noch wirkungsvoller gestalten. Momentan sei die NATO krank und lahm und man müsse auch de Gaulle davon überzeugen, »daß das Schicksal Frankreichs am besten in einem Bündnis wie der NATO aufgehoben sei«. »Amerika müsse nunmehr der NATO einen neuen Geist einhauchen.« Kennedy beschränkte sich auf höfliche Kenntnisnahme, wie er überhaupt bei diesem Treffen mehr der Fragende gewesen zu sein scheint. Vom Deutschland-Problem war, soweit den abgedruckten Aufzeichnungen zu entnehmen ist, nicht die Rede. Es tauchte lediglich kurz im Schlußkommuniqué auf, mit dem längst üblich gewordenen Hinweis auf das Selbstbestimmungsrecht des deutschen Volkes. Wohl aber wies Adenauer darauf hin, daß man sich immer noch im Zeitabschnitt sowjetischer »Tests« befinde, Tests, die den Zweck hätten, die Verhandlungs- oder Reaktionsbereitschaft der USA zu erproben.

Das zeigte sich deutlich, als sich – acht Wochen später – Chruschtschow am 3. Juni 1961 mit Präsident Kennedy in Wien traf, um, wie er gesagt haben soll, »dem jungen Manne das Fürchten beizubringen«. Bei dieser Gelegenheit wurde dem Präsidenten ein Memorandum Moskaus übergeben, in welchem ein Satz einmal mehr die sowjetische Zielsetzung im allgemeinen und in der Deutschlandfrage im besonderen eindeutig kennzeichnete:

Die UdSSR hält es im Interesse des Friedens für erforderlich, die nach dem Kriege in Europa entstandene Lage zu fixieren, die Unantastbarkeit der bestehenden deutschen Grenzen juristisch zu formulieren und zu festigen und die Lage in West-Berlin auf der Grundlage einer vernünftigen Berücksichtigung der Interessen aller Seiten zu normalisieren...

Und am Schluß nochmals:

Der Abschluß eines Deutschland-Vertrages wird eine wichtige Maßnahme zur endgültigen Nachkriegsregelung in Europa sein, die die Sowjetunion unablässig anstrebt.

Würde die Bundesrepublik sich nicht dazu verstehen können, im Zuge dieser Bereinigungspolitik direkte Gespräche mit der DDR zu führen, sähe sich Moskau genötigt, mit Ost-Berlin einen separaten Friedensvertrag abzuschließen. Da Kennedy auch dem Russen ein Papier übergeben ließ, blieb es in Wien bei einem bloßen Kennenlernen der beiderseitigen Standpunkte. Zeitgenossen aus der engeren Umgebung des Präsidenten wollen aber wissen, daß der Präsident von dieser ohne Umschweife vorgenommenen Konfrontation, vor allem von der mehr als klaren Zielsetzung Chruschtschows im Zweiergespräch sehr beeindruckt gewesen sei. Hier würde man auf westlicher Seite wohl nun doch reagieren müssen.

So kam es, daß die Wiener Begegnung den Anstoß zu neuen Überlegungen der Washingtoner Vier-Mächte-Arbeitsgruppe gab. Der alte und jetzt wieder erneuerte sowjetische Konferenzgedanke wurde immerhin aufgegriffen, wenn man auch nach außen hin so tat, als sei in der deutschen Frage seit dem Herter-Plan die Möglichkeit eines westlichen Entgegenkommens bis auf weiteres erschöpft. Bei Adenauer fand die Konferenzidee indessen keine Gnade, doch, sofern über Gesamtdeutschland gesprochen werden würde, waren von den Unionsparteien wenigstens Gerstenmaier und von der SPD Berlins Regierender Bürgermeister Willy Brandt dafür.

Es schien also, als wolle der Westen in der Deutschland-Frage jetzt reagieren, und sei es auch nur, um die »Abgrenzung« der eigenen Position deutlicher zu machen. Dahinter stand sicher, wenn es aus den Unterlagen auch kaum zu belegen ist, als Voraussetzung für jedwede künftige Beweglichkeit, das Tasten nach einem neuen Verhandlungsspielraum, vielleicht unter vorsichtiger Absetzung von der im Grunde ja immer noch gültigen Basis des Herter-Planes. Aber das war schwer genug. Die »fortlaufende Beeinflussung des westlichen Verhandlungsprogramms« – so die generelle Formulierung des Botschafters Kroll – war nach wie vor eine Realität, und für die von Moskau geforderte Priorität des Friedensvertrages waren somit weder die Bundesrepublik noch die Westmächte zu haben. Das zeigte sich einmal mehr in ihren Antwortnoten auf das Wiener Memorandum Chruschtschows, die nun fällig waren. Am 17. Juli betonten die Westmächte in ihren – getrennten – Noten ihr Recht auf Anwesenheit (einschl. Truppenpräsenz) in Berlin, und gerade die Amerikaner waren sich der Gewichtigkeit eines solchen Anspruches sehr bewußt. Dahinter stand nämlich, als Ergebnis von Wien, in Washington eine erneuerte Energie: nicht nur die Sowjetunion, sondern auch die westliche Führungsmacht steckte damit entschlossen ihre Grenzen ab und war bereit, bei einer etwaigen Kraftprobe um Berlin Gewalt mit Gewalt beantworten zu lassen (Rundfunkrede Kennedys über die Vergrößerung des amerikanischen Wehrpotentials am 25. Juli). »Unabdingbar« war daneben für die USA und die beiden anderen Westmächte der freie Zugang nach West-Berlin. Mochte auch der Schwerpunkt der Noten vom 17. Juli auf den Berliner Angelegenheiten liegen, so enthielten sie doch auch die Geneigtheit der Westmächte, namentlich Amerikas, mit der Sowjetunion über eine Regelung der deutschen Frage auf der Grundlage des

Selbstbestimmungsrechtes zu verhandeln, jedoch ohne Druck und Diktat der Einzelheiten von Seiten Moskaus. Hierbei war Paris ziemlich zurückhaltend, da de Gaulle (im Gegensatz zu Washington und London) die Meinung vertrat: »Erst nach einer langen Zeit internationaler Entspannung – und das hängt ausschließlich von Moskau ab – könnten wir mit Rußland über den ganzen Komplex der deutschen Frage verhandeln.« In dieser seiner »Abweichung« wußte sich der General mit Adenauer ziemlich einig.

In der Sache hatte der Westen, wie wir sahen, also nichts Neues zu bieten; unübersehbar aber waren die öffentlich bekanntgegebenen Anweisungen Kennedys, die mit dem militärischen Teil seines »Krisenfahrplanes« zusammenhingen (Verstärkung der Streitkräfte und des nicht-nuklearen Waffenpotentials); auch de Gaulle vermerkt in seinen Memoiren, er habe damals »unsererseits demonstrativ die Truppenstärken und die Ausrüstung unserer Streitkräfte am Rhein auffüllen« lassen. In Bonn gab man sich zuversichtlich. So konnte die Haltung des Westens nicht ohne Eindruck auf Chruschtschow bleiben, zumal in Moskau nun die Erkenntnis eines möglichen Risikos schlagartig wuchs.

Gleichwohl antwortete Chruschtschow am 3. August mit Noten an die Westmächte und die Bundesrepublik. Sie hielten sich substantiell an die alten Auffassungen: Friedensvertragspartner sollten nach wie vor die beiden deutschen Staaten sein und besonders pikant wirkte das Jonglieren Moskaus mit dem Selbstbestimmungsrecht:

Es sei Sache der Deutschen, einen Weg zur Wiedervereinigung ihrer beiden Staaten, die sich in verschiedenen Richtungen entwickelten, zu finden. Solange sich allerdings die Bundesregierung weigere, mit der Regierung der DDR zu verhandeln, bestünden keine Aussichten für eine Annäherung zwischen den beiden deutschen Staaten in dieser Frage. Dies sei eine unabänderliche Tatsache. Auch die vier Siegermächte könnten an dieser Entwicklung nichts ändern. Selbst wenn es ihnen gelänge, sich über die Wiedervereinigung Deutschlands zu einigen, bliebe ihnen nur die Möglichkeit, den erzielten Kompromiß den beiden deutschen Staaten aufzunötigen. Eine derartige Handlungsweise stünde aber in eklatantem Widerspruch zu dem Selbstbestimmungsrecht, von dem Washington in Zusammenhang mit dem Deutschlandproblem und der Wiedervereinigung Deutschlands spreche . . .

Noch deutlicher war Außenminister Gromyko in einem Gespräch mit Botschafter Kroll am 12. Juli gewesen. Er sagte, die deutsche Einstellung zum Prinzip des Selbstbestimmungsrechtes sei rundweg falsch. »Das deutsche Volk habe bereits von diesem Recht Gebrauch gemacht und zwei Staaten mit verschiedenen Systemen gebildet, die sich heute klar voneinander unterschieden.«

Man kann hier noch hinzufügen, daß Chruschtschow in Rundfunk und Fersehen am 7. August »eine Verstärkung der sowjetischen Armee an den Westgrenzen und Einberufungen von Reservisten in Aussicht« stellte und an die Westmächte appellierte, »sich an den Verhandlungstisch zu setzen und keine Kriegspsychose zu schaffen.« Doch an einen Krieg wollten die Westmächte nicht glauben und weder sie noch die Sowjets wollten ihn ernstlich. So gesehen gehörte die Ankündigung einer Gefechtsbereitschaft der Roten Armee zwar noch zur bisherigen harten Offensivpolitik Moskaus, die ehrlich gemeinte Warnung vor einer Kriegspsychose jedoch bereits zu einem Rückzugsmanöver, das die Westmächte dann auf ihre Weise zu honorieren gedachten.

Der große Schritt, zu dem sich die sowjetische Führung entschloß, wurde am 13. August 1961 offenbar. Der Bau der Mauer durch Berlin hat zwei Gründe gehabt. Der eine Grund lag in der Notwendigkeit, das durch die Viersektorenstadt gegebene Loch, die letzte Möglichkeit für eine Massenabwanderung nach Westdeutschland zu stopfen, sich gegen die bevölkerungsmäßige Ausblutung der DDR zu wehren. Der andere Grund aber lag in der Wirkung der entschlossener gewordenen Haltung der Westmächte gegenüber der Kriseneskalation, wie sie von Chruschtschow praktiziert worden war. Dieser Grund hatte, obwohl er nur eine »lokale« Maßnahme zu betreffen schien, somit einen weltpolitischen Bezug und macht nachträglich erklärlich, daß zur Vorbereitung der Maßnahme, deren Auswirkung für Moskau vorerst nicht abzusehen war, eine Tagung der Parteichefs der Warschauer-Pakt-Staaten vom 3. bis 5. August nach Moskau einberufen wurde. Auf ihr wurde der Schritt, der zweifellos von Ulbricht mitinitiiert war, dessen Verantwortung jedoch Chruschtschow voll und ganz an sich zog, vorgetragen und gebilligt.

Die Überraschung, welche die Maßnahme dann ausgelöst hat, kam einem Schock gleich, als die Volkspolizei, von Armee-Einheiten unterstützt, am 13. August begann, die westlichen Sektoren Berlins durch Stacheldrahthindernisse und Betonmauern vom Ostteil der Stadt abzuschließen und ähnliche Vorkehrungen auch an der »inneren« Grenze mit West-Berlin zu treffen. Der sowjetische Sektor Berlins war damit endgültig mit der DDR vereinigt, und das Ganze genoß überdies eine Abschirmung durch die Anwesenheit der Roten Armee.

Vom selben Augenblick an wurde das Verhalten der Westmächte zu diesem fait accompli Gegenstand westdeutscher Diskussionen und Polemiken, kaum daß der erste Schrei der Entrüstung verhallt war. Denn die Westmächte protestierten wohl (durch die Berliner Stadtkommandanten), trafen jedoch keine Gegenmaßnahmen politischer oder gar militärischer Art: ihre Rechte in Ost-Berlin, auf dessen Gebiet die Absperrung vor sich ging, beurteilten sie längst anders als die in West-Berlin. Es zeigte sich (wurde aber in der westdeutschen Öffentlichkeit erst viel später gebührend klar gesehen), daß die Offenhaltung der Sektorengrenze nicht mehr zu jenen westlichen »essentials« gehörte, die gerade eine Woche zuvor auf einer Zusammenkunft der westlichen Außenminister einschließlich Brentanos anläßlich der Tagung des NATO-Rates in Paris festgelegt worden waren. Diese »essentials« bestanden in folgendem:

Verbleiben der drei Westmächte in Berlin und Aufrechterhaltung ihrer Garnisonen,

Aufrechterhaltung der wirtschaftlichen und sonstigen Verbindungen zwischen Berlin und der Bundesrepublik, also Sicherung der politischen Freiheit und der Lebensfähigkeit Berlins,

Aufrechterhaltung des freien Verkehrs zwischen Berlin und dem Bundesgebiet.

Man hat das mit Recht ein Minimalprogramm genannt, doch hat es damals für ein größeres Programm nicht die geringste Voraussetzung gegeben. Noch die Berlin-Gespräche des Jahres 1971 sind von diesen »essentials« ausgegangen. Da sie eine Woche vor dem 13. August präzisiert worden waren, hat man dann auch bald darauf vermutet, daß ihr Inhalt, der die Freizügigkeit innerhalb ganz Berlins nicht ansprach, sowie die konkreten Reden Kennedys, der »nicht auf die westlichen Rechte in Ostberlin pochte« (was im Rahmen der früher oft bemühten Vier-Mächte-Verantwortung für diese Stadt immerhin denkbar gewesen wäre) hier eine gewisse Ermunterung dargestellt haben.

Dennoch durfte es nicht wunder nehmen, wenn sich die Amerikaner nunmehr in einer Situation sahen, in der einmal mehr die akute Verwundbarkeit ihres weltpolitischen Prestiges jäh erkennbar wurde. Die abermals zu kulminieren scheinende Berlin-Krise (in Wirklichkeit war es der Anfang ihrer Beendigung) drohte nämlich die Vertrauenssubstanz innerhalb des westlichen Lagers zu gefährden. Es gab viele Stimmen in der Bundesrepublik, die sich über das Nicht-Reagieren der amerikanischen Streitkräfte enttäuscht zeigten. Ob auch Adenauer zu ihnen zählte, muß trotz seines Interviews für die Zeitung ›Newsday‹, das er zwei Jahre später als Bundeskanzler a. D. gab und in welchem er dem offiziellen Washington für die Tage des Mauerbaus Versäumnisse vorwarf, zweifelhaft bleiben. Damals war der Kanzler jedenfalls bemüht, jegliche Zuspitzung der Situation zu vermeiden, was die Tatsache beweist, daß er sein Gespräch mit dem Botschafter Smirnow vom 16. August durch den Kommuniqué-Satz kennzeichnen ließ, es habe der weiteren Besserung der deutsch-sowjetischen Beziehungen gedient und die Bundesrepublik werde nichts unternehmen, was zur Ausweitung der Spannungen führen könnte. Der Bundesregierung konnte ebensowenig wie der amerikanischen daran gelegen sein, durch »Gegenaktionen« Verwicklungen mit unabsehbaren Folgen herbeizuführen, und tatsächlich lag die politische Gefahr dieser Tage nicht bei den Vorgängen an der Sektorengrenze, sondern bei dem Umstand, daß die kühle Überlegung der Risiken und die emotionale Aufgebrachtheit einzelner Politiker nur schwer in Einklang gehalten werden konnten.

Es muß angenommen werden, daß das Bekenntnis Kennedys zu den »essentials« als Engagement für die Sicherheit West-Berlins von den deutschen Zeitgenossen nicht in seiner ganzen, Mißverständnisse ausschließenden Bedeutung erkannt worden ist, denn anders läßt sich das verbreitete Empfinden, daß der Westen gegenüber einem unerhörten Vorgang »tatenlos« zugesehen habe, nicht erklären. Viele Dinge schienen seitdem nicht mehr im rechten Gleise zu sein; auch die Adenauer-Verdrossenheit des deutschen Wählers erhielt somit kurz vor der Wahl zum 4. Deutschen Bundestag neue Nahrung, indem Zweifel am Funktionieren des westlichen Bündnissystems sich im Volke ausbreiteten. Die USA wiederum mußten um die »Wiederherstellung« des so oft beschworenen Vertrauens besorgt sein. Kennedy entsandte zunächst, als Geste nach außen, seinen Stellvertreter Lyndon B. Johnson sowie ein Bataillon zur Verstärkung der Garnison nach Berlin, und bald darauf folgte der frühere Militärgouverneur in Deutschland, General a. D. Lucius D. Clay, als Sonderbeauftragter, mit dem Sitz in der alten Reichshauptstadt, nach. Damit sollte ein gewichtiger Name durch seine bloße Präsenz Beruhigung ausstrahlen: Clay war

1948 der Initiator der bekannten Luftbrücke zugunsten des blockierten Berlin gewesen, doch jetzt, dreizehn Jahre später, war er nur »da« und besaß keinerlei Vollmachten. Und er hätte auch tatsächlich nichts zu bewirken gehabt, denn im Herbst 1961 flaute die Berlin-Krise trotz gelegentlicher militärischer Demonstrationen zu beiden Seiten der Sektorengrenze spürbar ab. Damit bestätigte sich, daß der Mauerbau der Anfang vom Ende dieser Krise gewesen war.

Vor allem aber hat das Ereignis des 13. August den amerikanischen Präsidenten in keiner Weise davon abgebracht, seine vorsichtigen Tastversuche, sein Suchen nach Bewegungsraum fortzusetzen. Chruschtschow ist auf dieses Spiel eingegangen. Washington und Moskau nahmen daher durch ihre Botschafter die Erkundungsgespräche wieder auf, um herauszufinden, ob irgendwelche Grundlagen für eine Regelung der aktuellen Streitfragen auf diplomatischem Wege gefunden werden könnten. Diese Fühlungnahmen wurden bis in das Jahr 1962 hinein in unregelmäßigen Abständen fortgesetzt. Daß dabei Erfolge ausblieben, lag zweifellos an den weiterhin aufrechterhaltenen Maximalforderungen Moskaus, zu einem – kleineren – Teile aber auch daran, daß eine Einhelligkeit des Westens auf diesem Gebiete nicht mehr bestand. Eine Zeitlang war durchaus für die USA und Großbritannien die Versuchung gegeben, die Realität der DDR stärker, als es die bisherigen Grundsätze erlaubt hätten, als potentiellen Vertragsgegenstand zu berücksichtigen. In dieser Zeit hielt sich freilich das Frankreich de Gaulles auffällig zurück. Hierdurch aber war einmal mehr die Möglichkeit ernsthafter Kollisionen Washingtons mit Bonn gegeben, wo Adenauer und zunächst auch noch Brentano deutlich zu machen versuchten, daß in Berlin nicht nur amerikanische Interessen allein, sondern auch deutsche Interessen auf dem Spiele stünden und daß die Deutschen sich gerade in diesen Dingen von der Regierung in Paris besser verstanden fühlten.

Die abwartende Haltung de Gaulles, der solange nicht verhandeln wollte, wie der sowjetische Druck auf die westlichen Positionen in irgendeiner Form andauerte, bezog sich gewiß mehr auf die Methode als auf die Sache und war überdies durch die von ihm forcierte innerwestliche Rivalität zu den USA begründet. Doch auch der General erreichte am Ende des Jahres 1961 in der Berlin-Frage einen Punkt, wo selbst Adenauer ihn nicht mehr verstand. Beim Besuch des Kanzlers in Paris am 9. Dezember ergab sich, daß de Gaulle nicht einmal bereit war, der Politik Bonns, die doch nun wirklich vorsichtig, ja passiv genug war, Rückendeckung zu geben, Rückendeckung etwa in der Form, daß Paris wenigstens äußerlich die Einheit des Westens demonstrierte, indem es, so der Wunsch Adenauers, bei den Sondierungen »mitmachte«. Der Bundeskanzler mußte sich mit freundlichen Beschwichtigungen zufrieden geben, die keinerlei Verpflichtung in sich bargen.

Das zwischen dem 17. September und 7. November lediglich »geschäftsführende« Kabinett und nach ihm die neue Regierung Adenauer (»Kanzler auf Zeit«), mit Gerhard Schröder als Nachfolger des der FDP geopferten Brentano, befanden sich somit am Jahresende in ziemlicher Bedrängnis. Die Zeit der nachbarlichen Rücksichtnahme auf den deutschen Bundestagswahlkampf war vorbei.

Jetzt zeigte sich, daß die Gefahr der Widersprüchlichkeit, der die Bonner Deutschlandpolitik von Anfang an ausgesetzt gewesen war, seit dem erfolglosen Ende der Genfer Konferenz von 1959 und den nachfolgenden Ereignissen nur noch zugenommen hatte. Wieder einmal wurde in Bonn das Berlin-Problem von der deutschen Frage getrennt, also kein Junktim mehr: ein perpetuierliches Wechselspiel. Da sich die Gedanken nur noch auf die Lage in Berlin konzentrierten, mußte das hartnäckige Ausbleiben eigener konstruktiver Vorschläge Bonns zur westlichen Deutschlandpolitik – selbst im damaligen rudimentären Zustand – in Washington jene verwunderte Frage geradezu großwerden lassen, die eigentlich niemals hätte aufkommen dürfen: existiert denn das deutsche Problem für die praktische Politik der Bundesrepublik überhaupt noch? Da konnte es doch nicht wundernehmen, wenn die Amerikaner um den freien Zugang nach West-Berlin zwar besorgt waren, sich dabei aber an den Gedanken gewöhnten, notfalls hierfür den Sowjets eine innerdeutsche Status-quo-Garantie anzubieten. Aber hiergegen wandte sich Adenauer bei seinem Besuch in Washington am 20. November, so daß bezüglich der deutschen Angelegenheiten lediglich eine Art Negativkatalog vorgetragen wurde als Quintessenz der Bonner Politik, allem voran natürlich die Isolierung des Berlin-Problems: alle Sondierungen, die von Washington ausgehen würden, um den Status quo Berlins einmal zum Verhandlungsgegenstand zu machen, müßten tunlichst deutschlandpolitische Weiterungen ausklammern; technische Kontakte zwischen West- und Ostdeutschland, sollten sie bei den Sondierungsgesprächen als wünschenswert erachtet werden, dürften nicht zur de-facto-Anerkennung der DDR führen. Und es mag auch von Adenauers Seite zum Ausdruck gekommen sein, daß bei etwaigen gesamteuropäischen Themen (Sicherheit) innerhalb dieser Sondierungsgespräche dem Gesichtspunkt der Sicherung der westeuropäischen Bündnispartner selbstverständlich ein überdeutlicher Vorrang gebühre. Tatsächlich gelang es dem Bundeskanzler, Kennedy für die Auffassungen Bonns zu gewinnen, künftige Ost-West-Kontakte oder gar Verhandlungen auf Berlin zu beschränken, das Deutschland- und Sicherheitsproblem aber zunächst herauszulassen: die USA benötigten nun einmal damals für ihre Entspannungspolitik zufriedene Bundesgenossen im NATO-Bündnis, und das besonders, wenn es sich nach Meinung der Berater des Präsidenten um einen so wichtigen Partner handelte wie die Bundesrepublik.

Alles, was nun im Jahre 1962 nachfolgte auf dem Gebiet der Deutschlandpolitik, also die immer wieder von Kennedy erneuerten Gesprächsansätze (zwischen Botschafter Thompson und Gromyko in Moskau einerseits sowie zwischen Botschafter Dobrynin und Rusk in Washington andererseits) und das schon mehr als vorsichtige Reagieren der Bundesregierung, dies alles erscheint auch noch zehn Jahre später in der Rückschau als äußerst verwirrend.

(1) Auf der Seite der Sowjetunion waren neue Gesichtspunkte nicht zu verzeichnen. Für Moskau bildeten das Berlin-Deutschland- und Sicherheitsproblem nach wie vor eine Einheit; die Umwandlung Westberlins in eine »freie Stadt« ohne westliche Garnisonen und der Abschluß von Friedensverträgen mit beiden deutschen Staaten standen dabei im Vordergrunde. Erkennbar war lediglich, daß Chruschtschow – nach dem Bau der Mauer – die Berlin-Krise nicht mehr zu verschärfen gedachte. Da aber der Westen nach Lage der Dinge zwei Friedensverträge nicht akzeptieren würde, konnte am Ende der damaligen Entwicklung durchaus ein Separatvertrag mit der DDR stehen.

(2) Mit einem solchen Separatvertrag indessen rechneten die USA fest, ebenso mit der Übertragung der vollen Souveränität für die DDR bezüglich der Zufahrtswege. Daher ging es ihnen um gewisse »Ausnahmeregelungen«, bevor ein Vertrag mit Ostberlin ins Leben treten würde. Dieses Ziel macht ihre Taktik bei den Kontaktgesprächen erklärlich. Denn die Bemühungen der Vereinigten Staaten, ausgehend von den bekannten drei »essentials« (die auch die Billigung der NATO-Partner gefunden hatten), konzentrierten sich zwar auf Berlin (wobei die Verkehrs-

und Zugangsfragen »oben an« standen), zeigten aber die Neigung, von einer erhofften Einigung aus dann auf andere Fragen des Deutschland- und Sicherheitsproblems überzugehen und hierbei die Möglichkeit von agreements anzupeilen. Zwar meinte man in Washington, daß hierdurch der machtpolitische Status quo zwischen West und Ost in Europa keineswegs in Frage gestellt werden würde, doch trug gerade diese in den Gesprächen bereits praktizierte Ausweitung der Sondierungen zu den Konflikten mit Bonn im Jahre 1962 bei. Konkret waren das etwa Überlegungen wie folgende:

Zunächst einmal für Berlin:

Der Plan einer »Internationalen Kontrollbehörde für die Zufahrtswege«, letztere zu bilden aus einem Kollegium von 13 Gouverneuren (aus den USA, Großbritannien, Frankreich, der Sowjetunion, der Bundesrepublik, der DDR, West-Berlin, Ost-Berlin, Polen, der Tschechoslowakei, Österreich, der Schweiz und Schweden), zuständig für

die Autobahn Helmstedt-Berlin,

die drei Luftkorridore nach Berlin und

in West-Berlin für die Flugplätze, die Flugsicherungsanlagen und die Luftsicherheitszentrale,

eine Verringerung der westlichen Berlin-Garnisonen auf eine Stärke von insgesamt 9000 Mann,

dann, die anderen Probleme berührend:

paritätisch besetzte technische Kommissionen aus Vertretern der Bundesrepublik und der DDR für die Behandlung wirtschaftlicher und technischer Fragen zwischen Bonn und Ost-Berlin,

Nichtangriffserklärungen aller Mitgliedstaaten der NATO und des Warschauer Paktes, speziell bezogen auf alle »Demarkationslinien« in Mitteleuropa (Oder-Neiße-Linie, innerdeutsche Grenze und Berliner Mauer), dazu beiderseitige Kontrollmaßnahmen, um Überraschungsangriffe zu unterbinden,

eine ständige Vier-Mächte-Konferenz auf der Basis der stellvertretenden Außenminister,

eine Verständigung der Atommächte darüber, daß sie keinem anderen Staate Atomwaffen oder nukleare Produktionsgeheimnisse überlassen würden.

Hinzuzufügen ist, daß in Großbritannien solche Erwägungen auf freundliche Kenntnisnahme stießen, wobei die britische Regierung jedoch nicht aktiv wurde, daß Frankreich sich aber immer noch aus »allem heraushielt« und mit ablehnenden Kommentaren nicht sparte.

(3) Vorsicht und Wachsamkeit wiederum kennzeichneten das Verhalten der Bundesrepublik. Und es erhob sich Entrüstung, als die eben genannten Überlegungen am 12. April offiziell in Bonn bekannt wurden und Washington darum bat, binnen vier Tagen ihnen zuzustimmen oder präzise Gegenvorschläge zu erheben. Adenauer stellte fest, daß, abgesehen von den Berlin-Punkten, nunmehr die im November zwischen ihm und Kennedy vereinbarte Linie in erheblichem Maße verlassen worden sei. Am vehementesten war die Kritik an denjenigen Details, welche der DDR eine de-facto-Anerkennung bescheren würden (Kontrollkollegium, paritätische Kommissionen, Nichtangriffserklärungen). Daß der Plan, den am 16. April Rusk dem Botschafter Dobrynin überreichen wollte, noch dazu in der deutschen Presse diskutiert wurde, rief umgekehrt nun in Washington böses Blut hervor, wo man überdies mit dem Botschafter Grewe nicht mehr einverstanden war, der dort die von ihm mitinaugurierte und Kompromissen abgeneigte Deutschlandpolitik der 50er Jahre auch jetzt noch zu vertreten versuchte.

Nun, das war nicht die erste Verstimmung zwischen den beiden Verbündeten, und sie ist wieder beigelegt worden wie so viele andere auch. Doch in diesen Wochen muß wohl auch in Bonn die Einsicht Platz gegriffen haben, daß die Bundesregierung auf die Dauer einem Partner wie Kennedy keine Fesseln anlegen könne. Wenn, wie es offenkundig war, der Präsident die feste Absicht hatte, sich von dem »Negativ-Katalog« Adenauers vom vergangenen November zu lösen – und es war ja auch keinerlei Festlegung auf lange Sicht geschehen –, dann konnte ihm nicht einmal Adenauer in den Arm fallen, sondern allenfalls sich bei de Gaulle darüber beklagen. Freilich, wenn sich von nun an, von dieser Einsicht ausgehend, die deutsche Außenpolitik etwas beweglicher verhielt, dann ging dies nicht auf den Bundeskanzler, sondern auf den neuen Außenminister Gerhard Schröder zurück, der immerhin eine Art Anpassung an die amerikanischen Zielsetzungen zu praktizieren begann. Er tat es etwa in der Form, daß er grundsätzliche Stellungnahmen gegen die anvisierte Zugangsbehörde vermied und dabei auf der Frühjahrstagung der NATO in Athen von Rusk die Zusage erlangte, man werde amerikanischerseits in den Kontaktgesprächen nur das vorbringen, was auch Bonn billigen könne. Gewiß war das, gemessen an der bisherigen bundesrepublikanischen Linie, herzlich wenig für den Anfang, aber doch ein erster Schritt des neuen Hausherrn im Auswärtigen Amte, vom Status eines Kanzler-Gehilfen fortzukommen und nunmehr die eigene Verantwortung für sein Ressort stärker zu betonen. Damals wurde übrigens auch Grewe von seinem Washingtoner Posten abgelöst und später durch Botschafter Knappstein ersetzt, wie es hieß, auf eigenen Wunsch.

Schröder hat zunächst manches einstecken und gegenüber den USA wieder ausbügeln müssen, wie etwa die mißmutige Auslassung Adenauers vor der Öffentlichkeit einer Pressekonferenz am 7. Mai, als der Bundeskanzler auf Fragen antwortete und dabei die amerikanisch-sowjetischen Sondierungen mitsamt der »Verständigungsoffensive« Kennedys abwertete. Der entscheidende Satz lautete:

Ich habe nicht die Überzeugung, ja ich habe nicht einmal die leiseste Meinung, daß es je zu einem Ergebnis kommen wird.

Daß Kennedy darauf empfindlich reagierte, war zu erwarten, doch zeigte sich zugleich auch etwas anderes. Die Anlaufstelle für einen amerikanisch-deutschen Meinungsaustausch, für Konsultationen würde, von Washington aus gesehen, künftig Schröder sein, dessen pro-amerikanische (oder »atlantische«) Grundeinstellung fortan immer sichtbarer wurde und sich zudem von der neuen kontinentalen Bezogenheit der Adenauerschen Intentionen deutlich abhob. Der Außenminister fand damals Unterstützung bei Teilen der CDU, beim Koalitionspartner FDP sowie beim Regierenden Bürgermeister von Berlin, Willy Brandt, die allesamt mit den Entspannungsabsichten Washingtons und den dazu gehörenden Gesprächen einverstanden waren. Die Frage blieb nur, ob die sich immer mehr vervollkommnende Orientierung des Kanzlers auf Paris und de Gaulle nicht vorübergehend in der deutschen Außenpolitik zum Schwer- und Angelpunkt werden und die neuen Ansätze Schröders in den Hintergrund treten lassen würde.

Die Antwort darauf fällt im Rückblick leicht. Die Entente Paris-Bonn nahm immer deutlichere Konturen an. Doch noch einmal zurück zum Verhältnis Washington-Moskau. Zunächst erbrachte die zweite Runde der Sondierungsgespräche, die im wesentlichen mit Botschafter Dobrynin in Washington geführt wurden (von Monat zu Monat schleppender), so gut wie keinen neuen Gesichtspunkt ein, und Schröder brauchte kaum auf neue

»Zeichen« zu achten. Der Vorschlag der Kontrollbehörde für die Zufahrtswege verfiel der sowjetischen Ablehnung. Zugleich verstärkte sich abermals der unmittelbare Druck auf Westberlin durch gezielte Verkehrsbehinderungen. Zum anderen aber – und das war weitaus schwerer wiegend – gerieten die beiden Führungsmächte im Herbst 1962 immer mehr in eine Eskalation von Differenzen hinein, die Ende Oktober die Form einer offenen Konfrontation militärischer Art annahmen. Der Grund waren die an das Cuba Fidel Castros gelieferten sowjetischen Raketen und Abschußrampen. Die Welt stand plötzlich am Rande einer mit nuklearen Waffen zu führenden Auseinandersetzung; Kennedy war entschlossen, die Insel zu blockieren, die Streitkräfte der USA waren gefechtsbereit. Da Chruschtschow diese unmißverständliche Haltung des amerikanischen Präsidenten respektierte, indem er umgehend für die Entfernung dieser Angriffswaffen von der Insel sorgte, kommt dieser letzten und entscheidenden Phase der »Cuba-Krise« die Bedeutung einer Epoche innerhalb der Nachkriegsgeschichte zu. Die Berechtigung einer derartigen Bewertung wird noch durch die Tatsache verstärkt, daß nun beide Regierungschefs – jeder auf seine Weise – nach dem Abklingen der Spannungen so schnell wie möglich auf die Plattform einer Verständigungspolitik zurückzukehren suchten.

Direkte Rückwirkungen auf den »Kampf um Berlin« oder gar auf die deutsche Frage hat jedoch der Ausgang der cubanischen Händel so gut wie nicht gezeitigt. Die Sowjets hielten natürlich ihre Forderungen aufrecht; lediglich der politische Druck auf Westberlin büßte zwangsläufig von seiner Gefährlichkeit ein. Es war naheliegend, wenn beide Seiten jetzt bestrebt waren, sowohl ihre Auseinandersetzungen als auch ihre Ausgleichsbemühungen gewissermaßen auf eine »höhere« Ebene zu verlagern, um gleichzeitig zu Traktanden von allgemeinerem Interesse übergehen zu können. Hierfür boten sich in der Folgezeit die seit langem im Gang befindlichen, bislang unfruchtbar verlaufenen Verhandlungen über einen Stop der Kernwaffenversuche geradezu von selbst an. Die Themen Berlin und Deutschland im Gespräch der Führungsmächte wurden verlassen.

Damit haben wir den Hintergrund für das sich weiter entwickelnde Verhältnis Adenauer–de Gaulle erhalten. Schon am 15. Mai 1962 hatte der General sich gegen jede Änderung des durch ein Vier-Mächte-Abkommen vereinbarten Berlin-Statuts sowie generell gegen die internationale Zugangsbehörde ausgesprochen. Die dadurch gegebene Verlockung, sich künftig noch stärker an Frankreich anzulehnen, war in Bonn nicht zu übersehen. So wuchs die Annäherung zwischen den beiden Staaten, gefördert durch die sich vertiefende persönliche Freundschaft der beiden alten Staatsmänner, weiter an und zeigte sich nach außen sogar demonstrativ: zunächst die Reise Adenauers nach Frankreich im Juli, verbunden mit einer gemeinsamen deutsch-französischen Truppenparade bei Mourmelon und einem feierlichen Hochamt in der Kathedrale von Reims; später, im September, der Gegenbesuch de Gaulles in der Bundesrepublik, endend in einem wahren Triumphzug des Generals durch mehrere große deutsche Städte. Damit war »das Klima für einen Bund der beiden Staaten geschaffen« worden (Wolfgang Wagner), ein Bund, in dem de Gaulle eine Art Vormodell für eine künftige Union europäischer Staaten seines Geschmacks gesehen haben dürfte.

Die Initiative auch zu diesem Schritt ging von Frankreich aus, und Adenauer stimmte zu, wenngleich er einige Vorbehalte machte bezüglich EWG und NATO, deren Funktionsfähigkeit er nicht beeinträchtigt wissen wollte, – in puncto atlantischem Bündnis zweifellos sekundiert von Schröder. Beide Außenminister erarbeiteten dann Mitte Dezember ein »gemeinsames Dokument« mit Angaben über die Formen und Details der künftigen Zusammenarbeit. Somit stand zu Beginn des Jahres 1963 der nunmehr 87jährige Adenauer, dessen Amtszeit auf Grund der Koalitionsvereinbarungen mit der FDP im Herbst auslaufen würde, vor der letzten großen Entscheidung seines politischen Lebens. Zu einem Zeitpunkt, da die Ziele der drei alten Schutzmächte Westdeutschlands hinsichtlich des atlantischen Bündnisses und der europäischen Zusammenarbeit in derart gefährlicher Weise divergierten, daß jede noch so geringfügige Annäherung Bonns an die eine nach Brüskierung einer anderen auszusehen drohte, war andererseits die französisch-deutsche Zusammenarbeit so weit gediehen, daß Adenauer nur noch die Hand nach der Feder auszustrecken brauchte, um gleichsam als Krönung seiner langjährigen Kanzlerschaft einen französisch-deutschen Freundschaftsvertrag »einzubringen«.

Und dennoch – wer die Zusammenhänge der europäischen und der großen Politik während der letzten Wochen verfolgt hatte, vermochte sich in diesem Augenblick einer euphorischen Stimmung nicht hinzugeben. Denn zum Jahreswechsel war ein Bündel von Problemen sichtbar geworden, dessen Einzelstränge zuletzt von den Besorgnissen um den Ausgang der Cuba-Krise im Oktober überdeckt gewesen waren. Es handelte sich – zusammengefaßt – darum, daß

de Gaulle zwar Großbritannien einer gemeinsamen europäischen Politik attachiert, nicht aber in die EWG aufgenommen sehen wollte, die sich – nach seiner Meinung – im übrigen zu einer »construction proprement européenne« umzuformen habe (»Veto« de Gaulles vom 14. und 21. Januar 1963),

Macmillan zwar die volle Mitgliedschaft seines Landes in der EWG anstrebte, doch gleichzeitig – wenn auch unter Zwang – einer zunächst bilateralen, später vielleicht auch multilateralen Atomrüstung unter Amerikas Führung zustimmte (Ergebnis der Konferenz von Nassau/Bahamas vom 21. Dezember 1962), und schließlich

Kennedy zwar einen mächtigen Partner »Europa« unter Ausbau der um England zu verstärkenden EWG wünschte, dieses Europa aber mit den USA in einem atlantischen »Wehr- und Wirtschafts«bündnis fest verbunden wissen wollte (Botschaft an die amerikanische Nation vom 14. Januar 1963): »Die Sicherheit der westlichen Welt ist unteilbar.«

Diesen Positionen stand der seit dem Herbst offenkundige Wunsch de Gaulles und Adenauers gegenüber, die Zusammenarbeit ihrer beiden Länder auf allen dazu geeigneten Gebieten zu intensivieren und vor allem die Verwirklichung einer Europäischen Union nicht vom Beitritt Großbritanniens zur EWG abhängig zu machen.

Adenauer wähnte sich sogar stark genug, um eine vertragliche Vereinbarung der »Freundschaft« einerseits und das Problem der englischen Mitgliedschaft in der EWG andererseits, für die sich besonders Brentano, Schröder und die Politiker der SPD aussprachen, säuberlich voneinander trennen zu können. So wurde das Abkommen, das kräftige institutionelle Züge trug und dessen wichtigste Bestimmung die gegenseitige Konsultation in allen wesentlichen außenpolitischen Fragen war, am 22. Januar 1963 im Elysée-Palast zu Paris von de Gaulle und Adenauer unterzeichnet. Der Bundeskanzler unterschätzte jedoch die Härte des Generals in der britischen Frage. Eine Woche später erzwang de Gaulle gemäß seinen Ankündigungen über Couve de Murville in Brüssel den Abbruch der EWG-Verhandlungen mit der Londoner Delegation. Die zeitliche Koinzidenz zweier für die europäische Sammlung wichtiger Ereignisse aber machte nunmehr nachträglich den Freundschaftsvertrag zu einem Problem, dem beizukommen sich am 16. Mai die Präambel des deutschen Ratifizierungsgesetzes bemüht hat, erzwungen nicht nur von FDP und SPD, sondern auch von den eigenen Parteifreunden des Kanzlers, eine Präambel, die nicht nur – im Grunde auch im Sinne Adenauers – »den Vorrang früher geschlossener Bündnisse und Verträge vor den deutsch-französischen Abmachungen ausdrücklich festlegte« (Gerigk), sondern auch die »Einbeziehung Großbritanniens und anderer zum Beitritt gewillter Staaten« in die zu vervollkommnenden europäischen Gemeinschaften ausdrücklich als Wunsch herausstellte.

Im übrigen hatte das Elysée-Dokument bis zum Mai Ärger genug gebracht. In Amerika fragte man ebenso nach dem Sinn wie nach dem faktischen Nutzen und sah, was die geplante militärische Zusammenarbeit zwischen Paris und Bonn anlangte, Diskrepanzen mit den Bestimmungen des NATO-Vertrages voraus. Weitere Kritik kam naturgemäß aus den Benelux-Staaten, wo der belgische Außenminister Spaak in dem Abkommen eine vorwegnehmende Verwirklichung einiger von ihm abgelehnter Punkte des Fouchet-Planes II erblickte, und vom früheren Staatssekretär Hallstein, damals Präsident der EWG-Kommission, der in der künftigen Anwendung des deutsch-französischen »Konsultationsmechanismus« eine Gefahr für den Geist der Verträge von Rom (1957) sah. In Washington galt es Beschwichtigungsdienste zu verrichten. Nacheinander reisten Staatssekretär Carstens, Hassel und Brentano in die Staaten, um eine Schuldlosigkeit Bonns am »Brüsseler Fiasko« des 29. Januar glaubhaft zu machen, und es gelang tatsächlich, die Wogen wieder zu glätten.

Freilich: die Gefahr einer fast schon institutionell zu nennenden Attachierung der deutschen Außenpolitik an die Interessen Frankreichs war dadurch nicht geringer geworden. Das »Nein« de Gaulles, der für den Aufbau seiner »force de frappe« freie Hand haben wollte, zum Moskauer Abkommen über den Stop der Atomwaffenversuche ließ das fragwürdige Moment der von Paris gewünschten »Gemeinsamkeiten« zum ersten Male weiteren Kreisen sichtbar werden. Die Entspannung aber durfte von Bonn aus, weder durch eine Orientierung an de Gaulles Methoden noch durch einen empörten Hinweis auf den Beitritt der DDR-Regierung zum Moskauer Vertrag blockiert werden. So kostete der Beitritt der Bundesrepublik (19. August) ziemliche Mühen, die der Pragmatismus Schröders – gegen Brentano und den CSU-Vorsitzenden Strauß – schließlich überwinden half.

Für alle weiteren Hoffnungen und Bemühungen in der Deutschlandfrage aber blieb von nun an ein Hintergrund von Entspannungstendenzen amerikanischer Provenienz und Kennedyscher Prägung zurück – nicht mehr und nicht weniger –, vor dem sich die Bundesregierung, sei es unter Adenauer, sei es unter Erhard, einzurichten hatte. Am 11. September 1963 ließ das Kabinett verlauten, man werde alle Entspannungsmaßnahmen unterstützen, wenn damit gleichzeitig auch an die Ursachen der Spannung (Teilung Deutschlands) herangegangen werde. Man mißbillige aber solche Maßnahmen, welche den Status quo und die Spaltung Deutschlands vertiefen würden. Abrüstungsschritte, die nur für Deutschland Gültigkeit haben würden, lehne die Regierung nach wie vor als »diskriminierend« ab. Die CDU/CSU verwies gleichzeitig auf den Herter-Plan von 1959, der immer noch für die deutschen Politiker eine gewisse Gültigkeit zu haben schien, wenn auch nicht mehr unbedingt für Schröder.

Bonn und Moskau 1961–1963

Chruschtschows Berlin-Initiative von 1958 hatte Schlußstrich und Absicherung bezweckt, verbunden mit der Absicht, bei dieser Gelegenheit für die Machtposition und das Prestige der Sowjetunion und des Schützlings DDR soviel wie nur irgend möglich herauszuholen. Der substantielle Teil der sowjetischen Offensive sowie das Eingehen des Westens darauf – über Genf 1959 bis zur abgeblockten Gipfelkonferenz von 1960 – wurde bereits behandelt. Danach aber zeigte sich, daß nunmehr, außerhalb der »Aktionen« und parallel zu den Arrangementwünschen Moskaus auf höchster Ebene, die *Bundesrepublik selbst* für Chruschtschow interessant wurde: als möglicher Partner für die Befestigung des Status quo. Daher setzte eine gezielte Politik zu einem Zeitpunkt ein, da die Berlin-Krise in der Meinung der Öffentlichkeit als abgeflaut galt und in den USA die Präsidentschaftswahlen unmittelbar bevorstanden.

Anläßlich eines Gespräches über die Repatriierungsfrage am 18. Oktober 1960 mit Botschafter Kroll sagte Chruschtschow, »daß er nicht nur normale, sondern freundschaftliche Beziehungen zum ganzen deutschen Volk und ganz persönlich auch zum Bundeskanzler wünsche«. Hierdurch könnten Frieden und Abrüstung zusätzlich gesichert werden. Natürlich sei für einen solchen Ausbau der Beziehungen der Abschluß eines Friedensvertrages, wie ihn die sowjetische Regierung anstrebe, eine wesentliche Voraussetzung. Doch wenn Bonn seine, Chruschtschows, diesbezüglichen Vorschläge nicht für annehmbar halte, dann möge die Bundesregierung doch Gegenvorschläge machen, die freilich die »Ergebnisse des Zweiten Weltkrieges« in Rechnung stellen müßten. Diesen Worten schloß sich noch die spontane Anregung an, Kroll möge sich doch recht bald mit dem stellvertretenden Außenminister Semjonow in Verbindung setzen, vorbereitende Unterhaltungen führen und dann nach Bonn berichten. Das war eine kaum erwartete Offerte zu bilateralen politischen Kontakten, und auf Befragen bestätigte es Chruschtschow im selben Augenblick unverblümt, daß es noch mehr sei, nämlich die Aufforderung sogar zu direkten Verhandlungen zwischen Moskau und Bonn, zunächst über den Friedensvertrag (separat versteht sich) und dann auch über den Ausbau der Beziehungen. Auf einem Bankett im Kreml in den frühen Morgenstunden des Neujahrstages 1961, im Beisein von Mikojan und Kossygin, hat dann Chruschtschow das Verhandlungsangebot gegenüber Kroll wiederholt und drängend darauf verwiesen, daß für das neue Jahr nun die längst fälligen Lösungen für das deutsche Problem gefunden werden müßten.

In seinen Erinnerungen berichtet der Botschafter, daß seine Vorgesetzten in Bonn, Brentano und Adenauer, den Vorschlag Chruschtschows generell abgelehnt hätten, »da eine solche direkte Fühlungnahme mit verantwortlichen Vertretern der Sowjetregierung erneut das Mißtrauen unserer Verbündeten, vor allem der amerikanischen Regierung, hervorrufen würde«. Erst im Januar wurde die Erlaubnis erteilt, wenigstens einen informatorischen Kontakt mit Semjonow herzustellen. Wann das Gespräch dann stattgefunden hat, wird nicht erwähnt. Aber das war bislang nur Auftakt. Den Sondierungen des sowjetischen Regierungschefs, der sich nunmehr oft und liebenswürdig über Adenauer äußerte, folgten am 13. Februar ein freundliches Schreiben an den Bundeskanzler sowie am 17. ein Memorandum nach, das Smirnow am 19. in Bonn überreichte. Natürlich ging es um Friedensvertrag und Berlin-Regelung gemäß den längst bekannten Moskauer Ansichten, doch wurde hier mehr angesprochen; es wurden ungewohnte Register gezogen, und vor allem: es fehlte bei zuweilen harter Argumentation jegliche Polemik. Die Aufforderung vom Oktober wurde in Punkt 7 wiederholt: »... Wenn die Bundesregierung mit diesen oder jenen Punkten unseres Entwurfs nicht einverstanden ist, so kann sie entsprechende Vorschläge machen oder einen eigenen Friedensvertragsentwurf unterbreiten...« Gemeint war damit immer noch der inzwischen zwei Jahre alte Friedensvertragsentwurf vom 10. Januar 1959.

In Bonn verkniff man sich zunächst eine offizielle Antwort, denn Adenauer und die Bundesregierung glaubten nicht daran, daß durch ein Eingehen auf Chruschtschows »Werbung« eine Klärung der Streitfragen, geschweige denn eine Verbesserung der beiderseitigen Beziehungen erreicht werden könne. Und da man – hiervon abgesehen – auch in der Sache grundsätzlich eine andere Meinung vertrat, schien keine Eile geboten. So blieb das Memorandum in Bonn monatelang unbeantwortet. Der taktische Grund für dieses Verhalten lag nicht zuletzt in dem Bestreben, den jetzt langsam einsetzenden Bundestagswahlkampf nicht mit ostpolitischen Dingen zu befrachten, verbunden mit der Hoffnung, daß auch Chruschtschow solange »stillhalten« würde. Botschafter Kroll dagegen, um die Bewegungsfreiheit der bundesdeutschen Außenpolitik besorgt, war der Auffassung (Aufenthalt in Bonn Anfang März 1961), daß sogar für ein Stillhalten ein »Preis« bezahlt werden müsse: wenn schon der materielle Inhalt des Memorandums nicht akzeptiert werden könne, dann solle man doch wenigstens Chruschtschow »Verhandlungen über den Gesamtkomplex der deutsch-sowjetischen Beziehungen sowie über ein Interimsabkommen über Berlin« anbieten. Nach den Memoiren des Botschafters scheint Adenauer ursprünglich dieser Anregung gegenüber nicht ablehnend gewesen zu sein, schien vielmehr das Memorandum »positiv behandelt« wissen zu wollen, und zwar im Gegensatz zu Brentano, »positiv« zumindest im Ton der Antwort, soweit wenigstens mit einem Teil der Krollschen Ratschläge übereinstimmend. Das war im März. Zwischendurch wurden die amerikanisch-sowjetischen Begegnungen, darunter die von Wien, beobachtet und eifersüchtig auf die »Einheit« des Westens gesehen. Am 12. Juli endlich gelangte die bundesdeutsche Antwort auf das Memorandum in Moskau in die Hände Gromykos, in der Sache absolut negativ: Ablehnung der Friedensverträge mit den zwei deutschen Staaten, erst die Wiedervereinigung und vorher Fortschritte in der Abrüstung seien die Voraussetzung dafür, einen derartigen Vertrag mit Gesamtdeutschland ins Auge zu fassen. Von deutschen Angeboten für Gesprächskontakte keine Spur. Gromyko und Chruschtschow zeigten sich verärgert.

Vor und nach dem Mauerbau hat Kroll mit einem anderen, von ihm entwickelten Gedanken gearbeitet, mit dem *Plan einer persönlichen Begegnung zwischen Adenauer und Chruschtschow*. Auch dieses Detail war im Grunde ein Bestandteil seiner Kontakt- und Gesprächsaktivitäten; seine verschiedenen Versuche in dieser Richtung, zum ersten Male im Frühjahr 1960, dann verstärkt seit dem Sommer 1961, meist im Gespräch mit Adenauer, kennen wir aus den Lebenserinnerungen des Botschafters. Der Bundeskanzler verhielt sich zunächst – in solchen »dienstlichen« Gesprächen – kühl ablehnend, während die Aversion Brentanos in der Regel lebhafter ausfiel; der Kanzler hat aber später – nach dem Bau der Mauer – den Gedanken nicht mehr so grundsätzlich von sich gewiesen, mochten auch seine Befürchtungen hinsichtlich zu erwartender Vorhaltungen von seiten der Westmächte (»Rapallofurcht« der Amerikaner) einstweilen noch überwiegen. Im November 1961 erklärte er Kroll immerhin, daß er »auch ein persönliches Zusammentreffen mit Chruschtschow« nicht mehr generell ablehne. »Den Zeitpunkt müsse er sich jedoch vorbehalten. Vorrang habe erst einmal die Begegnung mit Präsident Kennedy.« Hierfür ist nun Kroll bis auf weiteres die einzige Quelle; im fragmentarischen Erinnerungsband IV des Bundeskanzlers finden wir dazu keine Belege. Aber der Gedanke einer Begegnung mit dem sowjetischen Regierungschef hatte Adenauer beschäftigt (zumal Chruschtschow ja eine gewisse Reisefreudigkeit zeigte) wie aus Presseinterviews deutlich zu erkennen ist.

Gegen Ende des Jahres war Adenauer ehrlich bemüht, Standpunkt und Überlegungen Moskaus zu den strittigen Fragen so genau wie möglich kennenzulernen und ein höfliches Verhältnis zu pflegen. Um Berlin-Gespräche und Verhandlungen aller drei Westmächte warb er daher auch so intensiv im Gespräch mit de Gaulle am 9. Dezember 1961. Wollte er über die Franzosen in Kontakt kommen? Jedenfalls war er damals noch durchaus den Vorstellungen Krolls in gewisser Weise zugeneigt, er hielt ihn sogar, nachdem bereits die orthodoxen Vertreter der bundesdeutschen Außenpolitik gegen den Botschafter Front gemacht hatten.

Es ist bekannt, daß die von den Westmächten proklamierten »essentials« hinsichtlich Westberlins zehn Jahre später (1971) immer noch die stille Grundlage bei den Berliner Botschafter-Gesprächen gewesen sind. Allerdings deckten sie damals nicht die Gesamtheit der gewachsenen Realitäten ab. Denn das Abkommen der Vier Mächte über Berlin vom 3. September 1971 anerkennt ja (Anlage II) nicht nur die »Bindungen« zwischen der Bundesrepublik Deutschland und Westberlin (Abs. 1), sondern auch ein durchaus noch vertretbares Minimum an »Anwesenheit« und »Arbeit« von Bundesorganen und »sonstigen staatlichen Organen«. Die »essentials« von 1961 hatten dagegen in dem betreffenden Punkte nur von der »Aufrechterhaltung der wirtschaftlichen und sonstigen Verbindungen« zwischen Berlin und der Bundesrepublik Deutschland gesprochen (waren also auf die Lebensfähigkeit Westberlins abgestellt), nicht aber von den vielfältigen Formen der Bundespräsenz (oder wenigstens nicht dezidiert genug). Und gerade bei dieser »Lücke« hat Kroll damals ansetzen zu müssen geglaubt, damit sie gegebenenfalls auf dem langen Wege zu einer Berlin-Lösung im Sinne Bonns und der Westberliner geschlossen werden könnte. Er hat diesen Komplex in seinen Erinnerungen ausführlich erläutert; er hat seinerzeit mit Botschafter Thompson darüber gesprochen und zu hören bekommen, »daß die amerikanische Regierung über ihre Verpflichtungen hinsichtlich der drei ›essentials‹ nicht hinausgehen könne«, und das hieß doch, daß Gespräche speziell über die Absicherung der Bundespräsenz nicht als eine Angelegenheit der Westmächte angesehen wurden.

Vor dem Hintergrunde solcher Gedanken müssen wir den Inhalt des Gespräches zwischen Chruschtschow und Kroll im Kreml am 9. November 1961 sehen, wobei der Botschafter aus eigener Initiative »persönliche Anregungen« entwickelte, natürlich »ohne Verbindlichkeit für die Bundesregierung und für unsere Verbündeten«. Einzelheiten darüber hat er in seinen Erinnerungen »aus naheliegenden Gründen« nicht mitgeteilt, wohl aber ging es substantiell um die offenen Probleme in Berlin, für den Fall nämlich, daß einmal ein separater Friedensvertrag mit der DDR abgeschlossen werden würde. Daß dabei, wie Waldemar Besson vermutet, ein Tauschgeschäft in Erwägung gezogen wurde, »das der UdSSR einen Friedensvertrag mit der DDR zugestand, damit aber eine dauerhafte Sicherung Westberlins verband«, läßt sich mangels Unterlagen noch nicht schlüssig beweisen. Die Zielvorstellung Krolls, in die Vorbereitungsphase des Vertrages ein bilaterales Gespräch Bundesrepublik-Sowjetunion über die Belange Westberlins einzubringen, dürfte jedoch bei dem Vorstoß eine Rolle gespielt haben.

Natürlich waren das Überlegungen, die mit den traditionellen Grundsätzen der Bonner Außenpolitik nicht mehr übereinstimmten, und unmittelbar nach Bekanntwerden des Gespräches setzten im Auswärtigen Amt die Unmutsäußerungen und Widerstände gegen Kroll ein, die ihn dann einige Monate später seinen Posten einbüßen ließen. Freilich, einstweilen hielt ihn Adenauer noch und deckte ihn gegenüber Brentano und Schröder ab. Eingefügt sei hier, daß der Bundeskanzler die vielfältige Aktivität Krolls in Moskau (u. a. auch dessen Bemühungen um persönliche Kontakte zwischen den Regierungschefs) generell, wenn auch stillschweigend, gebilligt hat. Auf der anderen Seite hat Adenauer jedoch 1962 die Ausschaltung Krolls nicht verhindert, wobei zudem offen bleiben muß, ob er, wäre er gewillt gewesen, sich hierbei gegen seine Ratgeber und seine Parteifreunde hätte durchsetzen können.

Krolls Unglück begann, als das Moskauer Außenministerium nunmehr die Tatsache der persönlichen Meinungsäußerung des deutschen Botschafters – immerhin hat er sie im Rückblick als einen »Köder« bezeichnet – zur Grundlage eines weiteren Schrittes machte. Am 27. Dezember 1961 erhielt Kroll eine sowjetische Aufzeichnung ausgehändigt. Sie trug weder eine Adresse noch eine Unterschrift, stammte aus der Feder des Aushändigers (Leiter der Deutschland-Abteilung, Botschafter Iljitschow) und wurde von Kroll nach Bonn weitergeleitet. Die Denkschrift war durch eine ruhige Diktion gekennzeichnet. Zur Verbesserung der Beziehungen zwischen Moskau und Bonn wurden abermals zweiseitige Besprechungen empfohlen, die westlichen Verbündeten der Bundesrepublik dagegen als wirtschaftliche Konkurrenten Westdeutschlands hingestellt. Es war ein Appell an die »Vernunft« der Bundesregierung und zugleich die Aufforderung, die machtpolitischen Realitäten im Gefüge des sozialistischen Lagers anzuerkennen – also auch die Existenz der DDR – und sie als Grundlage für eine zwischenstaatliche Konsolidierung zu benutzen. Daneben wurde die Ausweitung des deutschen Osthandels als Lockung ins Spiel gebracht: die sozialistischen Länder stellten »ohne Übertreibung einen Ozean für den Absatz von Industriewaren dar, vor allem die des Maschinenbaus, wo die Deutschen besonders stark sind«. Bezüglich der Deutschland- und Berlin-Frage enthielt die Aufzeichnung freilich nichts Neues; vielmehr klang abermals das letzte Ziel Moskaus an: die große »Friedensregelung« mit den deutschen Staaten, wobei man »im Hinblick auf die Haltung der Westmächte und der Bundesrepublik« die Möglichkeit nicht ausschloß, »daß man gezwungen sein wird, am Ende den Friedensvertrag nur mit der DDR abzuschließen«. Von Krolls – persönlichen – Gedankengängen bezüglich einer bilateral anzustrebenden Berlin-Regelung war in der Aufzeichnung nichts enthalten; man war in Moskau lediglich von der Tatsache ausgegangen, daß er überhaupt gegenüber Chruschtschow sich für Gespräche eingesetzt hatte, und baute hierauf das Angebot auf.

Adenauer zeigte sich zunächst verärgert und sprach noch in Baden-Baden gegenüber de Gaulle (15. Februar 1962) von sowjetischer »Bauernfängerei«, die nichts anderes im Sinne habe, als zwischen den Westmächten und dem deutschen Volke Mißtrauen zu provozieren. Doch interessant war, daß der Bundeskanzler jetzt auf zwei Gleisen reagierte:

(1) Nach außen begründete er seine Zurückhaltung mit dem Hinweis, die Einigkeit des Westens müsse auch hinsichtlich der Taktik gewahrt bleiben (Kabinettssitzung vom 8. Februar 1962); besorgte Vorstellungen des Auswärtigen Amtes, daß bundesdeutsche Sondierungen, mochten sie in Bonn oder in Moskau geführt werden, die Vier-Mächte-Verantwortung für Berlin und Deutschland »aushöhlen« könnten, mögen dabei mitgewirkt haben.

(2) Intern dagegen, am selben 8. Februar 1962, am Ende einer langen Unterredung zwischen Kanzler und Botschafter, sagte Adenauer: »Herr Kroll, Sie haben mich überzeugt. Ich bin grundsätzlich bereit, Herrn Chruschtschow zu einem Besuch in die Bundesrepublik einzuladen.« Allerdings müsse der Zeitpunkt »vorläufig offen bleiben«. Auch sei der Besuch sorgfältig und gründlich vorzubereiten.

Die Antwortbotschaft der Bundesregierung, am 22. Februar in Moskau übergeben, enthielt als Kern die alten Bonner Auffassungen über die Berlin- und Deutschlandfrage, konziliant im Ton, sachlich und deutlich in der Ausführung. Sie sprach sich ebenfalls für eine geduldige, schrittweise zu erzielende Verbesserung der deutsch-sowjetischen Beziehungen aus, deutete indessen an, daß die endgültige Normalisierung ohne eine Beendigung der Teilung Deutschlands nicht denkbar sein könne. Am Schluß des Antwortpapiers stand zu lesen, daß Bonn an der Fortführung des deutsch-sowjetischen Gespräches interessiert sei (wenigstens in der bisherigen Form via Kroll). Diesen Passus hatte Kroll auf einer die Antwort vorbereitenden Botschafter-Konferenz in Bonn in den Textentwurf einschleusen können, wobei es ihm aber nicht gelang, die Zustimmung Schröders »für eine Einladung Chruschtschows nach Bonn zu erreichen«.

Krolls Schwierigkeiten mit dem neuen Außenminister, das Fehlen jeglicher Bereitschaft des Auswärtigen Amtes, den Botschafter gegen angeblich getane Äußerungen, die von der konservativen Presse kolportiert worden waren, in Schutz zu nehmen, und schließlich der Umstand, daß Kroll zur Selbsthilfe griff und eigene Presseerklärungen herausgab, führten dann dazu, daß der eigenwillige und manchen Leuten zu unbequeme Diplomat aufs Abstellgleis geschoben wurde. Am 12. März trat er zunächst einen Urlaub an; eine spätere Verwendung in Bonn als »Berater für Ostfragen« wurde ihm in Aussicht gestellt. Doch angesichts dieses jähen Sturzes muß gleichwohl angemerkt werden, daß Schröders damalige Einstellung sich an den Prioritäten orientierte, die er sich selbst bei Übernahme des Ressorts gesetzt hatte: zuerst sollte nach seiner Meinung das während der Administration Kennedy in Unordnung geratene deutsch-amerikanische Verhältnis wieder »bereinigt« werden, wozu es einer langen Anlaufzeit bedurfte. Bilaterale Gespräche in Moskau und gar ein Staatsbesuch in Bonn würden dem jedoch entgegenstehen. Deswegen, so stellt Waldemar Besson fest, »hielt Schröder Krolls Aktivität für verfrüht, zumal der Außenminister eine neue Ostpolitik vermutlich als die seine betreiben wollte.

Der letzte Akt der offiziellen Tätigkeit Krolls in Moskau bestand darin, daß er sich von Chruschtschow, der sich enttäuscht zeigte, unfreundliche Worte über das deutsche Antwortmemorandum anhören mußte. Bonn habe die konkreten Vorschläge der sowjetischen Regierung mit einem »Propagandapamphlet« beantwortet. So endete Krolls Mission obendrein mit einem Mißerfolg; die Moskauer Regierung hat auch später das deutsche Papier vom Februar 1962 keiner Antwort mehr gewürdigt. Die Beziehungen verschlechterten sich merklich, und als Krolls Abberufung aus Moskau Wirklichkeit wurde, empfand Chruschtschow dies als eine Brüskierung. Es dauerte unverhältnismäßig lange, bis für den neuen deutschen Botschafter, Horst Groepper, das Agrément erteilt wurde.

Im Kampf um die Prioritäten war Schröder zwar Sieger geblieben, doch weder die Kaltstellung Krolls noch die Abkühlung der Beziehungen zwischen Bonn und Moskau haben verhindert, daß deutscherseits *ostpolitische Initiativen* wenigstens versucht worden sind oder daß man auf sowjetische Anregungen eingegangen ist. Träger dieser Aktivitäten ist Adenauer gewesen, der sich damit in diesem Bereich der Außenpolitik während der letzten Phase der Kanzlerschaft deutlich von seinem Außenminister abgehoben hat.

Der erste Versuch zu einem bilateralen Agreement wurde noch im Sommer 1962 unternommen: der Vorschlag eines »*Burgfriedens*« zwischen der Bundesrepublik und der Sowjetunion in den Angelegenheiten der deutschen Frage. Es war das eine alte Überlegung: von Globke wissen wir, daß man bereits seit 1959 (also wohl nach dem Fehlschlag der Genfer Konferenz) intern beratschlagt hat, »in welcher Form der Plan eines ›Burgfriedens‹ an Moskau heranzutragen sei« (Bruno Bandulet). Nach der Auffassung Adenauers sollte die Diskussion des Deutschland-Problems zwischen den beiden Staaten für zehn Jahre auf Eis gelegt werden, zugleich aber die Menschen in der DDR größere Freiheiten genießen. Am Ende dieser Periode sollten – laut Adenauer – freie »gesamtdeutsche Wahlen« stehen. Als sich der Bundeskanzler entschloß, diese seine Überlegungen den Sowjets zu notifizieren, verzichtete er darauf, die amerikanische und die französische Regierung davon in Kenntnis zu setzen. Am 6. Juni 1962 trug er sie mündlich dem Botschafter Smirnow vor und bat um Weiterleitung, um zugleich auch einen Beitrag zur deutsch-sowjetischen Entspannung zu leisten. Da hierbei die Mentalität und die Grundsätze der Moskauer Regierung falsch eingeschätzt wurden, durfte die Antwort nicht überraschen. Nach den bekanntgewordenen Informationen hat Smirnow am 2. Juli bei Adenauer vorgesprochen und den Vorschlag abgelehnt: Moskau bestehe nach wie vor auf dem Abschluß eines Friedensvertrages auf der Grundlage des Status quo, also zweier deutscher Staaten. Smirnow scheint aber auch versucht zu haben, bei dieser Gelegenheit die Verstimmung, die seit dem Februar bestand, zu überbrücken und die Beziehungen auf den Stand vom Jahresende 1961 zurückzuschrauben (als das Iljitschow-Papier überreicht wurde): in den Memoiren Adenauers findet sich dazu eine kaum beachtete Stelle im IV. Bande. Im Gespräch mit de Gaulle am 4. Juli 1962 in Paris bemerkte der Bundeskanzler kurz, ohne die Sache zu vertiefen:

Chruschtschow versuche unmittelbare Verhandlungen zwischen Moskau und der Bundesrepublik herbeizuführen. Kurz vor meiner Abreise hätte ich auf Ersuchen Smirnows mit diesem eine Unterredung gehabt. Der Inhalt dieser Unterredung habe nur aus einer Frage bestanden, nämlich, ob direkte Verhandlungen zwischen der Sowjetunion und der Bundesrepublik möglich seien. Ich hätte Smirnow geantwortet, daß eine derartige Frage sehr wichtig sei und reiflicher Überlegung bedürfe.

Das ist freilich auch alles. Wir kennen weder eine Antwort de Gaulles darauf, noch ist die Angelegenheit zwischen den beiden alten Herren im Verlaufe des Dialogs noch einmal aufgenommen worden.

Mit seinem geheimen Burgfrieden-Vorschlag meinte es Adenauer durchaus ernst. Der Gedanke selbst war unorthodox, und seine Verwirklichung hätte deutscherseits eine zehnjährige Abstinenz gegenüber jeglicher Wiedervereinigungs-Politik bedeutet, eine Zurückhaltung, die der eigenen Anhängerschaft zunächst einmal hätte beigebracht werden müssen und die der faktischen Hinnahme des Status quo in Deutschland gleichgekommen wäre. Doch die sowjetische Regierung konnte weder – als Gegenleistung – eine stille Liberalisierung der DDR zulassen noch konnte sie sich dazu bereitfinden, auch ihrerseits eine Politik des Stillhaltens zu üben, obwohl dazu auf sowjetischer Seite weit weniger hätte abgebaut werden müssen. Daß Adenauer dabei in erster Linie an die Bevölkerung der DDR gedacht hat, deren Lage er verbessert sehen wollte, machen seine Ausführungen vor dem Bundestag deutlich, die am 9. Oktober 1962 – natürlich in Unkenntnis des Burgfrieden-Gedankens – die Öffentlichkeit aufhorchen ließen:

Ich erkläre erneut, daß die Bundesregierung bereit ist, über vieles mit sich reden zu lassen, wenn unsere Brüder in der Zone ihr Leben so einrichten können, wie sie es wollen. Menschliche Überlegungen spielen hier für uns eine noch größere Rolle als nationale. Möge auch die Sowjetunion eines Tages erkennen, daß ihr damit nicht gedient ist, anderen Menschen eine fremde Lebensordnung aufzuzwingen ...

Die Lancierung des Burgfrieden-Vorschlags blieb längere Zeit ein Geheimnis. De Gaulle erfuhr davon aus dem Munde des Kanzlers erst ein Jahr später, am 4. Juli 1963 in Bonn, und wenige Tage vor dem Ausscheiden aus seinem Amt hat Adenauer auch das deutsche Volk über sein Angebot vom Vorjahre unterrichtet. Er tat es in einem Fernsehinterview, von dessen Inhalt allerdings die Presse schon vorher zu berichten wußte.

Diese Offenlegung eines Details seiner außenpolitischen Absichten gestattete sich Adenauer zweifellos in der Hoffnung, es möge einmal – trotz des Fehlschlages – in späteren Würdigungen seines Werkes einen Platz finden. Es bleibt also festzuhalten, daß 1962/63, in der Phase eines gespannten deutsch-sowjetischen Verhältnisses, beide Seiten, beide Regierungschefs, das Gespräch gesucht haben, wenn auch von verschiedenen Positionen aus, ja – trotz der verschiedenen Auffassungen! Im Mai 1963 signalisierte Smirnow abermals eine sowjetische Kontaktbereitschaft. Er ließ Adenauer wissen, »die Sowjetunion sei nun bereit, über alles zu verhandeln, nicht nur über den sowjetischen Wunsch nach Abschluß eines Friedensvertrages mit beiden Teilen Deutschlands,« sondern auch über die Vorstellungen der Bundesrepublik.

Bis zum verabredeten Rücktritt vom Kanzleramte war es kein halbes Jahr mehr. Die Bereitschaft Adenauers, sich mit Chruschtschow zu treffen, bestand nach wie vor, doch er fragte sich mehrfach und eingehend, und er fragte auch de Gaulle: *Warum kommt diese Offerte jetzt, zu diesem Zeitpunkt?* Sowohl Kennedy als auch de Gaulle, die übrigens beide nunmehr auch über den Burgfrieden-Plan ins Bild gesetzt wurden, sparten nicht mit Ermutigungen. Adenauer dürfte lange mit sich gerungen haben, doch sind Einzelheiten nicht bekannt. Immerhin setzte er noch einmal den verabschiedeten Botschafter Kroll ein, der wiederholt mit Smirnow Kontaktgespräche führte und in seinen Memoiren davon berichtet, sie seien mit dem Ziel geführt worden, »die Differenzen zwischen der Bundesrepublik und der Sowjetunion zu verringern, die über Berlin lastende Unsicherheit zu beheben und damit zugleich die Situation der Zonenbevölkerung zu verbessern«. Auch diese zurückhaltenden Mitteilungen lassen sich an den Quellen noch nicht überprüfen. Die große Begegnung aber kam nicht mehr zustande. An der Stelle, an der er über seine Konsultationen mit Kennedy und de Gaulle referiert, fügte Adenauer in den Text der Erinnerungen als Parenthese ein:

Ich sah mich jedoch gehindert, diesen Schritt zu unternehmen. Es wurde die Befürchtung geäußert, ich wolle diese Angelegenheit benutzen, um länger im Amt zu bleiben, und ich konnte deshalb nicht mit der erforderlichen Unterstützung rechnen.

Man wird in Kenntnis dieser letzten Entwicklungen zu dem Schluß kommen müssen, daß Adenauer am Ende seiner Amtszeit die Unmöglichkeit erkannt hat, beide Teile Deutschlands im nationalstaatlichen Sinne zu vereinigen oder »wieder«zuvereinigen. Und es erhebt sich die Frage, ob der Prozeß der Erkenntnis nicht schon längere Zeit vor 1962/63 eingesetzt hat. Wie wäre sonst der Vorschlag Adenauers zu bewerten, getan im März 1958 gegenüber Smirnow und im April 1958 gegenüber Mikojan, die DDR zu neutralisieren und (wie Österreich) in eine Demokratie nach westlichem Vorbild zu verwandeln? Worin sonst hätten die Konsequenzen des Burgfrieden-Plans, der Tolerierung eines innerdeutschen Status quo für zehn Jahre bestehen sollen, läßt man einmal Adenauers bekannte Spekulation auf ein Zerwürfnis zwischen Moskau und Peking außer acht?

Offiziell, und das heißt: mit Unterstützung der damaligen Regierungsparteien, die Ziele und die Methoden der herkömmlichen Wiedervereinigungspolitik abzubauen *und* eine neuartige Ostpolitik einzuleiten, dazu blieb Adenauer keine Zeit mehr, wenngleich er zuletzt den inneren Punkt eines Absprunges zur Neuorientierung erreicht zu haben scheint. Doch muß einschränkend gesagt werden – und das ergibt sich auch aus dem Befund seiner literarischen Hinterlassenschaft –, daß Adenauer nur auf der Grundlage einer Forderung nach politischer Freiheit für die Bevölkerung der DDR agiert haben würde, – auch wenn er den deutschen Nationalstaat künftig hintangestellt hätte.

Innenpolitik und Gesellschaft.

Erhard und seine Feinde

Im Anfang sah es so aus, als würde Ludwig Erhard in einer
unveränderten Umwelt, in einer Bundesrepublik regieren können, deren geradezu sprichwörtliche innere Stabilität ja vom
Ausland unbefangen gerühmt wurde. In der ersten Hälfte des
Jahres 1964 schien die CDU ihre dominierende Rolle als Regierungspartei unangefochten und mit äußeren Erfolgen wei-
terzuspielen: Adenauer, jetzt 88jährig, behauptete sich im März
als Parteivorsitzender, die Anhänger in Baden-Württemberg
errangen im April einen hohen Landtagswahlsieg und im Juni
gelang es der Partei, Heinrich Lübke abermals als Präsidentschaftskandidaten durchzusetzen; auch die SPD akzeptierte ihn.
Doch so abgesichert wie Amt und Amtsführung seines Vorgängers war die Kanzlerschaft Erhards – das stellte sich nun frühzeitig heraus – in keiner Weise. Erhard hatte vielmehr bald zur
Kenntnis zu nehmen, daß offen gegen ihn frondiert wurde, und
zwar erstmals, als er in der Europa-Politik versuchte, die den
deutschen Gaullisten als Dogma geltende deutsch-französische
Zweisamkeit zu unterlaufen. Geringe Unmutsäußerungen des
Generals aus Paris, mochten sie auch noch so verhalten sein,
genügten im Juli 1964, um Adenauer, Strauß, Dufhues und
Krone zusammenzubringen, die nun ungeniert um die Öffentlichkeit korrigierende Empfehlungen von sich gaben und sich
anschickten, Druck auszuüben. Erhards Erscheinen auf der
kurz darauf stattfindenden CSU-Landesversammlung in München, wo Strauß ihn immerhin seine Politik zu bekräftigen
gestattete, ließ die Machtprobe zwar unentschieden ausgehen,
doch blieb die Lehre, daß Stellung und Prestige des Kanzlers
fortan mehr denn je von den Politikern in den beiden Parteiführungen abhängen würden.

Eine weitere Belastung der Regierung Erhard in diesem Jahre
ging von Adenauer aus. Eine Woche vor einer privaten Reise
nach Paris gab er am 1. November der Zeitung ›Bild am Sonntag‹ ein Interview, das den CSU-Vorsitzenden Strauß lobend

erwähnte, Tadel an Schröder enthielt und ohne Nennung des Namens Erhard in der Feststellung gipfelte, das deutsche Volk verlange eine klare Führung, nicht aber das »Hin und Her und Her und Hin« in Bonn. Adenauers Auslassungen gruppierten sich erklärlicherweise um seine Hauptsorge, die Abkühlung des Verhältnisses zu de Gaulle, die ja im Juli tatsächlich eingetreten war: das ließe sich »ein Mann wie de Gaulle einfach nicht gefallen«. Erhard indessen versuchte umgehend die kritischen Gemüter zu beschwichtigen, zumal sich Adenauer (nachdem der Schuß gesessen) aus den weiteren Diskussionen heraushielt und sich zu de Gaulle begab. Der Bundeskanzler bediente sich dabei des Gebots der »wechselseitigen Treue- und Beistandspflicht zwischen Regierung, Fraktion und Partei«, eine Formel, deren Anwendung in der Ära des Vorgängers undenkbar gewesen wäre, jetzt aber demonstrierte, wie es um die Position Erhards wirklich bestellt war. Es war nach einem Jahre Kanzlerschaft ein Machtverlust eingetreten, der umso weniger wettgemacht werden konnte, als die internen Krisen um Erhard niemals richtig ausgetragen wurden, niemals zu Klärungen führten und stattdessen die Taktik des Herunterspielens alles nur weiterschwelen ließ, zu Lasten der Koalition, der Regierung und ihres Chefs.

Um die Jahreswende ist die Christlich-Demokratische Union dann noch einmal zu einer relativen Geschlossenheit zurückgekehrt. Das Verhalten des Generals und Präsidenten in Paris hatte die gaullistische Fraktion in der Bundesrepublik weitgehend ernüchtert, und das Wahljahr 1965 erforderte eine Strategie, die zwangsläufig die Streitigkeiten überdecken mußte. Beide Unionsparteien sahen sich genötigt, wollten sie die Wahl gewinnen, Erhard als ihren Kanzlerkandidaten herauszustellen, und der Bundeskanzler nahm die Gelegenheit gern wahr, seine Unentbehrlichkeit unter Beweis zu stellen und sich Freunde zu gewinnen: wenn schon nicht in den Führungsgremien seiner Partei, dann wenigstens im Wählervolk.

Während des Wahlkampfes war es bezeichnend für die innenpolitische Situation, daß die Diskussion darüber nicht zur Ruhe kam, ob Franz Josef Strauß, der seit der Spiegel-Affäre abseits stehende Spitzenpolitiker, nun wieder als ministrabel angesehen werden könne oder nicht. Von der FDP, die ja Ende 1962 seinen Sturz bewirkt hatte, konnte der CSU-Landesvorsitzende in dieser Hinsicht nichts erwarten; sie würde ihm auf jeden Fall den Stuhl in einem zweiten Kabinett Erhard verwehren. Es war daher naheliegend, daß Strauß sich vorsichtig um die SPD bemühte, und zwar dergestalt, daß er sich für die Bildung einer *Großen Koalition* nach den Wahlen einsetzte, mit dem erklärten Ziel, dadurch in die Lage zu kommen, Verfassungsreformen durchzuführen, – auch von einer Abänderung des Wahlrechtes zugunsten eines Mehrheitsprinzips war bereits die Rede, und das würde zu Lasten der FDP gehen. Doch derartige Versuchsballons wurden nur für kurze Zeit hochgelassen und blieben eine vereinzelte persönliche Aktion von Strauß, die keinesfalls den Beifall seiner Partei fand und auch die SPD zu schneller Distanzierung zwang.

Der Wahlausgang vom 19. September 1965 erbrachte einen Sieg der Unionsparteien mit einem Stimmenanteil von 47,6%. Wohl verbesserten sich auch die Sozialdemokraten, kamen aber zur großen Enttäuschung Wehners und Brandts über 39,3% nicht hinaus. Der SPD-Kanzlerkandidat versagte sich sogar als parlamentarischer Oppositionsführer und verzichtete auf sein Bundestagsmandat. Verlierer waren die Freien Demokraten, die von 12,8 auf 9,5% zurückfielen. Das vielfach prophezeite und auch nach den letzten Landtagswahlen zu vermuten gewesene Kopf-an-Kopf-Rennen hatte also nicht stattgefunden. Mit Genugtuung wurde daneben festgestellt, daß die vier Splitterparteien, darunter erstmalig die NPD, zusammen nur 3,6% erreicht hatten. Nach dem Ergebnis sprach nichts mehr dagegen, es bei der bisherigen Koalition zu belassen, so wie sie ja auch von Erhard, der noch einmal einen persönlichen Triumph erlebte, und von Mende offen angestrebt worden war. Wenn dennoch die nachfolgende Regierungsbildung eine verhältnismäßig lange Zeit in Anspruch nahm (32 Tage), so lag das größtenteils daran, daß die Gegner Erhards nach vorübergehender Zurückhaltung weiterhin bestrebt waren, aus einer an sich klaren Situation so viele Vorteile herauszuholen, wie es irgend ging. Zwar mußte man zulassen, daß der alte Bundeskanzler auch der neue wurde, doch hatte Erhard mehr als zuvor die realen Machtverhältnisse in den Parteiführungen von CDU und CSU in Rechnung zu stellen. Ein Kabinett nur nach seiner persönlichen Auswahl zu bilden, wurde ihm vorerst verwehrt.

Zwischendurch, am 20. Oktober, wurde Erhard vom Bundestag zum Bundeskanzler gewählt; die Kabinettsliste in ihrer endgültigen Form stand jedoch erst zwei Tage später fest. Die wochenlang ausgetragenen Prestigekämpfe hatten das Bild vom strahlenden Wahlsieger Erhard rasch verblassen lassen. Der

Bundeskanzler war fortan der Gefangene seiner eigenen Rücksichtnahmen auf Kräfte innerhalb der Unionsparteien, die nicht bereit waren, ihre Gegensätze (etwa in der Außenpolitik) offen untereinander auszutragen, dagegen oftmals einig waren in der Auffassung, daß Erhard wohl doch nicht der richtige Mann im Palais Schaumburg sei, dem sie die Wahrnehmung ihrer Interessen überlassen dürften. Auf Erhards Rücken würden daher künftig alle Gravamina, die intern nicht erledigt werden konnten oder sollten, abgeladen werden, – zumindest würde er die Meinungsverschiedenheiten indirekt zu spüren bekommen.

Es zeugte wohl von einer klaren Einsicht in die Dinge, wenn Willy Brandt nach einigen Wochen verlauten ließ: »Ich sage nichts zu einer Großen Koalition, das ist ein Problem der CDU und nicht unseres.« Auch ein anderes Wort mußte zu denken geben. Es stammt von Franz Josef Strauß und machte in Bonn die Runde: »Diese Wahlen sind auf Wechsel gewonnen, die noch präsentiert werden« (nach Dirk Bavendamm).

Die Entstehung der Großen Koalition 1966

So zerstritten die alten Koalitionspartner CDU/CSU und FDP über die Frage der Steuererhöhungen im Haushalt 1967 und die Bekämpfung der wirtschaftlichen Rezession auch sein mochten, über eine Erkenntnis waren sie sich *beide* im klaren: die Zeit Erhards war abgelaufen. In den Unionsparteien waren Barzel und Strauß zum Handeln entschlossen. Es ging um die Ablösung eines Mannes, der durch nahezu zwei Jahrzehnte hindurch das Sinnbild eines wirtschaftlichen Wiederaufstiegs gewesen, jedoch als Politiker und ganz zuletzt auch auf seinem ureigensten Gebiete gescheitert war. Man sprach im Partei- wie im Fraktionsvorstand gewissermaßen durch die Blume, um ihn zum Abtreten zu bewegen, doch niemand trat offen gegen ihn auf, niemand sprach das entscheidende Wort, direkt an Erhard gerichtet, aus. Als am 27. Oktober die vier FDP-Minister Mende, Dahlgrün, Bucher und Scheel, veranlaßt durch ihre Fraktion, den Rücktritt erklärten, leisteten sie damit Schrittmacherdienste für Barzel, der nun verkünden ließ, die Freien Demokraten hätten die Koalition zerstört und die Regierung Erhard gelähmt, welch letzterer doch im Grunde niemand nachweinte. Sofort begannen die Unionsparteien die Diskussion über neue Kanzlerkandidaten, während man zugleich Erhard zu verstehen gab, er brauche sich gar nicht erst um die Rekomplettierung seines Kabinetts zu bemühen. Damals ging das Wort eines Augenzeugen der vielen Beratungen um: »Er kämpft nicht und er geht nicht«, sicher weil er wußte, daß er als gewählter Kanzler nur durch ein konstruktives Mißtrauensvotum gestürzt werden konnte. Dabei befand sich die CDU/CSU Anfang November in einem handfesten Dilemma, denn es war ihr völlig unmöglich, den eigenen Parteivorsitzenden (seit März 1966) auf parlamentarischem Wege zum Rücktritt zu zwingen: dies ging nur durch die Ausübung psychischen Drucks hinter den Kulissen und in abgeschirmten Beratungszimmern des Bundeshauses.

Erhard überschätzte seine Position, die er durch den Parteivorsitz und durch die Tatsache, daß er 1965 für vier Jahre zum Bundeskanzler gewählt worden war, als gesichert ansah. In Wirklichkeit wurde seine Bewegungsfreiheit, die ein Adenauer zweifellos anders zu nutzen verstanden hätte, durch die Haltung der Bundestagsfraktion systematisch eingeengt. Sie blockierte seine Bemühungen, die Freien Demokraten zurückzugewinnen; führende Unionspolitiker forderten – jetzt – öffentlich den Kanzler zum Rücktritt auf. Daraufhin lenkte Erhard insoweit ein, als er sich bereiterklärte, bei der Auswahl seines Nachfolgers »mitwirken« zu wollen, doch blieb die Mitwirkung rein nominell und hatte mit der Stellung eines Parteivorsitzenden nichts mehr gemein. Am 10. November präsentierte eine ad-hoc-Kommission vier Kandidaten für das Amt des Kanzlers: Rainer Barzel, Eugen Gerstenmaier, Kurt-Georg Kiesinger und Gerhard Schröder, ohne daß der interne Machtkampf damit abgeschlossen worden wäre. Gerstenmaier trat dann noch kurzfristig zurück, als die CSU-Landesgruppe von München aus sich offen für Kiesinger aussprach, gegen den anzutreten er überdies aus landsmannschaftlichen Gründen ein Unbehagen empfand.

Der Sieg vom 10. November 1966 fiel im dritten Wahlgang dem damals 62jährigen Kiesinger zu, der in der Fraktion 137 von 244 Stimmen erhielt (Schröder 81, Barzel 26). An der Abstimmung nahm trotz einer Bronchitis auch der Abgeordnete Konrad Adenauer teil und wirkte somit bei der politischen Entmachtung seines Nachfolgers persönlich mit. Als der eigentliche »Kanzlermacher« galt (nicht nur bei den Eingeweihten) Franz Josef Strauß, dem nunmehr, nach vierjähriger Pause, ein bundespolitisches come back bevorstand und dem kurz darauf auch Kiesinger in öffentlicher Rede ein Ministeramt in einer neuen Regierung zusicherte.

Ein Parlamentarismus der Praxis, und das heißt hier: die Praxis der Regierungsablösung (»Machtwechsel« zwischen Regierungspartei und Opposition), war bislang auf Bundesebene noch nicht exerziert worden. Die Erfahrung fehlte also. Gerade dieser Umstand der Erfahrungslosigkeit aber zeitigte im November ein merkwürdiges Verhalten. Was im Grunde eine Krise der siebzehn Jahre lang an der Macht befindlichen Regierungspartei CDU/CSU war, wurde damals von vielen Politikern, auch Publizisten, dem deutschen Staatsbürger als eine Situation des »Notstandes«, als eine »Staatskrise« hingestellt. Bundespräsident Heinrich Lübke ging dabei soweit, daß er bei Gesprächen mit Politikern in völliger Verkennung parlamentarischer Gepflogenheiten einer Allparteienregierung das Wort redete, auf die Funktionen einer Opposition also allen Ernstes verzichten zu können glaubte. Nun hörte zwar auf ihn niemand, doch mehrten sich die Neigungen in den Unionsparteien, die Krise in ihrer eigenen Partei als in den gesamten politischen Bereich hinein ausgeweitet zu sehen, so daß (nach außen) der Gedanke an eine Große Koalition genährt wurde. Nach innen freilich ging die Argumentation dahin, daß auf diese Weise eine SPD-FDP-Koalition verhindert werden könne. Tatsächlich bestand dort bereits im Sachlichen eine weitgehende Annäherung, teilweise auch Übereinstimmung zwischen beiden Parteien, zwischen Brandt und Erich Mende, so in Fragen der Defizitbeseitigung, der Ostpolitik (Deutschlandpolitik) und der Wehrpolitik (Zurückhaltung in Fragen der atomaren Strategieplanung), sich abzeichnend erstmalig um den 15. November. Von dieser drohenden Konstellation nahm der Trend in der Union zur Großen Koalition seinen Ausgang; zugleich wurde noch ein weiteres Ziel gesteckt und systematisch von Politikern wie Strauß, Paul Lücke und Bruno Heck verfolgt: mit Hilfe eines neuen Wahlgesetzes den Freien Demokraten den Garaus zu machen, dies zugleich in der Einsicht, daß hierzu die SPD gewonnen werden müsse, *und* in der Hoffnung, die Bundestagswahlen von 1969 zu gewinnen. Weniger aus wahlrechtlichen Überlegungen, sondern aus anderen Motiven, zeigten sich auch die Sozialpolitiker Hans Katzer und Theodor Blank einem Zusammengehen mit der SPD gegenüber aufgeschlossen; aus Bayern kam entscheidende Denk- und taktische Hilfe vom Baron von Guttenberg. Auf der anderen Seite waren Herbert Wehner und sein Anhang sprechbereit, zumal sie damit rechnen konnten, daß weder Brandt noch Mende aus parteiinternen

Rücksichten den großen Schritt auf der Grundlage einer knappen Mehrheit wagen würden. Da die CDU/CSU auf jeden Fall Regierungspartei bleiben wollte, wuchs die Neigung immer stärker an, das »Experiment« der Großen Koalition zu wagen, das »Provisorium« (wie man begütigend sagte) zu gestalten, obgleich im benachbarten Österreich, aus zwingenden negativen Erfahrungen heraus, die ÖVP seit dem Frühjahr einen Schlußstrich unter eine diesbezügliche 20jährige Tradition gezogen hatte und nunmehr allein regierte (unter Bundeskanzler Klaus).

Das Krisenbewußtsein erhielt Auftrieb, als die bayerische Landtagswahl am 20. November auf Anhieb 15 Abgeordnete der NPD in den Landtag (nunmehr neben Hessen das zweite Parlament mit Rechtsradikalen) einziehen ließ, und als durch eben dasselbe Wahlergebnis die FDP aus dem Landtag verdrängt wurde, da sie an der 10%-Hürde des dortigen Wahlgesetzes scheiterte. Der Kurswert der Freien Demokraten sank ab. Die SPD sah ein, daß ihr die Schwächeperiode der CDU in Bonn bei den Wahlen in Hessen und Bayern nicht den erhofften Erfolg eingebracht hatte wie etwa vorher in Nordrhein-Westfalen. Ob ihr damals auch schon klar gewesen ist, daß sie mit dem Verzicht auf die Handhabung des konstruktiven Mißtrauensvotums eine Sternstunde versäumt hatte, ist zu bezweifeln. Sie hätte sich dafür allerdings auch stärker ins Zeug legen müssen, um die letzten Zweifler der FDP dafür zu gewinnen. Erich Mende jedenfalls, dessen späterer politischer Weg bekannt ist, war damals, im Spätherbst 1966, für eine sozial-liberale Koalition. Wenn die SPD jetzt regieren und die Rolle der permanenten Opposition aufgeben wollte, blieb ihr nur mehr die Mitregierung als Juniorpartner, der von der Bestimmung der Richtlinien der Politik ausgeschlossen war. Dies aber mußte auf eine Lösung hinauslaufen, die eine Profilierung der SPD als regierende Partei mit Hypotheken vorbelasten würde.

Während das Unbehagen über das Zusammengehen in weiten Kreisen beider Fraktionen anhielt und einige Parteibezirke der SPD sogar scharf reagierten, fiel die Entscheidung am 27. November. Es gelang Kiesinger, den letzten Widerstand des FDP-freundlichen Parteivorsitzenden Ludwig Erhard dadurch zu überwinden, daß er ihn einfach ignorierte und vor vollendete Tatsachen stellte, und es glückte ihm ferner, den Sozialdemokraten die Rückkehr von Franz Josef Strauß in die Regierung abzutrotzen. Willy Brandt machte seinem Parteivorstand klar, vieles spreche dafür, Strauß mit einem Regierungsamt zu betrauen und ihn auf diese Weise zur Loyalität gegenüber dem neuen Kabinett zu verpflichten. Die CDU/CSU habe die Erfahrung machen müssen, daß es auf die Dauer nicht gut sei, den Wirkungskreis des bayerischen Politikers allein auf die Fraktion zu beschränken.

Und als Günter Grass das Verhalten der SPD-Führung offen kritisierte, schrieb Brandt dem Schriftsteller zurück:

Die Große Koalition enthält Risiken. Gefühl und Wille zur Führung wiesen vielen von uns einen anderen Weg. Nach sehr ernster Prüfung auf dem Hintergrund der dürren Ziffern im Bundestag und angesichts der Aufgaben im Innern und nach außen habe ich zu dem Ergebnis kommen müssen, daß der andere Weg nicht gangbar war...
Die SPD wird sich messen lassen an ihren bisherigen Forderungen. In einer Koalition gleichgewichtiger Partner wird Politik erst recht nicht gegen die SPD gemacht werden können. Dies ist die begrenzte, heute mögliche Alternative zum bisherigen Trott...

Schließlich sei auch nicht verschwiegen, daß die einstige Mitgliedschaft des künftigen Bundeskanzlers zur NSDAP bereits diskutiert wurde und daß auch schon Warnungen aus dem Auslande vorlagen. Doch Herbert Wehners Entschlossenheit, seine Partei auf die Regierungsbank zu bringen, war zu diesem Zeitpunkt derart ausgeprägt, daß er meinte, nur »Neurotiker« könnten jetzt noch an Kiesingers Vergangenheit Anstoß nehmen, und Brandt bemerkte zu einem Pressekorrespondenten, man könne keine zweite Entnazifizierung mehr durchführen, und fügte hinzu:

Wir können Kiesinger helfen, mit seinem Problem fertig zu werden – ja, das werde ich tun.

Im Kabinett der gewollten Harmonie stellten die CDU sieben, die CSU drei und die SPD neun Minister. Neben dem Regierungschef Kiesinger fungierte Brandt als Vizekanzler und Außenminister; die nächst wichtigen Ministerien wurden mit Prof. Karl Schiller (SPD, Wirtschaft) und Strauß (Finanzen) besetzt. Beide wuchsen binnen kurzem, zum Erstaunen der Öffentlichkeit, fürs erste zu einem Gespann der Eintracht zusammen. Die Unionsparteien ließen in den ihnen zugewiesenen Ressorts neben dem wiederaufgenommenen Strauß die bekannte Mannschaft weiterarbeiten (Inneres: Lücke, Verteidigung: Schröder, Ernährung: Höcherl, Arbeit: Katzer, Schatz: Schmükker, Forschung: Stoltenberg, Familie: Heck, Vertriebene: von Hassel, Post: Dollinger), wobei notgedrungen aus dem letzten Kabinett Erhard von 1965 sieben ministrable Politiker auf der Strecke blieben: Jaeger (Justiz), Seebohm (Verkehr), Stücklen (Post), Gradl (Vertriebene), Niederalt (Bundesrat), Krone (Bundesverteidigungsrat) und Frau Schwarzhaupt (Gesundheit). Von den Sozialdemokraten zogen neben Brandt und dem bereits genannten Karl Schiller in die Regierung ein: Gustav Heinemann (Justiz), Herbert Wehner (Gesamtdeutsche Fragen), Georg Leber (Verkehr), Lauritz Lauritzen (Wohnungsbau), Käte Strobel (Gesundheit), Hans Jürgen Wischnewski (Wirtschaftliche Zusammenarbeit) und Prof. Carlo Schmid (Bundesrat).

Die Regierung verstand sich als eine »Koalition auf Zeit«, zu beenden mit Auslauf der Legislaturperiode, und mit der selbstgestellten Aufgabe, in Verbindung mit dem Grundgesetz ein neues Wahlrecht zu entwickeln, das »nach 1969 klare Mehrheiten« im Deutschen Bundestag ermöglichen würde.

Die am 13. Dezember durch Kiesinger vorgetragene Regierungserklärung ging auf Sicherheits- und Außenpolitik, ging auch auf die Deutschlandpolitik weniger ein, hob dagegen die Finanz- und Wirtschaftsprobleme um so mehr hervor. Hier lagen die Schwerpunkte: es galt, der schleichenden Rezession entgegenzuwirken, Währungsstabilität und Zuwachsraten der Wirtschaft neu zu sichern, und es galt vor allem, den umstrittenen Bundeshaushalt für 1967 mit seiner Deckungslücke von 3,3 Milliarden DM in Ordnung zu bringen. Die Aufgaben der Koalition lagen also bereits auf dem Tisch, an den man sich setzte; von einem ausgreifenden Reformprogramm gesellschaftspolitischer Art konnte sowohl wegen der eben genannten Prioritäten als auch wegen der heterogenen Zusammensetzung dieser Regierung keine Rede sein. Bald zeichneten sich andere Nachteile ab. Die Massierung der Anhängerschaft der Regierung Kiesinger/Brandt in den beiden großen Bundestagsfraktionen, die Regie der Vorentscheidungen für Gesetzesinitiativen und Abstimmungen durch die beiden Fraktionsvorsitzenden Barzel und Helmut Schmidt, das Vorhandensein einer nur kleinen, 49 Abgeordnete zählenden Oppositionspartei, der FDP, sachkundig zwar auch in den Einzelheiten, aber doch nicht imstande, ein Alternativprogramm zu entwickeln oder gar eine Alternativmannschaft auf die Beine zu stellen: diese Faktoren trugen fortan zu einem Abbau an Transparenz des politischen Lebens im Bundeshaus bei und verstärkten mit der Zeit die Kritik am neuen Regierungssystem, – auch außerhalb des Parlamentes.

1966 nahm die Rezession der deutschen Wirtschaft erkennbare Formen an; die Bundesbank, von der Regierung praktisch im Stich gelassen, hatte zum Mittel der Kreditrestriktionen greifen müssen, die sich nunmehr auswirkten und dann 1967 ernsthaft zu Buche schlugen: das Brutto-Sozialprodukt stieg nur mehr um 0,6% (von 480,7 auf 483,6 Mrd. DM) an. Was Ludwig Erhard in der Seele zuwider gewesen war, nämlich alles »Rechenhafte« in der Wirtschaftspolitik, wurde nunmehr von Wirtschaftsminister Schiller geradezu zum Prinzip erhoben: mit ihm hielten »Erkenntnisse und Praktiken der modernen Wissenschaft« Einzug in das Bundeswirtschaftsministerium (Leo Brawand). Als wesentliche Methoden und periodisch zu leistende Planungsarbeiten galten fortan kurz- und mittelfristige Zielprojektionen für Wachstums- und Währungsfragen über ein oder mehrere Jahre, eine mittelfristige Haushaltsplanung, prognostizierende Gutachten und nicht zuletzt ein alljährlich vorzulegender »Wirtschaftsbericht« der Bundesregierung. Ein ›Gesetz zur Förderung der Stabilität und des Wachstums der Wirtschaft‹, zu dem sich Erhard und Schmücker nicht hatten entschließen können, wurde am 10. Mai 1967 vom Bundestag verabschiedet, nahm zahlreiche dieser Elemente in sich auf und setzte mit dem § 6 Schiller sogar in den Stand, »im Falle einer die Ziele des Stabilitätsgesetzes gefährdenden Abschwächung der allgemeinen Wirtschaftätigkeit« zusätzliche öffentliche Mittel einzusetzen.

Wissenschaftlichkeit und Kooperation wie z. B. im Rahmen der ebenfalls gesetzmäßig festgelegten sog. »Konzertierten Aktion« waren also die neuen Erscheinungsformen der Wirtschaftspolitik, oder wie Schiller sich ausdrückte, die Soziale Marktwirtschaft wurde in einer »neuen Kombination« weitergeführt. Obwohl Franz Josef Strauß als Finanzminister zunächst um die Bereinigung des Haushaltsplans 1967 besorgt sein mußte, zeitigte seine Zusammenarbeit mit Schiller schnelle Erfolge: mit Hilfe von besonderen Investitions-Haushalten, die sozusagen aus der Hinterhand staatliche Aufträge erteilten, aber auch, wenn notwendig, Steuervergünstigungen verschafften, wurde die Konjunktur derartig belebt, daß das Brutto-Sozialprodukt 1968 wieder eine »normale« Steigerungsrate, nämlich 9,4% (wie vergleichsweise 1964 und 1965, zu verzeichnen hatte.

Warum dann die Überwindung der Rezession und der zweite konjunkturelle Aufschwung mit inflationären Erscheinungen einhergehen mußten, warum die abermals ansteigenden Lebenshaltungskosten (Zunahme 1968: knapp 2%, 1969: knapp 3%) eine fortschreitende Kaufkraftschwächung der D-Mark bewirkten, ist im einzelnen schwer zu sagen. Die Exportorientierung des Booms ist ein wesentlicher Grund gewesen, aber wohl nicht der einzige. An der hervorgehobenen Position der Deutschen Mark im Kreise der Weltwährungen änderte sich gleichwohl nichts. Und gerade die kräftige Exportsteigerung bewog – angesichts der »Disparität im internationalen Währungssystem« – »die westlichen Handelspartner der Bundesrepublik Deutschland eine Aufwertung der DM zu fordern« (Ernst Deuerlein), ein Appell, der in Deutschland viel Zustimmung bei den Wirtschaftstheoretikern, Ablehnung dagegen bei der Industrie fand. Die innerdeutsche Debatte hierüber begann im Herbst 1968, und nach anfänglicher Einmütigkeit in der Verweigerung einer Aufwertung standen sich ab Sommer 1969 Schiller nunmehr als Befürworter sowie Strauß und Kiesinger als Gegner einer Aufwertung gegenüber. Nachdem, besonders im Mai, eine zweite Welle ausländischer Devisen aus Spekulationsgründen in die Bundesrepublik eingeflossen war, hielt der Wirtschaftsminister die Aufwertung für ein Mittel, um der »importierten Inflation« entgegenzuwirken. Die Auseinandersetzung, die sich von den Personen auf die Parteien übertrug und die Große Koalition endgültig innerlich zerfallen ließ, wurde sodann in den Bundestagswahlkampf von 1969 hineingetragen.

Wahlrechtsreform

Die Regierung Kiesinger/Brandt kam nicht zuletzt auf der Basis der schon erwähnten Zielsetzung einer Wahlrechtsreform zustande und stellte bereits in ihrer ersten Erklärung vor dem Bundestag deutlich heraus, wie entschlossen sie sei, die Verwirklichung eines »*reinen relativen Mehrheitswahlrechts*« durchzusetzen, zwar noch nicht vollständig für 1969, wohl aber endgültig für 1973. Promotor des Gedankens war – wie schon 1962 – ein prominenter CDU-Politiker, der bisherige Wohnungsbauminister Paul Lücke, dem Kiesinger nunmehr das hierfür zuständige Innenministerium übertragen hatte.

Wenn damals in der unionsfreundlichen Publizistik die negativen Erfahrungen der Weimarer Republik beschworen und die offenkundig gewordene Instabilität der Bundesrepublik in der Zeit nach Adenauer daneben gehalten wurde, entsprangen derartige Argumentationen sicher ehrlichen Besorgnissen, die durch die ersten Wahlerfolge der NPD an Berechtigung nur noch gewannen. Dennoch fiel auf, daß ähnliche Impulse auf seiten der SPD wesentlich spärlicher zu beobachten waren. Von den Sozialdemokraten waren nämlich anfangs nur die Mitglieder der Verhandlungskommission für ein neues Wahlrecht zu haben gewesen, und Brandt, wie es scheint, hat zu keiner Zeit als hundertprozentiger Vorkämpfer gegolten.

In seinem Ministerium ließ Lücke Studien und bald auch alternative Gesetzentwürfe anfertigen; der eine betraf die Wahl von 500 Abgeordneten in Einerwahlkreisen, der andere die Wahl von 400 Abgeordneten in Einerwahlkreisen und weiterer 100 über Ergänzungslisten (Bundeslisten). Eine neue Wahlkreiseinteilung wurde vorbereitet, eine Öffentlichkeitsarbeit in Gang gesetzt. Kurz nach Neujahr 1968 waren sich die Spitzen der Großen Koalition (einschließlich Brandt, Wehner und Schmidt) darin einig, daß die Regierung noch vor Ostern die Gesetzentwürfe verabschieden und den parlamentarischen Gremien zuleiten solle. Doch die Beschlüsse des Nürnberger Parteitages der SPD im März liefen den Erwartungen Lückes und der Unionsparteien völlig zuwider. Man war hier bereits auf die Profilierung der Parteiarbeit im Rahmen der Großen Koalition bedacht und billigte – gegen eine beachtliche innerparteiliche Opposition – zwar auch die bekannte, demnächst zu verabschiedende Notstandsverfassung, schien sich aber mit der mühevollen Behandlung dieser Materie nach dem Urteil Lückes »verausgabt zu haben«: die Vorschläge zur Wahlrechtsänderung, so wurde beschlossen, sollten einem »ordentlichen Parteitag der SPD zur Entscheidung vorgelegt werden«, und das hieß – dem nächsten, nach weiteren zwei Jahren.

Diese Verschiebung bedeutete, daß in der 1969 auslaufenden Legislaturperiode die SPD über die Wahlrechtsreform nicht mehr zu befinden gedachte – und vor allem, daß bisherige Befürworter der Reform, wie etwa der damalige Staatssekretär Ehmke, hinsichtlich des Zeitplans anderen Sinnes geworden waren. Wenn man einem Brief Wehners an Lücke vom 24. März 1968 folgen will, war von den Untergliederungen der Partei, den Bezirken, vor und auf dem Parteitag ein starker Widerstand ausgegangen. Bei ihnen sei – so Wehner – noch einmal hochgekommen, »was in vergangenen Jahren und ihren Kämpfen erlebt und erlitten worden ist«. Wahrscheinlich spielte auch ein erhebliches Mißtrauen gegenüber der neuen, noch nicht auf die Probe von Vor- und Nachteil gestellten Wahlkreiseinteilung mit; kurzum: die Partei wollte sich nicht ungewissen Faktoren überantworten. Der Bundesinnenminister zog aus dieser Entwicklung die Konsequenzen. Nachdem ihm Wehner keinerlei Zusagen für das Zustandekommen wenigstens eines »außerordentlichen« Parteitages in absehbarer Zeit machen konnte, trat Lücke am 27. März zurück. Der Gedanke des relativen Mehrheitswahlrechts war damit abgestorben, eines der Grundziele der Großen Koalition nicht erreicht worden.

Protestbewegung

Die Gefährlichkeit der NPD als einer neofaschistischen Partei beruhte auf einer sorgfältig kultivierten Taktik der Anpassung an die Verhaltensformen der Gegenwart, mit der sie »unzufriedene«, im Grunde unkritische Wähler anzusprechen wußte. 1968 hatte sie indessen ihren Höhepunkt bereits wieder überschritten. Unzufriedenheit hatte sich seit 1967 aber auch in einem der NPD geradezu entgegengesetzten Lager gesammelt. Daß die Große Koalition im deutschen Volke stille Gegner haben würde, daß ihr Zustandekommen als »Kartell des Establishment« die Verdrossenheit gegenüber Gesellschaft und Staat gerade bei *kritisch* eingestellten Bürgern vermehren würde, konnte letztlich nicht überraschen.

Daß freilich dieses Unbehagen nun auch in den Sog einer linksorientierten studentischen Protestbewegung geriet, hing mit dem Vorhandensein einer Regierung Kiesinger/Brandt nur mehr partiell zusammen. Denn diese Bewegung war schon vorher vorhanden gewesen; ihre Aktivitäten hatten sich zunächst auf breiter Front auf die seit langem anstehende Reform des Hochschulwesens bezogen, dessen Modernisierung und Demokratisierung im übrigen auch ein erklärtes Anliegen anderer Gruppen – nicht nur der studentischen – darstellte. Dennoch stand der Protest in einem internationalen Zusammenhang, der – ausgehend von der amerikanischen Universität Berkeley – über die USA bis Südamerika, Europa und Asien reichte; selbst einzelne Hochschulen sozialistischer Staaten waren davon betroffen. Sein Gipfel wurde 1968 erreicht und überschritten, und er äußerte sich jeweils in unterschiedlicher Intensität und unterschiedlicher Zielsetzung (man braucht nur die entsprechenden Ereignisse in Berlin, der Bundesrepublik, Paris und Prag – immer im selben Jahre 1968! – miteinander zu vergleichen).

Lediglich die Ausgangsbasen der Protestanlässe und -inhalte waren ähnlich: Unzufriedenheit mit den bestehenden gesellschaftlichen Verhältnissen und Bedingungen, und zwar nicht nur in Entwicklungsländern, sondern nachdrücklich zu konstatieren gerade auch in den hochentwickelten Industriestaaten, eine Unzufriedenheit freilich, die in der Regel nur von Teilen der studentischen Jugend adaptiert und hier wiederum von einem weiteren Teil, nämlich von einer entschlossenen Minderheit, als Protest artikuliert wurde. Und der Protest wurde zum Aufstand »gegen jede Form tatsächlicher oder vermeintlicher Unfreiheit, Abhängigkeit und Unterdrückung, gegen überkommene Hierarchien und Autoritäten, gegen den sich immer breiter machenden Materialismus und Konformismus unseres Daseins, gegen Dogmatismus und entpersönlichende Bürokratie, gegen Totalitarismus und Einparteienregiment, gegen jede Art von Herrschaft des Menschen über den Menschen« (Joachim Wieder), und wir können noch hinzufügen: gegen Rassismus sowie gegen faschistische Herrschafts- und Verhaltensformen aller Art. Die Probleme Europas und der dritten Welt wurden auf den Straßen der bundesdeutschen Großstädte manifestiert: der Krieg in Vietnam, die Verfolgungspolitik der griechischen Diktatur, das Regime des Schahs von Persien, der Untergang Che Guevaras.

In der Bundesrepublik verschmolzen Ausgangspunkt und neue Zielprojektion miteinander. Das zu allen Zeiten und überall gegebene Mißverhältnis zwischen demokratischen Idealen und Leitbildern einerseits und der in diesem Sinne unvollkommenen politischen Wirklichkeit anderseits offenbarte zum ersten Male in der neueren deutschen Geschichte seine Brisanz. In Deutschland wurde die Hochschulreform schnell zu einem Mittel zum Zweck von Aktionen, die dadurch eine Umgestaltung der Gesellschaft, zumindest einen radikalen Abbau der realen und ideellen Gravamina in Gang bringen wollten, doch ließen sich die hochschulpolitischen Elemente der Auflehnung auch jederzeit wieder in den Vordergrund stellen, wodurch auf weite Kreise der sonst »stillen« oder »schweigenden« Studenten eine Anziehungskraft ausgeübt wurde, die dann umgehend einen gewünschten Solidarisierungseffekt zur Folge hatte. Dieser Umstand machte – gerade 1968 – die oftmals nicht erkannte Tiefendimension des studentischen Protestes aus.

Die Stationen der Politisierung der studentischen Bewegung brauchen nur angedeutet und nicht im einzelnen nachgezeichnet zu werden; nach dem Tode des Studenten Ohnsorg durch die Kugel eines Polizeibeamten sprang der Funke im Juni 1967 von Westberlin auf die Bundesrepublik über; zum Motor aller Angriffe, auch gewaltsamer, die nun der Entlarvung einer vielfältigen Janusköpfigkeit der deutschen Leistungsgesellschaft galten, wurde der Sozialistische Deutsche Studentenbund (SDS), den andere aktivistische Gruppen innerhalb und außerhalb der Hochschulen unterstützten. Die Schüsse auf Rudi Dutschke am Gründonnerstag 1968 erbrachten den ersten Gipfel der Solidarisierung aller außerparlamentarischen Oppositionsgruppen, die Kampagne gegen die Verabschiedung der Notstandsgesetze im Mai dann den zweiten Höhepunkt, diesmal als konzentrierte und gezielte innenpolitische Aktion, deren Träger als die »Neue Linke« zusammenzufassen man sich fortan angewöhnte.

Danach ebbte die Bewegung ab. Sie verlor zusehends an Kraft, nachdem für die Akteure offenkundig geworden war, daß eine Solidarisierung über die eigenen Reihen hinaus lediglich vereinzelte Zirkel einer radikal-liberalen oder marxistischen Intelligenz, nicht aber die Arbeiterschaft erreichte. Die Situation war mißverstanden worden (Jürgen Habermas), und schon gar nicht war sie »reif« für eine Revolutionierung gewesen – von welcher Seite man auch die Dinge betrachten will. Von nun an konzentrierte sich die Bewegung der studentischen Linken nach und nach wieder auf die Fragen der Hochschulreform, wobei es freilich nur in wenigen Fällen gelang, mit den »vom System her« zuständigen Partnern (Professorenschaft, Kultusverwaltungen) zu einer – wenn auch distanzierten – Zusammenarbeit zu gelangen.

Es bleibt die Frage nach der Bedeutung dieser Protestbewegung für die Entwicklung der deutschen Innenpolitik, die Frage nach dem zeitgeschichtlichen Stellenwert. Mit dem Hinweis darauf, daß die Bundesregierung sich nunmehr veranlaßt gesehen habe, »ihre Bemühungen um die Bildungspolitik, vor allem um eine tiefgreifende Reform des Hochschulwesens, die nach dem Grundgesetz Sache der Länder ist, zu intensivieren« (Ernst Deuerlein), ist jedoch nur eine Teilantwort gegeben. In einer Sonderdebatte des Bundestages waren die Vertreter der

Parteien einsichtig genug, einer neuen Transparenz der politischen und gesellschaftlichen Problematik, ja einer Reformierung der demokratischen Gesellschaft das Wort zu reden. Daß hinter solchen Äußerungen der Schock der Osterunruhen stand, braucht diese Bekenntnisse nachträglich nicht abzuwerten. Doch würde das eine neue, erst jetzt erkannte Aufgabe der Großen Koalition werden können, die kurz darauf mit der letzten Lesung der Notstandsgesetze abermals eine, und zwar die heftigste Konfrontation mit der außerparlamentarischen Opposition auf sich zog? Hieran war nicht zu denken. Wohl aber darf man vermuten, daß es 1968 und 1969 bei den Parteien zu einer Art Bestandsaufnahme gekommen ist, die sich speziell des Mißverhältnisses von Schein und Wirklichkeit, von realen Gegebenheiten und weitergeschleppten Illusionen annahm, die auf eine neue politische Ortsbestimmung der Bundesrepublik sowie auf ein Selbstverständnis des Staates hinauslief, das vor den Anforderungen der Zukunft Bestand haben würde. Konnte für ein solches Vorhaben etwa die Außenpolitik Ansätze bieten, Ansätze, die dann die innenpolitische Diskussion zu entkrampfen in der Lage wären? Doch das Umdenken galt auch allgemein: war noch 1968 die Meinung verbreitet gewesen, gerade der Radikalismus von rechts und links würde die Große Koalition notwendigerweise für eine kleine Ewigkeit zusammengeschmiedet lassen, so trat nun bald das Gegenteil ein. Angesichts der wenigstens schemenhaft erkannten Lehren des Jahres 1968 rückten die beiden großen Parteien wieder auseinander und versuchten die verschwommen gewordene Eigenprofilierung wiederherzustellen. Sie konnten auch nicht anders, denn die Aufforderung an die protestierende Jugend, sie möchte doch Kritik und Aktivität innerhalb der vorhandenen politischen Parteien praktizieren, war laut genug gewesen.

Außenpolitik der Regierung Erhard 1963–1966

Ausgehend von den Problemen, die beim Ausscheiden Adenauers als Regierungschef bestanden, lautete eine erste Frage, wie man deutscherseits im Gespräch mit den westlichen Bundesgenossen künftig »Entspannung« und »Wiedervereinigung« zueinander in Beziehung zu setzen haben würde. Neue Überlegungen wurden notwendig. Außenminister Schröder bemühte sich, mit der in Schwung geratenen Friedensoffensive Kennedys

(»friedliche Zusammenarbeit« und nicht mehr nur »Koexistenz«) einigermaßen Schritt zu halten, sah aber auch in dieser Entwicklung Gefahrenmomente, auf die hinzuweisen der alte Bundeskanzler bei seinem Abschiedsbesuch in Rambouillet besonderen Anlaß fand. Sie machten den Inhalt einer zweiten Frage aus, und zwar dahingehend, ob wirklich die Ziele und das Sicherheitsbedürfnis Europas mit denjenigen der USA im Augenblick identisch oder wenigstens kongruent seien. Würden nicht gar Vorleistungen der westlichen Führungsmacht in absehbarer Zeit zu erwarten sein, die zu honorieren sich für Bonn verbieten mußte? Wieder einmal erschien weiten Kreisen in der Bundeshauptstadt eine Rückendeckung durch die gaullistische Politik als etwas Begrüßenswertes, da ja Paris bekanntermaßen eine jegliche Rüstungsbeschränkung auf deutschem Boden aus Gründen der eigenen Sicherheit (Glaciischarakter der Bundesrepublik) heftig ablehnte.

Diese Überlegungen vor Augen prägte der Außenminister die Formel von der »Politik der Bewegung«, die (nach seiner eigenen Erläuterung) nicht als »wildes Herumexperimentieren« zu verstehen sei, jedoch unter günstigen Umständen gewisse Chancen für erste Fortschritte in der Wiedervereinigungsfrage zeitigen könne; Tempo und Maß der »Bewegung« wies er gleichwohl den drei Westmächten zu.

Europa

Bei aller Abneigung gegenüber den neufranzösischen Europa-Plänen hat es Erhard an Konzilianz nicht fehlen lassen. Zwar war ihm das Spiel einer zwischen Paris und Washington vermittelnden Rolle nicht recht geglückt, doch suchte er im Zuge seiner Europa-Politik einen ehrlichen Mittelweg zwischen den Vorstellungen Frankreichs und denjenigen der Kritiker de Gaulles (EWG-Kommission, Regierungen Belgiens und der Niederlande) zu gehen. Darüber hinaus war er entschlossen, die seit dem Scheitern des Fouchet-Planes II (1962) und der Beitrittsverhandlungen Englands zur EWG (1963) auf der Stelle tretenden Unionsbestrebungen durch einen deutschen Schritt wieder flottzumachen. Ihm dienten Vorschläge der Bundesregierung vom 4. November 1964. Das Memorandum ging von der Tatsache des wirtschaftlichen Zusammenwachsens der EWG-Staaten aus. Daneben befürwortete Bonn nun auch eine politische Kooperation per »Übereinkommen«: ein von den Regierungen unabhängiger »Beratender Ausschuß« sollte auf dem Gebiet der Außen-, Wehr- und Kulturpolitik tätig werden, also gleichsam für jene Sparten eine Zuständigkeit erlangen, die 1961/62 während der Arbeiten der Fouchetkommission von französischer Seite in die Diskussion hineingebracht worden waren. Aber das war gewissermaßen das Fernziel. Für die Zeit davor empfahl das Memorandum, zunächst eine »intergouvernementale Zusammenarbeit« mit Hilfe gemeinsamer Ministerkonferenzen, ohne freilich das große Wunschbild der Zukunft, ein »föderatives, politisch und wirtschaftlich geeintes, demokratisches Europa« aus dem Auge zu verlieren.

Zu Beginn des Jahres 1965 schien die europäische Situation trotz französischer Zurückhaltung und niederländischem Mißtrauen gegenüber den deutschen Vorschlägen wieder etwas aufgelockerter zu sein. In Rambouillet verkündeten de Gaulle und Erhard am 20. Januar, daß nunmehr Kontakte zu den übrigen Regierungen der EWG-Staaten aufgenommen werden sollten. Bald versprach man sich allgemein weitere Fortschritte von einer Zusammenkunft der Außenminister der »Sechs«. Sogar eine europäische Gipfelkonferenz wurde für den Juli in Aussicht genommen. Vier Regierungen sagten sofort zu, doch Frankreich zog wieder einmal die Bremsen an. Couve de Murville bejahte zwar am 29. März in Rom die Zweckmäßigkeit einer Außenministerkonferenz, ließ aber ihren Termin wegen noch bestehender sachlicher Gegensätze auf unbestimmte Zeit verschieben. De Gaulle wollte offensichtlich zu erwartende Auseinandersetzungen über die »Institutionen«, das Verhältnis Europas zu den USA und die künftige Funktion Großbritanniens im europäischen Gefüge vermieden wissen. Abermals gab es Enttäuschungen und herbe Kritik, besonders in Italien. Nach der Rede des Generals vom 27. April, die von vielen als faktischer »Ausbruch in die Neutralität«, als ein Versuch, die weltpolitischen Frontstellungen einzuebnen, gedeutet wurde, war in Bonn der Unwille über den neuartigen Kurs der französischen Politik so stark wie niemals vorher.

Die Enttäuschungen nahmen indessen im Laufe des Jahres 1965 noch krassere Formen an. Hallstein als Präsident der EWG-Kommission hatte den Vorschlag zu machen gewagt, die Zolleinnahmen der sechs Staaten künftig nach Brüssel zu überweisen, von wo aus sie – durch die Kommission – zur Finanzierung der Agrar- und Wirtschaftspolitik verwendet werden könnten, unter gleichzeitiger Kontrolle durch das Europäische Parlament. Dieses Ansinnen rief in Paris empörte Ablehnung hervor und wurde auch so leicht nicht vergessen. Und da zum 1. Juli die fällig gewordene, für die nächsten fünf Jahre gültige Agrarmarktordnung für die EWG wegen sachlicher Differenzen mit den Franzosen nicht zustande kam (eben weil »in den Kommissionsvorschlägen der Agrarmarkt mit einer Erweiterung der Rechte des Europaparlaments verknüpft« werden sollte [Maxim Fackler]), war das für de Gaulle der Anlaß, seinerseits mit warnenden Zeichen zu arbeiten. Nachdem er schon im April den Deutschen zu verstehen gegeben hatte, Gespräche über die Vorbereitung einer Europäischen Union könnten nicht vor einer Einigung über die EWG-Agrarfragen aufgenommen werden, wurde er jetzt massiver. De Gaulle ließ sein Kabinett beschließen, »an weiteren, den Gemeinsamen Markt betreffenden Verhandlungen in Brüssel vorerst nicht mehr teilzunehmen«. Die französischen Vertreter, darunter auch der Botschafter bei der EWG, wurden abberufen, der Ministerrat boykottiert. Es war die schwerste Krise der Gemeinschaft, seitdem sie ins Leben getreten war. Fast sah es so aus, als wollte der General seine weitere Europa-Politik von einer tabula rasa aus betreiben.

Erhard und Schröder haben darauf – von den kleinlaut gewordenen Bonner Gaullisten ungehindert – immer wieder Anstrengungen unternommen, den Schock zu überwinden und die gelähmte Gemeinschaft zu neuem Leben zu erwecken. Soweit sie selbst dabei durch Wahlkampf und Regierungsbildung absorbiert wurden, bemühte sich statt ihrer Hallstein. Eine Entspannung der Situation wurde jedoch erst im Dezember sichtbar, bezeichnenderweise nach der – nur knappen – Wiederwahl de Gaulles zum Präsidenten der Französischen Republik. Von diesem Zeitpunkt an verhielt sich der General etwas beweglicher, taktierte aber trotzdem weiter, indem er von seinem Ziele, die EWG zu entpolitisieren, nicht abwich. Für die Rückkehr Frankreichs waren also Preise zu zahlen. Paris visierte hierzu zwei Komplexe an, die ab 1966 gewisse Neuerungen bedeuten würden, nämlich

(1) die Frage der Mehrheitsbeschlüsse im Ministerrat, die ab 1. Januar 1966 laut Vertrag als Möglichkeiten vorgesehen waren,

(2) die Stellung der EWG-Kommission, deren Amtszeit in der jetzigen Zusammensetzung am 9. Januar offiziell auslief, so daß auch personelle Veränderungen bevorstanden.

Da es sich von solchen Erörterungen nicht nur nicht ausschließen wollte, sondern selbst Regie zu führen beabsichtigte, sagte Frankreich gegen Jahresende seine Teilnahme an einer Außenminister-Konferenz der Sechs in Luxemburg für den 17. Januar zu.

Es charakterisierte das gespannte Verhältnis der übrigen Fünf zu Frankreich, daß dennoch zwei Anläufe notwendig wurden. In Luxemburg forderte Couve de Murville, die Rechte der EWG-Kommission (ihre sich gewohnheitsmäßig herausgebildeten »Freiheiten«) scharf zu begrenzen d. h. ihre Tätigkeit stärker an den Ministerrat zu binden, und das Vetorecht eines jeden Partners bei den Abstimmungen des Ministerrats »in wichtigen Fragen« beizubehalten. Obwohl der Franzose bezüglich der nächsten anstehenden Aufgaben einige ultimativ anmutende Terminvorschläge folgen ließ, machte er gleichwohl deutlich, daß sein Land an einer Fortsetzung der Arbeit in Brüssel unter französischer Teilnahme doch sehr interessiert sei. Da die gegensätzlichen Auffassungen zunächst blieben, traten die Außenminister am 28. Januar in Luxemburg abermals zusammen, und das Ergebnis war jetzt ein Kompromiß. Man verpflichtete sich darauf, Übereinstimmungen im Ministerrat grundsätzlich auch in solchen Fällen anzustreben (notfalls vermittels einer langwierigen Prozedur), in denen der EWG-Vertrag ab 1966 an sich Mehrheitsbeschlüsse zulassen würde. Ein Katalog von Gesichtspunkten regelte das zukünftige Verhältnis der Kommission zum Ministerrat, beließ aber im wesentlichen die alte Eigenständigkeit der Kommission. Frankreich kehrte daraufhin offiziell in die Brüsseler Institutionen zurück, doch bleibt auch anzumerken, daß auf deutscher Seite Außenminister Schröder durch seine geschickte Taktik in Luxemburg einen persönlichen Anteil an der Beilegung der EWG-Krise gehabt hat.

Deutschlandpolitik

Bezüglich der Wiedervereinigung Deutschlands lautete das Credo Erhards und Schröders im Anfang, daß Fortschritte in dieser Frage einen guten Beitrag zu einer weltweiten Entspannung darstellen würden, beginnend etwa mit Sondierungen der Flügelmächte, wie sie 1961/62 im Anschluß an den Mauerbau stattgefunden hatten. Bonn versprach jedenfalls, sich »flexibel« zu verhalten, und war damit im Grunde von einer Einsicht in die realen Verhältnisse noch weit entfernt. Doch die Großen kontaktierten einander nicht, und dadurch wurde in Bonn die enttäuschte Hoffnung auf eine »neue Sondierungsphase« abgelöst von dem Zwischenspiel des bloßen »Paratseins« für den Augenblick, da »die Sowjetunion einmal nicht nur in stereotypem Negativismus verharrt«. Die oben erwähnte »Politik der Bewegung«, verstanden als paralleler bundesdeutscher Beitrag zum Ost-West-Gespräch, ist somit streng genommen nicht mehr zur Anwendung gekommen. Der zweite Amerikabesuch Erhards (12. und 13. Juni 1964) brachte dann ziemliche Klarheit, aber auch Ernüchterung. In den Gesprächen setzten sich Johnsons Auffassungen durch, während Erhard und Schröder, die ihre Position vielleicht etwas überschätzt hatten, zurücksteckten. Wohl behielt man in Washington den rechtlichen Standpunkt der Vier-Mächte-Verantwortung bei, doch war nun praktisch der Grundsatz Erhards und Schröders (Entspannung durch Wiedervereinigung) dem Sinne nach umgedreht worden: Wiedervereinigung nur über die Entspannung. Von jetzt an waren – trotz der Übereinstimmung Johnsons und Erhards bezüglich der »Dringlichkeit« – auf absehbare Zeit von seiten des Westens weder »Schritte« noch »Initiativen« noch »Sondierungen« zu erwarten. Washington gedachte sich allenfalls auf »geeignete Gelegenheiten« zu konzentrieren, und aus London war mit neuen Gedanken nicht zu rechnen. Doch die genannten »Gelegenheiten« zu erspähen und zu bewerten, blieb die formale Aufgabe der Washingtoner Botschaftergruppe.

Zu dem vorsichtigen neuen Stil der Beziehungen zwischen Moskau und Washington gehörte es, daß, nahezu gleichzeitig mit dem zweiten Erhard-Besuch, der bevorstehende Abschluß und der Inhalt eines die deutsche Frage berührenden Vertrages vorher durch Botschafter Dobrynin dem amerikanischen Außenminister mitgeteilt wurde. Der Vertrag selbst, ein *Beistands- und Freundschaftspakt zwischen der Sowjetunion und der DDR* vom 12. Juni 1964, unterzeichnet von Chruschtschow und Ulbricht, basierte auf dem machtpolitischen Status quo von 1945 und zementierte ihn. Somit bedeutete er mehr als die seit 1955 bestehende formale Zugehörigkeit der DDR zum Warschauer Paktsystem und die Mitgliedschaft im COMECON. Dadurch, daß man das Territorium von »Westberlin« als »selbständige politische Einheit« betrachten wollte (Art. 6), wurde die Konzeption der »Freien Stadt« noch einmal angesprochen und die Berlin-Frage wieder einmal von der Deutschlandfrage getrennt. Aber damit war auch gleichzeitig von seiten Moskaus der Berlin-

Krise ein definitives Ende gesetzt, ja es schien, als läge nunmehr eine Art Ersatz für den stillschweigend zurückgezogenen separaten Friedensvertrag mit der DDR vor. Also: schleichende Entspannung auch hier, in diesem Falle gefördert durch einen Beitrag, der die Sowjetunion kaum etwas kostete.

Der Abschluß dieses Vertrages hat dann noch einmal eine – es war die vorletzte in diesem Stil – gemeinsame Deutschland-Deklaration der drei Westmächte ausgelöst, die am 26. Juni veröffentlicht wurde. Sie wandte sich gegen die Bezeichnung Westberlins als »»selbständige politische Einheit« und verwies auf dessen Bindungen an die Bundesrepublik, der nach wie vor allein das Vertretungsrecht des deutschen Volkes in der Welt zukomme. Die Deklaration betonte die Vier-Mächte-Verantwortung für Deutschland und drückte den Wunsch aus, auf der Basis der Selbstbestimmung möge es zu Ansätzen kommen, die »schrittweise Regelungen einschließen, die zur Wiedervereinigung Deutschlands und zur Sicherheit Europas führen«. Aber dieses Papier war nur eine Erklärung und keine Note, und selbst als Note wäre sie wirkungs- und nutzlos geblieben. Die Bundesregierung mußte sich mehr denn je überlegen, was sie nunmehr zu den Entspannungstendenzen der beiden Weltmächte beitragen könne, – ausgeschlossen natürlich deutschlandpolitische »Initiativen«, die zu unterstützen im Augenblick sich keiner der westlichen Verbündeten verstanden hätte.

Diese Frage nach der Ausnutzung einer auch von den Westmächten zugestandenen Bewegungsfreiheit stellte sich ab Oktober 1964 um so dringender, als nun – fast ein Jahr nach der Ermordung Kennedys – auch mit Chruschtschows Entmachtung ein weiteres bekanntes Gesicht von der Weltbühne abtrat und in Großbritannien erstmals wieder nach längerer Zeit eine Labourregierung die Verantwortung übernahm.

Ostpolitik

Die Bemühungen Bonns, ohne Preisgabe seiner bisherigen Grundauffassungen, mit den Tendenzen der Weltpolitik Schritt zu halten, äußerten sich auf zweierlei Weise:
  (1) in den vorsichtigen Versuchen Schröders, die erstarrte Politik der Bundesregierung gegenüber den Ostblockstaaten abzubauen, die berühmte »Flexibilität« wenigstens hier endlich zu konkretisieren, und

(2) in der Friedensnote der Bundesregierung vom 25. März 1966, die hiermit in engem Zusammenhang stand.

Schröder, Außenminister seit 1961, hatte die Sowjetunion lange Zeit nicht zum direkten Objekt seiner Bemühungen gemacht; wir erinnern uns, daß er sich in den beiden letzten Regierungsjahren Adenauers deutlich gegen die Vorschläge Krolls stemmte, die für seine Berechnungen jedenfalls zu weit gingen und zuviel Substanz vom bisherigen Standpunkt preiszugeben drohten. Wohl aber, und hieran hatte Schröder einen persönlichen Anteil gehabt, war es 1962 zu Kontakten des Auswärtigen Amtes mit anderen Adressanten gekommen, in der Absicht, in mehreren Ostblockstaaten zugleich Handelsmissionen zu errichten. Durch sie sollte das Verhältnis zu diesen Ländern generell verbessert und wenigstens annähernd normalisiert werden, wenngleich Schröder darauf hinwies, daß damit eine Vorbereitung diplomatischer Beziehungen zunächst nicht beabsichtigt sei. Ein Jahr später (1963) folgten die Verträge mit Polen, Rumänien und Ungarn, bald darauf auch mit Bulgarien (März 1964), nach. Sie enthielten Bestimmungen, die den Einschluß Westberlins dadurch garantierten, daß sich der Warenaustausch auf das Geltungsgebiet der DM (West) zu beziehen habe, und schlossen die Errichtung ständiger bundesrepublikanischer Handelsmissionen in den Hauptstädten ein.

Soweit die Aufzählung dessen, was schon geschehen war. Ließ sich hierauf weiterbauen? Die Frage war zu bejahen, sofern Bonn sich dazu aufraffen würde, seine Ostpolitik auch weiterhin »gaullistisch« zu betreiben, und das hieß: sofern sich die Bundesregierung entschließen konnte, die sozialistischen Staaten nicht nur als Gliederungselemente eines »Ostblocks«, sondern auch und in erster Linie als Bestandteile Europas zu sehen, deren Befürchtungen hinsichtlich ihrer Grenzen, deren Sicherheitsbedürfnisse dabei klar in Rechnung zu stellen waren. Hier hatte der General, der »die Ausbeutung der Entspannung nicht ausschließlich den Vereinigten Staaten und Großbritannien« überlassen wollte (Alfred Frisch), deutliche Zeichen gesetzt. Spätestens im Sommer 1965, als Bonn die Auswirkungen der Ostpolitik de Gaulles (etwa die von ihm angeregte Diplomatie der gegenseitigen Besuche) zu spüren bekam, stellte sich konkret auch die Frage der polnischen Westgrenze, von der der Quai d'Orsay meinte, es sei »unrealistisch, in der Anerkennung der Oder-Neiße-Linie ein Handelsobjekt zu sehen«.

Wenig vorher hatte eine andere Anregung den Weg über den Rhein gefunden. Es war der Gedanke der Europäisierung der deutschen Frage, der nun schnell zum Diskussionsstoff wurde. Paris verstand darunter die Lösung des Problems innerhalb des so oft zitierten »europäischen Europa«, vor allem durch Auflockerung der Beziehungen zu den Staaten Osteuropas. Sind Erhard und Schröder auf derartige Signale eingegangen? Nun, es geschah vorsichtig genug, aber doch wiederum so deutlich, daß sich auch hieraus die bereits erwähnte Verstimmung weiter Kreise der Unionsparteien über die Ostpolitik im Wahljahr 1965 erklären läßt. Auf dem CDU-Parteitag in Düsseldorf sagte der Außenminister am 30. März:

Wir glauben, in manchen Vorstellungen über die europäischen Sicherheitsprobleme den Wunsch nach Beruhigung und Frieden in Mitteleuropa zu erkennen. Wir wissen auch, daß eine realistische Wiedervereinigungspolitik verlangt, daß neue Gedanken über die europäische Sicherheit entwickelt werden. Sie müssen aber wirklich zur Beruhigung in Mitteleuropa beitragen, das heißt, sie müssen die Überwindung der Teilung Deutschlands zum Ziel haben. Sie dürfen nicht den gegenwärtigen gefährlichen Zustand verewigen wollen...

Und vorher:

Das neue Verhältnis zwischen den osteuropäischen Ländern und der Sowjetunion ist für uns in dem Maße von Interesse, wie diese Regierungen neuerdings auf die Außenpolitik der Sowjetunion einzuwirken vermögen. In diesen Ländern für unseren Standpunkt Verständnis zu wecken, ist eine Aufgabe unserer Außenpolitik.

Konkret bedeutete dieses Bekenntnis, daß Schröder nunmehr sogar geneigt war, am Ende der von ihm eingeleiteten Entwicklung diplomatische Beziehungen zu den osteuropäischen Staaten aufzunehmen, wie er im Mai 1965 in einem Rundfunkinterview durchblicken ließ. Und es hatte weiter zur Folge, daß in der deutschen Öffentlichkeit, nachdrücklicher jetzt als schon vereinzelt vorher, Gruppen und Kreise in Wissenschaft, Kirche und Publizistik ermutigt wurden, sich von den Denkvorstellungen der Adenauerzeit abzusetzen und eigene Gedanken in Wort und Schrift, etwa über die Normalisierung des Verhältnisses zu Polen einschließlich einer Anerkennung der Oder-Neiße-Linie zu entwickeln.

So fruchtbar die Schrödersche Ostpolitik für die Zukunft auch sein mochte, so darf gleichwohl zweierlei nicht übersehen werden. Zum einen handelte es sich im Grunde nur um Ansätze:

die hier angeführten Einzelheiten besaßen mehr deklamatorischen als praktischen Charakter. Und zum anderen blieb die DDR – ein Staat und Glied des »Ostblocks« wie Polen oder Ungarn – von jeglicher »Flexibilität« Bonns ausgeschlossen. Sie war kein (oder noch kein) Objekt politischer Bemühungen; sie wurde einfach nicht beachtet. Sicher hing das mit der von Bonn immer noch hochgehaltenen Vier-Mächte-Verantwortung für Gesamtdeutschland zusammen, ging aber in gleichem Maße auch auf jene Rücksichtnahmen zurück, die Schröder – und ebenfalls der Bundeskanzler – nach der schwierigen Kabinettsbildung vom Oktober 1965 gegenüber ihren eigenen Leuten zu beachten hatten. So kam die »Aussparung« der DDR zwangsläufig in der Bonner Friedensnote vom 25. März 1966 zum Ausdruck, vermittels der Erhard und Schröder – gleichsam als »Plattform« – nun ihre Entspannungspolitik verstärkt fortzusetzen gedachten.

Die Note enthielt Passagen zur Nuklearfrage, zur Rüstungskontrolle und zum Sicherheitsproblem, war aber vor allem an die osteuropäischen Staaten gerichtet, denen versichert wurde, daß die Bundesrepublik »weder eine Revanche-Politik noch eine restaurative Politik verfolge«. Sie zeigte ferner die Bereitschaft der Bundesregierung an, mit den Regierungen der osteuropäischen Staaten eindeutige Gewaltverzichtserklärungen auszutauschen. Bezüglich des Münchner Abkommens von 1938, das Hitler selbst zerrissen habe, verzichtete die Bundesregierung immerhin auf dessen territoriale Gültigkeit, ohne freilich die mit diesem Abkommen verbundene völker-, staats- und privatrechtliche Problematik der vertriebenen Sudetendeutschen anzusprechen. Am Schluß der Friedensnote war wieder davon die Rede, daß man die Deutschland-Frage in gerechter Weise lösen müsse, »indem man dem gesamten deutschen Volk das Recht gewährt, frei über seine politische Lebensform und sein Schicksal zu bestimmen.«

Damit waren aber auch die Grenzen der Schröderschen Ostpolitik erreicht. So rasant das Tempo der Umorientierung gewesen sein mochte – noch eineinhalb Jahre vorher wollte Erhard Gewaltverzichtserklärungen nur im Zusammenhang mit einer gleichzeitigen Einigung Deutschlands praktiziert sehen –, der zwischen 1961 und 1966 auf diesem Gebiet zurückgelegte Weg hatte die erste Station eines *Erfolges* (im Sinne einer beiderseitigen Normalisierung der Beziehungen) noch lange nicht erreicht. Vor allem die Sowjetunion, seit langer Zeit erstmals wieder – und zwar durch diese Note – direkt angesprochen, vermochte sich mit den deutschen Angeboten nicht zu befreunden. Sie störte sich an dem zum Ausdruck gebrachten Wiedervereinigungsziel und vermißte wesentliche Voraussetzungen, mit denen sie seit jeher die »Friedensbereitschaft« der Bundesrepublik zu bewerten pflegte: den Austausch von Botschaftern gerade mit den Staaten, denen Gewaltverzichtserklärungen angeboten worden waren, die Anerkennung der Oder-Neiße-Linie als polnische Westgrenze und die Annullierung des Münchner Abkommens, ganz abgesehen von der Nicht-Erwähnung der DDR.

Die osteuropäischen Staaten sparten nicht mit Vorwürfen an die Adresse Bonns, doch wurden solche Reaktionen im Mai, als die sowjetische Regierung mit einer Antwortnote herauskam, weitgehend paralysiert. Moskau schien immerhin die Gelegenheit benutzen zu wollen, von neuem einen Gedankenaustausch in Gang bringen zu wollen. Man ging mit der Bundesrepublik hart ins Gericht, stellte jedoch als »Möglichkeiten der Zusammenarbeit« mit Bonn heraus: einen Vertrag zur Nichtweiterverbreitung von Kernwaffen, Auflösung der Militärstützpunkte auf fremdem Boden, Auflösung der Militärblöcke, Schaffung einer atomwaffenfreien Zone in Mitteleuropa, Beseitigung des Kalten Krieges, europäische Sicherheitskonferenz, vertragliche deutsche Friedensregelung unter Anerkennung der gegenwärtigen Grenzen. Man sieht: alte (wie der Rapacki-Plan) und neue, die nächsten Jahre beherrschende Gesichtspunkte (wie der Plan einer europäischen Sicherheitskonferenz und des Atomwaffensperrvertrages) kamen hier zusammen, Vorschläge, die dann den Sturz der Regierung Erhard überdauerten und Gültigkeit behielten, als in der Regierung der Großen Koalition Willy Brandt das Auswärtige Amt übernahm.

Wie wenig darüber hinaus die Bundesregierung und die Parteien auf die Problematik »DDR« vorbereitet waren, zeigte sich, als im Frühjahr 1966 die SED ihre Angebote für einen Redneraustausch mit der SPD lancierte. Dieser Austausch kam zwar nicht zustande, seine Diskussion bewirkte indessen in der »innerdeutschen Politik« den Rückfall in eine Verhärtung, als würden Schröders Ansätze für eine Aufgeschlossenheit gegenüber dem Ostblock überhaupt nicht existieren. Gegenüber der DDR kam eine Doppelbödigkeit des politischen Denkens zum Vorschein, die letzten Endes auch Moskau und die Regierungen der osteuropäischen Staaten treffen mußte. Ein Gespräch, das Bundeskanzler Erhard vor dem Hintergrunde der Redneraustausch-

Sondierungen am 21. April mit den Spitzen der drei Bundestagsfraktionen führte, legte folgende Punkte ausdrücklich fest:

(1) Nichtanerkennung der Regierung der DDR,
(2) Ablehnung einer Konföderation mit der DDR (ein Punkt, der im Grunde gar nicht mehr zur Diskussion stand),
(3) Betonung des Alleinvertretungsrechtes der Bundesregierung, und
(4) auf der Grundlage dieser drei Punkte: Zusammenarbeit von Koalition und Opposition für die Zukunft.

Daß in der Antwortnote der Sowjets auf den Friedensplan Erhards und Schröders keine Anknüpfung an deutsche Vorschläge vorgenommen und stattdessen eine totale Gegenposition aufgebaut wurde, dürfte nicht zuletzt mit dem Rückgriff Bonns auf die alten Grundsätze der gesamtdeutschen Auseinandersetzung zu erklären sein. Wollte man daher auf bundesdeutscher Seite das Gespräch, das Moskau – trotz allem – in irgendeiner Form einzuleiten offensichtlich anstrebte, ernsthaft aufnehmen, so würde man die Haltung, wie sie am 21. April 1966 festgelegt worden war, einer vorsichtigen Revision unterziehen müssen.

Außenpolitik der Großen Koalition 1966–1969

Als nach Erhards Entmachtung im Dezember 1966 die Große Koalition vorbesprochen wurde, verständigten sich CDU/CSU und SPD über die Fragen der Außenpolitik ziemlich schnell. Denn bezüglich der Grundsätze und Ziele im allgemeinen konnte man von der Friedensnote vom März ausgehen, und hinsichtlich der Ost- und Deutschlandpolitik hielten sich die Sozialdemokraten mit eigenen weiterführenden Gedanken vorerst zurück, so daß auch die Punktation vom 21. April ihre Gültigkeit beizubehalten schien. In der Regierungserklärung vom 13. Dezember war nach wie vor von der Alleinvertretung und von der Absicht, die Wiedervereinigung herbeizuführen, die Rede. Von den Formulierungen des Dortmunder Parteitages der SPD (Anfang Juni) war allenfalls ein Punkt in das Programm eingeflossen, dort freilich stark modifiziert worden:

... Deshalb wollen wir die menschlichen, wirtschaftlichen und geistigen Beziehungen mit unseren Landsleuten im anderen Teil Deutschlands mit allen Kräften fördern. Wo dazu die Aufnahme von Kontakten zwischen Behörden der Bundesrepublik und solchen im anderen Teil Deutschlands notwendig ist, bedeutet dies keine Anerkennung eines zweiten deutschen Staates. Wir werden diese Kontakte von Fall zu Fall so handhaben, daß in der Weltmeinung nicht der Eindruck erweckt werden kann, als rückten wir von unserem Rechtsstandpunkt ab.

Demgegenüber war man in Dortmund allerdings schon etwas weiter gewesen, wo Helmut Schmidt festgestellt hatte:

... Unsere konsequente Ablehnung ... der völkerrechtlichen Anerkennung der sogenannten DDR darf uns nicht daran hindern, alle unterhalb der Anerkennungsschwelle liegenden Möglichkeiten zur Verbesserung der innerdeutschen Situation zu prüfen. Wenn wir die Nation erhalten wollen, so dürfen wir uns nicht von den Zwirnsfäden der Bürokraten daran hindern lassen.

Für die praktische Arbeit der Koalition stellte sich jedoch gleichwohl die Frage, ob die neuen sozialdemokratischen Ressortminister Brandt (Äußeres) und Wehner (Gesamtdeutsche Angelegenheiten) es auf die Dauer bei den gemeinsamen Ausgangspositionen belassen würden.

Kiesinger, Brandt und der Westen

Die erste Begegnung Kiesingers und Brandts mit de Gaulle und der französischen Regierung in Paris diente dazu, dem Freundschaftsvertrag wieder Leben einzuhauchen, ein Vorhaben, das gelang und die »tote Zeit« des Verhältnisses während der Zeit Erhards überwinden half. Ab Mitte Januar 1967 verbesserten sich die Beziehungen zusehends, und, dadurch abgeschirmt, konnte sich Bonn dem ersten schwierigen Problem zuwenden, dem von den USA und der Sowjetunion in den Grundzügen abgesprochenen, aber noch nicht endgültig ausgehandelten Atomwaffensperrvertrag (Nonproliferation). Kiesinger und Brandt stimmten im Prinzip darin überein, daß die Bundesrepublik ihm beitreten sollte; nur über die letzten – mehr oder weniger berechtigten – Zweifel an seinen Auswirkungen für Kernwissenschaft und Sicherheitsbedürfnisse (die freilich von engagierten Gegnern wie Adenauer und Strauß übermäßig hochgespielt wurden) war noch Klärung erforderlich. Aber entsprechende Informationen über den Inhalt wurden Bonn aus Washington nur tropfenweise und unzulänglich erteilt, und die Vehemenz, mit der Außenminister Dean Rusk von Bonn ein Bekenntnis zum Vertrag verlangte, türmten nunmehr Hindernisse auf und führten zu einer schweren Auseinandersetzung mit den USA. Die deutsche Westpolitik wurde dadurch geradezu in eine Selbständigkeit gedrängt, die an sich für die immer noch nicht abgeschlossene Einsicht in die eigene Staatsräson hätte förderlich sein können, in diesem Falle aber es sehr schwer machte, zur alten Unbefangenheit gegenüber dem wichtigsten Bündnispartner USA (die ebenfalls unter Erhard – trotz Schröder – stark gelitten hatte) zurückzukehren, so sehr es Kiesinger und Brandt im Grunde auch wünschen mochten.

Diese frühzeitige Erregung in der inneren und äußeren Diskussion um den Atomwaffensperrvertrag mutet im Rückblick um so merkwürdiger an, als ein endgültiger, von den beiden Flügelmächten ausgehandelter Vertragstext erst am 1. Juli 1968 vorlag (und von der Genfer Abrüstungskonferenz anschließend gewissermaßen zur Unterschrift »freigegeben« wurde). Anfang 1967 waren die Gemüter sehr erregt, die letzten Lebensmonate Konrad Adenauers waren mit dem Streit um den Vertrag ausgefüllt. Der Altbundeskanzler sah die Bundesrepublik in die Rolle eines deklassierten Staates und eines »atomaren Habenichtses« heruntergedrückt; sein Wort vom »Morgenthau-Plan im Quadrat« machte die Runde, rechtsradikale Kreise – und auch die CSU – griffen den Vergleich auf und legten sich auf einen publizistischen Kampf gegen die Unterzeichnung fest, die im übrigen für lange Zeit noch gar nicht aktuell war. Und leidenschaftliche Forderungen aus dem Ostblock, von 1967 bis 1969 stereotyp wiederholt, es sei die moralische Pflicht der Bundesregierung, dem Vertrag beizutreten, heizten die Stimmung nur noch an.

Die Europapolitik wurde im Jahre 1967 durch den zweiten Anlauf Großbritanniens belebt, Mitglied der EWG und der anderen Gemeinschaften zu werden. Premierminister Harold Wilson hatte einen entsprechenden Schritt schon im November des Vorjahres angekündigt, am 2. Mai gab er vor dem Unterhaus die entscheidende Erklärung ab, am 10. Mai folgte der offizielle Aufnahmeantrag nach. Die römischen Verträge erkannte Wilson von vornherein an; wenn man seinen Ausführungen glauben wollte, hatte England sich unter der Labourregierung bewußt auf Europa eingestellt und seine überseeische Orientierung abzubauen begonnen, was Macmillan seinerzeit noch vermieden wissen wollte. Die prompt ablehnenden Worte de Gaulles auf einer Pressekonferenz besaßen allerdings diesmal einen etwas höflicheren Klang; wenig später, auf dem »Jubiläums-Gipfeltreffen« der EWG in Rom stellte er sich auch nicht gegen den Entschluß, in absehbarer Zeit die »Präliminarien« zu den Beitrittsgesprächen eröffnen zu lassen. Neben Großbritannien suchten zu dieser Zeit auch Irland, Dänemark und bald darauf noch Norwegen um Aufnahme nach. Die Vorbehalte Frankreichs waren klar zu erkennen und blieben auch weiterhin wirksam: am Jahresende war das Beitrittsersuchen Londons zwar akzeptiert worden, doch erzwang Paris eine Karenzzeit, in der Großbritannien – vor Eintritt in die eigentlichen Verhandlungen – seine Wirtschaft und Finanzen in Ordnung zu bringen habe. Es sei hier festgehalten, daß die französische Verzögerungspolitik im Falle England jetzt nicht mehr so enttäuschend wirkte wie noch wenige Jahre zuvor. In Bonn hob man immer wieder hervor, daß die französische Regierung – und sogar de Gaulle hatte es ausgesprochen – grundsätzliche Bedenken gegen eine Erweiterung der Gemeinschaft und damit gegen einen britischen Beitritt nicht mehr erwog, und mit langwierigen Prozeduren war ohnehin gerechnet worden.

Die Bonner Politiker befanden sich insofern in einer Zwangssituation, als der französisch-deutsche Freundschaftsvertrag von 1963 zwar nicht eine Identität der Auffassungen, wohl aber »gleichgerichtete Handlungen« stipuliert hatte, und Kiesinger äußerte sich Ende Oktober 1967 nach einem Besuch bei Wilson über die Schwierigkeiten in aller Offenheit: die Bundesregierung wolle die zu Anfang des Jahres erneuerte Freundschaft mit Frankreich nicht wegen des EWG-Antrages Großbritanniens gefährden lassen. Aus diesem Grunde wurde deutscherseits vorsichtig taktiert, und Brandt verzichtete sogar auf die Wahrnehmung einer Rolle, die an sich nahegelegen hätte und von Wilson wohl auch erwartet wurde, nämlich schon in dieser Phase zwischen Paris und London zu vermitteln. Er vermied es, zusammen mit den anderen vier Partnern offen gegen Frankreich zu opponieren. Auf der anderen Seite zeigte sich Wilsons Haltung gegenüber der Verzögerungspolitik Couve de Murvilles als sehr geschmeidig, und das Beitritts-Angebot blieb ja auch in Brüssel gewissermaßen auf dem Tisch. Auch Bonn war davon überzeugt, daß eine längere »Durchleuchtung« der britischen Bereitschaft erforderlich sei, doch sollten sich – das war die Meinung – die fortzusetzenden internen Beratungen der Sechs nicht zu einem »Tribunal« über Großbritannien ausweiten. Es galt vielmehr, in der nächsten Zukunft zu beweisen, daß eine Erweiterung der Gemeinschaft (speziell durch Großbritannien) dieser nicht zum Schaden, sondern zu wirtschaftlichem und politischem Nutzen gereichen würde.

Als Kiesinger und Brandt ihre französischen Kollegen am 15. und 16. Februar 1968 in Paris besuchten, gab de Gaulle die Bereitschaft zu erkennen, daß seine Regierung innerhalb der Gemeinschaft wenigstens über ein »Arrangement« mit London weiterdiskutieren wolle – sogar auf Außenminister-Ebene. Die damit verbundene Arbeitsleistung der Vorbereitung aber schob er der Bundesrepublik zu, und die Deutschen akzeptierten die Aufgabe, weil der Übertragung erstmals eine schriftliche gemeinsame Absichtserklärung »zur Europa-Politik« zugrunde lag. Der Begriff des »Arrangements« zeigte einmal mehr, daß Frankreich, wenn überhaupt, alle anderen, zu nichts verpflichtenden Erörterungen lieber waren als ernsthafte, sachliche Gespräche über den Beitritt selbst, trotz der »Bewährungszeit«, der ja die anderen Fünf, wenn auch widerwillig, zugestimmt hatten. Was Bonn, kraft französischer Berufung nun doch zum Vermittler geworden, Anfang März als Entwurf Brandts vorlegen ließ, waren Gedanken zu handelspolitischen »Anpassungen« der beitrittswilligen Staaten (nach Art einer Freihandelszone oder Zollunion), die freilich diesen Ländern nur dann dienlich sein konnten, wenn eine derartige Zwischenlösung ausdrücklich zum Bestandteil des Beitrittsprozesses erklärt werden würde. Doch Paris wollte von einer verbindlichen »Beitrittsautomatik« nichts wissen. Vorschläge anderer Staaten strebten hinsichtlich der »Probezeit« technologische Vereinbarungen an (von Bonn ebenfalls als Ansatzpunkt für winzige Fortschritte akzeptiert), und Kiesinger beschwor die Franzosen, sie möchten doch die Pariser Februar-Vereinbarung großzügig und nicht restriktiv auslegen. Die französische Haltung überdauerte sodann jene bekannten Mai-Unruhen, die den Staat in eine schwere Krise stürzten. De Gaulle konnte bei seinem Konsultationsbesuch in Bonn am 27. und 28. September 1968 gerade noch zur Rückbesinnung auf die Februar-Erklärung bewogen werden, während die Bundesregierung sich hüten mußte, nicht zu sehr auf die französische Linie eingeschworen zu werden. Jetzt war die Bundesregierung nahe am Punkt der Resignation angelangt; indessen wurden die Dinge noch komplizierter! Als nämlich klar schien, daß man wenigstens noch einen Meinungsaustausch führen dürfe, selbstverständlich ohne das Junktim einer Beitrittsprozedur, kritisierten die USA Mitte November gerade den Gedanken des handelspolitischen Arrangements der EWG mit den beitrittswilligen Staaten, geleitet dabei von handfesten wirtschaftspolitischen Interessen, und brachten zum Ausdruck, derartige Vereinbarungen würden sie nur im Sinne einer befristeten Übergangslösung (Vorstufe zum Beitritt) gelten lassen: ihre Empfehlung betraf also genau das, was Frankreich nicht wollte.

Gleichwohl muß um die Jahreswende 1968/69 der Anfang eines Umdenkens in Paris stattgefunden haben. Die Weigerung von Strauß und Schiller im November, dem Drängen der drei Westmächte nachzukommen und die D-Mark aufzuwerten, hatte der Regierung in Paris unfreiwillig die wirtschaftliche Kraft der Bundesrepublik, verbunden mit einem wirtschaftspolitischen Machtanspruch, demonstriert. Bei dem Versuch, diesen unangenehmen Eindruck zu mediatisieren, erschien plötzlich Großbritannien in einem anderen Licht. De Gaulle dosierte fortan seine Abneigung gegen London und glaubte Wilson eine goldene Brücke dadurch zu bauen, daß er den Premierminister offen für Besprechungen darüber zu gewinnen trachtete (Gespräch mit dem britischen Botschafter Soames am 4. Februar 1969), wie man in Europa eine einheitliche Freihandelszone schaffen könne, »was den englischen Beitritt zur EWG überflüssig machen« würde (Waldemar Besson). Zugleich dichtete er die Schlupflöcher zur EWG ab. Da sich herausstellte, daß der Ministerrat der WEU in Luxemburg über eine Verbesserung der politischen Zusammenarbeit in Europa zu diskutieren gedachte, entschloß sich der General, Weiterungen zu verhindern. Er wurde massiv, als einige Tage später die Engländer zu einer weiteren Sitzung des Ständigen Rates der WEU nach London einluden, auf der die Situation im Nahen Osten – in der Form der freiwilligen Konsultation – nochmals behandelt werden sollte. In der Einladung witterten er und seine Regierung nur den Versuch Londons, sich »über das Forum der WEU einen stärkeren politischen Einfluß innerhalb der EWG« zu verschaffen, wobei die Benelux-Staaten in einer Unterstützerrolle gesehen wurden. Er ließ den französischen Vertreter nicht an der in seinen Augen »illegalen« Tagung teilnehmen und boykottierte fortan auch die Routinesitzungen des WEU-Rates. Das war nun wieder eine Brüskierung Englands, die deshalb geschehen sein mag, weil Wilson am 12. Februar dem Franzosen hatte mitteilen lassen, er werde auch die anderen WEU-Partner über den Pariser Plan einer gegen die EWG gerichteten Freihandelszone informieren müssen. Und das Angebot an Botschafter Soames vom 4. Februar hatte wiederum eine Brüskierung der Bundesrepublik dargestellt, da seine Nicht-Absprache mit Kiesinger klar gegen Wort und Sinn des Freundschafts- und Konsultationsvertrages von 1963 verstieß.

Der Rücktritt de Gaulles am 28. April 1969 hat in der Europapolitik zweifellos neue Erwartungen freigesetzt. War mit dem Nachfolger nun ein Ende der Blockierungen gegeben? Wilson erklärte vor dem Unterhaus am 6. Mai, er sei gewillt, nach den französischen Präsidentschaftswahlen seine Anstrengungen für den Beitritt Englands in die EWG wieder aufzunehmen. Kiesinger kam gleichzeitig mit einem Vorschlag heraus, »die EWG sozusagen zweigleisig weiterzuentwickeln« (Wolfgang Horlacher): um den bisherigen Kern der Gemeinschaft zuzüglich Großbritanniens sollten sich die anderen EFTA-Staaten »gruppieren«, also ein Erweiterungsgedanke, der eine gewisse Ähnlichkeit mit den letzten Plänen des abgetretenen Präsidenten haben mochte, nur mit dem Unterschied, daß die Zugehörigkeit Großbritanniens zum EWG-Kern für den Bundeskanzler unabdingbar war, was wiederum auch für den neuen Präsidenten der USA, Richard Nixon, galt. Der deutschen Anregung wurde jedoch nicht weiter nachgegangen, und Brandt gewann zunächst den Eindruck, daß sich die Pariser Europapolitik trotz des Wechsels an der Spitze im Grundsätzlichen nicht ändern würde. Doch als Außenminister der inzwischen sich immer mehr auseinanderstreitenden Großen Koalition erlebte er immerhin noch, daß Pompidou und seine Mannschaft nach einer neuen Verhandlungsbasis, ja sogar nach einem neuen Anfang suchten. Am 22. Juli 1969 regte Außenminister Maurice Schumann vor dem Ministerrat in Brüssel eine EWG-Gipfelkonferenz für den Spätherbst an und fand dazu die prinzipielle Zustimmung seiner Kollegen. Auf ihr und auch künftig sollten Vollendung, Vertiefung und vor allem die Erweiterung des Gemeinsamen Marktes »parallel« behandelt werden. Und Schumann bemerkte, es sei keinesfalls unvermeidlich, »daß der Beitritt Großbritanniens und der anderen Bewerber die Gemeinschaft schwächt.«

Eine Wende deutete sich an. Nach Zustimmung der Regierungen legte man Mitte September den Termin fest: 17. November. Kiesinger und Pompidou verabredeten die Prozedur: die sechs Staaten hätten zunächst die Konsequenzen der Erweiterung in allen Einzelheiten zu untersuchen; danach sollten sie »mit einem gemeinsamen Konzept« die Verhandlungen mit England und den anderen beitrittswilligen Ländern aufnehmen, dies freilich erst nach Eintritt der EWG in ihre vertraglich festgelegte Endphase, die theoretisch ab 1. Januar 1970 wirksam werden könnte. Sogar eine Rückkehr der Franzosen in die WEU wurde angekündigt. So machte sich im Herbst wieder ein vorsichtiger

Optimismus breit, der sogar mißtrauische Europäer wie den Belgier Harmel und den Niederländer Luns mit einschloß. Vor dem Bundeskabinett stellte Brandt fest, die Europapolitik sei nunmehr »in freieres Fahrwasser« gekommen. Welche Bundesregierung aber würde nach den Herbstwahlen auf dieser Gipfelkonferenz in Den Haag vertreten sein?

Inzwischen hatten die USA und die Sowjetunion ihren gemeinsamen Entwurf für den Atomsperrvertrag am 18. Januar 1968 der Genfer Abrüstungskonferenz vorgelegt. Als Kontrollinstanz in Artikel 3 war die Wiener Behörde vorgesehen, EURATOM dagegen nur zusätzlich für eine Übergangszeit von zwei Jahren. Jede dem Vertrag beitretende Macht sollte jedoch »die künftigen Kontrollen mit der IAEO selbst aushandeln dürfen« (Art. 3, Ziff. 4). Prominente Politiker der Unionsparteien, darunter auch Kiesinger, vermißten in dem an sich umfassenden Text bemerkenswerte Punkte, so die Garantie, daß die Nuklearmächte den »anderen« Staaten Spaltmaterial zur friedlichen Nutzung liefern würden, sowie die Verpflichtung dieser Mächte zu weiterer atomarer Rüstungsbegrenzung und Abrüstung. Des weiteren wurde gefragt, wie es künftig mit der Teilnahme der Bundesrepublik an der atomaren Verteidigungsplanung der NATO bestellt sein würde. Den ersten beiden Gedanken trug ein deutsches Memorandum vom 6. März Rechnung, das von Botschafter Schnippenkötter der Genfer Konferenz überreicht wurde, ferner wurde in ihm der Wunsch nach Ausbau und Periodisierung der vorgesehenen Überprüfungsprozeduren vorgetragen, um den Vertrag stets an die weitere technologische Entwicklung anpassen zu können.

Doch kaum hatte sich damit die Bundesregierung offiziell in das Gespräch eingeschaltet, da brachen Kritik und Unwillen der Vertragsgegner wieder hervor. Im Bundesverteidigungsrat vertrat die CSU durch Franz Josef Strauß – ein Regierungsmitglied – aus nationalen Sicherheitsgründen unmißverständlich die Ablehnung der Unterschrift und brachte Kiesinger in Bedrängnis, der in diesen Tagen an der Weigerung der SPD, die Wahlrechtsreform zu diskutieren, ohnehin schwer zu tragen hatte. Die Abgrenzungspolitik der Sozialdemokraten, wie sie auf dem Nürnberger Parteitage eingeleitet wurde, erhielt somit durch Strauß die ersten Anstöße. Dennoch war sich die überragende Mehrheit der Bundesregierung darüber im klaren, daß letzten Endes der Beitritt nicht verweigert werden könnte, wollte man sich nicht den weltpolitischen Trends widersetzen

und sich selbst in eine Isolierung hineinmanövrieren. Bis zum
1. Juli, dem Tage der endgültigen Unterschriftsreife, waren in
den Vertragstext noch weitere Verbesserungen für die »Nicht-
nuklearen« und sie sog. »Schwellenmächte« (Staaten mit ziviler
Atomindustrie wie Schweden, Israel) eingebaut worden. In
Bonn legte man besonderen Wert auf einige abgegebene Erklärungen aus Washington und London, wonach für die dortigen
Regierungen ein Beitritt der DDR zum Vertrag nicht die Anerkennung von deren »Staatscharakter« bedeuten würde. Kurz
danach, am 1. Juli und den folgenden Tagen, erfolgten die ersten
Unterschriften, darunter auch die der DDR. Die drei Nuklearmächte, unterstützt durch eine Resolution des Weltsicherheits-
rates, hatten zuvor eine Garantieerklärung zugunsten der anderen Unterzeichner gegen atomare Aggression und atomare
Bedrohung abgegeben.

Die Bundesrepublik freilich wollte zunächst einmal das Ergebnis einer Konsultationskonferenz der Nicht-Nuklearmächte
abwarten, zu der sie Anfang September Brandt nach Genf entsandte. Die Gegensätze zwischen CSU, Teilen der CDU und
der SPD in puncto Sperrvertrag vertieften sich im Laufe des
Jahres und schwelten weiter, obgleich sie vorübergehend noch
einmal etwas überbrückt wurden. Dies geschah, als die Ostblockstaaten unter Führung der Atommacht Sowjetunion in der
Tschechoslowakei interveniert hatten (21. August 1968) und zugleich bewußt wurde, was Moskau einige Monate zuvor in der
Charta der Vereinten Nationen »entdeckt« hatte: die Feindstaatenklauseln. Ihre Auffindung hatte zwar in einem anderen
Zusammenhange gestanden, nämlich den ersten deutsch-sowjetischen Gesprächsbemühungen um einen Gewaltverzicht, doch
im Spätsommer erlangten sie zwangsläufig ein Gewicht, das
auch für andere Gebiete entscheidend wurde: so für den Atomsperrvertrag.

Der Anspruch Moskaus auf diese Klauseln machte nunmehr
auch Kiesinger und Brandt Sorgen. Wenige Tage nach dem
Einmarsch der Ostblocktruppen in die CSSR erklärte der Kanzler nachdrücklich, er lehne den Beitritt zum Atomsperrvertrag
ab, solange nicht die Interventionsmöglichkeit der Sowjetunion
gemäß den »Feindstaatenartikeln« der UNO-Satzung »hinreichend geklärt« sei. Diese Entwicklung aber bewirkte, daß die
Beitrittsfrage von nun an zu einem Stück Ostpolitik wurde, so
daß wir ihr dort wieder begegnen werden. Im übrigen bot sich
für Bonn das Warten auf den nächsten amerikanischen Präsi-

denten an. Die Verzögerung der Entscheidung hatte indessen noch etwas anderes zur Folge: sie wurde in das Wahljahr 1969 hineingeschleppt und im Frühjahr darauf zum Zankapfel der Koalitionsparteien, die zwar erklärten, man wolle kein Wahlkampfthema daraus machen, das Gegenteil jedoch dann nicht zu verhindern vermochten.

Die Ansätze zu einer neuen Ostpolitik

Die »neue Ostpolitik« begann mit der Regierung der Großen Koalition. Sie begann als eine Gemeinschaftsarbeit der beiden großen Parteien. Der Kanzler der Unionsparteien Kiesinger konnte dabei an die Zeit Erhard/Schröder anknüpfen und wußte zugleich, daß schon Adenauer sich über eine Verbesserung der Beziehungen zur Sowjetunion und den osteuropäischen Staaten Gedanken gemacht hatte – trotz aller ideologischen und machtpolitischen Gegensätze. Die selbstgewählte Aufgabe des Außenministers Brandt war es zwischen 1966 und 1969, die überkommenen, aber nicht mehr verwendbaren Positionen für einen Gedankenaustausch mit dem Osten zu verändern, was ihm vermittels seiner Einsichtsfähigkeit in die Realitäten im Ansatz, wenn auch nicht in der Durchführung gelang. 1969 waren der nunmehrige Bundeskanzler Brandt und sein Außenminister Scheel in der Lage, dort fortzufahren, wo der Außenminister Brandt, vom Bundeskanzler Kiesinger im wesentlichen ungehindert, aufgehört hatte: zwar nicht von einem Punkte sichtbarer Erfolge aus, wohl aber auf der Grundlage geduldiger Vorarbeit. Die »neue Ostpolitik«, auch in ihrem Gewande von 1966/67, kam also nicht über Nacht, und sie war auch keine »Kehrtwendung«. Daß ihre evolutionäre Praktizierung sich einfügte in die Gesamtentwicklung der weltpolitischen Entspannungskonjunktur der sechziger Jahre seit Kennedy und der Spätzeit Chruschtschows, ist heute erwiesen und bekannt, auch wenn man hinzufügen muß, daß der bundesdeutsche Beitrag hierzu relativ spät einsetzte und sich in vieler Beziehung lediglich als ein »Nachvollzug« dargestellt hat. Ein Bekenntnis des Bundeskanzlers Brandt aus dem Oktober 1971 galt daher auch schon für den Außenminister der Großen Koalition, dem die Pflege der Kontakte zu den westlichen Repräsentanten der Entspannung, den amerikanischen Außenministern Rusk und Rogers, oblegen hatte:

Ich bin immer davon ausgegangen, daß eine realistische Ostpolitik für uns im Westen beginnt. Das heißt: sie muß aufbauen auf einem vertrauensvollen Verhältnis zu unseren westeuropäischen Nachbarn, auch zu den Vereinigten Staaten von Amerika. Sie muß sich einfügen, soweit es geht, wo immer es geht, in einen westlichen Gesamtrahmen. Aber sie muß dann eben nicht nur darin bestehen, anderen zu applaudieren, sondern sie muß, ohne daß man sich übernimmt, eigene Beiträge leisten. Wir haben uns vorgenommen, den Versuch zu machen, uns als ein Volk der guten Nachbarn darzustellen – nach außen und im Innern.

Freilich: die »neue Ostpolitik« vollzog sich in keiner Weise reibungslos. Es gab Konflikte nicht nur mit ihren Gegnern innerhalb der Bundesrepublik, sondern auch härteste Auseinandersetzungen gerade mit der Sowjetunion, da Moskau nicht von vornherein den ihm gebührenden Mittelpunkt in den Bonner Überlegungen einnahm.

In der ersten Regierungserklärung Kiesingers wurde vom Erhardschen Friedensplan vom März 1966 ausgegangen; die Gewaltverzichtsangebote gegenüber der Sowjetunion, Polen und der Tschechoslowakei damit indirekt wiederholt, der Gewaltverzicht selbst jedoch nunmehr auf den Status quo im Lande, auf die innerdeutschen Grenzen ausgedehnt. Das war neu; nichts neues freilich erklang zur Anerkennung der Oder-Neiße-Linie, ferner fehlten präzisere Angaben über die Aufnahme voller diplomatischer Beziehungen zu den osteuropäischen Staaten, lediglich der Wunsch dazu wurde angedeutet. Bezüglich der DDR wirkte die erwähnte Punktation vom 21. April noch fort.

Die Bemühungen um die osteuropäischen Staaten (1967)

Bei vielfach noch vager Ausdrucksweise wurde also ein Programm des »Wandels« bekanntgegeben. Das Ziel der Normalisierung ging man in Bonn sogar schnell an, da man auf gezielten Vorarbeiten der abgelösten Bundesregierung aufbauen konnte. Nacheinander wurden im Laufe des Jahres 1967 erreicht:

(1) am 31. Januar die Aufnahme diplomatischer Beziehungen mit Rumänien (in Gang gebracht durch die Mission des Ministerialdirektors Ruete, Besuch Außenminister Manescus in Bonn. Hierbei waren die innerdeutschen Streitfragen von beiden Seiten bewußt nicht angesprochen worden),

(2) am 3. August die Errichtung von beiderseitigen Handelsmissionen in Prag und Bonn (Verhandlungen des Botschafters Bahr nach Sondierungen, die schon im Januar eingesetzt hatten),

(3) am 13. Dezember die Wiederaufnahme der diplomatischen Beziehungen mit Jugoslawien (nach mehreren Reisen und Gedankenaustauschen).

Im Falle Rumänien wurde die Hallstein-Doktrin praktisch außer Kraft gesetzt, im Falle Jugoslawien deshalb ihre in den fünfziger Jahren erfolgte Anwendung wieder rückgängig gemacht und im Falle Tschechoslowakei war nur ein Teilerfolg möglich wegen der Schwierigkeiten, die inzwischen von Moskau und Ostberlin ausgingen. Entsprechende Verhandlungen mit Ungarn (Reise des Staatssekretärs Lahr nach Budapest im Januar) mißlangen, worüber noch zu sprechen sein wird.

Da es die Bundesregierung trotz der neuen Ansätze nicht über sich brachte, tiefer in die »Substanz der Adenauer-Tradition« einzugreifen (Waldemar Besson) und sich von fragwürdig gewordenen Inhalten zu trennen, kam sie nicht weit. Die Sowjetunion reagierte auf die ersten Schritte Bonns von Anfang an höchst unfreundlich, ja sie zeigte sich beunruhigt: das Verhalten Rumäniens durfte nicht Schule machen, solange die Moskauer Vorstellungen über eine europäische Friedensordnung von der Bundesrepublik derart unterlaufen zu werden drohten. Es war im übrigen bezeichnend für den Niedergang der deutschsowjetischen Beziehungen seit dem Ausscheiden Adenauers, daß der dritte Bundeskanzler damals in Reden vor dem Parlament und anderswo die Sowjetunion öffentlich beschwören mußte, die Bereitschaft Bonns zu einer friedlichen Neuregelung mit Osteuropa nicht kurzerhand als »Revanchismus« zurückzuweisen, sondern ernstzunehmen.

Gegenüber ihren sozialistischen Verbündeten begannen die sowjetischen Regierungs- und Parteispitzen nunmehr ihre Vorkehrungen zu treffen, und sehr schnell stellte sich heraus, daß für die anderen Ostblockstaaten die Entscheidung Rumäniens nicht zu einem Beispiel werden konnte, zu dessen Nachahmung sie sich unbefangen verpflichtet fühlen durften. Diesem Zweck diente eine hastig einberufene Außenminister-Konferenz in Warschau (8.–10. Februar). Die dazugehörige Argumentation freilich, die hier zum Leitsatz erhoben wurde, scheint ihren Ursprung nicht so sehr in Moskau gehabt zu haben. Von dort kam eher massive Unterstützung, getragen von dem ganzen Gewicht einer Führungsmacht.

Denn man darf wohl zu Recht annehmen, daß Ulbricht in einer Entspannung, würde sie einmal nach den Bonner Vorstellungen anlaufen und tatsächlich Erfolge zeitigen, keinen Vorteil für seine und seiner Partei Stellung gesehen hat, eher handfeste Nachteile. Er und seine Mannschaft versuchten in Warschau eine »umgekehrte Hallstein-Doktrin« aufzubauen, deren Inhalt besagte, die sozialistischen Staaten dürften die Beziehungen zu Bonn nicht normalisieren, bevor nicht die Bundesrepublik die DDR offiziell anerkannt habe, und Ulbricht fügte – unter Zustimmung der in Warschau Versammelten – an weiteren Bedingungen hinzu: Anerkennung der bestehenden Grenzen in Europa, Verzicht Bonns auf Atomwaffen, Aufgabe des Alleinvertretungsanspruchs (den gerade eben noch die Rumänen in Bonn hatten zur Kenntnis nehmen müssen).

Auf Grund der bisherigen Erfahrungen standen Kiesinger und Brandt nach der Jahresmitte 1967 somit unter dem Zwang, mit der Sowjetunion irgendwie ins Gespräch zu kommen, und sei es nur zu dem Zweck, um dort die eigenen Entspannungsinitiativen in einem weniger verdächtigen Licht erscheinen zu lassen. Doch hierzu bedurfte es der Geduld. Botschafter Zarapkin, der mit diversen deutschen Themenvorschlägen für einen Gedankenaustausch (Brandts »Sprechzettel«) im Juni zu seinem Heimaturlaub abgereist war, kehrte am 19. September zurück, – ohne Antwort, für die er wohl im zweiten Brief des DDR-Ministerpräsidenten Stoph an Kiesinger eine Art Ersatz gefunden haben mochte. Erst am 12. Oktober suchte er Brandt auf und überreichte diesem eine formlose Aufzeichnung, in der – endlich – das Thema der Gewaltverzichtsvereinbarungen angesprochen wurde, in die allerdings die DDR als »gleichberechtigter Partner« (und das hieß: völkerrechtlich anerkannt) mit einzubeziehen wäre. Außerdem seien von deutscher Seite noch andere Vorbedingungen zu erfüllen. Mit dieser Vorsprache Zarapkins begann ein neuer Abschnitt sowohl in der Geschichte der deutsch-sowjetischen Beziehungen als auch in der Ostpolitik der Großen Koalition.

Sondierungen über Gewaltverzichtserklärungen (1968/69)

Der fortan mit schriftlichen Argumenten und Botschafterkontakten geführte Dialog mit Moskau kostete in Bonn viel Kraft und obendrein für Kiesinger ein gehöriges Maß an Selbstüberwindung, da der Bundeskanzler, geschockt von den Forderungen und Ansprüchen der Sowjetunion, vorerst (und wohl auch grundsätzlich) einem Gespräch keine Erfolgschancen zu geben geneigt war, – im Gegensatz zu Außenminister Brandt, der immer wieder betonte, daß sich für Bonn ein großer Aufwand von Geduld und Zähigkeit am Ende doch lohnen werde. Der persönliche Anteil des Kanzlers an dieser – kaum erfolgreich zu nennenden – Phase der Ostpolitik bestand darin, daß er trotz zuweilen sehr unterschiedlicher Auffassungen Brandt letztlich gewähren ließ; doch war der Außenminister gehalten, Ausarbeitungen und Antwortentwürfe seines Amtes generell mit den Stellungnahmen des von den Unionsparteien beherrschten Bundeskanzleramtes (Carstens, Guttenberg) abstimmen zu lassen. Auch persönliche Spannungen zwischen beiden Männern blieben nicht aus, Spannungen mit Auswirkungen auf das Koalitionsklima, die jedoch bald durch die Ereignisse des 21. August 1968 wieder aufgehoben wurden.

Was geschah bis dahin im einzelnen? Sofern sich die Sowjetunion nunmehr an Sondierungen über einen Gewaltverzicht interessiert zeigte, ging es ihr damals ausschließlich um die Gewährleistung des Status quo in Mitteleuropa, den sie mit Garantien aller nur erdenklichen Art zu zementieren gedachte, und zwar ohne irgendein Zugeständnis von ihrer Seite. Dem am 12. Oktober 1967 von Zarapkin übergebenen Aide-mémoire folgte am 21. November ein zweites Memorandum nach, dessen wichtigster neuer Bestandteil das sowjetische Beharren auf einem Interventionsrecht in Westdeutschland gemäß dem Potsdamer Abkommen und den Feindstaaten-Artikeln der UNO-Satzung war. Ältere »Vorbedingungen« wurden einmal mehr wiederholt. Denn beigelegt waren zwei Textentwürfe für die beiderseits abzugebenden Erklärungen. In ihnen sollte die Bundesrepublik anerkennen und respektieren:

die »Unantastbarkeit der bestehenden Grenzen in Europa (einschließlich jener der DDR)«,

den Status von Westberlin als besondere politische Einheit,

die Ungültigkeit des Münchner Abkommens vom 29. September 1938 »von vornherein«,

den Verzicht auf die Herstellung und den Erwerb von Kernwaffen, sowie den Verzicht auf den direkten oder indirekten Zugang zu ihnen.

Wenig später wurde, ausgehend von der Tätigkeit der NPD, von Bonn ein Vorgehen gegen Nazismus und Militarismus verlangt. Über alle diese Einzelheiten, und besonders über den Interventionsanspruch hat die Bundesregierung zunächst Stillschweigen bewahrt. Gerade das sowjetische Operieren mit den Feindstaatenklauseln schien aber der Abneigung Kiesingers gegenüber der Kontaktpraxis nur Recht zu geben, zumal die verlangte Art der Grenzrespektierung eindeutig auf eine indirekte völkerrechtliche Anerkennung der DDR hinauslief. Brandt jedoch kam zu der Einsicht, daß sich die bisherigen Formen der Ostpolitik vorerst nicht mehr anwenden ließen und daß stattdessen eine neue Priorität zu beachten war, nämlich zunächst

1) die Verhandlungen mit Moskau über den Austausch von Gewaltverzichtserklärungen abzuschließen und erst danach
2) die Gespräche mit den anderen Staaten des Warschauer Paktes wieder aufzunehmen.

Währenddessen liefen die Kontakte weiter, schriftlich und mündlich, bis in den Spätsommer 1968 hinein. Ansätze eines Einschwenkens der Bundesregierung, wenngleich mühsam genug, waren während dieses Prozesses nicht zu verkennen. Von Bedeutung war die Note vom 8. April, da die Bundesregierung in ihr zum Ausdruck brachte, man könne nunmehr von den Sondierungen zu direkten Verhandlungen, zunächst nur mit der sowjetischen Regierung, übergehen. In ihnen sollten, das wurde ausdrücklich gesagt, alle von der Gegenseite gewünschten »offenen« politischen Fragen erörtert werden können, wobei Brandt speziell an das Problem Westberlin (»Berlin-Regelung«) dachte. Doch die Sowjetunion ging hierauf nicht ein: die Gründe für ihre Haltung (Verzögerung zunächst, dann wieder Rückgriff auf die alten Polemiken) lassen sich einstweilen nur partiell erschließen. Die Zurückweisung des sowjetischen Interventionsvorbehalts gemäß den Feindstaatenartikeln durch Kiesinger und Brandt wog wohl nicht allzu schwer. Gewichtiger waren andere Dinge geworden: da der neue Kurs der Prager Reformkommunisten unter Dubček plötzlich die Struktur des sozialistischen Staatensystems zu bedrohen schien, begann Moskau zu zögern, über einen Verzicht auf Gewaltanwendung und Gewaltandrohung zu verhandeln, und es mochte wenig zweckmäßig sein, die Bundesrepublik zu früh aus der Rolle des revanchistischen Friedensstörers zu entlassen. Gleichgültig, wie ernst man die nun erhobenen Beschuldigungen im Lande ihres Ursprungs nahm: in den Augen Moskaus galt Bonn noch nicht als Vertragspartner. So ließ die sowjetische Führung nicht nur neuen Abgrenzungsaktivitäten Ulbrichts (Verbot der Durchreise nach Westberlin für Mitglieder der Bundesregierung und hohe Beamte [13. April], Einführung des Visumzwangs für Reisende von und nach Berlin und in die DDR [11. Juni]) freien Lauf, sondern machte auch ihr Aide-mémoire vom 5. Juli zu einem klassischen Dokument willkürlicher Interpretationen:

Die Antwort der Regierung der BRD [vom 9. April] läßt keinen Zweifel daran, daß sie den Austausch von Gewaltverzichtserklärungen mit der Sowjetunion und den anderen sozialistischen Ländern so vornehmen möchte, daß ihre ganze revanchistische Plattform in allen Hauptfragen der europäischen Sicherheit unangetastet bleibt.

Inhalt und Ton der Note vermochten in Bonn nur mehr gequälte Hinweise Brandts auf Geduld hervorzurufen sowie den Ausspruch, Moskau wolle ja den Gesprächsfaden eigentlich nicht abreißen lassen. Doch vorherrschend war eine große Enttäuschung, die einen Monat später, nach dem Einmarsch der Truppen des Warschauer Paktes in die Tschechoslowakei, geradezu potenziert wurde.

Gleichwohl ist es in Bonn nicht zu Kurzschlußreaktionen gekommen. Obgleich die Beschuldigungen aus Moskau und Ostberlin in Presse- und Rundfunkkommentaren und sogar aus dem Munde Botschafter Zarapkins anhielten (besonders absurd: die Bundesrepublik wolle den Zusammenhalt der sozialistischen Staaten stören und habe auch in der Tschechoslowakei die Hände im Spiel gehabt), ging die Auffassung Kiesingers und Brandts dahin, daß es zu der einmal eingeleiteten Entspannungspolitik innerhalb Europas *selbst jetzt* »keine Alternative« gebe.

Das bereits erwähnte und in vielen Dingen sich zeigende Auseinanderrücken der beiden großen Koalitionsparteien hat indessen dazu beigetragen, daß von ihnen die Aspekte der deutschen Außenpolitik schon zu Beginn des Wahljahres 1969 wesentlich differenzierter beurteilt wurden und daß – entsprechend – die Einheitlichkeit der Lagebeurteilung auf Regierungsebene stärker in Mitleidenschaft gezogen wurde. Gleichzeitig fanden sich in der Bundesrepublik, beeindruckt von »den viel zitierten Realitäten«, »mehr und mehr Menschen ... bereit, den territorialen Status quo als Voraussetzung einer vernünftigen Ostpolitik zu akzeptieren« (Waldemar Besson). An ihnen orientierten sich die außenpolitischen Wahlkampfaussagen von SPD und FDP, und als im Frühjahr abermals »Signale aus dem Osten« sichtbar wurden, reagierten alle Parteien darauf, unterschiedlich natürlich und bis zur Kontroverse, was wiederum von der sowjetischen Regierung mit Aufmerksamkeit registriert wurde.

Am 17. März 1969 ließ die sowjetische Führung auf einem Gipfeltreffen der Staaten des Warschauer Paktes in Budapest den schon 1966 lancierten Gedanken einer Europäischen Sicherheitskonferenz endgültig und ausführlich artikulieren, gedacht als der östliche Beitrag zur Überwindung der Spaltung des Kontinents in der Nachkriegszeit. Der Text der Resolution glich einem feierlichen Aufruf an alle europäischen Regierungen, sich für die Konferenz einzusetzen, die alle Aussicht haben würde, »ein historischer Moment im Leben des Kontinents« zu werden. Das war das erste der neuen »Zeichen«: ein Werben für kollektive Politik und zugleich ein Abrücken von bilateralen Entspannungsvereinbarungen, wie sie zum Thema Gewaltverzicht im Vorjahre eine Rolle gespielt hatten. Die bekannten »Bedingungen«, das Pflichtpensum Bonns, kehrten natürlich in diesem Text wieder; nur erschienen sie jetzt mehr als künftige Grundlage einer noch zu verhandelnden europäischen Sicherheit, weniger (oder kaum) hingegen als Eintrittsgebühr für die Konferenzteilnahme oder gar als Voraussetzung für ihr Stattfinden.

Für die Bundesregierung, genauer: für den Außenminister Brandt, galt es nun herauszufinden, ob die Idee der Sicherheitskonferenz (»EKS«) die Möglichkeit eines neuen Kontaktbeginns zu bieten vermochte, der für Bonn insofern einen Anreiz darstellen würde, als die bekannten »Vorbedingungen« nur noch in reduziertem Maße eine Sperrfunktion auszuüben schienen. Und nicht minder wichtig war es, zu erfahren, ob eine Regierung der Großen Koalition, deren Tage bereits gezählt waren, überhaupt noch Aussicht hatte, von Moskau eines direkten Entspannungsgespräches – mit weiterführender Zielsetzung – gewürdigt zu werden. Auf jeden Fall war jetzt Raum auch für westliche Initiativen gegeben, eine Chance, die Brandt zu nutzen gedachte.

Dem Außenminister gelang es, sich von der ersten Skepsis gegenüber dem Budapester Angebot, wie sie noch Staatssekretär Diehl öffentlich zum Ausdruck gebracht hatte, zu lösen. Er ließ stattdessen den stellvertretenden Regierungssprecher Ahlers das Wort vom »kritischen Interesse« gebrauchen und forderte selbst, am 10. April auf der Jubiläumssitzung des NATO-Rates in Washington, die Partnerstaaten auf, »grundsätzlich zu einer europäischen Sicherheitskonferenz bereit zu sein, wobei ihn sein italienischer Kollege Nenni und der NATO-Generalsekretär Manlio Brosio unterstützten. Der Ministerrat sagte daraufhin eine unverbindliche Prüfung der östlichen Vorschläge zu (freilich ohne direkte Nennung des Konferenzplans), wenngleich einzelne Mitglieder wie Stewart, Rogers und Debré sich sehr zurückhaltend äußerten und vor frühzeitigen Illusionen warnten. Damit war zunächst einmal von westlicher Seite her grünes Licht gegeben, denn die »Prüfung« sollte den einzelnen Staaten obliegen – also auch der Bundesrepublik, die nunmehr Kontakte mit Moskau (die Zustimmung des Kremls vorausgesetzt) gewissermaßen in höherem Auftrag wieder aufnehmen konnte. Ausdrücklich genannt für die Zwecke einer Vorklärung wurde in Washington das Berlin-Problem, mit dem sich, wenn die Gegenseite darauf einging, der Budapester Appell auf die Probe stellen ließ:

Die Minister sind der Meinung, daß konkrete Maßnahmen zur Verbesserung der Lage in Berlin, zur Wahrung des freien Zugangs zu der Stadt ... einen wesentlichen Beitrag zur Entspannung darstellen würden.

Das andere »Zeichen« kam aus Polen. Auf einer Wahlversammlung in Warschau hatte Parteichef Władysław Gomułka am 17. Mai die Nürnberger Oder-Neiße-Formel der SPD (»Anerkennung beziehungsweise Respektierung bis zu einem Friedensvertrag«) einer Betrachtung unterzogen, das fortschrittliche Element in der Formulierung anerkannt, jedoch die Befristung bemängelt. Er schlug daher in derselben Rede der Bundesrepublik vor, mit der Volksrepublik Polen einen Vertrag abzuschließen, in welchem nach dem Muster des Görlitzer Vertrages zwischen der DDR und Polen (1950) die Endgültigkeit und Unantastbarkeit der Oder-Neiße-Linie als polnischer Westgrenze festgelegt werden sollte. Brandt, der in diesem Falle nur Stellungnahmen abgeben konnte, ging zwar nicht direkt auf das Konkretum des Grenzvertrages ein, erkannte jedoch die Möglichkeit zweiseitiger Gespräche und sprach sich, getreu der Regierungserklärung von 1966, für deutsch-polnische Gewaltverzichtssondierungen aus, »wobei ein Element die europäische Friedensordnung sei. Solche Erklärungen bezögen sich selbstverständlich auch auf die Grenzen.« Einen Verzicht auf friedensvertragliche Regelungen gebe es für Bonn allerdings nicht. Warschau zeigte sich auf diese Reaktion hin zwar enttäuscht, doch konnte im Augenblick von Bonn wirklich nicht mehr erwartet werden, zumal aus dem Lager der Unionsparteien und der Landsmannschaften die ablehnenden Kommentare überwogen.

Während noch der Budapester Appell, die Antwort der NATO darauf und der Wink Gomułkas diskutiert wurden, begann sich der Ring dadurch zu schließen, daß nun auch die sowjetische Regierung die praktisch nur noch von Brandt vertretene Bonner ostpolitische Aufmerksamkeit wieder auf sich lenkte. Zu verzeichnen gab es mancherlei. Nach dem bissig umkämpften Wahlakt in Berlin, aus dem am 5. März Gustav Heinemann als Bundespräsident hervorging, waren, was sorgfältig registriert wurde, die angekündigten östlichen Repressalien gegen Westberlin ausgeblieben. Ermunterungen über Zarapkin bewogen nun Bonn zu einem neuen Versuch. Fast genau ein Jahr nach dem enttäuschenden Memorandum der anderen Seite, am 3. Juli, händigte Staatssekretär Duckwitz dem sowjetischen Botschafter eine Note aus, in der sich die Bundesregierung für eine Wiederaufnahme der Gewaltverzichtsgespräche einsetzte. Und als hätte der Kreml nur darauf gewartet, folgten darauf, in den letzten Monaten der Legislaturperiode und der Amtszeit der zerstrittenen Großen Koalition, Schritte und Winke nach, die nur damit erklärt werden können, daß Moskau, im stillen wohl auf einen Wahlerfolg der SPD und auf deren Zusammengehen mit der FDP setzend, darauf aus war, die verständigungswilligen Kräfte in der Bundesrepublik zu ermutigen. Auf Einladung des Obersten Sowjets reisten führende Politiker beider Parteien nach Moskau, wo sie auch mit Kossygin konferieren durften. Man konnte, wenn man wollte, hieraus eine Neuorientierung, zumindest aber eine bewußt betriebene Klimaänderung in der sowjetischen Westpolitik ablesen, selbst wenn sie nur mit Äußerlichkeiten begründet sein mochte: dem anhaltenden Druck an der chinesischen Grenze oder mit dem Bemühen, den schlechten Eindruck des 21. August 1968 und der in aller Welt kritisierten Breschnew-Doktrin zu überspielen. Dazwischen aber lag zeitlich das für Bonn und den Westen wichtige sowjetische Signal: Gromyko hatte am 10. Juli vor dem Moskauer Parlament den Wunsch nach einer friedlichen Zusammenarbeit mit der Bundesrepublik zum Ausdruck gebracht und gleichzeitig angedeutet, die Sowjetunion würde sich nicht sperren, wenn die drei Westmächte mit ihr die Frage der Zufahrtswege nach Berlin zu diskutieren wünschten.

Abstriche an Forderungen und Ansprüchen sind in diesem Sommer sowjetischerseits natürlich nicht erfolgt. Doch es herrschte kurz vor der Wahl zum VI. Deutschen Bundestag die Meinung vor, daß die Sowjetunion von einer polemischen Politik abgekommen sei und sachbezogene Gespräche wünsche, von Fragen des Handelsaustausches, der Luftfahrt, der Kulturbegegnung und Erdgaslieferung bis hin zu dem Problem der europäischen Sicherheit, die Berliner Zufahrtswege eingeschlossen. Von den Moskaureisenden konnten Walter Scheel und Helmut Schmidt diesen Eindruck nur bestätigen; aber auch sie hatten ihre Standpunkte nüchtern und völlig eindeutig im Kreml dargelegt. Am 12. September erfolgte die offizielle Bestätigung, als dem deutschen Geschäftsträger in Moskau ein Aide-mémoire (als Antwort auf die Note vom 3. Juli) überreicht wurde. In ihm akzeptierte die Sowjetunion die von Bonn vorgeschlagenen Gespräche über einen gegenseitigen Gewaltverzicht, und schlug ihrerseits vor, die Verhandlungen nunmehr in Moskau zu führen. Vier Tage später sagte Brandt vor der Presse, die Note sei »unpolemisch und sachlich«; im übrigen müßte man von den alten »Grundsatzpositionen« ausgehen, da auf beiden Seiten nichts aufgegeben worden sei. Die Realisierung der Gespräche werde Aufgabe der neuen Bundesregierung sein. Er sei bereit, sollte er Regierungschef werden, solche Verhandlungen in Moskau führen zu lassen, »oder dafür einzutreten, wenn er Mitglied der neuen Regierung sei.«

So zeichneten sich *unmittelbar vor* dem nachfolgenden Regierungswechsel in Bonn die drei Möglichkeiten konkreter deutscher und westalliierter Ostpolitik ab, wie sie dann in den Jahren 1970 und 1971 zu einem vorläufigen Abschluß gelangt sind: Verhandlungen mit Moskau, Verhandlungen mit Warschau sowie Viererverhandlungen der ehemaligen Sieger über Westberlin.

9. Kapitel
Die Deutsche Demokratische Republik vom Bau der Mauer
bis zum Ausscheiden Ulbrichts 1961–1971

Der Bau der Mauer durch die ehemalige Reichshauptstadt Berlin am 13. August 1961, gefordert von Walter Ulbricht, außenpolitisch abgedeckt und verantwortet von Nikita S. Chruschtschow, war zwar für die damaligen gesamtdeutschen Hoffnungen und Empfindungen ein Schlag ins Gesicht, bewirkte aber infolge der besonnenen Haltung der Westmächte ein spürbares Abflauen der Berlin-Krise. Durch die Abriegelung des Flüchtlingsstromes, der bis dahin durch das »offene Loch« Berlin geflossen war, wurde dieses Datum für die Urheber und ihren Staat von besonderer Bedeutung: es markierte den Beginn der nunmehr erst zu ermöglichenden politischen und wirtschaftlichen Konsolidierung der Deutschen Demokratischen Republik. Sie erfolgte unter einer kontinuierlichen Staats- und Parteiführung; während der letzten zehn Jahre der Herrschaft Ulbrichts vollzog sich die Wandlung der DDR zu einer modernen Industriegesellschaft östlicher Prägung. Im Periodisierungsschema der Staatspartei lief dieser Vorgang freilich unter einer anderen Bezeichnung: »Vollendung des Sozialismus«, mit diesen Worten schon 1958 proklamiert, bzw. »Umfassender Aufbau des Sozialismus« – so die 1962 eingeführte Nomenklatur für ein Zwischenstadium –, nachdem ein bevölkerungsmäßiger Aderlaß nicht mehr zu befürchten war.

Staat, Gesellschaft, Wirtschaft

Abgesehen von dem wirtschaftlichen Konsolidierungsprozeß haben der Mauerbau und die Kappung der Wege nach dem »Westen« auch bewirkt, daß fortan die DDR als Staat stärker herausmodelliert und ihr nicht mehr zu übersehende Konturen verliehen wurden. Diesen Staat international als vollwertig anerkannt zu sehen, galt der SED-Führung höchster Anstrengungen wert, und wo immer es an Deutlichkeiten noch fehlte, wurden sie im Laufe der sechziger Jahre Schritt um Schritt nachgeholt. Die bislang offizielle Meinung, das gesamtdeutsche Problem ließe sich per Konföderation lösen, erlebte jetzt schnell einen Abbau dadurch, daß man nicht mehr davon sprach. In den Monaten nach dem 13. August 1961 waren die ersten Maßnahmen auf die Sicherung des Staates gerichtet: die Volkskammer beschloß nacheinander ein ›Gesetz zur Verteidigung der DDR‹ (20. September) sowie ein ›Gesetz über die allgemeine Wehrpflicht‹ (24. Januar 1962). Da die Währungsbezeichnung »Deutsche Mark« offensichtlich zu nicht erwünschten Verwechslungen mit der Währung der Bundesrepublik führen konnte, wurden am 1. August 1964 neue Banknoten mit der Bezeichnung »Mark der Deutschen Notenbank«, abgekürzt »MDN«, ausgegeben. (Am 1. 12. 1967 nochmals Umbenennung in »Mark der Deutschen Demokratischen Republik« [»M«]). Auch auf dem Gebiete der sportlichen Repräsentanz im Auslande leitete man rechtzeitig Bemühungen ein, um bei den Olympischen Spielen in Mexico City mit einer eigenen Mannschaft auftreten zu können: schon im August 1965 erlangte das Nationale Olympische Komitee der DDR infolge nachdrücklicher Hilfestellung der anderen sozialistischen Staaten die entsprechende Anerkennung durch das IOC. Dieser Schritt war die Konsequenz einer voraufgegangenen internen Regelung, denn nicht nur die Sportler, sondern alle Bewohner dieses Staates trugen seit Anfang 1964 in ihren neu ausgegebenen Personalausweisen den Vermerk »Bürger der Deutschen Demokratischen Republik«, ein Vorgang, der drei Jahre später, am 20. Februar 1967, seinen Abschluß in einem ›Gesetz über die Staatsbürgerschaft der DDR‹ fand. Die genannten Maßnahmen verfolgten den Zweck, in aller Schärfe das Vorhandensein von zwei deutschen Staaten herauszustellen, die nichts miteinander zu tun hatten und keinerlei Gemeinsamkeiten – wie etwa das alte Staatsbürgerrecht – aufweisen sollten. Die Bundesrepublik war für die DDR – Ausland, wie jeder andere Staat auch, war allenfalls der »zweite« deutsche Staat. Die DDR jedoch erachtete sich als den »besseren« der beiden deutschen Staaten und hob die Auffassung von ihrem Wert im Gesetzestext hervor:

Die Staatsbürgerschaft der Deutschen Demokratischen Republik ist die Zugehörigkeit ihrer Bürger zum ersten friedliebenden, demokratischen und sozialistischen deutschen Staat, in dem die Arbeiterklasse die politische Macht im Bündnis mit der Klasse der Genossenschaftsbauern, der sozialistischen Intelligenz und den anderen werktätigen Schichten ausübt.

Von diesem Staat war das Wohl der gesamten Nation zu erwarten, da in ihm – so das »Nationale Dokument« Ostberlins vom

März 1962 – der Sozialismus gesiegt hatte: »Der Sieg des Sozialismus in der Deutschen Demokratischen Republik und später auch in der westdeutschen Bundesrepublik ... sichert die Einheit des Vaterlandes und ein glückliches Leben in Frieden und Sozialismus.« An die Stelle des abgelehnten und bekämpften Alleinvertretungsanspruches der Bundesrepublik setzte die DDR den ideologischen Anspruch, daß *ihr* (und nicht der Bundesrepublik) die *Zukunft* gehöre, und sie sprach darüber hinaus »von dem Zurückbleiben der Gesellschaftsordnung in Westdeutschland, der wir in der Deutschen Demokratischen Republik bereits um eine ganze geschichtliche Epoche voraus sind«. In dieser Sicht der Dinge hatte der Konföderationsgedanke der fünfziger Jahre kaum noch Platz, und das Dokument bestätigte ausdrücklich, daß der in der DDR siegreiche Sozialismus »die entscheidende Voraussetzung für die Lösung unserer nationalen Frage« sei. Unter »Vaterland« wurde 1962 noch das Deutschland in den Potsdamer Grenzen verstanden, – die Summe der Territorien beider deutscher Staaten. Doch gegen Ende der sechziger Jahre verschoben sich die Bezeichnungen deutlich genug, um zu erkennen, daß hier gegen die von der Bundesrepublik postulierte »Einheit der Nation« Stellung genommen wurde. In der am 9. April 1968 in Kraft getretenen neuen Verfassung heißt es im ersten Absatz des Art. 1: »Die Deutsche Demokratische Republik ist ein *sozialistischer Staat deutscher Nation.*« Und etwa drei Jahre später, anläßlich des hundertsten Anniversariums der preußisch-deutschen Reichsgründung, erklärte Ulbricht:

Die bürgerliche deutsche Nation, die sich im Prozeß des Übergangs vom Feudalismus zum Kapitalismus entwickelt und die im Rahmen eines einheitlichen Staates von 1871 bis 1945 bestanden hatte, existiert nicht mehr. Die DDR ist der sozialistische deutsche Nationalstaat. In ihr vollzog sich der Prozeß der Herausbildung einer sozialistischen Nation.

Vom Vaterlande war nicht mehr die Rede. Im sozialistischen Geschichtsverständnis der DDR folgte demnach auf die im Deutschen Reich zwischen 1871 und 1945 organisierte »bürgerliche deutsche Nation« unmittelbar die »sozialistische Nation«, der »sozialistische deutsche Nationalstaat«, der mit der Bundesrepublik nur noch in »friedlicher Koexistenz« leben konnte, wie etwa auch mit Österreich oder Norwegen.

Wir haben es hier mit einem erstaunlichen Prozeß der Emanzipation von Selbstbewußtsein und Selbstverständnis zu tun, dessen herausfordernder Gehalt sich lediglich mit seiner Entwicklung aus der Lehre des Marxismus-Leninismus erklären läßt. Mit ihrer Hilfe wurde der Staat weitgehend aufgebaut, und die Partei des Marxismus-Leninismus, die Sozialistische Einheitspartei Deutschlands (SED), gestaltete als Führerin der Werktätigen sein Leben. Art. 1 der Verfassung von 1968 bekräftigte dies ausdrücklich.

Vom personellen Aspekt her war der Entwicklung der DDR Ruhe und Kontinuität beschieden. Bis zu seinem Ausscheiden aus dem Amt des Ersten Sekretärs des Zentralkomitees der SED am 3. Mai 1971 war die Herrschaft Walter Ulbrichts unumstritten. Richtungskämpfe und Fraktionsbildungen wie in den fünfziger Jahren, denen hätte entgegengetreten werden müssen, gab es in dem nachfolgenden Jahrzehnt nicht mehr. Nach dem Vorbild anderer sozialistischer Staaten übernahm Ulbricht neben seinen Funktionen in der Partei auch ein hohes Amt im Staatsapparat: er wurde nach dem Tode Wilhelm Piecks 1960 Vorsitzender des neugeschaffenen 24köpfigen Staatsrates der DDR. Als 1964 Ministerpräsident Otto Grotewohl, der 1946 die SPD der sowjetischen Zone in die SED eingebracht hatte, nach fünfzehnjähriger Amtszeit starb, rückte dessen Erster Stellvertreter, der aus der alten KPD hervorgegangene Willi Stoph, der spätere Briefpartner Kiesingers und Gesprächspartner Brandts, in das Amt des Regierungschefs nach. Da Stoph infolge der Erkrankung Grotewohls diesen schon seit 1962 ständig vertreten hatte, läßt sich das Jahrzehnt bis 1971 bezüglich Partei- und Staatsführung ausschließlich mit diesen beiden Namen, Ulbricht und Stoph, umschreiben. Auch im Politbüro, dem wichtigsten Führungsorgan der SED, hat es während der sechziger Jahre kaum spektakuläre Veränderungen gegeben, sieht man einmal von dem Selbstmord des Vorsitzenden der staatlichen Planungskommission, Erich Apel, ab (Dezember 1965). Im allgemeinen rückten bei Todesfällen von Vollmitgliedern die Kandidaten nach. Willi Stoph gehörte dem Politbüro seit 1954, Erich Honecker seit 1958 an.

Das (1971) Vorhandensein besonderer Ministerien – für Chemische Industrie, für Elektrotechnik und Elektronik sowie Erzbergbau, Metallurgie und Kali –, ferner je eines für Grundstoffindustrie, für Leichtindustrie, zwei für Maschinenbau sowie weiterer Ministerien im Bereich der Wirtschaft zeigt, daß es sich bei ihnen nur um ausführende und überwachende Organe handeln kann, während die großen Richtlinien der Wirtschaftspolitik von den Büros der SED-Führung (zumeist im Zentralkomitee) ausgearbeitet und seit 1967 in mehrjährigen Perspektivplänen niedergelegt werden. Zwar ließ die in den fünfziger Jahren geradezu kultivierte Plangläubigkeit erheblich nach, als man mit Fünfjahrplänen und einem Siebenjahrplan Schiffbruch erlitten hatte. Man mußte 1961 einsehen, daß das 1958 (V. Parteitag der SED) verkündete Ziel, innerhalb von drei Jahren die Bundesrepublik »auf den wichtigsten Gebieten der Produktion und des Lebensstandards einzuholen und zu überholen«, nicht erreichbar war. Dennoch blieb die Verhaftung von Planung, Produktion, Export und Absatz an Grundsätze und Lehren des wissenschaftlichen Sozialismus. Eine gewisse, nicht mehr vermeidbare Liberalisierung des Gefüges der Volkswirtschaft setzte erst ein, nachdem dafür die äußeren Voraussetzungen gegeben waren (zwei Jahre nach dem Bau der Mauer) und und ein Denkanstoß aus der UdSSR (Prof. Liberman) vorlag. Das Startzeichen erteilte der VI. Parteitag der SED, indem die Partei aus den bisherigen, unbefriedigenden Erfahrungen lernte, die ausschließlich administrativ gehandhabte Planung aufgab und stattdessen ab 1963 ein »Neues Ökonomisches System« (NÖS) praktizieren ließ: mit mehr Entscheidungsbefugnissen für die Betriebe (die »eigentlichen« Wirtschaftssubjekte). In Planung und Produktion sollten die Gesichtspunkte einer »Wirtschaftlichkeit« mehr zur Geltung kommen, wie etwa die Preisgestaltung, der »Gewinn«, ja überhaupt die Gesamtheit der von der SED damals so bezeichneten »ökonomischen Hebel« geldwirtschaftlicher Provenienz. Die Ergebnisse des Wettbewerbs mit dem Westen wollte man fortan nicht mehr statistisch (»gleichziehen«, »übertreffen«), sondern historisch-dynamisch messen: die Leistung des eigenen Weges, die Leistung des sozialistischen ökonomischen Systems sollte gelten. Entwurf und Durchführung dieses Systems sind freilich immer wieder modifiziert worden. Als die DDR mit der Sowjetunion und anderen Staaten des Ostens und der dritten Welt langfristige Handels- und Lieferungsverträge abschloß (Dezember 1965), wurden abermals »detailliertere Planungen« notwendig, »und das hieß: Festlegung der Betriebe auf starre Produktionsprogramme, Lieferfristen, Preise usw.« (Fritz Schenk). Besonders nach dem VII. Parteitag, aber auch schon vorher, wurden die relativen Freiheiten der volkseigenen Betriebe wieder eingeschränkt und die Rückkehr zur zentralen Steuerung von Planung und Produktion eingeleitet. Offiziell war auch nicht mehr vom NÖS, sondern ab 1967 vom »Ökonomischen System des Sozialismus« (ÖSS) die Rede. Die Grenze zu einer »sozialistischen Marktwirtschaft« wurde in Ostberlin deutlich gezogen. Nach dem Einmarsch in die Tschechoslowakei, am 9. Oktober 1968, dekretierte das ZK der SED (dem Sinne nach), daß sich Sozialismus und Methoden des Kapitalismus nun einmal nicht konvergieren ließen, – ein Eselstritt für Dubčeks ehemaligen Wirtschaftsministers Ota Šik, doch auch bestimmt für den Gebrauch im eigenen Lande.

Zahlen über das Wachstum des Bruttosozialproduktes können hier nicht gebracht werden, da die DDR-Statistik nach anderen Kriterien arbeitet. Greifbar ist dagegen das Nationaleinkommen, das von 30 Milliarden Mark im Jahre 1950 auf 108 Milliarden Mark im Jahre 1970 anstieg, sich also mehr als verdreifacht hat. Sieht man einmal von dem noch längst nicht erreichten Anschluß an den Weltstandard ab, so hatte die DDR, zweitstärkste Wirtschaftsmacht des Ostblocks, am Ende der sechziger Jahre den zehnten Platz auf der Liste der Industriestaaten erreicht. Technologisches Nachhinken war bis dahin zu einem beträchtlichen Teil aufgeholt, die Wirtschaft dieses Staates auf dem Weltmarkt in zunehmendem Maße konkurrenzfähig geworden. Wie aus den schon erwähnten Namen der Ressortministerien abzulesen ist, bilden in dem sonst an Bodenschätzen armen Lande Kali und Braunkohle den Reichtum. Die chemischen und elektrotechnischen Industrien, der Maschinenbau und die Textilienherstellung sind die stärksten Faktoren in der Produktion. Die Grundstoffindustrien wurden in den sechziger Jahren durch Vergrößerung oder Neuanlagen weiter ausgebaut; zu nennen sind etwa (seit 1964) die Erdölraffinerien in Schwedt an der Oder, wo künftig auch das sowjetische Erdgas in Leitungen die DDR erreichen wird. Der Außenhandel orientierte sich weiter nach den Bedürfnissen des RGW; der östliche Anteil belief sich 1969 auf 72,8%. Der Handel mit der Bundesrepublik betrug dagegen 1969 (trotz steigender Tendenz) nur 10,1% des Gesamtvolumens (Zahlen und Angaben nach Ilse Spittmann).

Mit dem wirtschaftlichen Aufstieg einher ging eine Verbesserung des Lebensstandards und anderer Bedingungen des täglichen Lebens, sowie (was sich als noch wichtiger erwies) eine – trotz inneren Widerstrebens – aus der Resignation entstandene Solidarisierung der mittleren Generation mit dem Staat, in dem sie lebte und dessen abschätzige Bezeichnung als »Zone« nunmehr auch sie als unerträglich empfand. Für die Älteren (ab dem 65. Lebensjahr) wurden sogar Reisemöglichkeiten in die Bundesrepublik geschaffen; aus der den Rentnern gewährten Beweglichkeit schien dem Staat keine Gefährdung zu erwachsen (1964). Auch das Aushandeln von Abkommen mit dem Senat von Berlin, welche den Westberlinern Passierscheine zum Besuch von Verwandten und Freunden im östlichen Teil der Stadt boten, beruhte auf einer Initiative der DDR-Regierung (erstmals zu Weihnachten 1963, bis Pfingsten 1965 insgesamt vier Besuchsperioden). Doch konnte kein Zweifel darüber bestehen, daß derartige gelegentliche Freizügigkeiten unter strengster staatlicher Kontrolle standen, die sich keinesfalls nur auf die Formalitäten an den Grenzübergängen erstreckte. Die jüngere Generation indessen, einschließlich derer, die allmählich in verantwortliche Stellungen von Partei, Verwaltung und Wirtschaft aufstiegen oder als Sportler im Auslande mit Leistung und Vaterlandsliebe aufzuwarten hatten, fühlte sich dem allgegenwärtigen Staat, dessen großzügige Förderungsmaßnahmen in Bildung und Ausbildung ohne Beispiel zu sein schienen, generell verbunden, und Ausnahmen bestätigten nur die Regel.

Diese Feststellungen sollen freilich nicht darüber hinwegtäuschen, daß sich die reale gesellschaftliche Entwicklung zwischen 1961 und 1971 wesentlich differenzierter vollzogen hat. Allen Abschnürungsmaßnahmen und Abgrenzungstendenzen der herrschenden Kräfte zum Trotz haben sich, wie Peter Christian Ludz feststellt, in dieser Zeit auch »Leistungs- und Konsumorientierung, eine beachtliche horizontale und vertikale Mobilität sowie pragmatische Entscheidungsstrukturen ... durchgesetzt«. Dennoch blieb, da die erwähnte Teilsolidarisierung mit dem Staat eben nicht bis zur Identifizierung mit der Führung vorangetrieben werden konnte, die Gesellschaft der DDR politisch labil. Deshalb wurde die »Anpassung« an die Verhältnisse nicht zuletzt durch die stetige Erhöhung des Lebensstandards gefördert: hier kam die Partei, auch wenn sie oft genug wieder bremste, den Interessen der Bürger durchaus entgegen. Was den Staat für die Bürger mit der Zeit leidlich interessant machte, war das – geglückte – Bestreben der politischen Führung, ein dichtes Netz von beruflichen Qualifizierungsmöglichkeiten in allen Sparten des Arbeitslebens aufzubauen, mit ganzen Stufenleitern von Belobigungen, Bescheinigungen, Diplomen und Aufstiegschancen, ein System, das bis zum Beginn der siebziger Jahre eine zusätzliche Berufs- oder Laufbahnorientierung hervorgebracht hat – Basis für neue

Elitenbildung oder doch neues Sozialprestige, freilich gelenkt und immer wieder kontrolliert durch die allmächtige Partei.

Die DDR im Gefüge des Ostblocks

Wie schon vorher, so auch seit 1961, gingen die Bemühungen der sowjetischen Westpolitik dahin, den Realitäten in Europa und speziell der Existenz der Deutschen Demokratischen Republik Anerkennung, möglichst völkerrechtlicher Art zu verschaffen. Nach dem Abflauen der Berlin-Krise und der Aktivitäten Chruschtschows ist die außenpolitische Fürsorge, die Moskau der DDR angedeihen ließ, nur noch ausgeprägter geworden. Die wechselseitigen Interessenbeziehungen zwischen Moskau und Ostberlin sind politischer, wirtschaftlicher und militärischer Natur, getragen und gefördert von bilateralen und multilateralen Bündnissen, Verträgen und Abmachungen. Sie bestimmen die Politik der DDR im Gefüge des Ostblocks, eine Politik, die sich aus den diesem Staat zugesprochenen Funktionen ergibt.

Der Konsolidierungs- und Erstarkungsprozeß, wie er nach dem 13. August 1961 einsetzte, kam auch dem Verteidigungssektor der DDR zugute. Neben der Einführung der allgemeinen Wehrpflicht (24. Januar 1962) ist besonders die Herausnahme der bisherigen Grenzpolizei aus dem Bereich des Innenministeriums zu erwähnen. Noch 1961 wurde sie (10 Brigaden und zwei selbständige Regimenter, 1970: ca. 55 000 Mann) als »Kommando Grenze« der Nationalen Volksarmee unterstellt (die Grenzbrigade »Küste« kam zur Volksmarine). Die relativ kleinen Streitkräfte der DDR wurden in die militärische Organisation des Warschauer Paktes straff eingegliedert, so daß eine eigenständige Sicherheitspolitik nicht möglich war. Ihre Stärke kann nur geschätzt werden, da zuverlässige Angaben fehlen; die Gesamtstärke (Heer, Luftstreitkräfte, Volksmarine, ohne Grenztruppen) dürfte während der sechziger Jahre die Zahl 200 000 niemals überstiegen haben und eher erheblich darunter gelegen haben. Die Zahl der Reservisten wird mit ca. 800 000 angenommen. Die Anwesenheit von 20 sowjetischen Divisionen (10 Panzer-, 10 mot. Schützen-Divisionen) im Lande mit eigenen Kommandostrukturen bewirkte – und entsprach sicher auch dem sowjetischen Verteidigungskonzept –, daß die für selbständige Angriffsoperationen ohnehin nicht geeignete Volksarmee gezwungen war, ihren Auftrag auch im Frieden nur als Hilfstruppe der Streitkräfte des Warschauer Paktes auszuführen.

Nachdem 1956 die Sowjetunion die Ausstattung der Nationalen Volksarmee übernommen und später nahezu ausschließlich zu deren weiterem Ausbau beigetragen hatte, ist diese wehrtechnische Abhängigkeit ebenso geblieben wie die generelle Bindung an die sowjetische Führungsmacht. Die Beteiligung der DDR an gemeinsamen politischen Entscheidungen und strategischen Planungen ist gleich derjenigen der anderen Mitgliedstaaten des Warschauer Paktes gering, denn das gemeinsame Oberkommando mit dem Sitz in Moskau erscheint, wie Christoph Bertram festgestellt hat, »weitgehend als Außenstelle des sowjetischen Verteidigungsministeriums. Der Oberbefehlshaber war bisher stets zugleich Erster Stellvertretender Verteidigungsminister der UdSSR, sein Chef des Stabes zugleich Erster Stellvertretender Chef des sowjetischen Generalstabs. Auch die übrigen Schlüsselpositionen des Oberkommandos sind offenbar von sowjetischen Offizieren besetzt.«

Die Streitkräfte der DDR unterstehen dem Ministerium für Nationale Verteidigung, das – anders als das Bundesministerium der Verteidigung – wegen seiner (wenn auch begrenzten) Führungsaufgaben selbst ein Teil der Streitkräfte ist. Alle leitenden Stellen sind daher mit Offizieren besetzt; der Minister fungiert offiziell (wie auch seine Kollegen in Warschau, Prag usw.) als einer der stellvertretenden Oberbefehlshaber im gemeinsamen Oberkommando in Moskau. Im Ministerium ist nach dem Vorbild der Sowjetunion die »Politische Hauptverwaltung« etabliert. Sie arbeitet bei den Stäben und Einheiten über ihre Politoffiziere mit der SED zusammen und erhält von deren Führung ihre Anweisungen.

Im Rahmen der sowjetischen West- und Europapolitik hat die DDR nach dem 13. August 1961 auch weiterhin alle diplomatischen Aktionen Moskaus unterstützt und, wenn es Ostberlin erforderlich erschien, ihnen noch eine zusätzliche Schärfe verliehen. Es war die teils übernommene, teils selbst zu eigen gemachte Aufgabe der DDR, den Vorstellungen der Sowjetunion vornehmlich in der deutschen Frage durch engagierte Beteiligung zur Geltung zu verhelfen, sei es im eigenen Interesse, sei es hinsichtlich der »Selbständigen politischen Einheit Westberlin«. Das Passierscheinangebot von 1963 ging von Ostberlin aus, wobei die humanitären Überlegungen weniger entscheidend gewesen sein dürften (es sei denn, als Mittel zum Zweck) als die gesuchte Gelegenheit, in diesem Falle als zweiter deutscher Staat mit allen äußeren Kennzeichen und Attributen in Erscheinung treten zu können. Auf der anderen Seite jedoch gehörte diese Aktion auch in das sowjetische Konzept hinein, das damals im Berliner Bereich eine Teilentspannung anstrebte. Das erste »auf Weisung« (Senatsrat Korber, DDR-Staatssekretär Wendt) unterzeichnete Passierscheinabkommen vom 17. Dezember 1963 bewies der Welt nach sowjetischer Meinung, »daß sich die innerdeutschen Probleme nur durch Verhandlungen mit der DDR lösen ließen und jetzt eine Phase eingetreten sei, deren Fernziel die Herstellung normaler Beziehungen zwischen den beiden deutschen Staaten sein könne«.

Unter dem Begriff der »innerdeutschen Probleme« ließ sich freilich die »Wiedervereinigung« der beiden Teile Deutschlands bald nicht mehr subsumieren. Der Art. 7 des Freundschafts- und Beistandsvertrages zwischen der DDR und der UdSSR von 1964 formulierte dieses Ziel anders und baute damit gegenüber der Bundesrepublik Schranken auf, erkennbar bereits im Vokabular, das sich seit 1951 und 1952 nicht geändert hatte:

Die Hohen Vertragschließenden Seiten bekräftigen ihren Standpunkt, daß ... die Schaffung eines friedliebenden, demokratischen, einheitlichen deutschen Staates nur durch gleichberechtigte Verhandlungen und eine Verständigung zwischen beiden souveränen deutschen Staaten erreicht werden kann.

Schon hier galten die Modalitäten, die jederzeit ein Beharren auf dem Status quo gestatten würden, *mehr* als die Vorstellung einer deutschen Einheit, denn »gleichberechtigte Verhandlungen« bedeuteten Realisierung der Anerkennung. Diese Überlegung machte ein Jahr später Ulbricht ganz deutlich, als er am 5. Mai 1965 vor der Volkskammer eine Art Staatsdoktrin der DDR proklamierte und die Zielvorstellung der deutschen Einheit in eine sehr ferne Zukunft verwies:

die DDR verwirkliche die ursprünglichen Absichten der Anti-Hitler-Koalition und sei allein berechtigt, im Namen des deutschen Volkes zu sprechen. Über eine Wiederherstellung der deutschen Einheit könne erst gesprochen werden, wenn in der Bundesrepublik Deutschland ein Prozeß der Demokratisierung und des Widerstandes gegen Imperialismus und Monopolkapitalismus eingeleitet worden sei. Die DDR sei bereit, für den Augenblick den Status quo in Deutschland zu akzeptieren, damit sich eine günstige Atmosphäre für den Abschluß eines Friedensvertrages und für die Abrüstung der beiden Teile Deutschlands entwickle.

Die Übereinstimmung des Sinngehaltes offizieller Äußerungen Ostberlins mit den Leitlinien der sowjetischen Außenpolitik wurde einmal mehr deutlich: in beiden Texten, Vertrag und Doktrin, kehrten die Auffassungen Chruschtschows wieder, die wir bereits aus seinem Gespräch mit Averell Harriman aus dem Juni 1959 kennen:

Seien Sie überzeugt, daß ich der Wiedervereinigung Deutschlands nicht zustimmen werde, falls nicht ein sozialistisches System für Deutschland vorgesehen wird.

Der in den Worten Ulbrichts von 1965 wieder einmal vorgebrachte, gewissermaßen »konkurrierende« Alleinvertretungsanspruch der DDR war im übrigen geeignet, die Anerkennungsbemühungen draußen in der Welt zu unterstützen. Damals trat die DDR auch auf dem Gebiete der Entwicklungshilfe in eine Art Wettbewerb ein und ließ eine neue außenpolitische Stoßrichtung erkennen: das Werben bei den neutralen Staaten sowie in der »Dritten Welt« Afrikas und Asiens. Ihm dienten die Reisen Ulbrichts zu Nasser und Tito, was Verträge über wirtschaftliche Zusammenarbeit (samt einem Kredit in Höhe von 400 Millionen Mark) im ersten Falle (1965) sowie die Erhebung der beiderseitigen Gesandtschaften zu Botschaften im zweiten Falle (1966) zur Folge hatte. Die Besuchskommuniqués sprachen jedesmal im Sinne der DDR die Situation der beiden deutschen Staaten an; in Ostberlin wurde zudem noch ein ägyptisches Generalkonsulat errichtet. Später gelang es, die bereits bestehenden Generalkonsulate und Konsulate der DDR (in Kairo, Bagdad, Colombo, Pnom Penh) um weitere zu vermehren, so daß man schließlich in neun Staaten Fuß gefaßt hatte; in zehn weiteren Ländern wurde die DDR durch offizielle Handelsmissionen, ausgestattet teilweise mit konsularischen Rechten, präsent. Bemühungen im Jahre 1966, über verschiedene Umwege und unter Hilfeleistung von seiten der Ostblockstaaten, die Mitgliedschaft in den Vereinten Nationen zu erwerben, schlugen jedoch infolge des Widerstandes der Westmächte fehl.

Solange die Ostberliner Wünsche, mit Bonn über das Praktizieren von Verhandlungen zur Anerkennung, oder genauer: auf der Grundlage der Gleichberechtigung zu Abmachungen zu gelangen, noch nicht von der westdeutschen Konkurrenz durch eigene Aktivität unterlaufen wurden, nahm die DDR hierfür gern die Initiativen auf sich. Die erste Gelegenheit wurde wahrgenommen, als Korber und Wendt das Passierscheinabkommen vom Dezember 1963 unterzeichneten: unmittelbar darauf schlug Ulbricht dem Bundeskanzler Erhard ein Abkommen über die Beziehungen der beiden Staaten vor und unterbreitete sogar am 6. Januar 1964 den Entwurf eines bilateralen Vertrages über den Verzicht auf Kernwaffen. Die Reaktion der drei Parteien im Bundestag war damals – verständlicherweise – absolut negativ. Danach trat eine Pause von zwei Jahren ein, und der nächste Versuch wurde unternommen, als sich 1966 Veränderungen der innenpolitischen Kräfteverhältnisse in der Bundesrepublik abzuzeichnen schienen (Schwäche der Regierung Erhard, zunehmende Popularität der Sozialdemokraten). Jetzt überlegte man sich in Ostberlin auch andere Wege und versuchte es mit der Spekulation auf eine innerdeutsche Volksfrontsolidarität.

Noch hieß die Losung »Annäherung, Verständigung, Zusammenarbeit«, und appelliert wurde am 11. Februar 1966 in einem offenen Brief der SED an die Delegierten des bevorstehenden Dortmunder Parteitages der SPD:

Wir geben offen zu, daß die SED allein die Deutschlandfrage auch nicht lösen kann. Aber die beiden größten Parteien Deutschlands könnten gemeinsam den entscheidenden Beitrag zur Lösung der Deutschlandfrage leisten, wenn sie wenigstens ein Mindestmaß an Annäherung und Übereinstimmung in den Fragen des Friedens und an Zusammenarbeit bei der Überwindung der Spaltung fänden ...

Die Antwort der SPD, einen Monat später ebenfalls in einem offenen Brief formuliert, lehnte zwar eine direkte »Aussprache« zwischen den beiden Parteiführungen rundweg ab (die SED galt also nicht als ein akzeptabler Gesprächspartner), fragte jedoch die SED nach deren Bereitschaft, auf bestimmte Erleichterungen im Alltagsleben der DDR-Bürger hinzuwirken, zu denen auch »eine freimütige Diskussion in beiden Teilen Deutschlands« gehören könne. So schälte sich Ende März der vom SPD-Vorstand sofort akzeptierte Vorschlag heraus, je in Chemnitz (Karl-Marx-Stadt) und Hannover eine gemeinsame Veranstaltung beider Parteien abzuhalten (»Redneraustausch«). Hierüber verhandelten dann in Ostberlin zwei ZK-Mitglieder (Paul Verner und Werner Lamberz) mit zwei Sozialdemokraten aus der Bundesrepublik; der 14. und der 21. Juli wurden als Termine vorgesehen.

Das war Ende Mai. Es darf angenommen werden, daß zu diesem Zeitpunkt bereits an der SED-Spitze den Gang der

Dinge argwöhnisch beurteilende Meinungen diskutiert worden sind. Die Skeptiker, die ein starkes Echo des Redneraustausches und damit eine Verunsicherung ihrer Bürger befürchteten, gewannen die Oberhand. Und als in Bonn, um der Rechtslage perfektionistisch Genüge zu tun, am 23. Juni jenes berühmt gewordene, auf Funktionäre des anderen Staates gemünzte ›Gesetz über befristete Freistellung von der deutschen Gerichtsbarkeit‹ verabschiedet wurde, fiel es der SED-Führung leicht, unter Berufung auf dieses »freies Geleit« gewährende »Handschellengesetz« von dem Plan des Redneraustausches wieder abzurücken.

Gleichwohl blieb es etwa bis zum Jahresende 1966 deutlich, daß Ostberlin mit dem Begriff der Verständigung zumindest im Prinzip noch eine Zeitlang weiterarbeiten wollte, nun freilich wieder in den im Februar-Brief angesprochenen Formen, die einige Elemente des »Anerkanntwerdens« involvierten: »auf dem Wege offizieller Verhandlungen zwischen den Organisationen«, sei es der Parteien, sei es der Gewerkschaften. Aber man beließ es bei den bloßen Ankündigungen und fügte stets hinzu, daß zunächst noch abgewartet werden müsse. Das Ergebnis dieses Attentismus zeigte sich nach der Bildung der Großen Koalition. Man wird annehmen dürfen, daß der Einzug der SPD in eine von Kiesinger geleitete neue Regierung bestimmte Hoffnungen der SED enttäuscht hat; der Ton gegenüber der SPD änderte sich schlagartig und fiel wieder in die gewohnte Polemik zurück.

Die bald darauf sichtbar werdenden Ansätze zu einer pragmatischen Ostpolitik Bonns unter der Regie Brandts, die noch dazu – anders als unter Schröder – selbst in Ostberlin ein Programm erahnen ließen, verursachten nunmehr eine neue Feindschaft, die mit allen Mitteln, zum Teil auch lächerlichen, praktiziert wurde. Bonns Botschafteraustausch mit Rumänien sowie das Sondieren in Prag erweckten bei Ulbricht Befürchtungen, daß innerhalb des Ostblocks eine Wertminderung der DDR eintreten könne, und mit dem Hinweis, daß die Geschlossenheit im Gefüge der sozialistischen Staaten in Gefahr sei, fand er Gehör in Moskau und Warschau. Mit auf Anregung Ostberlins kam daher die schon erwähnte Außenministerkonferenz in Warschau (Februar 1967) zustande, und mit auf Initiative Ulbrichts folgten im März die Beistandsverträge der DDR mit Polen, der Tschechoslowakei und Ungarn nach.

Verträge und Anerkennung waren die Zielvorstellungen, der Drang nach Bestätigung seiner selbst war die treibende Kraft des zweiten deutschen Staates, der sich zwar *nicht* als ein Provisorium verstand, doch die zahlreichen Kennzeichen des »Vorläufigen«, die der Existenz der DDR immer noch anhafteten, sehr wohl erkannte. Die ganze deutsche Nation war in ihm nicht organisiert, hingegen ließ sich ein konkurrierender Alleinvertretungsanspruch ohne weiteres konstruieren. Als die Verbindung der großen deutschen Linkspartei der Bundesrepublik mit der CDU/CSU zur Großen Koalition die bisherige SED-Taktik der »Annäherung und Verständigung« blockierte, verschwand in der DDR auch der herkömmliche Nationsbegriff. Am Ende der sechziger Jahre dominierten in der DDR zwei Auffassungen:

1) Nur die unbedingte Treue zum Marxismus-Leninismus und eine endgültige Absage an den gesamtdeutschen Patriotismus, dazu freilich der Verzicht auf einen eigenen (»deutschen«) Weg zum Sozialismus, konnten die immer noch gegebene Unvollkommenheit der eigenen staatlichen Existenz überwinden helfen und Erschütterungen der DDR verhindern. Auf dieser Einsicht baute fortan die Politik der »Abgrenzung« auf.

2) Selbständigkeitsregungen, schwindende Blocktreue der anderen, Abweichungen vom sozialistischen Internationalismus (wie Moskau ihn verstand), Neuinterpretationen von Außenpolitik (Rumänien) oder ideologischen Fragen (Tschechoslowakei) bedeuteten, besonders wenn sie in der Nähe der eigenen Grenzen stattfanden, für die DDR Gefahr. So entstanden die besondere Wachsamkeit Ostberlins, die Schulmeisterei der SED gegenüber den Schwesterparteien, die vielfältigen Regungen zum Zwecke einer Selbstverteidigung und Selbstbehauptung.

Die sich hieraus ergebenden Aktivitäten fanden 1967/1968 durchweg die Zustimmung Moskaus. Der Sowjetunion konnte die neuartige *Sperriegelfunktion* der DDR nur recht sein, mochte sie sich nun gegen die Ostpolitik der Bundesrepublik richten oder gegen den Reformkommunismus Alexander Dubčeks in Prag. Das Mißtrauen begann, als Ulbricht am 5. Januar 1968 den Sturz eines langjährigen Weggenossen, des Ersten Sekretärs im ZK der tschechoslowakischen KP Antonín Novotný, und die Berufung Dubčeks zu dessen Nachfolger erleben mußte. Der Personalwechsel schien nach außen zunächst nur das Ergebnis eines internen Machtkampfes zu sein, aber dieser Akt leitete zugleich in der ČSSR die fast durch zwölf Jahre hindurch verzögerte Entstalinisierung ein, revolutionäre Vorgänge, die sich – in einer zwölf Jahre älter gewordenen Welt – hinsichtlich der Ziele, Methoden und Wirkungen mit den entsprechenden Ereignissen von Polen und Ungarn (1956) nicht mehr vergleichen ließen. Von nun an gehörten Ulbricht und die SED-Leitung zu den lautesten und härtesten Kritikern.

Während der nachfolgenden, schon im März beginnenden Konferenzen und Beratungen der sozialistischen Partei- und Regierungschefs gelangten Ulbricht und die DDR zu einer Bedeutung, die nicht übersehen werden konnte. Das erste Treffen – ob die Anregung dazu von Ulbricht ausging, läßt sich nicht mit Bestimmtheit sagen – fand unmittelbar nach der Ausschaltung Novotnýs als Staatspräsident in Dresden statt, gewissermaßen um die räumliche Nähe von Kritik und Anklage zu demonstrieren. Auf ihm war auch die Prager Parteileitung noch vertreten. Die Möglichkeit eines bewaffneten Eingreifens durch die Streitkräfte des Warschauer Paktes ist damals schon angedroht worden, und es gibt Hinweise, daß Ulbricht sich in Dresden für eine derartige Intervention eingesetzt hat, nicht sofort zwar, aber als geeignetes Mittel gegen eine Fortsetzung des verderblichen Weges. Anfang August, auf dem Treffen in Preßburg, stand bereits das Schicksal der DDR mit auf dem Spiel, denn das Interesse der Bevölkerung galt der Entwicklung in der Tschechoslowakei: die ersten Solidaritätsbekundungen, vorsichtig genug, waren zu verzeichnen. Die Massenmedien der DDR waren gezwungen, deutlich und drastisch auf die Fehler und Abweichungen in Prag aufmerksam zu machen. Von Preßburg konnte Ulbricht im Grunde beruhigt nach Ostberlin zurückkehren, da der Entschluß, eine Invasion in absehbarer Zeit durchzuführen, sich schon andeutete. Trotzdem war seine Besorgnis nicht geschwunden: am 13. August unternahm er selbst noch einmal den Versuch, auf einer – weniger offiziellen – Zusammenkunft zu zweit in Karlsbad von Dubček den Abbruch der verketzerten Reformpolitik zu verlangen. Der nach dem Einmarsch in der Tschechoslowakei erzwungene rasche Abbau der Reformen, an dem sich Dubček zunächst noch selbst beteiligen mußte, verschaffte der Herrschaft Ulbrichts eine spürbare Entlastung. Definiert man die sog. »Breschnew-Doktrin« als die Summe der zwischen Juli und September abgegebenen Aussagen über die Einschränkung der Souveränität eines sozialistischen Staates, dann war Ulbricht (und neben ihm Stoph und Axen) auch an ihrer vorbereitenden Artikulierung beteiligt. Denn die Unterschriften der drei standen unter dem bekannten Warschauer Brief der fünf kommunistischen Parteien vom 15. Juli, in dem es hieß:

Deshalb meinen wir, daß die entschiedene Zurückweisung der Angriffe der antikommunistischen Kräfte und die entschlossene Verteidigung der sozialistischen Ordnung in der Tschechoslowakei nicht nur Ihre, sondern auch unsere Aufgabe ist.

Fortan waren jedoch, in den letzten knappen drei Jahren der führenden Tätigkeit Walter Ulbrichts, die »Lebensinteressen der Deutschen Demokratischen Republik« (so die Formulierung in einem »internen Parteidokument der SED«) nicht mehr bedroht. In diesem Zeitraum – vor und nach dem Einmarsch sowie in der darauffolgenden Zeit – dürfte er den letzten Höhepunkt seines Einflusses innerhalb des Ostblocks erreicht haben, als Vorbild entschlossener Härte gegenüber etwaigen klassenfeindlichen Aktionen, als Disziplinator, in dessen Land infolge einer wirtschaftlichen Konsolidierung Unruhen, wie sie etwa im Dezember 1970 in Polen aufbrachen, nicht oder längst nicht mehr zu befürchten waren. Der Gefahr einer außenpolitischen Isolierung angesichts der von Bonn angestrebten und abgeschlossenen Verträge mit der Sowjetunion und Polen wußte er sich geschickt zu entziehen, indem er darauf achtete, das Konto der eigenen Bewegungsfreiheit niemals ernsthaft zu überziehen. Hier lag daher auch nicht der entscheidende Grund für Ulbrichts Ausscheiden aus der Parteiführung. Solange nicht anderslautende Informationen vorliegen, können wir das Bild der simplen Wachablösung verwenden: ein verdienter Parteiführer, der aus Altersgründen sein Amt abgab. Daß am 3. Mai 1971 mit dem 78jährigen ein Mann vom Podium der Entscheidungen abtrat, der noch Abgeordneter des alten Deutschen Reichstages gewesen war, zeigt indessen, daß dieser Tag auch die Bedeutung einer Zäsur in der deutschen Nachkriegsgeschichte hat.

Das Problem der innerdeutschen Beziehungen 1967–1969

Die andere Zielrichtung der Sperrpolitik wies nach Westen. In ihrem Verhältnis zur Bundesrepublik vollzog die DDR die Abwendung von der »Annäherungs-« zur reinen »Abgrenzungs«-Maxime über ein Zwischenstadium. Annäherung – in politischen Fragen – schien Ulbricht und Stoph nicht mehr möglich zu sein, seitdem in Bonn die SPD am Kabinettstisch im Palais Schaumburg Platz genommen hatte. Das Verlangen nach Anerkennung und der Weg dorthin sollte jedoch in ihren Vorstellungen nach wie vor über Gespräche und Verhandlungen laufen. Entsprechend wurden die Worte geändert: in den ersten Monaten des Jahres 1967 sprach man in Ostberlin hauptsächlich von »Verständigung« und meinte damit eine Verständigung diplomatischer, völkerrechtlicher Art. Gleichwohl waren die einzelnen Phasen nicht deutlich voneinander zu trennen; auch der Übergang zur »Abgrenzung« wurde jetzt schon eingeleitet.

Indessen – den Wünschen Ulbrichts nach Verständigung und Verhandlungen kam die Bundesregierung entgegen. Die Kontaktformen vom Vorjahre, als es um den Redneraustausch gegangen war, hatten in Bonn eine gewisse Ermunterung zurückgelassen, und kurz vor dem Beginn des Parteitages der SED sandten sowohl Kiesinger als auch Brandt Botschaften, der Kanzler per Regierungserklärung am 12. April, der Parteivorsitzende Brandt in der inzwischen hoffähig gewordenen Form des offenen Briefes (13. April). In beiden Fällen handelte es sich um Angebote: die Regierungserklärung schlug Vereinbarungen über Maßnahmen zum Abbau der Hindernisse und Spannungen in Deutschland vor (Reise- und Zahlungsverkehr, Freizügigkeit, wirtschafts- und verkehrspolitische Zusammenarbeit), sowie über Rahmenabkommen zugunsten eines wissenschaftlichen und kulturellen Austausches; der Brief Brandts unterstützte die Vorschläge der Bundesregierung und brachte zusätzlich den Diskussionsgedanken von 1966 wieder in Erinnerung und damit die Idee eines Meinungsaustausches über politische Auffassungen. Von Anlage und Inhalt her wiesen jedoch beide Äußerungen aus Bonn in den Augen Ulbrichts und Stophs entscheidende Mängel auf:

(1) der offene Brief des SPD-Vorsitzenden lief zwar von Partei zu Partei, somit von gleich zu gleich, sprach aber Dinge an, von denen sich die SED materiell und methodisch bereits gelöst hatte,

(2) die Regierungserklärung machte zwar Angebote zu Verhandlungen auf staatlicher oder behördlicher Ebene, war jedoch an eine Partei (die SED) gerichtet und verneinte dadurch indirekt eine gleichberechtigte Partnerschaft der DDR-Regierung.

Immerhin vermerkte man in Ostberlin als Besonderheit, wie wichtig man in Bonn nunmehr einen Parteitag der SED nahm. Die zu erwartende Ablehnung des Angebots (ADN: »Lediglich die alten Vorstellungen Bonns für ein Eindringen in die DDR«) erfolgte dergestalt, daß die SED-Führung an den von ihr so gesehenen Mängeln einhakte und zugleich das Problem der innerdeutschen Beziehungen auf den Podest der Außenpolitik erhob. Ulbricht wich auf Gegenvorschläge aus, deren Inhalt er schon in einer Neujahrsbotschaft bekanntgegeben hatte und jetzt, gerichtet an die Bundesregierung, auf dem Parteitag wiederholte: Verträge, Vereinbarungen und gleichlautende Erklärungen beider deutscher Regierungen seien anzustreben, und zwar über die Aufnahme normaler Beziehungen, über Gewaltverzicht, Anerkennung der bestehenden Grenzen beider Staaten, Herabsetzung der Rüstungsaufgaben um jeweils die Hälfte, Verzicht auf Atomwaffen und gemeinsame Beteiligung an einer atomwaffenfreien Zone in Europa, – Punkte, die sich im übrigen voll und ganz mit den Hauptintentionen der sowjetischen Außenpolitik deckten. Ein Treffen zwischen Stoph und Kiesinger sollte den Abschluß derartiger zwischenstaatlicher Abmachungen vorbereiten.

Die Schwelle der Anerkennung der DDR, über deren Vermeidung sich die Unionsparteien und die SPD völlig einig waren, hatte Ulbricht mit seinen Gegenvorschlägen natürlich weit überschritten. Doch die ersten bundesdeutschen Reaktionen gingen damals in der Trauer um das Ableben Konrad Adenauers unter. Wohl aus diesem Grunde wartete Ministerpräsident Stoph, ehe er mit einem Schreiben an Bundeskanzler Kiesinger, datiert vom 10. Mai 1967, in der von Ulbricht gewiesenen Richtung nachstieß. Kiesinger nahm – zum ersten Male in der Geschichte der Bundesrepublik – den Brief offiziell zur Kenntnis, was ihm Vorwürfe aus den Reihen der Unionsparteien eintrug, dagegen Zustimmung bei SPD und FDP. Materiell sprach das Schreiben alle von Ulbricht auf dem Parteitag vorgebrachten Punkte an, besonders natürlich die »Aufnahme normaler Beziehungen zwischen beiden deutschen Staaten«, eingekleidet in die Aufforderung, die Realitäten in Europa endlich anzuerkennen und vom Alleinvertretungsanspruch zu lassen, der als »rechtswidrig« und »unfriedlich« bezeichnet wurde. Kiesinger wurde zu Vorbesprechungen nach Ostberlin eingeladen, doch schrieb Stoph, er würde dazu auch nach Bonn kommen. Ferner erklärte er sich bereit, »Vorschläge der Regierung der Bundesrepublik zur Regelung dieser und anderer Grundfragen« zu prüfen.

Obwohl eine lebhafte Enttäuschung darüber gezeigt wurde, daß der Brief Stophs auf die von der Bundesregierung angeregten 16 Punkte über den Abbau der innerdeutschen Spannungen und die möglichen menschlichen Erleichterungen nicht eingegangen war, glaubte man in Bonn, das Schreiben nicht einfach abtun zu sollen. Relativ spät, erst am 13. Juni, wurde der Antwortbrief Kiesingers in Ostberlin durch einen Legationsrat übergeben. Das Schreiben wich in der Anerkennungsfrage (Normalisierung der Beziehungen) aus und bezog sich stattdessen konkret auf die Detailvorschläge aus der Regierungserklärung vom 12. April. Da der Kanzler den persönlichen Einsatz in einer Begegnung mit Stoph entweder noch nicht für ratsam hielt oder überhaupt scheute, hieß es an der entscheidenden Stelle des Briefes lediglich:

Ich schlage deshalb vor, daß von Ihnen und von mir zu bestimmende Beauftragte ohne politische Vorbedingungen Gespräche über solche praktischen Fragen des Zusammenlebens der Deutschen aufnehmen...

Das Eingehen auf den Gesprächsgedanken bedeutete sicher einen Fortschritt, doch Stoph wollte ja ganz etwas anderes. Und der besondere Hinweis im Brieftext, der Bundesregierung obliege es, auch für die Deutschen »im anderen Teil Deutschlands« zu sprechen, dazu noch eine flankierende »Absicherungserklärung« (Hans Reiser) im Bundestag, die hauptsächlich an die Parteifreunde in der CDU/CSU gerichtet war, nahmen dem Vorschlag jegliche Wirkungschance.

Die Rücksicht Kiesingers, mit der er als neu gewählter CDU-Vorsitzender speziell die beharrenden Kräfte seiner Partei bedachte, lähmte somit gerade jene Aktivität, zu der er sich als Bundeskanzler auf Drängen des sozialdemokratischen Partners entschlossen hatte. Stoph aber sah sich in seiner und Ulbrichts Einschätzung der Bonner Koalitionsregierung voll bestätigt. Ohne den Brief Kiesingers zu veröffentlichen, lehnte er die Gesprächsaufnahme durch Beauftragte sowie die diesen zugedachte Thematik ab und erregte sich einmal mehr über die sogenannte »Alleinvertretungs-Anmaßung«. Auf die Frage freilich, warum Stoph im Herbst die Korrespondenz dennoch fortgesetzt hat, ist eine Antwort schwer zu finden. Vielleicht wollte die SED ihrem Widerstand gegen die weiter gezogene Bonner Ostpolitik dadurch Nachdruck verleihen, daß sie sich in die Lage setzte, mit eigenen Erfahrungen im Verkehr mit der »unbelehrbaren« Regierung Kiesinger/Brandt aufwarten zu können.

Stophs zweiter Brief an den Bundeskanzler datierte vom 18. September 1967. Es war ein Dokument der Härte, verlangte nicht nur die als Vorstufe einer »Normalisierung« verstandene völkerrechtliche Anerkennung (ein Vertragsentwurf wurde beigefügt), sondern ließ zugleich durchblicken, die Mitgliedschaft der Bundesrepublik zu NATO und EWG stünde »einem Vereinigungsprozeß diametral entgegen«. Abermals kein Eingehen auf die sechzehn Punkte vom 12. April, was natürlich im Effekt die Preisgabe wichtiger Positionen der DDR bedeutet hätte, zumal sie auf den bekannten Gründen einer in vielem noch nicht gefestigten Staatlichkeit aufgebaut worden waren. Stattdessen wurden die Vorschläge des Mai-Briefes wiederholt; die Staatssekretäre des Bundeskanzleramtes und des DDR-Ministerrates sollten die Begegnung der Regierungschefs vorbereiten.

Wieder lautete die Frage, *wer* entschloß sich bei der Unvereinbarkeit der Standpunkte als erster zur Nichtbeantwortung, zum Schweigen, und gab damit der Gegenseite das Argument, daß mit »diesem« Partner eben nicht zu reden sei? Kiesinger, bereits müde geworden und unter dem zunehmenden Druck aus den Unionsparteien stehend, überwand sich noch einmal zu einer Antwort, die diesmal (29. September) schneller erfolgte als im Mai/Juni. Zweifellos haben ihn hierzu auch die Meinungen der SPD-Minister, vor allem Wehners, bewogen, und es war inhaltlich zwischen den Koalitionsparteien kaum etwas kontrovers: das Kabinett blieb auf der Basis der beiden Regierungserklärungen und des Juni-Briefes und hatte damit auch die Mehrheit der westdeutschen Bevölkerung hinter sich. Auf einem anderen Blatt stand indessen, was von dieser Regierung nicht erkannt wurde und die innere Logik ihrer deutschlandpolitischen Haltung beeinträchtigte: wer nämlich sich zur »Bewegung« entschloß und gar unter den Augen einer interessierten Welt innerdeutsche Regelungen (mit Unterschriften) zum Abbau der Spannungen erstrebte, hätte auch einsehen müssen, daß der Alleinvertretungsanspruch obsolet geworden war, – zumindest von seiner fast periodisch gehandhabten Betonung hätte man um der gewünschten Fortschritte willen absehen sollen. In diesem Punkte jedenfalls schienen die Koalitionsparteien nicht mehr übereinzustimmen.

Im zweiten Kiesinger-Brief wurde für die Verhandlungen der Staatssekretär v. Guttenberg nominiert. Doch es sah nicht so aus, als würde der Bundeskanzler ernsthaft von einem Gesprächsbeginn überzeugt sein. Die Kürze des Schreibens und der besonders herausgehobene Satz »Polemik führt nicht weiter« muteten wie ein Schlußpunkt an, der noch dazu, wenn auch knapp, in die bekannten Argumentationen zum Selbstbestimmungsrecht des deutschen Volkes eingekleidet worden war. Sofern Kiesinger und seine Parteifreunde darauf spekulierten, daß der unerfreulich gewordene Dialog nunmehr von Ostberlin abgebrochen werden würde, ging diese Erwartung nunmehr in Erfüllung.

Das Schwergewicht der innerdeutschen Aktivitäten der DDR hatte sich indessen um die Jahreswende Westberlin, jener »selbständigen politischen Einheit auf dem Territorium der DDR«, zugewandt. Ulbricht versuchte noch einmal, am Status der Halbstadt zu rütteln und mit Moskaus Hilfe deren Bindungen an die Bundesrepublik in Frage zu stellen. Auch der Senat von Berlin wurde aufgefordert, »eigene«, »normale« Beziehungen zur DDR herzustellen. Gleichzeitig verstärkten sich die ersten Abgrenzungstendenzen, die sich im Frühjahr und im Sommer 1968 in Maßnahmen zur Behinderung des Transitverkehrs nach Berlin niederschlugen.

Was demzufolge im Jahre 1968 von Bonn an Äußerungen kommen würde, mußte zunächst ins Leere stoßen. Am 11. März berichtete ein Bundeskanzler zum ersten Male vor dem Bundestag über »die Lage der Nation im gespaltenen Deutschland«. In dieser Botschaft griff Kiesinger seine Gesprächsangebote vom Vorjahre wieder auf und fügte der Liste der immer noch gültigen Themen ein weiteres hinzu: er sei bereit, mit Stoph auch über das Problem des Gewaltverzichtes zu sprechen. Das war in der Tat eine neue Nuance, die sich sowohl in die damaligen Spezialkontakte mit Moskau einfügte als auch auf der Regierungserklärung vom 13. Dezember 1966 fußte. Mit seiner Vorbedingung, er und Stoph dürften natürlich nicht über eine völkerrechtliche Anerkennung der DDR als *Ausland* sprechen, glaubte der Bundeskanzler arbeiten zu können, ohne in Ostberlin Entrüstung hervorzurufen. Ferner machte Kiesinger wirtschaftspolitische Offerten. Mit einer besonderen Antwort aus Ostberlin ist wohl in Bonn von vornherein nicht gerechnet worden. Den DDR-Bürgern wurde die Botschaft vorenthalten, auch wenn Ulbricht in einer Fernsehansprache immerhin auf einige Passagen einging, um deren Inhalt vor der Öffentlichkeit abzuqualifizieren, darunter auch das Gesprächsangebot über den Gewaltverzicht.

Der Bericht über die Lage der Nation, der in seiner Gesamtheit verständlicherweise weit über das Kernproblem der innerdeutschen Beziehungen hinausging, erweckte in der bundesdeutschen Öffentlichkeit zunächst den Eindruck, als habe die Regierung der Großen Koalition ungeachtet der letzten Querelen in der Deutschlandpolitik zum gemeinsamen Konzept einer etwas erweiterten Beweglichkeit zurückgefunden, den toten Punkt nach dem zweiten Stoph-Brief also überwunden. Doch dem war nicht so; in Wirklichkeit klafften die Vorstellungen der Koalitionspartner erheblich auseinander. Beweise dafür lieferte die anschließende Debatte im Bundestag, in der die Sprecher der beiden Fraktionen (besonders Barzel und Wehner) Interpretationen zum Bericht lieferten, deren Divergenz allgemein auffiel. Helmut Schmidt z. B. setzte sich für die Prüfung der Frage ein, ob nicht in einem Abkommen zwischen Bonn und Ostberlin die beiderseitige Installierung von »Generalbevollmächtigten«, den Regierungschefs unmittelbar zugeordnet, festgelegt werden sollte. Welche von den beiden Parteien die drängendere war, wurde auf dem schon erwähnten Nürnberger Parteitag der SPD noch offenkundiger, als Brandt, unter dem Zwang einer verbalen Profilierung stehend, kein Blatt vor den Mund nahm:

Die Regierungserklärung vom 13. Dezember 1966 hat den aktiven deutschen Beitrag zur Organisierung des Friedens zum Mittelpunkt der Außenpolitik gemacht. Glaubt man ernsthaft, daß ein CDU-Bundeskanzler die Briefe Stophs beantwortet und konkrete Angebote an die Verantwortlichen in der DDR gemacht hätte, wenn es nicht sozialdemokratische Minister gäbe? Glaubt man ernsthaft, daß die zukunftsweisende Politik des Gewaltverzichts ohne SPD-Minister entwickelt worden wäre?

Nach der Debatte über den Lagebericht ist es im Bereich der Deutschlandpolitik für einige Monate stiller geworden. Im Vordergrund der Aufmerksamkeit standen nacheinander Lückes dramatische Resignation gegenüber den schwindenden Aussichten für ein Mehrheitswahlrecht, die Osterunruhen, die Artikulierungsformen der jugendlichen Protestbewegung sowie die Vorgänge um die Verabschiedung der Notstandsgesetze. In derselben Zeit ließ die DDR von der Volkskammer die neue Verfassung annehmen und setzte ihre verkehrsbehindernden Verordnungen in Kraft (Verweigerung der Durchreise nach Berlin für Mitglieder und hohe Beamte der Bundesregierung am 13. April). Als mit der Einführung des Paß- und Visumzwanges für den Transitverkehr (11. Juni) ein neuer Höhepunkt der Schikanen erreicht wurde, entschloß sich auch die Bundesregierung, über Proteste hinaus wieder aktiver zu werden. Zu »Gegenmaßnahmen«, von denen Kiesinger in seiner ersten Entrüstung gesprochen hatte, kam es freilich nicht. Worin hätten sie auch bestehen sollen? Eine Drosselung etwa des Interzonenhandels würde sich ebenso als wirkungslos erweisen wie seinerzeit die Kündigung des dazugehörigen Abkommens acht Jahre vorher (1960) und zudem die Angebote zur Ausweitung des innerdeutschen Handels (im Bericht zur Lage der Nation) nachträglich unglaubwürdig machen. Man mußte vielmehr einfach zur Kenntnis nehmen, daß Ulbricht – im Krisenjahr des Ostblocks 1968 der uneingeschränkten Unterstützung durch Breschnew und Kossygin gewiß – im Besitz eines Kriseninstrumentariums war und stets neue »unangenehme Überraschungen« in Gang setzen konnte, wann immer es ihm beliebte.

Die Abgrenzung tat weh, ging in diesem Falle zu Lasten des beliebten Angriffsobjektes Berlin, sollte gleichwohl besonders die Bundesrepublik treffen und galt letzten Endes wiederum dem Ziel der eigenen Anerkennung. Es ist daher erklärlich, daß der Bundesaußenminister eine Gesprächseinladung des sowjetischen Botschafters in Ostberlin, Pjotr Abrassimow, in jenen Tagen geradezu dankbar angenommen hat (18. Juni). So konnte er dem Botschafter sagen, wie wenig die Maßnahmen der DDR im Berlinverkehr einer allgemeinen Entspannung dienlich seien, wie sehr aber der Bundesregierung daran liege, das deutschsowjetische Verhältnis durch eine Intensivierung des Meinungsaustausches über einen Gewaltverzicht zu verbessern. Übereinstimmung ergab sich nicht, doch scheint der Botschafter dieses Stichwort an Ulbricht weitergegeben zu haben. Denn einige Tage später machte der Staatsrat der DDR gegenüber Bonn abermals Vertragsvorschläge, die auf Grund der erhitzten Stimmung in die übliche Polemik eingekleidet waren. Hierbei ließ Ulbricht ein besonderes Abkommen zwischen den beiden deutschen Staaten über einen Gewaltverzicht propagieren. Der Außenminister reagierte darauf sofort. Der Klage des DDR-Staatsrates, Bonn wolle den Gewaltverzicht gegenüber Ostberlin nicht in eigenen »völkerrechtlich gültigen Verträgen«, sondern in einem internationalen Abkommen »unter Einschluß der DDR« aussprechen, bog Brandt dadurch die Spitze ab, daß er umgehend, am 24. Juni, vor den NATO-Partnern in Reykjavik die von Ostberlin vermißte Bilateralität der Gewaltverzichtserklärungen auch auf die DDR übertrug und zugleich die derzeitigen innerdeutschen Probleme in sie mit einbezog. In den Erklärungen sollten beide Staaten feststellen,

daß sie »die Einheit der Nation respektieren und eine friedliche Einigung anstreben«. Außerdem sollte

(1) auf die Vorbehaltsrechte der Vier Mächte für Berlin und Deutschland als Ganzes und

(2) auf die »Fortgeltung der Viermächte-Vereinbarung über die staatliche Zukunft des deutschen Volkes auf der Grundlage der Selbstbestimmung und der friedensvertraglichen Regelung« Bezug genommen werden.

Damit war wieder eine Art Ferndialog zustande gekommen. Man schwieg sich nicht mehr tot, und die DDR hatte sogar ständig damit zu rechnen, daß Bonn nicht müde werden würde, seine Auffassungen den verschiedenen Adressaten der sowjetischen Außenpolitik vorzutragen. Auf Reykjavik reagierte Ulbricht indessen erst nach Wochen, und zwar in zwei Schritten. Am 21. Juli verlangte er abermals die Normalisierung der Beziehungen auf völkerrechtlicher Basis und wiederholte die Forderung am 9. August vor der Volkskammer, wobei er hinzufügte, der gegenseitige Gewaltverzicht dürfe nicht aus zwei getrennten Erklärungen bestehen, sondern müsse der Inhalt eines eigenen Vertrages sein. Für die Verhandlungen über die Normalisierungsverträge ließ er den Ministerrat bevollmächtigen, einen Staatssekretär zu benennen. Ulbricht sagte dann weiter, es sei auch möglich, daß sich bald die Wirtschaftsminister der Bundesrepublik und der DDR zusammensetzten, um über »gemeinsam interessierende Fragen« zu beraten. Vorher hatte er Bedingungen genannt: Aufgabe der Alleinvertretung und der Hallstein-Doktrin sowie Bereitschaft Bonns zu Verhandlungen über die Normalisierungsverträge. Die dürftigen Quellen äußern sich freilich in diesem Punkt nicht ganz klar; jedenfalls behielt kurz darauf die Bonner Vermutung recht, daß die Erfüllung der genannten Vorbedingungen für wirtschaftspolitische Kontakte nicht unbedingt erforderlich sein würde. Tatsächlich forderte der DDR-Außenhandelsminister Sölle Mitte August Professor Schiller zu einem Gespräch auf, Ort: Bonn, Ostberlin oder Leipzig; Thema: Verbesserung des innerdeutschen Handels, aber auch Erstattung von Mineralölgebühren; Zeit: gegebenenfalls noch im August. Schiller willigte sofort ein, vorausgesetzt, daß die Bundesregierung zustimmen würde. Der Bundeskanzler war in diesen Tagen der Meinung, eine derartige Begegnung liege ganz auf der Linie seiner Vorschläge vom Vorjahre, die Gelegenheit müsse daher wahrgenommen werden, zumal Vorbedingungen offensichtlich nicht erfüllt zu werden brauchten. Konnte sich daraus nun mehr entwickeln? Dollinger wollte ja längst mit dem Kollegen Schulze über die leidige Frage von

Postgebührenerstattungen sprechen, – vielleicht gab es noch weitere Themen und Ebenen? Doch das Gespräch Sölle/Schiller fand nicht statt. Denn am selben Tage, da das wieder etwas hoffnungsfroher gestimmte Bundeskabinett über die letzten Formalitäten der Begegnung befinden wollte, am 21. August, marschierten die Truppen des Warschauer Paktes, mit ihnen zwei DDR-Divisionen, in die Tschechoslowakei ein. Die Behandlung des Tagesordnungspunktes aber wurde auf unbestimmte Zeit verschoben.

Für das enge Zusammenarbeiten von Ostberlin und Moskau in der »Zeit nach Prag« gab der entschlossene Kampf gegen den Plan, die Bundesversammlung zur Wahl des Nachfolgers von Lübke im März 1969 in Westberlin stattfinden zu lassen, anfänglich ein drastisches Beispiel. Wie ernst es hierbei Breschnew und Ulbricht mit der Absicht war, in der Verhinderung der Bundesversammlung eventuell einen wirksamen Prestigeerfolg verbuchen zu können, zeigt ihr Angebot (Brief Ulbrichts an Brandt, Vorsprache Zarapkins bei Kiesinger) am 22. und 23. Februar, den Westberlinern zu Ostern Passierscheine ausgeben zu lassen, sofern der Bundespräsident woanders gewählt werden würde. Damit war die große Versuchung des Tauschgeschäftes aufgebaut, wobei die Bonner Politiker zunächst daran dachten, den Preis höher zu schrauben: die Erlangung einer längerfristigen, dauerhaften Passierschein-Regelung, zumindest für ein Jahr. Doch hier griff man zu weit: DDR-Staatssekretär Kohl bedeutete dem Unterhändler des Westberliner Senates, ohne vorherige Verlegung gäbe es kein Passierscheinabkommen, und das auch nur für den Osterzeitraum. Das konnte Bürgermeister Schütz nicht akzeptieren, da er sich der Taktik der Bundesregierung verpflichtet fühlte, die wiederum von falschen Voraussetzungen ausging, als sie nach der Einschaltung Zarapkins meinte, sie brauche jetzt nur noch mit Moskau zu sprechen, und den Brief Ulbrichts als Nebensache behandelte, wozu sich Brandt mit einer brüsken schriftlichen Antwort tatsächlich hergab.

Aber weder aus einem deutsch-sowjetischen Dialog noch aus einem Passierscheinabkommen wurde etwas, Gustav Heinemann jedoch am 5. März in der Westberliner Ostpreußenhalle zum Bundespräsidenten gewählt, ohne daß von der die Stadt umschließenden DDR weitere wesentliche Störungen ausgegangen wären. Wer freilich die Vorgänge bis dahin genau beobachtet hatte, mußte feststellen, daß die vorher angedrohten Manöver nicht von der Nationalen Volksarmee allein, sondern zusammen mit sowjetischen Truppen unter sowjetischem Oberbefehl durchgeführt wurden. Die Sowjetunion hatte also zumindest im letzten Moment der Krise die Regie an sich genommen, vielleicht sogar sie nie völlig aus der Hand gegeben. Und von Zarapkin war Mitte Februar mündlich zu hören gewesen: »Bei einem Verzicht auf Berlin als Tagungsort wäre die Sowjetunion bereit, der Bundesrepublik in anderen Bereichen hilfreich zu sein.«

Das konnte mancherlei bedeuten, sich zum Beispiel auf die Feindstaatenklauseln in Verbindung mit der deutschen Unterschrift unter den Atomsperrvertrag beziehen, vielleicht aber auch auf die Problematik des Gewaltverzichts und damit auf einen Kernpunkt der bundesdeutschen Ostpolitik, zu der wiederum das Verhältnis zur DDR gehörte. Und das Bonner Rätselraten schloß schließlich auch die Berlin-Frage mit ein. Die dramatische Vorgeschichte der Bundesversammlung erhielt damit einen generellen Aspekt.

Man erkennt: aus der letzten großen Kraftprobe um Westberlin und speziell aus dem Verhalten der DDR-Regierung entstand der Wunsch nach einer »Berlin-Regelung«, ein Wunsch, der prinzipiell auch von der Sowjetunion gehegt wurde, wie sich im Juli herausstellen sollte.

Das war das eine Arbeitsgebiet für die Zukunft. Das andere – die innerdeutschen Beziehungen – wurde im Frühjahr und Sommer 1969 von der Regierung der Großen Koalition nicht anders behandelt als vorher. Kiesinger, Brandt und der zuständige Ressortminister Wehner standen nach wie vor zu den 16 Punkten der Regierungserklärung vom 12. April 1967; der Baron von Guttenberg blieb, darauf wurde hingewiesen, als Unterhändler nominiert. Lediglich in den Auffassungen über den Staatscharakter der DDR gab es zwischen den Regierungsparteien erhebliche Unterschiede. Wehner nahm daher jede Gelegenheit wahr (auch während des Wahlkampfes), um deutlich zu machen, daß die potentiellen Verhandlungspartner beiderseits von jeglicher Diskriminierung ablassen möchten; seine und der SPD Distanzierung vom Alleinvertretungsanspruch war also um beträchtliche Grade konkreter als die Haltung Kiesingers, der sich wieder den deutschlandpolitischen Maximen der Adenauer- und Erhard-Zeit anzunähern schien. Wehner bot – noch vor der Bundestagswahl – sogar Gespräche auf Ministerebene an.

Inzwischen ergaben sich bald Gelegenheiten zu neuen Ansätzen auf dem erstgenannten Krisenfeld. Wir erfuhren bereits, daß

Außenminister Gromyko am 10. Juli vor dem Obersten Sowjet darauf hingewiesen hatte, daß sein Land durchaus Möglichkeiten sähe, mit den drei Westmächten über eine allgemeine Verbesserung der Berlin-Situation zu sprechen, sofern es gewünscht würde. Das Klima der deutsch-sowjetischen Beziehungen hatte sich außerdem etwas freundlicher gestaltet. Dieses Zeichen wurde sofort erkannt: in Erinnerung an die Vorgänge im März anläßlich der Bundespräsidentenwahl begannen die Westmächte noch im Juli Konsultationen mit der Bundesregierung, die die neue Aktivität ihrer Verbündeten nur begrüßen konnte und unterstützte. Die Westmächte ließen durch ihre Botschafter in Moskau am 6. und 7. August gleichlautende Memoranden überreichen, in denen auf die Ausführungen Gromykos Bezug genommen wurde:

Ob die UdSSR zu Gesprächen über eine Verbesserung der Lage in Berlin bereit sei? Es sei der Wunsch der Bundesregierung, daß die Spannungspunkte zwischen ihr und der DDR ausgeräumt werden sollten. Dabei gehe es auch um die Möglichkeit, mit Ostberlin Fragen zu besprechen, die den Straßen- und Eisenbahnverkehr, die Wasserstraßen sowie die Post- und Telefonverbindungen umfaßten. Die Regierungen (der Westmächte) würden es begrüßen, wenn die UdSSR Schritte zu Gesprächen fördern würde, die weitere Krisen in und um Berlin verhindern könnten.

Über die erste Antwort der sowjetischen Regierung vom 12. September ist, soweit zu sehen, nichts Näheres bekanntgeworden. Sie muß jedoch ermutigend genug gewesen sein, so daß sie ihrerseits die drei Westmächte zu veranlassen vermochte, nach neuen Konsultationen in Bonn (nunmehr mit der Regierung Brandt/Scheel) am 16. Dezember 1969 ein weiteres Aide-mémoire in Moskau vorzulegen. Es enthielt die Aufforderung »zu frühestmöglichen Vier-Mächte-Gesprächen mit dem Ziel, die Situation Berlins und des freien Zugangs zu Berlin zu verbessern. Zunächst sollten Gespräche auf unterer Ebene geführt werden, um praktische Schritte der Verbesserung vorzubereiten«.

Das war, wenn man die nachfolgenden Ergebnisse der Jahre 1970 und 1971 bedenkt, der Beginn eines neuen Abschnitts nicht nur der Ost-West-Beziehungen in Europa sondern auch des Verhältnisses zwischen der Bundesrepublik Deutschland und der Deutschen Demokratischen Republik.

Machtwechsel in der Bundesrepublik: Bildung der sozial-liberalen Regierung Brandt/Scheel

Das Wahlergebnis vom 28. September 1969 besagte, daß die Unionsparteien sich hatten behaupten können (—3 Mandate), die SPD einen Zuwachs von 3,4% erzielte (+ 22 Mandate), die FDP mehr als ein Drittel ihrer Stimmen verlor (—19 Mandate). Die NPD unterlag – wenn auch knapp – und zog nicht in das Parlament ein.

Wenige Tage nach dieser Wahl zum VI. Deutschen Bundestag schrieben die ›New York Times‹, eine von der SPD geführte Regierung stelle eine der aufregendsten Perspektiven in den zwei Jahrzehnten des Bestehens der Bundesrepublik dar. Und die ›Daily Mail‹ meinte, die Zeit sei nun endlich gekommen, jede Feindschaft endgültig zu begraben und sich gegen das ständige Schüren der antideutschen Gefühle zu wenden. Vergeblich aber würde der Bundeskanzler (Kiesinger) das Echo in der Welt darauf abhorchen, ob es nicht doch eine Bestätigung für die von ihm prophezeite »Erschütterung des Vertrauens« enthielte.

Tatsächlich stand eine Woche nach dem 28. September das neue Regierungsbündnis zwischen Sozialdemokraten und Freien Demokraten fest, mit Brandt als Kanzlerkandidaten und zustande gekommen in einer für die bundesdeutsche Geschichte ungewöhnlichen Rekordzeit. Diese schnelle Entscheidung war durch mehrere Faktoren ermöglicht worden:

(1) Die Entscheidung der FDP für den Präsidentschaftskandidaten der SPD Heinemann im März. Sie erneuerte und stärkte das gegenseitige Vertrauen zwischen beiden Parteien.

(2) Die schon während des Wahlkampfes gezeigte »Option füreinander«, basierend auf den weitgehenden Übereinstimmungen in der Ost- und Deutschlandpolitik.

(3) Die Entschlossenheit Brandts, die Führung des Staates durch seine Partei zu beanspruchen und den Anspruch sofort anzumelden.

(4) Die nicht minder ausgeprägte Entschlossenheit des zunächst geschockten Wahlverlierers Scheel, das Bündnis

zu wagen (und zwar, wie er meinte, zum Wohle seiner angeschlagenen Partei).

(5) Die schnelle Zustimmung der Beschlußgremien beider Parteien zu den Absichten ihrer Vorsitzenden. Eine Parlamentsmehrheit von 12 Mandaten erschien ihnen als ausreichend.

(6) Der erklärte Wille beider Parteien, den werbenden Bemühungen der Unionsparteien, vornehmlich gegenüber der FDP, zuvorzukommen und vollendete Tatsachen zu schaffen.

Dieses Faktum der in kurzer Frist erreichten Harmonie zweier zur Verantwortung und Macht strebenden Parteien durfte freilich nicht darüber hinwegtäuschen, daß jede einzelne von ihnen mit Problemen fertigzuwerden hatte. Die der SPD waren dabei noch am geringsten. Sie hatte den Wahlkampf nach dem Motto »Zwanzig Jahre sind genug« gestaltet und offen die Wachablösung im Palais Schaumburg propagiert. Die erreichte Stimmenzahl, das weite Überschreiten der 40%-Marke, gab der nunmehr seit einem Jahrzehnt angewandten Strategie Wehners recht, die Sozialdemokraten von der Position einer stigmatisierten Oppositionspartei (Adenauer: »Untergang Deutschlands«) über die Mitverantwortung in der Großen Koalition auf das Podium der nun wirklich den Staat leitenden Kraft zu führen. Das Ziel, die Kanzlerschaft mitsamt der Richtlinienbestimmung, lag jetzt greifbar vor ihnen, und die letzten Widerstände einiger Mißtrauischer gegenüber der (nach dem Willen ihrer Führung) nach links gerutschten FDP wurden in den Tagen nach der Wahl tatsächlich überwunden. Weitaus schwerer taten sich die Freien Demokraten angesichts der knappen Zeit, die für das Bilanzziehen und das Verhandeln zur Verfügung stand. Sie mußten konservative und nationalliberale Parteifreunde auf den neuen Kurs zu ziehen trachten, die wie Mende eine Verbindung mit der CDU/CSU lieber gesehen hätten und zum Teil sogar zur neuen Bundestagsfraktion gehörten. Doch sowohl die meisten Landesverbände als auch die Organisation der Jungdemokraten bestärkten die Parteiführung (Scheel, Genscher, Mischnick) in ihren Entschlüssen. Direkte, weil entfernungsmäßig nahe Hilfe kam dabei aus Nordrhein-Westfalen, wo Ministerpräsident Kühn (SPD) und Minister Weyer (FDP) geradezu als Mitgestalter der neuen Mitte-Links-Koalition anzusehen waren.

Die neuen Koalitionspartner hatten noch eine Durststrecke von zwei Wochen zu überwinden, bis Brandt am 21. Oktober mit

251 von 495 Stimmen in nur einem Wahlgang zum Bundeskanzler gewählt werden konnte. Er stellte am 22. Oktober ein
von 19 auf 15 Minister reduziertes Kabinett vor (neben Möller,
Schmidt, Franke, Arendt und Jahn aus der SPD vertraute Ge-
sichter), in dem die Freien Demokraten mit Scheel, Genscher
und Ertl drei Ressorts übernommen hatten.

Der Inhalt der Regierungserklärung vom 28. Oktober entsprach im wesentlichen den zuvor getroffenen Koalitionsabre-
den. Mochte auch das Ereignis der Ansprache eines deutschen
sozialdemokratischen Kanzlers, erstmals wieder seit 1930, den
primären Eindruck einer politischen Wende hervorrufen: hinsichtlich des Programms und der Attitüden der neuen Mannschaft war ein solcher Eindruck sicher falsch und widersprach
auch den heftigen negativen Prognosen der ebenfalls neuen
Opposition. Also keine »Experimente« im Innern, geschweige
denn ein »Ausverkauf« im Bereich der auswärtigen Angelegenheiten, eher Kontinuität in einer bislang ungewohnten Sinngebung, Kontinuität trotz Machtwechsel, jene Grundlinie, die
Brandt in späteren Interviews oft genug zu erkennen gegeben
hat, – etwa gegenüber der Außenpolitik Adenauers. Die letzten
Beschlüsse der Regierung Kiesinger/Brandt sollten in wichtigen Fällen auch für das Kabinett Brandt/Scheel Gültigkeit
behalten, zumindest Ansatzpunkt bleiben: innerdeutsche Beziehungen, Atomsperrvertrag. Breiteren Raum nahmen die Hinweise auf notwendige Reformen ein, wobei teilweise offene
Versäumnisse früherer Jahre angesprochen wurden: eine umfassende Bildungsplanung auf längere Zeit, Ausbau der Mitbestimmung (sobald der Bericht einer Kommission vorliegen
würde). Die finanzpolitischen Aspekte der künftigen Regie-
rungsarbeit blieben freilich unklar, und auf diesem Gebiete
sollte es auch später zu den internen Schwierigkeiten kommen, –
jetzt aber war es ein Feld für die ersten Angriffe des früheren
Finanzministers Strauß auf seinen Nachfolger Möller, die mit
der ganzen Intimkenntnis eines langjährigen Ressortchefs geführt wurden, zumal eine wichtige währungspolitische Entscheidung keinen Aufschub mehr zuließ. Ende September, als
neue ausländische Gelder in die Bundesrepublik strömten,
schien die Zeit gekommen zu sein, den Kurs der DM den tatsächlichen Marktverhältnissen anzupassen. Am Tage nach der
Wahl gab die noch amtierende Regierung der Großen Koalition
dem Wunsche der Bundesbank nach und den Kurs der Deutschen Mark vorübergehend frei; der Kurs des Dollars sank so-

fort ab. Für Strauß aber war das kein Einschwenken, sondern, wie er später sagte, eine »Zwangslage« gewesen. Die Konsequenzen aus dem Ergebnis dieses »floating« zog die neue Regierung Brandt/Scheel genau vier Wochen später: sie wertete die DM um einen Satz von 8,5% auf (Parität zum Dollar: DM 3,66). Es war ihre erste wichtige Entscheidung.

Die Regierung aber mußte bei ihrem Start bereits einen Entschluß verteidigen, von dem sie wußte, daß er gegebenenfalls mit zusätzlichen finanziellen Anstrengungen verbunden sein würde. Denn die Landwirtschaft durfte erwarten, daß sie vom Bunde Ausgleichszahlungen erhielt, falls das Mittel der Agrarzölle nicht angewandt werden konnte und dann nach den EWG-Bestimmungen die deutschen Agrarpreise um den Aufwertungssatz gesenkt werden mußten. Hier zeigte sich in der Debatte Unsicherheit bei Ertl, der nur sagen konnte, der Ausgleich für Einkommensverluste der Bauern sei gesichert, und eine »Anpassungsinflation« – statt Aufwertung – würde die Bauern nur noch ärger getroffen haben. Stützungsgelder, aufzubringen vom Bund, waren demnach so oder so zu erwarten: mithin Mehrausgaben.

Aber gerade das Ansteigen der Lebenshaltungskosten und damit der Inflationsrate im täglichen Leben, wie es sich in den letzten Monaten von 1969 bemerkbar machte, ließ bald die Frage aufkommen, ob nicht der Bundeshaushalt für 1970, sollte er nach dem Willen Finanzminister Möllers »konjunkturgerecht« ausfallen, hinsichtlich des Gesamtvolumens drastisch beschnitten werden müßte. Die Frage nach der »Schuld«, oder besser: der Ursache, ist nur schwer zu klären: die damaligen Antworten wurden indessen politisch gegeben. Schiller war sich bewußt, daß diese Entwicklung (Teuerung) sogar noch weitergehen würde, sah den Grund in den »Folgen der versäumten Aufwertung« und hoffte auf die Mitarbeit der »konzertierten Aktion«. Die Opposition dagegen sah die Aufwertung als falsch an und betrachtete eine geplante Steuersenkung (Verdoppelung des Arbeitnehmerfreibetrages zum 1. Januar 1970) bereits als einen Schritt, der konjunkturell gesehen zu früh erfolgen würde. Man erkennt, daß das erste große Thema oppositioneller Kritik verhältnismäßig zeitig, ohne »Schonzeit« angegangen wurde, und ebenso geschah es mit dem zweiten Generalthema, der Ost- und Deutschlandpolitik, zu dem die ersten gezielten Fragen und Gegenthesen bereits in der Debatte über die Regierungserklärung vorgebracht wurden.

Die Verdrängung der CDU und CSU aus den Machtpositionen des Staates hatte auf ihre bisherigen Träger zunächst so gewirkt, als habe sich etwas schwer Begreifliches vollzogen, was Außenstehende wiederum verstehen konnten, da der Regierungswechsel die Partei einigermaßen unvorbereitet traf: der berühmte Würfel rollte nur eine Woche lang. Wenn es aber den Unionsparteien gleichwohl gelang, in verhältnismäßig kurzer Zeit wieder Tritt zu fassen und sich bereits in der erwähnten Debatte als Opposition zu profilieren, so war das in erster Linie das Verdienst des Fraktionsvorsitzenden Rainer Barzel, der für den angeschlagenen Kiesinger einsprang und die Einstellung seiner Parteifreunde auf ihre neue Funktion gewissermaßen »organisierte«. Er empfahl sich als Führer für den »Weg durch Dornen und Disteln« und legte damit die Basis für den letzten Schritt seiner Parteikarriere, seine Aussichten scharf kalkulierend und doch auch wieder nicht überschätzend. Den Schritt nach oben visierte er für die Mitte der Legislaturperiode (1971) an, förderte am 18. November 1969 auf dem Mainzer Parteitag die Wiederwahl Kiesingers als Vorsitzenden für weitere zwei Jahre und war mit einer Antragsformulierung der Jungen Union einverstanden, »rechtzeitig klarzustellen, daß der für den Bundesparteitag 1971 neu gewählte Bundesvorsitzende ... Kanzlerkandidat für die Bundestagswahl 1973« sei. Und Barzel ist es auch gewesen, der das Moment des »Fortschrittlichen« zumindest verbal in die vielfältigen Äußerungen der christlich-demokratischen Politiker hineinbringen ließ: seine Partei verlangte z. B. nach mehr kulturpolitischen Zuständigkeiten für den Bund, und am Jahresende warf er selbst gar Brandt vor, er sei zu langsam in der Beantwortung von Briefen aus der DDR. Eine neue CDU? Diese Frage läßt sich vielleicht vor dem Hintergrund der Außenpolitik besser beantworten.

Außenpolitik Bonns 1969–1971. Die neue Ostpolitik

Der immer wieder verkündete Grundsatz der Regierung Brandt/Scheel, hier formuliert nach einer Antwort auf eine Große Anfrage vom 26. Januar 1971, lautete:

Die Deutschland- und Ostpolitik, die Europa- und Bündnispolitik und die Politik gegenüber der Dritten Welt sind Teile *eines* politischen Konzepts.

Daß man sich an diesen Grundsatz hielt und seine Beachtung zudem nach außen erkennbar wurde, zeigte die zeitliche Kongruenz wichtiger Daten und Ereignisse der Jahre 1969 und 1970.

Atomsperrvertrag. Die Klärung der letzten, seine Unterzeichnung noch hindernden Fragen wurde von Brandt und Außenminister Scheel nur mehr als eine Routineangelegenheit betrachtet. Sie waren zur Unterschrift entschlossen; eine weitere Herauszögerung hätte der Bundesrepublik zweifellos außenpolitische Nachteile eingebracht, zumal auch die amerikanische Regierung zu verstehen gab, daß eine Entscheidung Bonns längst fällig sei. Auf der anderen Seite sperrte sich Washington nicht gegen die Auffassung Bonns, daß »eine Gefährdung der Sicherheit der Bundesrepublik die Voraussetzungen für das Recht zum Rücktritt vom Vertrag« erfüllen würde. Die USA hatten weiter versichert, »daß jede sowjetische Intervention für die NATO den Bündnisfall« bedeute, daß der deutsche Beitritt »der Bildung eines geeinigten Europa mit eigenen Atomwaffen nicht im Wege stehe« und die friedliche Nutzung der Kernenergie gewährleistet sei. Die einschlägigen Antworten aus Moskau hatte Scheel am 8. November »im allgemeinen als befriedigend« angesehen. Doch sie bezogen sich mehr auf Allgemeinheiten oder Nebensachen: auch von der Sowjetunion wurde die friedliche Nutzung der Atomenergie garantiert. Ferner hieß es, die Bundesrepublik behielte das »Recht auf Selbstverteidigung« und die atomwaffenfreien Staaten würden nicht mit den Kosten der Vertragskontrollen belastet werden. Gleichwohl: um der zwischen den beiden Weltmächten mühevoll genug betriebenen Entspannungspolitik nicht zuwiderzuarbeiten, vor allem aber, *um sich den eigenen Spielraum in der Ostpolitik nicht einengen zu lassen*, entschloß sich die Bundesregierung nach nochmaligem Abwägen der Vor- und Nachteile am 28. November, den Vertrag durch ihre Botschafter in Washington, London und Moskau unterzeichnen zu lassen. Noch verbliebene Restfragen sollten später, zwischen Unterschrift und Ratifizierung, geklärt werden. Das von der Sowjetunion beanspruchte Interventionsrecht wollte Brandt aus der nun abzuschließenden Sperrvertragsdebatte herausnehmen und in den zeitlich jetzt abzusehenden Gewaltverzichtsverhandlungen zur Erörterung bringen.

Europapolitik. Scheels erste Begegnung mit dem französischen Außenminister Maurice Schumann hinterließ den Eindruck, daß die nunmehr auf Anfang Dezember verschobene Gipfelkonferenz der Sechs gute Aussichten auf einen Fortschritt haben würde, sowohl in der Frage des englischen Beitritts als auch in der Frage der endgültigen Ordnung des Agrarmarktes mitsamt seiner Finanzierung, die gemäß den Vertragsbestimmungen mehr als fällig war (Ende der EWG-Übergangszeit: 31. Dezember 1969). Ungeklärt blieb freilich die zeitliche Reihenfolge für die Besprechungen darüber, und es war wohl Frankreichs Haltung so zu deuten, daß die EWG zunächst »erweiterungsreif« gemacht werden müsse, eben durch die Bereinigung dessen, was noch nicht in Ordnung war wie die Landwirtschaft, ehe man sich über Neubeitritte, die man selbst nicht mehr ablehnte, unterhalten würde. Auf der Konferenz selbst, am 1. und 2. Dezember, wurde die Bilanz der ersten zwölf Jahre des Gemeinsamen Marktes (und der anderen, organisatorisch neuerdings zusammengefaßten Gemeinschaften) gezogen. Der Fortschritt jedoch ergab sich aus der Regie Pompidous, der bezüglich der Zukunft der Gemeinschaft nur noch verhalten bremste und in partnerschaftlicher Loyalität den sehr anspruchsvollen Ausführungen Brandts die Wirkung nicht streitig machte. Mit der rhetorisch geschickten Verknüpfung von »Vollendung«, »Vertiefung« und »Erweiterung« ging der Franzose die Zukunft Europas an: damit wurde der Trennungsstrich zum Amtsvorgänger de Gaulle quasi zu Protokoll gegeben. Zwar gelangte der Termin für den voraussichtlichen Beginn der Beitrittsverhandlungen auf französischen Wunsch nicht in das Abschlußkommuniqué, doch der niederländische Ministerpräsident de Jong sagte es der Presse mündlich: man wolle Anfang Juli 1970 mit den Besprechungen beginnen können, »darauf habe man sich geeinigt«. Auf diesen relativ festen Termin hatte Brandt allerdings bewußt gedrängt, und ihn auch erreicht, dagegen als Äquivalent die deutsche Bereitschaft erklärt, die Agrarfinanzierung bis zum Jahresende endgültig zum Abschluß zu bringen, um der »Vollendung« gemäß den Vertragsbestimmungen nichts in den Weg zu legen. Als Brandt und Scheel aus Den Haag zurückkehrten und dem Bundestag berichteten, geschah etwas Erfreuliches: die Opposition fand an dem »europäischen Engagement« des Kanzlers nichts auszusetzen.

Um die Jahreswende 1969/70 hatte sich in den Spitzen der Europäischen Gemeinschaft eine Atmosphäre des Vertrauens etabliert, ein Geist der sachlichen Zusammenarbeit, der insofern etwas Neuartiges darstellte, als er auf jegliche Europa-Euphorie verzichtete und auch mit der irritierenden politischen Besessenheit eines de Gaulle, mit der ceterum-censeo-Haltung Konrad Adenauers nichts mehr zu tun hatte. Am 22. Dezember beschloß man die Grundzüge einer Finanzverfassung der Gemeinschaft: ihre Großen, vertreten durch Schumann, Scheel und Colombo, unterstützt von den anderen, zeigten sich willens, unter Verzicht auf nationale Kompetenzen das zu erreichen, was noch vor ein bis zwei Jahren kaum als realisierbar galt: die Ausstattung der Gemeinschaft mit einem eigenen Haushalt ab 1975. Einige Wochen später, im Februar 1970, wurde dem Europäischen Parlament ein begrenztes Budgetrecht zugebilligt; im März ging man – nicht nur die Kommission, sondern auch die verantwortlichen Minister – zum ersten Male das Problem einer europäischen Währungs- und Wirtschaftsunion an. Und der »Geist von Den Haag« – schnelle Bezeichnung durch die Presse à la »Geist von Locarno« 1925 und »Geist von Genf« 1955 – wirkte noch weiter: die Außenminister der Sechs beschlossen am 29. Mai in Viterbo als neue gemeinsame Verpflichtung halbjährlich abzuhaltende außenpolitische Konsultationen; der erste Anlauf wieder in Richtung auf eine politische Gemeinschaft seit dem Scheitern der Fouchet-Pläne zu Beginn der sechziger Jahre.

Hinter der plötzlich so zügig gewordenen Arbeit der sechs EWG-Staaten standen zwei Impulse. In Frankreich war eine Einsicht maßgebend geworden, die sich erst *nach* de Gaulle hatte bilden können, die Erwartung nämlich, daß namentlich England, wenn es schon zum Kontinent strebte, das westeuropäische Element in der Gemeinschaft stärken würde und sich somit vielleicht zwischen Paris und London wieder ein unbefangeneres Verhältnis herstellen ließe. In der Bundesrepublik aber spielte die Überlegung eine Rolle, daß eine *noch* mehr die »Öffnung« anstrebende Ostpolitik nur auf der Grundlage einer soliden und auch weiterhin sich verstärkenden westeuropäischen Einigung erfolgreich sein würde. Denn als diese wichtigen, in die Zukunft weisenden Beschlüsse gefaßt wurden, verhandelten auch bald Bahr in Moskau, Duckwitz in Warschau, trafen sich Brandt und Stoph. Und um den Kreis zu schließen: wenn die Gipfelkonferenz in Den Haag und die ihr nachfolgenden Aktivitäten in der »Perspektive der Erweiterung« den Aufbruch in die »Endphase der Gemeinschaft« darstellten, dann war das alles auch für die künftige »Gestaltung des Verhältnisses der Gemeinschaft zu Osteuropa« von Wichtigkeit.

Vor dem Hintergrunde der Pompidouschen »Vollendung« und »Vertiefung« gestaltete sich somit die »Erweiterung« erheblich leichter. Am 30. Juni 1970 fand in Luxemburg die erste Sitzung der sechs Staaten mit den Vertretern Großbritanniens, Irlands, Dänemarks und Norwegens statt. Die Minister der vier »neuen« Länder erläuterten jeweils ihre Gedanken zu den Anpassungsproblemen und nahmen zu den vorher ausgearbeiteten Grundsätzen für die Beitrittsprozedur Stellung. Wenn Sachkenner damals schrieben, die Dauer der nun beginnenden Verhandlungen sei mit zwei Jahren »nicht als zu lang geschätzt«, dann seien hier nochmals der Fleiß und die Zügigkeit und Kompromißbereitschaft der Beteiligten während der nachfolgenden Zeit besonders hervorgehoben werden: die Beitrittsunterschriften wurden bereits am 22. Januar 1972 im Brüsseler Egmont-Palast vollzogen.

In der *Ostpolitik* wurde die Priorität der Beziehungen zur Sowjetunion beibehalten. Ihr folgten abgestuft die Bemühungen um ein verbessertes Verhältnis zu den anderen Ostblockstaaten, wobei wiederum Polen auf Grund der Gesprächsbereitschaft Gomułkas (S. 319) den Vorrang hatte, und schließlich die Aktivierung der innerdeutschen Beziehungen zu einem, wie Brandt sich seit jeher auszudrücken pflegte, »geregelten Nebeneinander«, einschließlich eines Gewaltverzichts. Aber die Prioritäten sollten nicht verhindern, daß man die Probleme auch gleichzeitig betrieb: tatsächlich erfolgte bald der Beginn der Bemühungen in Richtung Moskau, Warschau und Ostberlin, also auf drei Ebenen, in zeitlicher Staffelung. Es blieb daher auf die ständig orientierten Westmächte nicht ohne Eindruck, in welchem Maße die Bonner Regierung nach einem Terminplan hat verfahren können. Kurz nach der Debatte über die Regierungserklärung gab Zarapkin gegenüber Scheel Ermunterungszeichen, auf der Grundlage des sowjetischen Aide-mémoire vom 12. September die Gespräche aufnehmen zu lassen.

Doch ehe dies dann am 8. Dezember, zunächst durch Botschafter Allardt, in Moskau geschah, waren kurz vorher in der sowjetischen Hauptstadt die Regierungs- und Parteichefs der Warschauer Pakt-Staaten zusammengetreten, um auf sowjetischen Wunsch die neue Ära der gemeinsamen Westpolitik einzusegnen. Man wird dabei davon ausgehen können, daß die beabsichtigte »Dreistrahligkeit« der bundesdeutschen Initiativen in die dortigen Überlegungen einbezogen wurde und die präsumtiven Partner Bonns bestimmte Funktionen zugewiesen erhielten. Zugleich wurden leichte Abstriche an den alten Grundsätzen vorgenommen, die auch Ulbricht gegen seinen Willen akzeptieren mußte. Hiernach waren fortan bilaterale Verhandlungen mit Bonn möglich

(1) unabhängig von dem bisherigen Vorrang der gewünschten europäischen Sicherheitskonferenz,

(2) unabhängig aber auch von einer – weiterhin anzustrebenden – völkerrechtlichen Anerkennung der DDR durch die Bundesrepublik.

Und ein weiterer flankierender Schritt war von den Westmächten zur selben Zeit getan worden. Auf der NATO-Herbsttagung in Brüssel informierte Rogers den Bundeskanzler über die Absicht der Drei, »in Kürze« mit der Sowjetunion Verhandlungen über die Sicherung der Zufahrtswege nach Berlin aufnehmen zu lassen. Das würde dann die »vierte Ebene« sein.

Deutsch-sowjetische Verhandlungen. Es mag durchaus sein, daß Brandt zunächst noch keine Detailziele hat verfolgen lassen, aus dem einfachen Grunde, weil er sich über sie noch gar nicht im klaren war und weil er vielmehr damit rechnete, daß die Sowjetunion ein bilaterales Gewaltverzichtsabkommen mit einigen seit Jahren bekannten Ansprüchen des Ostens befrachten würde. Sie galt es vorerst kennenzulernen. Noch vor Weihnachten 1969 erfuhr der Bundeskanzler von Botschafter Allardt, daß nach Gromykos Meinung ein gleichzeitiger mit der DDR zu vereinbarender Gewaltverzicht in »völkerrechtlich verbindlicher Form« einer der Preise für einen entsprechenden Vertrag mit Moskau sein sollte. Die anderen »Preise« bezogen sich auf die Grenzen in Europa. Doch die Tatsache, daß die Sowjetunion die Gespräche von Gromyko in eigener Person führen ließ, beendete die Aufgabe Allardts schon aus protokollarischen Gründen schnell. Ende Januar 1970 übertrug Brandt die Weiterführung der Gespräche einem Vertrauten, dem inzwischen zum Staatssekretär im Bundeskanzleramt aufgestiegenen Egon Bahr. Er hatte den Auftrag, zu erkunden, ob sich in absehbarer Zeit ein Übergang von der exploratorischen Phase zu eigentlichen Verhandlungen ermöglichen lassen würde.

Die Materie war keineswegs geheim. Denn die Haltung der Sowjetunion zu dem, was in Moskau zu besprechen war, erfuhren Außenstehende aus einem Artikel der ›Prawda‹ vom 24. Januar, in dem zu lesen stand, »die Politik Bonns« – und damit die Würdigkeit der Bundesrepublik für den Abschluß eines Vertrages über Gewaltverzicht – müsse »in erster Linie auf Grund der Haltung gegenüber dem bestehenden Status quo auf dem europäischen Kontinent und nach der Bereitschaft, die Grenzen aller europäischen Staaten anzuerkennen, darunter die der DDR«, beurteilt werden. Die Nichtigkeitserklärung des Münchner Abkommens »von Anfang an« wurde zwar in der Zeitung nicht erwähnt, gehörte aber dazu. Ein bloßer Gewaltverzicht genügte den Sowjets nicht. So mußte Bahr zunächst das zur Kenntnis nehmen, was auch Allardt bereits gesagt worden war: *Vor*bedingungen also für eine Vertragsdiskussion, die Bahr jedoch bestrebt war, als harten Kern in die Verhandlungen selbst einzubringen. Er verstand es, seinen Aufenthalt zu einer Art Gesprächsrunde auszudehnen, die bis Mitte Februar dauerte. Er sprach auch über die Stellung Westberlins innerhalb eines Gewaltverzichtsystems sowie über den Stellenwert der ärgerlichen Feindstaatenklauseln, über Punkte, zu denen Bonn in Verbindung mit einem Vertrag Klarheit wünschte. Doch ein Einlenken Gromykos zeichnete sich nach der ersten Gesprächsrunde nicht ab; »Verhandlungen« waren es noch nicht. Gleichwohl blieb das Interesse der Sowjetunion an einer Fortführung der Sondierungen wach, was sich in zahlreichen Äußerlichkeiten zeigte.

Nach einer »Denkpause« kehrte Bahr am 28. Februar an die Moskwa zurück, mit dem Vorsatz (und sicherlich auch Auftrag), so lange zu bleiben, wie es erforderlich sein werde. In der Haltung der Russen war keine Veränderung eingetreten. Der deutsche Standpunkt in der Grenzfrage hatte sich bislang an den formulierten Vorbehalten des Potsdamer Abkommens und des Deutschland-Vertrages in der Fassung von 1954 (»Erst ein Friedensvertrag . . .«) orientiert, und Bahr versuchte zunächst, sich hieran zu halten. Ergebnis dieser Runde von fast drei Wochen Dauer im März: nichts Neues, allenfalls die Bilanzierung eines Meinungsaustausches. Die Entscheidung darüber, ob und wann mit den Verhandlungen zu beginnen sei, wurde den Regierungen überlassen. Eine Nebenfrucht, immerhin von atmosphärischer Bedeutung, war die Vereinbarung beider Seiten, je ein Generalkonsulat in Leningrad und in Hamburg zu errichten.

Als Brandt Mitte April von seinem ersten Besuch als Bundeskanzler aus Washington zurückkehrte, stand fest, daß die Administration Nixon nicht nur die Grundzüge der Ostpolitik Bonns billigte, sondern auch »keine Hindernisse« errichtete, sollten die »Gespräche Bahrs über einen Gewaltverzicht in ein förmliches Stadium« eintreten (Herbert von Borch). Zu diesem Zeitpunkt meinte Brandt bereits, daß der abzuschließende Vertrag »nicht nur abstrakten Gewaltverzicht« bekunden, sondern auf »konkrete Tatbestände« bezogen sein würde, »zum Beispiel auf die konkreten Grenzen in Europa. Das Berlin-Problem gedachte er zwar jetzt mehr der Zuständigkeit der vier Siegermächte zuzuweisen (nachdem die Botschafter-Gespräche darüber Ende März begonnen hatten), doch auf die von den Russen geforderten Grenzgarantien stellte er sich ein. Bahr, der im April die Reise zu Nixon mitgemacht hatte, flog nach Moskau zurück. Während der dritten Verhandlungsrunde (12.–22. Mai) ging es ihm und Gromyko darum, eine gemeinsame Grundlage zu finden und die mehr als zahlreichen Randelemente in einer rationalen Weise dem Kern der Materie anzugliedern, und das bedeutete, daß nun für beide Seiten die Stunde der Zugeständnisse gekommen war. Über Einzelheiten dieser Prozedur der Annäherung ist nichts bekannt. Aber es bleibt doch ein Ausspruch Bahrs bemerkenswert, der besagte, »daß sowohl Moskau als auch Bonn mehr hätten bekommen können«. Hieraus läßt sich ableiten, daß in jener Phase – im Mai – die sowjetische Seite sich entschloß, das strikte Verlangen nach völkerrechtlicher Anerkennung der DDR in Verbindung mit dem Vertrag fallen zu lassen, denn wie weit Brandt gegenüber Ostberlin zu gehen bereit war, hatte er inzwischen auf seiner zweiten Begegnung mit Stoph sichtbar gemacht. Stattdessen wurden die sowjetischen Anerkennungswünsche in erheblich abgemilderter Form aufgesplittet und niedergelegt. Das geschah in einem Abschlußdokument, das Bahr zusammen mit dem Abteilungsleiter Walentin Falin in mehreren Sitzungen ausarbeitete, gedacht als eine »gemeinsame Verhandlungsgrundlage«. Dieses Schriftstück ist als das sog. »Bahr-Papier« in die Geschichte eingegangen, da es in der Bundesrepublik schnell durch Indiskretion bekannt wurde und viel Staub aufwirbelte, sowohl des Inhalts wegen als auch wegen der Umstände seiner frühzeitigen Veröffentlichung.

In der innenpolitischen Auseinandersetzung wurde das Bahr-Papier im Juni und Juli 1970 zum Schlüsseldokument. In seiner vorliegenden Form stellte es natürlich keine »Notizen der exploratorischen Phase« dar, wie man in Bonn vor der Öffentlichkeit gesagt hatte. In Wirklichkeit hatte sich Bahr bei der Abfassung des Papiers bereits soweit festgelegt, daß es in Bonn zu seinen Grundfragen nur noch ein Ja oder ein Nein geben konnte.

Andererseits sprach nach Abwägung des Papier-Inhalts kaum noch etwas dagegen, den einmal beschrittenen Weg fortzusetzen. Hierfür war die Bahr-Aufzeichnung ebenfalls ein Schlüsseldokument von weitgehender »Vorfertigung«. Ihre Punkte 1–4 kehrten, von kleineren stilistischen Änderungen abgesehen, später als der eigentliche Vertragsinhalt wieder, während die Punkte 5–10 zu Absichtserklärungen der beiden Regierungen im Konnex mit dem Vertrag für ihre künftigen politischen Schritte wurden. In ihnen war festgelegt worden:

daß der Vertrag mit der Sowjetunion und entsprechende Verträge mit anderen sozialistischen Ländern (DDR, Polen, ČSSR) ein einheitliches Ganzes bilden,

daß die Bundesrepublik bereit ist, mit der DDR einen völkerrechtlich verbindlichen Vertrag zu schließen,

daß die Bundesrepublik »im Zuge der Entspannung in Europa« die Aufnahme von BRD und DDR in die UNO fördern will,

daß die mit der Ungültigkeit des Münchner Abkommens verbundenen Fragen in einem Vertrag mit der ČSSR geregelt werden,

daß die Beziehungen mit der Sowjetunion auf allen Gebieten fortentwickelt werden,

daß beide Länder sich für eine europäische Sicherheitskonferenz einsetzen werden.

Bundesregierung, Parteivorstände und Fraktionen haben sich wochenlang mit der Aufzeichnung beschäftigt. Dabei wurde namentlich im Kabinett nach einer Ausweitung oder besser: Wiederherstellung eines – wenn auch geringen – Optimums an Handlungsfreiheit gesucht. So sollte z. B. die Zuständigkeit der Siegermächte für das Berlin-Problem irgendwie verbindlich gemacht werden, ohne daß dabei die gewachsenen Verbindungen zwischen der Teilstadt Westberlin und der Bundesrepublik in Frage gestellt würden. Sechs Punkte, am 7. Juni verabschiedet und deklariert als »Verhandlungs-Richtlinien«, würden, so meinte man, den erwünschten Spielraum gewinnen helfen. Zwei von ihnen seien hier genannt:

... 2. Die Haltung der Bundesregierung zur Berlin-Frage bleibt unberührt. Es wird davon ausgegangen, daß die Vier-Mächte-Verhandlungen dazu führen, die enge Verbindung zwischen der BDR und Westberlin sowie den ungehinderten Zugang nach Westberlin zu sichern. Ohne eine solche Sicherung wird ein Gewaltverzichtsvertrag nicht in Kraft gesetzt werden können.

. . . 4. Das Recht der Deutschen auf Selbstbestimmung wird durch den zu schließenden Vertrag nicht berührt. Das Grundgesetz, seine Präambel eingeschlossen, steht nicht zur Verhandlung. . . .

Der zweite Punkt läßt uns das berühmt gewordene »*Junktim*« erkennen, dessen Autorschaft seinem ersten Propagator Scheel zugeschrieben wurde. Die Bundesregierung diskutierte darüber, ob man es bereits jetzt anwenden, d. h. die letzten Verhandlungen bis zur Unterzeichnung von einer Berlin-Regelung abhängig machen sollte. Aber dafür gingen die Gespräche der vier Botschafter zu schleppend voran, so daß man in Bonn nun das Junktim mit der Ratifizierung in Verbindung brachte, über deren verfassungspolitische Schwierigkeiten ebenfalls bereits jetzt Überlegungen, voran bei der Opposition, angestellt wurden.

Am 26. Juli reiste Außenminister Scheel mit Bahr und Staatssekretär Frank (AA) nach Moskau. Angesichts der Natur des Abschlußpapiers gab es nicht mehr viel zu verhandeln; von den beiden genannten Punkten der »Richtlinien« konnte nur einer angebracht werden. Es gelang, als Teil des Vertragswerkes den sog. »Brief zur deutschen Einheit« zu formulieren: der Vertrag stehe nicht im Widerspruch zum politischen Ziel der Bundesrepublik, die deutsche Einheit durch Anwendung der Selbstbestimmung des deutschen Volkes zu erreichen. (Dieser Brief wurde am 12. August im sowjetischen Außenministerium übergeben und angenommen.) Die Berlin-Angelegenheit und damit das problematische Junktim wurden dagegen nicht schriftlich fixiert. Scheel mußte sich damit begnügen, seinem sowjetischen Kollegen einen Kabinettsbeschluß vom 23. Juli (der auf Punkt 2 der Richtlinien beruhte) »wörtlich zur Kenntnis« zu geben. Am 7. August wurde das Vertragswerk von Scheel und Gromyko paraphiert; der Außenminister flog nach Berlin zurück und erstattete Bericht. Auf Einladung Kossygins kam darauf Brandt nach Moskau. Er und Scheel, Kossygin und Gromyko unterzeichneten im Kreml (Großer Katharinensaal) am 12. August im Beisein Breschnews den deutsch-sowjetischen Vertrag. Damit war im Rahmen der ostpolitischen Vorhaben Bonns ein wichtiger Anfang gemacht worden, dessen fortschrittliches Moment deutlich zu erkennen war, wenn man den Vertragstext mit dem Inhalt sowjetischer Memoranden und anderer Verlautbarungen noch aus den Jahren 1967 und 1968 verglich.

Der *deutsch-polnische Meinungsaustausch* kam in Gang, nachdem in Moskau die erste Gesprächsrunde zwischen Bahr und Gromyko bereits eingesetzt hatte, so daß der Zeitpunkt seines Beginns (5. Februar 1970: Staatssekretär Duckwitz in Warschau) durchaus dem deutschen »Fahrplan« entsprach. Nach polnischer Auffassung war natürlich die Grenzfrage (Oder-Neiße-Linie) der harte Kern, um den sich die anderen Wünsche, voran eine umfassende wirtschaftliche Kooperation (verbunden mit einem hohen Warenkredit), gruppierten und der in Warschau als die eigentliche Voraussetzung für eine Normalisierung der Beziehungen galt, – Gomułkas »Signal« vom Mai 1969 hatte ja auch einen regelrechten Grenzvertrag zum Inhalt gehabt. Bei diesem Kern ging es schlicht um eine Anerkennung; er war nach Warschauer Meinung 25 Jahre nach dem Potsdamer Abkommen nicht mehr verhandelbar. Der deutschen Delegation war diese Einstellung Polens zu den Gesprächen bekannt. Doch Duckwitz war – ähnlich wie Bahr – zunächst ohne Festlegungen für ein etwaiges Abkommen nach Warschau gereist; lediglich die Idee eines gegenseitigen Gewaltverzichtes bildete die Ausgangsbasis seiner Erkundungen. Die Sicherung der polnischen Westgrenze wäre dann in diesen Vertrag einzubauen. Andere bevorstehende Gesprächsthemen betrafen u. a. die Frage der Familienzusammenführung (Ausreise von Deutschen aus den ehemaligen Ostgebieten). Die polnische Delegation leitete der stellvertretende Außenminister Winiewicz, ein Berufsdiplomat, der lange Zeit im engeren Kreis um Rapacki gearbeitet hatte.

Mit der Kernfrage beschäftigten sich beide Seiten von Anfang an: man sprach offen zueinander. Doch auf der deutschen Seite wirkte die Rücksichtnahme auf vertragliche Vorbehalte (Potsdamer Abkommen; § 7 des Deutschland-Vertrages) einstweilen ebenso blockierend wie bei den Begegnungen, die Bahr in Moskau hatte. Einer endgültigen, die Westgrenze verbal akzeptierenden Festlegung wollte die Bundesregierung also ausweichen. In den ersten beiden Gesprächsrunden (Februar und März) versuchte Duckwitz die Polen dafür zu gewinnen, daß die Grenzfrage Bestandteil eines Gewaltverzichtsabkommens würde, während Winiewicz vorerst nur über die Anerkennung der Oder-Neiße-Linie durch Bonn sprechen wollte. Der Gedankenaustausch drohte festzufahren. Doch auch hier wirkte sich die Begegnung Brandts mit Nixon in Washington aus. Unmittelbar darauf erhielten sowohl Bahr als auch Duckwitz neue Instruktionen. Am ersten Tage der dritten Runde, am 22. April, machte

Duckwitz in Warschau den Vorschlag, »in wenigen Paragraphen« niederzulegen:

Die Bundesregierung und die Regierung der Volksrepublik Polen stellen fest, daß die Oder-Neiße-Linie die Westgrenze Polens ist. Die Bundesrepublik Deutschland wird die Integrität des polnischen Territoriums auch künftig achten. Bestehende Verträge werden hiervon nicht berührt.

Bonn hatte also eingelenkt. Denn diese Formulierungen, entstanden unter Mitwirkung von Brandt und Scheel, bedeuteten eine Veränderung der deutschen Gesprächsbasis. Der Gewaltverzichtsgedanke war seiner primären Position entkleidet worden und besaß für den Zweck des Vertrages nur noch subsidiären Charakter. Winiewicz akzeptierte daraufhin das Angebot und willigte ein, die Gespräche zu Verhandlungen werden zu lassen, die in Bonn weiterzuführen seien. Die veränderte deutsche Haltung hatte gleichzeitig in einem Briefe Brandts an Parteichef Gomułka ihren Niederschlag gefunden, einer Geste des guten Willens, die dazu diente, dem polnischen Delegationsleiter die Entscheidung zu erleichtern.

Nach Bonn brachte Winiewicz im Juni eine sehr ausführliche Stellungnahme zu Duckwitz' Testvorschlag mit. Einzelheiten fehlen, doch ging es Warschau um eine wesentlich »stärkere Form« der Grenzanerkennung. Das immer deutlicher werdende Drängen der deutschen Seite nach verbindlichen Zusagen zum Problem der Familienzusammenführung quittierten er und die polnische Presse mit dem Hinweis, in Polen gebe es keine »deutsche Minderheit«, der Wunsch polnischer Staatsbürger hingegen, in die Bundesrepublik zu »emigrieren«, sei keine Angelegenheit zwischenstaatlicher Verhandlungen. Diese Frage verursachte bald größere Schwierigkeiten als die Arbeit am Entwurf eines Vertrages, die man im Juli – nun wieder in Warschau – aufnahm, oder das Thema eines Konsularabkommens. Denn bezüglich der deutschen Grenzformel hatte Winiewicz inzwischen einzulenken begonnen, nachdem der polnischen Regierung und ihm die Gewichtigkeit der Generalklausel des Bahrpapiers bewußt geworden war. Aber die Verhandlungen dauerten noch bis in den Spätherbst hinein. Im Hintergrunde aller Besprechungsrunden stand eine Formel, die wohl ursprünglich von Bonn notfalls als Bekräftigung hätte nachgeschoben werden sollen, dann nicht mehr für erforderlich erachtet wurde, schließlich aber (im Oktober) von der polnischen Delegation aufgegriffen und als eigener Artikel des Vertrages gewünscht wurde: die Bundesregierung möge sich verpflichten, sich bei etwaigen Friedensverhandlungen dafür einzusetzen, »die Oder-Neiße-Linie als polnische Westgrenze *beizubehalten*«, also für deren endgültige Sanktionierung einzutreten. Es war das die polnische Absicherung gegenüber dem inzwischen von Moskau und grundsätzlich auch von Warschau gebilligten deutschen Vertragsvorbehalt. Aber darauf wollte Bonn nicht mehr eingehen, sicher aus Besorgnis, daß die Opposition dadurch in ihrer Forderung bestärkt würde, eine Ratifizierung des Vertrages nur durch eine Zweidrittelmehrheit im Bundestag gelten zu lassen.

Die letzten Verhandlungen in Warschau (November) führte Scheel selbst. Er machte klar, »daß wir nur für die Bundesrepublik Verpflichtungen eingehen können und einem Friedensvertrag nicht vorgreifen können, da bilaterale Abmachungen eine friedensvertragliche Regelung nicht ersetzen« (Carl E. Buchalla), womit er die begrenzte Zuständigkeit eines deutschen Teilstaates zum Ausdruck brachte und gleichzeitig von der erwähnten »Sukkurs«-Formel abrückte. Auf mehreren Sitzungstagen wurde dann in vielen Einzelverhandlungen der »Vertrag über die Grundlagen zur Normalisierung der gegenseitigen Beziehungen« fertiggestellt, das Problem der Familienzusammenführung jedoch weit abgezweigt. Auf Vorschlag des Außenministers Jędrychowski sprach es die polnische Regierung in einer »öffentlich verwertbaren Information« (Anlage zum Vertragswerk) an: Einzelheiten einer Regelung der humanitären Fragen sollten der Zusammenarbeit von Polnischem und Deutschem Roten Kreuz überlassen bleiben. Die Herkunft des Vertragstextes von den Elementen des deutschen Vorschlages vom 22. April war unverkennbar. Der gemeinsamen Aussage über den Verlauf der polnischen Westgrenze folgte die Feststellung beider Staaten, daß ihre Grenzen und Territorien unverletzlich seien, daß keine Gebietsansprüche bestünden (Art. 1) und auf Gewaltanwendung und -drohung verzichtet würde (Art. 2). Die beiderseitige Bereitschaft zur vollen Normalisierung der Beziehungen und zur Erweiterung der Zusammenarbeit auf allen Gebieten (Art. 3) bedeutete, wenngleich hier nicht ausgesprochen, einen Austausch von Botschaftern nach Ratifizierung des Vertrages. Art. 4 besagte, daß frühere Vertragsverpflichtungen beider Staaten nicht berührt würden. Die Viermächteverantwortung sowie die einschränkende Feststellung, daß die Bundesrepublik nur für sich selbst handeln könne, wurde – wie schon

anläßlich des Moskauer Vertrages – in einem besonderen Notenwechsel mit den Regierungen der westlichen Alliierten zum
Ausdruck gebracht. Die Paraphierung durch die Außenminister
fand am 18. November statt. Nachdem die polnische Regierung
eine Einladung an den Bundeskanzler ausgesprochen hatte, unterschrieben am 7. Dezember Brandt, Scheel, Cyrankiewicz und
Jędrychowski den Vertrag.

Berlin. Während des ganzen Jahres 1970, des Jahres der Verhandlungen, war von den Beteiligten immer wieder klar heraus-
gestellt worden, daß eine Verbesserung, eine Regelung der
Situation zumindest in und um Westberlin (»Verbesserung durch
Regelung«) allein Sache der vier Siegermächte sei. Und sie waren
bereit, auch die Sowjets, hier die Spannungen zu verringern,
durch Gespräche und Verhandlungen. Träger der Gespräche
wurden der sowjetische Botschafter in Ostberlin Abrassimow
sowie die Botschafter der drei Westmächte in Bonn, jeweils in
ihrer Eigenschaft als Amtsnachfolger der früheren Hohen Kommissare.

Wie war die Ausgangslage? Was sollte und konnte erreicht
werden? Die sowjetische Seite, hierbei geradezu leidenschaftlich
unterstützt von der DDR und auf sie gelegentlich in hohem
Maße Rücksicht nehmend, orientierte sich zwar nicht mehr an
dem Chruschtschowschen Ziel einer »Freien Stadt Westberlin«,
wollte jedoch weiterhin ihre Vorstellung von einer »selbständigen politischen Einheit« endlich verwirklicht sehen. Die westliche Seite gab sich dagegen der Hoffnung hin, sie könne mit den
Sowjets Gespräche über die *gesamt*berliner Problematik führen.
Die Regierung in Moskau lehnte jedoch – getreu ihrer bisherigen
politischen Linie – den Gedanken einer Vier-Mächte-Zuständig-
keit für Gesamtberlin ab; nach ihrer Auffassung sollte das
Verhandlungsthema »Westberlin« sein; Abrassimow sprach sogar dezidiert von einer »Viermächte-Verantwortung« für *West*-
berlin.

Gemessen an diesen Grundpositionen wollten beide Seiten in
Methode und Inhalt Unterschiedliches erreichen:

die *Sowjets* den Abbau der Bundespräsenz in Berlin (Institutionen und »Demonstrationen«) und damit eine eindeutige
Festlegung, das Westberlin nicht zur Bundesrepublik »gehöre« und der Bund seine »Ansprüche« aufzugeben habe. Von
den sog. »Bindungen« sollte nur über die wirtschaftlichen und
finanzpolitischen Zusammenhänge zwischen der Bundesrepublik und Westberlin gesprochen werden.

Der nächste Schritt zu einer »Regelung« wäre dann nach Überzeugung Moskaus gewesen, daß Westberlin selbst als Verhandlungspartner für entsprechende Verträge mit der Sowjetunion und der DDR hätte auftreten müssen.

die *Westmächte* Verbesserung des Reise- und Güterverkehrs zwischen Berlin und der Bundesrepublik, also Sicherung der Zufahrtswege (und das auch im eigenen Interesse),
Wiederherstellung des »freien Verkehrs« innerhalb Berlins und andere Erleichterungen (Post, Telephon, Besuche ...),
Anerkennung der Bindung Westberlins an das Rechts-, Wirtschafts- und Finanzsystem der Bundesrepublik,
ferner Sicherstellung des konsularischen Schutzes der Westberliner in den Staaten des Ostblocks durch die Bundesrepublik (und damit überhaupt die außenpolitische Vertretung durch Bonn).

Die Botschaftergespräche begannen am 26. März 1970 im Gebäude des früheren Alliierten Kontrollrates in Berlin. Doch die ersten Begegnungen der Vier, immer wieder von mehrwöchigen Pausen unterbrochen und unter Beachtung strengster Geheimhaltung, brachten so gut wie keine Fortschritte. Die Darlegung der grundsätzlichen Standpunkte dauerte an. Es war offensichtlich, daß die Sowjets die Ergebnisse der bundesdeutschen Verhandlungen in Moskau und Warschau abwarten wollten, vielleicht auch die Fortentwicklung der innerdeutschen Beziehungen seit Erfurt und Kassel.

Bis in den November hinein traten die Verhandlungen auf der Stelle. Bundesrepublik und DDR waren zwar von der Beteiligung ausgeschlossen, nicht aber von der Einflußnahme. In Bonn stellte die bekannte Viermächte-Arbeitsgruppe das Bindeglied dar; sie ermöglichte Berichterstattung und Anregungen. In Westdeutschland und Westberlin verbreiteten sich mittlerweile Hoffnungen und Erwartungen, verbunden mit einem Leistungs-Prädikat: Regierung und Presse sprachen von einer »*befriedigenden* Berlin-Regelung«, befriedigend für Westberlin, befriedigend aber auch hinsichtlich ihrer Funktion als Test für die Umfassenheit der Entspannungs- und Verständigungsbereitschaft der Sowjetunion, denn

(1) (so lautete der Grundsatz Bonns:) »ohne eine solche Sicherung wird ein Gewaltverzichtsvertrag nicht in Kraft gesetzt werden können« (Punkt 2 der Verhandlungsrichtlinien für Bahr vom 6. Juni 1970), und

(2) (das war die Ansicht der NATO:) ein befriedigender Abschluß der Berlin-Gespräche galt als die Voraussetzung für westliche Sondierungen zur Einberufung einer europäischen Sicherheitskonferenz (Brüssel, Kommuniqué vom 4. Dezember 1970).

Gründe für die Verzögerungen wurden trotz der Geheimhaltung alsbald sichtbar. Östliche Konzessionen, die nicht zu vermeiden sein würden, mußten zwangsläufig zu Lasten der DDR gehen und ihr Souveränitäts- und Prestigeverluste einbringen. Dem aber widersetzten sich Ulbricht und Stoph, so daß im nachfolgenden Jahre die große Aufgabe der Sowjetunion darin bestand, die »Veto-Stellung der DDR« (Herbert Wehner) behutsam abzubauen.

Am 8. Februar 1971 sprachen die Botschafter erstmals über einen westlichen Vertragsentwurf (nach außen bescheiden als »Positionspapier« bezeichnet) und schienen damit endlich zu eigentlichen Verhandlungen zu gelangen. Das Schriftstück bestand aus einer Präambel, drei Hauptteilen sowie drei Anlagen und wies folgende Elemente auf: Zugang nach Berlin, innerstädtischer Verkehr, Bindungen an die Bundesrepublik und außenpolitische Vertretung Westberlins. Kaum erwähnt war freilich der »Status«. Hier gingen beide Seiten nach wie vor von ihrer eigenen Nomenklatur aus, was bald darauf durch ein Gegenpapier Abrassimows, das der Botschafter am 26. März auf den Tisch legte, noch unterstrichen wurde. Damit erkannten die Sowjets die westlichen Formulierungen nicht als Verhandlungsgrundlage an. In ihrem Entwurf, der sich seiner Gliederung (Hauptteil, fünf Anlagen, Schlußakte) und den angesprochenen Einzelpunkten an das westliche Papier hielt, gestanden die Sowjets zwar Transport- und Reiseerleichterungen, pauschale Gebührenverrechnung sowie die konsularische und Interessenvertretung Westberlins im Ausland durch die Bundesrepublik zu, verlangten jedoch den Verzicht auf jegliche Bundespräsenz in Berlin. In den Westsektoren sollte nur eine einzige Bundesdienststelle – als Verbindungsbüro – geduldet werden, daneben aber eine offizielle sowjetische Vertretung bestehen. Daraufhin stagnierten die Besprechungen (Runde 17–21) weiter. Die Sowjetunion schien auf Zeitgewinn zu spielen, womöglich sogar auf eine Ermüdung der westlichen Partner zu spekulieren, um dann, beim Zusammenbruch der Gespräche, die ganze Aufgabe der Berlin-Absprachen den beiden deutschen Staaten überlassen zu können, so wie Ulbricht, Honecker und Stoph es von jeher wünschten. Doch im Frühsommer 1971 verstärkte sich endlich wieder das Interesse Moskaus an einer baldigen Beendigung der Gespräche, da die mit ihnen zusammenhängende Ratifizierung der beiden Ostverträge Bonns nach Lage der Dinge nur unter den Mehrheitsverhältnissen im VI. Deutschen Bundestag möglich erschien und, so gesehen, der Ratifizierungsprozeß spätestens im Frühjahr 1972 hätte eingeleitet werden sollen. Zu vermuten ist daher eine gewisse Einflußnahme Breschnews auf die DDR, etwa zum Zeitpunkt seiner Anwesenheit auf dem VIII. Parteitag der SED in Ostberlin (Juni). Nachdem Breschnew bereits im November 1970 auf einer Rede in Jerewan davon gesprochen hatte, auch die »Wünsche der Westberliner Bevölkerung« seien eines der Kriterien für eine Berlin-Regelung, war nunmehr von Stoph zu hören, eine Berlin-Regelung müsse »den Interessen aller Verhandlungspartner entsprechen«.

Ab Juli liefen die Verhandlungen wieder zügiger. Das entscheidende Zugeständnis Moskaus ist wohl die Anerkennung der Viermächte-Kompetenz für die Verkehrswege nach Berlin gewesen, zu Lasten der DDR (der damit eine bereits 1955 zugebilligte Zuständigkeit zum Teil wieder beschnitten wurde), doch ein Zusammenhang zwischen dieser Konzession und dem Abtreten Ulbrichts als Parteichef kann nur vermutet werden. Dem gegenüber wog das sowjetische Verlangen nach einem Generalkonsulat in Westberlin nicht mehr so schwer. Die USA wollten letzten Endes das Abkommen an dieser Forderung nicht scheitern lassen, wenngleich sie sich über die psychische Negativwirkung einer russischen Präsenz auf die Westberliner Bevölkerung völlig im klaren waren. Um Kompromisse über die Anwesenheit des Bundes in den Westsektoren sowie über die Auslandsvertretung durch die Bundesrepublik wurde sodann sehr hart verhandelt, bis in die letzten Sitzungen hinein.

Das Ergebnis – neben den Verkehrs- und Zufahrtsfragen – bestand in der Anerkennung der gewachsenen Bindungen Westberlins an die Bundesrepublik (bei partiellem Abbau der Bundespräsenz) sowie in der Bestätigung der Anwesenheitsrechte der westlichen Alliierten: ein Schlußstrich also unter das seit 1958 erfolgende permanente Bestreiten ihrer originären Rechte durch den Osten. Die ebenfalls seit Chruschtschows Zeiten aufrechterhaltene Vorstellung von der »selbständigen politischen Einheit Westberlin« wurde weitgehend geopfert: Bundespässe für die Westberliner sollte zwar der Senat (Polizeipräsident) ausstellen, aber doch im Auftrage der drei Stadtkommandanten; der zukünftige sowjetische Generalkonsul war nicht beim Senat, sondern beim britischen Stadtkommandanten zu akkreditieren. Am 23. August war man mit allem fertig; am 3. September unterzeichneten die vier Botschafter im Auftrag ihrer Regierungen das Abkommen. Es garantierte Westberlin, der »Stadt mit einem besonderen politischen Status« (so nunmehr die Bezeichnung durch die DDR), daß sein Inhalt »nach menschlichem Ermessen eine Berlin-Krise für die Zukunft unmöglich machen« würde (Egon Bahr).

Bis zu diesem Zeitpunkt schien – gerade durch das zustandegekommene Ergebnis – das Wagnis des bekannten »Junktims« der Ostpolitik Brandts und Scheels kaum ernsthaften Schaden zugefügt zu haben. Sinngemäß und ohne Gebrauch dieses juristischen Terminus erstmals formuliert in den Instruktionen für Bahr am 7. Juni 1970, von Scheel für wichtiger genommen als von Brandt (der vor einer »Zwangsjacke« warnte), von Wehner sogar als »buchhalterisch« gescholten, dem Sinne nach aber dennoch am 23. Juli 1970 zum Kabinettsbeschluß erhoben und den Sowjets in Moskau bekanntgegeben, hatte dieser »Zusammenhang« in der Tat der Bundesregierung um so mehr Unbehagen bereitet, je länger sich die Berlin-Verhandlungen hinzogen. Die Sowjets hatten sich zunächst in ihren Verlautbarungen dagegen gewehrt, zuletzt aber geschwiegen und sich sogar für eine Beschleunigung der Arbeiten am Berliner Abkommen eingesetzt. Doch bald kam eine entsprechende Reaktion der Moskauer Regierung nach, offiziell begründet durch die unvermindert heftige Opposition der Unionsparteien und der Vertriebenenverbände gegen die vorliegenden – nunmehr drei – Verträge, in denen die östlichen Partner zugegebenermaßen ja deutliche Konzessionen gemacht hatten. Als sich Scheel und Gromyko am 27. September 1971 anläßlich der Eröffnung der UNO-Vollversammlung in New York trafen, bekam der deutsche Außenminister von seinem sowjetischen Kollegen zu hören, daß die sowjetische Regierung sich entschlossen habe, das Inkrafttreten des Viermächte-Abkommens über Berlin von einer voraufgegangenen Ratifizierung der Ostverträge abhängig zu machen. Also ein »Gegen-Junktim«: der Zeitzwang war damit Bonn zugespielt worden und wirkte sich fortan auf die »Ausführungs-Verhandlungen« zwischen der Bundesrepublik (Bahr) und der DDR (Kohl) aus. Am Tage der Paraphierung der »innerdeutschen« Berlin-Regelung (11. Dezember) leitete daher die Bundesregierung das Ratifizierungsgesetz für die Ostverträge unverzüglich dem Bundesrat zu.

Die innerdeutschen Beziehungen 1969–1971

Die Bildung der sozial-liberalen Koalition in Bonn beendete jene letzte Schizophrenie im Umgang mit der DDR, die eigentlich schon unter Kiesinger hätte ausgeräumt werden können, ohne neue Wunden zu reißen. Bereits die Regierungserklärung Brandts sprach von »zwei Staaten in Deutschland«, und sein erster Bericht zur Lage der Nation bekräftigte diese Sicht, freilich unter Widerspruch der Opposition. Im Zusammenhang mit seiner Gewaltverzichtspolitik gegenüber Moskau und Warschau nannte nun endlich ein deutscher Bundeskanzler die Realitäten bei ihrem Namen und ließ zugleich das Ziel erkennen: Verminderung der Spannungen in Deutschland durch vertragliche Absicherung, durch ein »geregeltes Nebeneinander«. Beide Staaten sollten »füreinander nicht Ausland« sein, denn ihr Verhältnis zueinander sei »von besonderer Art«. Doch schon bald war zu erkennen, daß auch mit Initiativen aus Ostberlin gerechnet werden mußte, die weniger oder kaum der von Brandt beabsichtigten Entspannung dienen sollten, vielmehr lediglich eine Ausnutzung der ostpolitischen Konjunktur im eigenen Interesse dienen würden.

Die erste Phase der innerdeutschen Beziehungen – Herbst und Winter 1969 – stand dann tatsächlich im Zeichen der Bemühungen Ulbrichts und Stophs, die Anerkennung der DDR durch die Bundesrepublik in einem schnellen Anlauf zu erreichen, solange die alten Vorbedingungen für ein Eingehen des Ostblocks auf die Bonner Entspannungswünsche noch Gültigkeit besaßen. Am 18. Dezember erhielt Bundespräsident Heinemann einen Brief von Ulbricht, abgegeben von Staatssekretär Kohl, in dem das Interesse an normalen Beziehungen auf vertraglicher, völkerrechtlich gültiger Grundlage (einschließlich des Austausches von Botschaftern) bekundet wurde. Ein Vertragsentwurf war beigefügt; Verhandlungsbeginn möglichst noch im Januar, Stoph und Außenminister Winzer stünden bereit. Heinemann bestätigte den Empfang und stellte eine Antwort der Bundesregierung in Aussicht.

Brandt und seine Berater lehnten das aus Maximalforderungen bestehende Verhandlungsangebot nicht rundweg ab, auch wenn sie sich darüber im klaren waren, daß am Ende von Gesprächen oder gar Abkommen niemals die de-jure-, die völkerrechtliche Anerkennung der DDR stehen dürfe. Sie wollten mit dem zweiten deutschen Staat ins Gespräch kommen, nach Möglichkeit auf hoher Ebene, und zwar unter Umgehung von direkten Verhandlungen über Ulbrichts Vertrag, von dem vermutet werden durfte, daß er der SED nur zu einem Alibi für ihre Sperrpolitik verhelfen sollte. Brandt bot derartige Gespräche am 22. Januar 1970 Stoph an (Tagesordnung ohne Vorbedingungen), Minister Franke sollte sie führen; Stoph ging in seiner Antwort vom 12. Februar darauf ein, bedauerte die Nichtbeachtung des Ulbricht-Vertrages, wünschte jedoch nunmehr Brandt selbst zu sprechen. So wurde die erste Begegnung der beiden deutschen Regierungschefs vorbereitet, die nach längerem Hin und Her über den Ort des Treffens, natürlich auch nach Konsultationen mit den Alliierten, am 19. März in Erfurt stattfand.

In *Erfurt* blieb es freilich bei der gegenseitigen Kenntnisnahme der Standpunkte. Brandt erläuterte die Einzelheiten seiner Deutschlandpolitik, die, wenn man so will, auch einer »friedlichen Abgrenzung« das Wort redeten (durch Hervorhebung des Nichteinmischungsgebots), ohne aber dabei den Rahmen der »Nation« zu verlassen. Doch Stoph verhielt sich ablehnend und verlangte als ersten Schritt die Anerkennung seines Staates als Völkerrechtssubjekt auf der Basis des bekannten Vertragsentwurfes. Brandts Vorschlag, noch vor dem zweiten Treffen zwischenstaatliche Kommissionen ihre Arbeit aufnehmen zu lassen, fand ebenfalls keine Zustimmung. Auch die nächste Begegnung, am 21. Mai in *Kassel* (leider durch Provokationen radikaler Gruppen beider Flügel beeinträchtigt), brachte keine Abstriche von Positionen der DDR; Stoph zeigte sich hier eher noch härter. Der Fortgang der gleichzeitigen Gespräche in Moskau und Warschau bewirkte indessen, daß Stoph sich bereiterklärte, die Gespräche mit Brandt fortzusetzen, »sobald die Regierung der Bundesrepublik in der Grundfrage der völkerrechtlichen Anerkennung der DDR eine realistische Haltung erkennen läßt«. Egon Bahrs Wort von der »Denkpause«, das im Anschluß daran in Bonn kursierte, traf vielleicht die Situation am deutlichsten, denn von einem »Fehlschlag« zu sprechen, hüteten sich beide Seiten.

Die Vorschläge Brandts für das Gespräch in Kassel waren in den ›Grundsätzen und Vertragselementen für die Regelung gleichberechtigter Beziehungen‹ niedergelegt worden, in den bekannten »*Zwanzig Punkten*«, dem nunmehr formulierten Gegenstück zu dem Ulbricht-Entwurf. Die Punkte bezogen sich auf Sinn und Inhalt des von Brandt angestrebten Generalvertrages und gaben Hinweise auf weitere, in Bonn für möglich gehaltene Detailabmachungen. Sie bildeten auch fürderhin die Basis der Deutschlandpolitik, die im Herbst, zwischen den Vertragsunterschriften in Moskau und Warschau, wieder in Gang kam, und zwar abermals von Ostberlin aus.

Den Anlaß gab die beginnende Konkretisierung im Ablauf der Botschaftergespräche über Berlin. Die DDR hatte zwar zuvor den westlichen Gedanken von »Auftrags-Verhandlungen« unter einem Viermächte-Schirm glatt abgelehnt, glaubte aber gleichwohl, nunmehr die »Berlin talks« unterlaufen zu sollen, prophylaktisch, falls ein solcher »Schirm« dennoch Wirklichkeit werden würde. Am 29. Oktober bot Stoph durch Boten der Bundesrepublik eine Fortsetzung der Kontakte an. Brandt willigte ein, und Minister Ehmke stilisierte unter Zustimmung der Gäste das von ihnen mitgebrachte Kommuniqué wie folgt um:

Zwischen der Regierung der Bundesrepublik Deutschland und der Regierung der Deutschen Demokratischen Republik wurde vereinbart, auf offiziellem Wege einen Meinungsaustausch über Fragen zu führen, deren Regelung der Entspannung im Zentrum Europas dienen würde und die für die beiden Staaten von Interesse sind.

Sachgespräche also ohne vorherige Anerkennung der DDR (die ja auch der Moskauer Vertrag nicht gebracht hatte): das war seit Kassel ein Fortschritt, der seine Erklärung darin fand, daß die DDR von der Sowjetunion zu einer entgegenkommenden Geste aufgefordert worden war.

Am 27. November 1970 begann in Ostberlin die lange Reihe der Begegnungen zwischen den Staatssekretären Bahr und Kohl, eine Abfolge von mühseligen Gesprächen. Der drängende Partner war Kohl. Die Regierung der DDR hatte von Anfang an fest umrissene Themen anvisiert, als deren Kern sich schnell der »Transit« entpuppte, was also gleichbedeutend war mit dem Problem der Berliner Zufahrtswege. Doch solchen Versuchungen widerstand Bahr und ging lediglich auf die Fragen des Verkehrs zwischen den beiden Staaten ein, wünschte aber zugleich eine Ausdehnung auf andere Bereiche und setzte sie schließlich durch. Praktisch freilich konnte es sich in der ersten Hälfte des Jahres 1971 nur um ein gegenseitiges Bekanntgeben von Grundauffassungen handeln, in der zunehmenden Gewißheit, daß beide Seiten den Kontaktfaden nicht mehr abreißen lassen wollten. Am 6. März ging ein weiteres Gesprächspaar in Wartestellung, Staatssekretär Kohrt (DDR) und Senatsdirektor Müller (Westberlin), und begann einen ähnlichen Dialog: Kohrt wollte ein langfristiges Passierscheinangebot diskutieren lassen, während Müller, nun in Umkehrung früherer Wünsche, ebenso wie Bahr auf »grünes Licht« wartend, nur über befristete Termine (Ostern oder Pfingsten) Besprechungen führen wollte.

Währenddem lief in der DDR die publizistische »Abgrenzungs«-Kampagne an, eine ideologische Einigelung gegenüber einer sehr intensiv gewordenen Entspannungskonjunktur, ein Feldzug, der nach der Ablösung Ulbrichts durch Honecker noch eine wesentliche Verstärkung erfuhr. Stellvertretend für die damaligen Argumentationen mag eine Äußerung des DDR-Verteidigungsministers Hoffmann stehen:

Wir grenzen uns entschieden ab von diesem Regime, zu dem es kein innerdeutsches Sonderverhältnis, sondern nur noch ein Verhältnis geben kann: das Verhältnis der Klassenfeindschaft.

Hier war deutlich neben dem nach außen zur Schau getragenen Selbstbewußtsein das Gefühl der Unsicherheit zu erkennen, und das zu einem Zeitpunkt, da das sozialistische Staatensystem in Ost- und Südosteuropa wieder ein Optimum an Geschlossenheit erreicht hatte. Als Brandt sich Ende Juni auf einer Tagung zur Bonner Außenpolitik äußerte, hakte er bei der »Abgrenzung« ein und forderte gleichwohl die Regierung in Ostberlin auf, »über die Regelung der Beziehungen der beiden deutschen Staaten zueinander zu sprechen«. »Die notwendige ideologische Abgrenzung zwischen den miteinander unvereinbaren gesellschaftlichen und politischen Systemen, die drüben mehr betont werde als hier, brauche kein Hindernis zu sein bei den Bemühungen, zu einer vernünftigen und friedlichen Gestaltung des Nebeneinanders dieser beiden Staaten zu gelangen.« Hinter dieser Ermunterung seitens des Bundeskanzlers stand nicht zuletzt die Absicht, die Gespräche der Staatssekretäre besser nutzen zu lassen als bislang.

Bahr und Kohl hatten indessen nur mehr zwei Monate zu warten. Als in Berlin das Viermächte-Abkommen feste Formen annahm (Ende August), schwenkten die Verhandlungen automatisch auf die Themen Transit bzw. Innerstädtischer Reise- und Besucherverkehr ein. Nach unerfreulichen Auseinandersetzungen über die beiden durch schlechte Regie entstandenen deutschen Fassungen des Berlin-Abkommens handelten Bahr und Kohl, abermals in zähen Besprechungen die Einzelheiten der Ausführungsbestimmungen (»Transit-Abkommen«) aus. Anfang Dezember hatten sie ihre Arbeit beendet, die Paraphierung verzögerte sich infolge des Nachhinkens der innerstädtischen Verhandler Müller und Kohrt, kam aber noch rechtzeitig zum letzten Sitzungstag der Brüsseler NATO-Konferenz zurecht. Beide Abkommen wurden sodann am 17. und 20. Dezember 1971 in Bonn bzw. Ostberlin von den Staatssekretären unterzeichnet.

Die innerdeutschen Kontakte aber erwiesen sich nach Abschluß der Berlin-Regelung bereits als eine Art Institution. Am 20. Januar 1972 nahmen Bahr und Kohl Verhandlungen über einen Verkehrsvertrag zwischen der Bundesrepublik und der DDR auf und steuerten damit das erste Abkommen von völkerrechtlicher Verbindlichkeit an.

Die vorgezogene Bundestagswahl 1972

Tatsächlich konnte dieser Verkehrsvertrag bereits am 26. Mai unterzeichnet werden, doch zeigte die innenpolitische Entwicklung während der ersten Hälfte des Jahres 1972 endgültig auf, daß die Regierung Brandt/Scheel zwar die Ergebnisse ihrer Ost- und Deutschlandpolitik schließlich mühsam genug einbringen und einzelne Ziele durch Verhandlungen sogar weiter im Visier behalten konnte, daß aber andererseits die Koalition ihre Bewegungsfreiheit eingebüßt und mit ihren Vorhaben sich übernommen, »überanstrengt« hatte. Als am 17. Mai 1972 die Ratifizierungsgesetze für die Verträge von Moskau und Warschau (»Ostverträge«) im Bundestag endlich angenommen wurden, waren sich Regierungs- und Oppositionsparteien gleichermaßen bewußt, daß nur noch Neuwahlen der Bundesrepublik wieder eine handlungsfähige Regierung würden bescheren können.

Diese »Patt«-Situation war auf mehrere Gründe und Begleiterscheinungen zurückzuführen:

1. Die zwischen 1969 und 1972 abgehaltenen Landtagswahlen vermochten nicht dazu beizutragen, die der Regierung »ungünstigen« Mehrheitsverhältnisse im Bundesrat (21:20) zu verändern. Im Gegenteil: in den Parlamenten von Rheinland-Pfalz,

Schleswig-Holstein und Baden-Württemberg errang die CDU die absolute Mehrheit.

2. Permanente Sorgen um die Bundesfinanzen, die zunehmende Steigerungsquote der Lebenshaltungskosten (1971: +5,9%) und der inflationäre Druck von außen waren die Ursache, daß die Koalition immer mehr sich von langfristigen Planungen ab- und der Bewältigung von finanz- und wirtschaftspolitischen Tagesproblemen zuwenden mußte. Ministerrücktritte und ein starker Verschleiß von Staatssekretären bewirkten einen sich alsbald summierenden Prestigeverlust. Ihre Entlassung erbaten und erhielten: Finanzminister Möller (13. Mai 1971), Wissenschaftsminister Prof. Leussink (27. Januar 1972) und Wirtschafts- und Finanzminister Prof. Schiller (7. Juli 1972).

3. Die mit Härte geführte Opposition der Unionsparteien in Bundesrat und Bundestag, die den Rücktritten vorausgegangenen internen Auseinandersetzungen und nicht zuletzt die Schwierigkeiten, die der SPD von seiten eigener »linker« Gruppen erwuchsen, brachten es mit sich, daß große Vorhaben entweder ohne parlamentarische Behandlung blieben oder nicht einmal vorlagereif gemacht werden konnten: so z. B. die Steuerreform, der Bildungsgesamtplan und das Hochschulrahmengesetz.

4. Besonders deutlich wurde die Lähmung der Regierung durch das Dahinschwinden ihrer Basis im Bundestag. Vier Abgeordnete der FDP und einer der SPD traten zwischen 1970 und April 1972 zur CDU/CSU über. Die Stimmenmehrheit sank dadurch von 12 zunächst auf 2 ab; zwei weitere Abgeordnete trugen kurz darauf dazu bei, daß das Kabinett im Bundestag keine Mehrheit mehr besaß.

Die Opposition sah ihre Stunde gekommen, doch am 27. April 1972 unterlag Barzel (Parteivorsitzender seit Oktober des Vorjahres) als Kanzlerkandidat der CDU/CSU nur knapp bei der ersten Abstimmung über ein konstruktives Mißtrauensvotum in der bundesdeutschen Geschichte. Da die Niederlage Barzels in einer nicht ausreichenden Geschlossenheit seiner eigenen Fraktion begründet lag, bedeutete das Ergebnis keinesfalls einen Sieg für Brandt, sondern verdeutlichte nunmehr das zahlenmäßige Patt zwischen den Koalitions- und Oppositionsparteien in drastischer Form. Denn schon am folgenden Tage stellte sich die Bewegungsunfähigkeit der Regierung heraus, als in einer Kampfabstimmung ein Einzelplan des Bundeshaushaltes 1972 mit 247:247:1 verworfen wurde.

Vor dem Hintergrunde dieser neuen Lage konnten daher die Ostverträge (nach vorhergegangenem Einspruch des Bundesrates) am 17. Mai den Bundestag nur deshalb passieren, weil sich die Unionsparteien – trotz des mühevollen Aushandelns einer gemeinsamen Resolution aller drei Fraktionen – in ihrer Mehrheit der Stimme enthielten. Der Ratifizierung der Ostverträge in Bonn folgten entsprechende Akte in Moskau und Warschau nach; am 3. Juni unterzeichneten die Außenminister der Vier Mächte in Berlin das Berlin-Abkommen. Im Anschluß daran traten auch die innerdeutschen und innerstädtischen Transit- bzw. Verkehrsabkommen vom Dezember 1971 in Kraft, so daß die in ihnen vorgesehenen Verbesserungen endlich praktiziert werden konnten. Brandt aber widerstand den wiederholten Aufforderungen zum Rücktritt, die von der CDU/CSU erhoben wurden, ließ die innerdeutschen Verhandlungen weiterführen sowie eine Reise Scheels nach Peking (Oktober) vorbereiten, stellte am 22. September die Vertrauensfrage, unterlag wie erwartet und ließ daraufhin durch den Bundespräsidenten den Bundestag auflösen.

Nach dem vergleichsweise härtesten Wahlkampf in der Geschichte der Bundesrepublik wurde am 19. November gewählt. Das Ergebnis enttäuschte die Hoffnungen Barzels und der Unionsparteien und ließ die SPD erstmals zur stärksten Partei werden; die Freien Demokraten hatten sich einen neuen Wählerstamm sichern können. Im Parlament stellten die SPD 230, die CDU/CSU 226 und die FDP 41 Abgeordnete. Die gewissermaßen bestätigte sozial-liberale Koalition, jetzt mit einer Mehrheit von 45 Mandaten, wurde fortgesetzt. Der wiedergewählte Bundeskanzler stellte am 15. Dezember seine neue Regierung vor.

Am 21. Dezember 1972 unterzeichneten Bahr, nunmehr Bundesminister, und Staatssekretär Kohl den Grundvertrag. Seine wichtigsten Bestimmungen betrafen die Aufgabe des Alleinvertretungsanspruches durch die Bundesrepublik sowie die Vereinbarung, mit der DDR »ständige Vertretungen« auszutauschen. Beide Partner bekannten sich zur Unverletzbarkeit ihrer Grenzen und zum Gewaltverzicht. Die Interessen Westberlins in der DDR sollten von der Vertretung Bonns wahrgenommen werden. Vorgesehen wurde eine Vielzahl von Abmachungen auf allen möglichen Gebieten, wobei festgelegt wurde, daß die Ausdehnung ihrer Gültigkeit auf Westberlin in jedem Falle vereinbart werden »kann«. Neben anderen menschlichen Erleichterungen eröffnete der Vertrag die Möglichkeit eines »kleinen Grenzverkehrs«. Der Begriff der Nation blieb freilich umstritten; die unterschiedlichen Auffassungen beider Staaten in der »nationalen Frage« wurden in der Präambel ausdrücklich betont. Bereits am Tage nach der Unterschriftsleistung leitete die Bundesregierung den Ratifikationsgesetzentwurf zum Grundvertrag dem Bundesrate zu.

Zusammen mit diesem Papier erhielt die Länderkammer noch einen anderen Entwurf: das Gesetz zum Beitritt der Bundesrepublik zur Charta der Vereinten Nationen. Mit ihm war die Ermächtigung verbunden, gleichzeitig mit der DDR die Aufnahme in die Vereinten Nationen zu beantragen, wie es der Grundvertrag vorsieht. Die Unterschrift vom 21. Dezember erbrachte daneben der DDR eine Welle von »Anerkennungen«, während Bonn ein Vertragsabschluß mit Prag sowie die Normalisierung der Beziehungen zu den restlichen Ostblockstaaten als Aufgabe verblieb.

Literaturverzeichnis

Literatur zum Gesamtzeitraum

P. Noack, D. dt. Nachkriegszeit (Geschichte u. Staat, 114/115). 1966.

A. Hillgruber, Dt. Geschichte 1945–1972. D. »dt. Frage« in d. Weltpolitik (Dt. Geschichte, 9). 1974. – E. Deuerlein, Deutschland nach d. Zweiten Weltkrieg 1945–1955 (Brandt/Meyer/Just: Handbuch d. Dt. Geschichte, 4/VI). 1963/64.

G. Binder, Deutschland seit 1945. Eine dokumentierte gesamtdt. Geschichte in d. Zeit d. Teilung. 1969. – K. D. Bracher (Hrsg.), Nach 25 Jahren. Eine Deutschland-Bilanz. 1970. – E. Collotti, Storia delle due Germanie 1945–1968 (Biblioteca di cultura storica, 102). 1968. – A. Grosser, Deutschlandbilanz (L'Allemagne de notre temps, dt.) Geschichte Deutschlands seit 1945. 1970 (auch: dtv 1007, 1974). – H. Hammerschmidt (Hrsg.), Zwanzig Jahre danach. Eine dt. Bilanz 1945–1965. 38 Beiträge dt. Wissenschaftler, Schriftsteller u. Publizisten. 1965. – R. Löwenthal u. H.-P. Schwarz (Hrsg.), D. zweite Republik. 25 Jahre Bundesrepublik Deutschland – eine Bilanz. 1974.

E. Nolte, Deutschland u. d. Kalte Krieg. 1974.

1. Kapitel. Die Potsdamer Konferenz und der Rat der Außenminister 1945–1947

Allgemein:
E. Deuerlein, D. Einheit Deutschlands. Bd. 1: D. Erörterungen u. Entscheidungen d. Kriegs- u. Nachkriegskonferenzen 1941–1949. Darstellung u. Dokumente. 2. 1961. – W. Marienfeld, Konferenzen über Deutschland. D. alliierte Deutschlandplanung u. -politik 1941–1949. 1962. – B. Meissner, Rußland, d. Westmächte u. Deutschland. D. sowjetische Deutschlandpolitik 1943–1953. 1954. – R. Thilenius, D. Teilung Deutschlands. Eine zeitgeschichtliche Analyse (rde, 55). 1957.

M. Rexin, D. Jahre 1945–1949 (Hefte z. Zeitgeschehen, 8). 2. 1962. – E. Krautkrämer, Dt. Geschichte nach d. Zweiten Weltkrieg. Eine Darstellung d. Entwicklung von 1945 bis 1949 m. Dokumenten. 1962.

J. L. Snell, Wartime origins of the East-West dilemma over Germany. 1959.

Die deutsche Situation nach der Kapitulation. Hitlers Hinterlassenschaft:
K. Dönitz, Zehn Jahre u. zwanzig Tage. 1958. – W. Lüdde-Neurath, Regierung Dönitz. D. letzten Tage d. Dritten Reiches (Göttinger Beiträge f. Gegenwartsfragen, 2). 2. 1964. – Marlis G. Steinert, D. 23 Tage d. Regierung Dönitz. 1967. – P. E. Schramm (Hrsg.), D. Niederlage 1945. Aus d. Kriegstagebuch d. Oberkommandos d. Wehrmacht (dtv-Dokumente, 80/81). 1962. – R. Hansen, D. Ende d. Dritten Reiches. D. dt. Kapitulation 1945 (Kieler Histor. Studien, 2). 1966. – A. Hillgruber, D. hist.-polit. Bedeutung d. dt. Kapitulation 1945 (Gesch. in Wiss. u. Unterricht 20, 1969). – W. Leonhard, D. Revolution entläßt ihre Kinder. 1955.

Die Potsdamer Konferenz als letzte der Kriegskonferenzen:
The Conference of Berlin (The Potsdam Conference) 1945. Vol. 1. 2 (Foreign Relations of the United States, Diplomatic Papers, Special Series). Washington 1960. – E. Deuerlein (Hrsg.), Potsdam 1945. Quellen z. Konferenz d. »Großen Drei« (dtv-Dokumente, 152/153). 1963.

W. S. Churchill, D. Zweite Weltkrieg (Second World War, dt.) VI/2: D. Eiserne Vorhang. 1954. – F. Williams, A Prime Minister remembers. The war and postwar memoirs of the Rt. Hon. Earl Attlee. London 1961. – A. Eden, Memoiren (The memoirs, dt.) 1945–1957. 1960. – H. S. Truman, Memoiren. Bd. 1: D. Jahr d. Entscheidungen (1945) (Memoirs, Year of decisions, dt.). 1955. – J. F. Byrnes, In aller Offenheit (Speaking frankly, dt.). 1947. – W. Leahy, I was there. London 1950.

H. Feis, Zwischen Krieg u. Frieden. D. Potsdamer Konferenz (Between war and peace. The Potsdam Conference, dt.). 1962. – F. Faust, D. Potsdamer Abkommen u. seine völkerrechtliche Bedeutung. 1959. – W. Abendroth, Frankreich u. d. Potsdamer Abkommen (Z. Politik 1, 1954). – E. Deuerlein, Potsdam 1945. Ende u. Anfang. 1970. – H. G. Kowalski, D. »European Advisory Commission« als Instrument alliierter Deutschland-Planung 1943–1945 (Vjh. Zeitgesch. 19, 1971).

Die Deutschlandpolitik der Sieger und die Konferenzen der Außenminister:

D. Weg z. europ. Friedenskonferenz (Europa-Arch. 1, 1946/47). – D. Rhein-Ruhr-Problem (ebenda). – D. Weltmächte vor d. dt. Frage 1945–1946 (ebenda). – H. Volle, D. Außenministerkonferenz in New York vom 4. November bis zum 11. Dezember 1946 (ebenda). – H. Volle, D. Weltmächte vor d. dt. Frage 1946–1947 (ebenda). – H. Volle, D. Moskauer Außenministerkonferenz d. vier Großmächte, 10. März bis 24. April 1947 (Europa-Arch. 2, 1947). – W. Cornides u. H. Volle, D. dt. Frage nach Moskau (ebenda). – W. Cornides u. H. Volle, D. Londoner Außenministerkonferenz d. vier Großmächte (Europa-Arch. 3, 1948). – R. Badstübner u. S. Thomas, D. Spaltung Deutschlands 1945–1949. 1966. – W. Vogel, Deutschland, Europa u. d. Umgestaltung d. amerikan. Sicherheitspolitik 1945–1949 (Vjh. Zeitgesch. 19,1971).

Germany 1947–1949. The story in documents. Washington 1950. – E. Kaufmann, Deutschlands Rechtslage unter d. Besatzung. 1948.

G. Moltmann, Zur Formulierung d. amerikan. Besatzungspolitik in Deutschland am Ende d. Zweiten Weltkrieges (Vjh. Zeitgesch. 15, 1967). – W. L. Dorn, D. Debatte über d. amerikanische Besatzungspolitik f. Deutschland (1944–45) (Vjh. Zeitgesch. 6, 1958). – L. D. Clay, Entscheidung in Deutschland (Decision in Germany, dt.). 1950. – Th. Vogelsang, D. Bemühungen um eine dt. Zentralverwaltung 1945/46 (Vjh. Zeitgesch. 18, 1970). – J. Gimbel, Byrnes' Stuttgarter Rede u. d. amerikan. Nachkriegspolitik in Deutschland (Vjh. Zeitgesch. 20, 1972). – J. Gimbel, The American reparations stop in Germany. An essay on the political uses of history (Historian 37, 1974/75).

W. Cornides, D. Illusion einer selbständigen französischen Deutschland-Politik (1944 bis 1947) (Europa-Arch. 9, 1954). – R. von Albertini, D. französische Deutschland-Politik 1945–1955 (Schweizer Monatsh. 35, 1955/56). – K. Hänsch, Frankreich zwischen Ost u. West. D. Reaktion auf d. Ausbruch d. Ost-West-Konfliktes 1946–1948 (Beiträge zur auswärtigen u. internationalen Politik, 5). 1970. – W. Lipgens, Bedingungen u. Etappen d. Außenpolitik de Gaulles 1944–1946 (Vjh. Zeitgesch. 21, 1973).

W. M. Molotow, Fragen d. Außenpolitik. Reden u. Erklärungen April 1945 bis Juni 1948. Moskau 1949. – J. P. Nettl, The Eastern Zone and Soviet policy in Germany 1945–50. London 1951.

2. Kapitel. Neuanfänge deutscher Politik und Wirtschaft 1945–1948

Allgemein:

F. K. Fromme, Zur inneren Ordnung in d. westlichen Besatzungszonen 1945–1949 (Vjh. Zeitgesch. 10, 1962) (Literaturbericht). – M. Rexin, D. Jahre 1945–1949 (Hefte z. Zeitgeschehen, 8). 2. 1962. – E. Krautkrämer, Dt. Geschichte nach d. Zweiten Weltkrieg. Eine Darstellung d. Entwicklung von 1945 bis 1949 m. Dokumenten. 1962. – H. P. Schwarz, Vom Reich zur Bundesrepublik. Deutschland im Widerstreit d. außenpolitischen Konzeptionen in d. Jahren d. Besatzungsherrschaft 1945–1949

Politica, 38). 1966. – W. Conze, Jakob Kaiser. Politiker zwischen Ost u. West 1945–1949. 1969. – Marie Elise Foelz-Schroeter, Föderalistische Politik u. nationale Repräsentation 1945–1947. Westdt. Länderregierungen, zonale Bürokratien u. politische Parteien im Widerstreit (Studien zur Zeitgeschichte). 1974. – Westdeutschlands Weg z. Bundesrepublik 1945–1949. Beiträge v. Mitarbeitern d. Instituts f. Zeitgeschichte (Beck'sche Schwarze Reihe, 137). 1976.

Die Besatzungsmächte in Deutschland:
M. Balfour, Vier-Mächte-Kontrolle in Deutschland 1945–1946 (Four-Power-control in Germany, dt.). 1959. – Dokumentation d. Vertreibung d. Deutschen aus Ost-Mittel-Europa, hrsg. vom Bundesministerium f. Vertriebene, Bd. 1–5. 1953 ff. – D. Urteil von Nürnberg 1946. Mit e. Vorbemerkung von Herbert Kraus (dtv-Dokumente, 8). 1961. – E. Schüle, D. Justiz d. Bundesrepublik u. d. Sühne nat. soz. Unrechts (Vjh. Zeitgesch. 9, 1961). – G. Stolper, D. dt. Wirklichkeit (German realities, dt.). 1948 (über die wirtschaftl. Situation).

N. Balabkins, Germany under direct controls. Economic aspects of industrial disarmament 1945–1948. New Brunswick 1964. – K. E. Bungenstab, Umerziehung zur Demokratie? Re-education-Politik im Bildungswesen d. US-Zone 1945–1949. 1970. – J. Fürstenau, Entnazifizierung. Ein Kapitel dt. Nachkriegspolitik (Politica, 40). 1970. – L. Niethammer, Entnazifizierung in Bayern. Säuberung u. Rehabilitierung unter amerikan. Besatzung. 1972.

Parteien, Kommunen und Länder, zonale Behörden:
Parteien in d. Bundesrepublik. Studien z. Entwicklung d. dt. Parteien bis z. Bundestagswahl 1953 (Schriften d. Instituts f. Politische Wissenschaft, 6). 1955. – G. Olzog, D. politischen Parteien (Geschichte u. Staat, 104). 1964. – E. Deuerlein, CDU/CSU 1945–1957. Beiträge z. Zeitgeschichte. 1957. – L. Schwering, Frühgeschichte d. Christlich-Demokratischen Union. 1963. – H. G. Wieck, D. Entstehung d. CDU u. d. Wiedergründung d. Zentrums im Jahre 1945 (Beiträge z. Geschichte d. Parlamentarismus u. d. polit. Parteien, 2). 1953. – H. G. Wieck, Christliche u. Freie Demokraten in Hessen, Rheinland-Pfalz, Baden u. Württemberg (Beiträge z. Geschichte d. Parlamentarismus u. d. polit. Parteien, 10). 1958. – A. Kaden, Einheit oder Freiheit. D. Wiedergründung d. SPD 1945/46. 1964. – H. Kohl, D. politische Entwicklung in d. Pfalz u. d. Wiedererstehen d. Parteien nach 1945. Phil. Diss. Heidelberg 1958.

a): F. R. Willis, The French in Germany 1945–1949. Stanford 1962. – G. Kratz, Mittelrhein-Saar. 1954. – Rheinland-Pfalz 1947–1957. Dokumente d. Zeit. 1957. – Th. Eschenburg, Aus d. Anfängen d. Landes Württemberg-Hohenzollern (Vjh. Zeitgesch. 10, 1962). – E. Konstanzer, D. Entstehung d. Landes Baden-Württemberg. 1969. – E. Konstanzer, Weisungen d. franzöS. Militärregierung 1946–1949. Dokumentation (Vjh. Zeitgesch. 18, 1970).

b): W. Leonhard, D. Revolution entläßt ihre Kinder. 1955. – G. Klimov, Berliner Kreml. 1951. – J. P. Nettl, D. dt. Sowjetzone bis heute. Politik, Wirtschaft, Gesellschaft. 1953. – H. Schütze, »Volksdemokratie« in Mitteldeutschland. Hrsg. v. d. Niedersächs. Landeszentrale f. polit. Bildung. 1961. – E. Krippendorf, D. Liberal-Demokratische Partei Deutschlands in d. Sowj. Besatzungszone 1945/48 (Beiträge z. Gesch. d. Parlamentarismus u. d. polit. Parteien, 21). 1961.

Aus kommunist. Sicht: St. Doernberg, D. Geburt eines neuen Deutschland 1945 bis 1949. D. antifasch.-demokr. Umwälzung u. d. Entstehung d. DDR. 1959. – G. N. Goroskova, D. dt. Volkskongreßbewegung f. Einheit u. gerechten Frieden 1947–1949. 1963.

c): H. Holborn, American military government. Its organisation and policies. Washington 1947. – H. Zink, American military government in Germany. New York

1947. – O. J. Frederiksen, The American military occupation of Germany 1945–1953. Darmstadt 1953. – J. F. J. Gillen, State and local government in West Germany 1945–1953, with special reference to the US-Zone and Bremen. Darmstadt 1953. – H. Zink, The United States in Germany 1944–1955. Princeton 1957. – R. E. Murphy, Diplomat among warriors. Garden City 1964. – J. H. Backer, Priming the German economy. American occupational policies 1945–1948. Durham 1971. – B. Kuklick, American policy and the division of Germany. The clash with Russia over reparations. 1972. – J. Gimbel, Amerikanische Besatzungspolitik in Deutschland 1945–1949 (The American occupation of Germany. Politics and the military 1945–1949, dt.) 1971. – C. F. Latour u. Th. Vogelsang, Okkupation u. Wiederaufbau. D. Tätigkeit d. Militärregierung in d. amerikan. Besatzungszone Deutschlands 1944–1947 (Studien zur Zeitgeschichte). 1973. – W. L. Dorn, Inspektionsreisen in d. US-Zone. Notizen, Denkschriften u. Erinnerungen aus d. Nachlaß. Übersetzt u. hrsg. von L. Niethammer (Schriftenreihe d. Vierteljahrshefte f. Zeitgeschichte, 26). 1973.

Bayern: D. bayerischen Ministerpräsidenten d. Nachkriegszeit (1945–1963), bearb. von K. Hnilicka. H. 1: Fritz Schäffer, H. 2: Wilhelm Hoegner, H. 3: Hans Ehard (Hist.-polit. Schriftenreihe d. Neuen Presseclubs, München). 1964. – W. Hoegner, D. schwierige Außenseiter. Erinnerungen eines Abgeordneten, Emigranten u. Ministerpräsidenten. 1959. – H. Ehard, Bayerische Politik. Ansprachen u. Reden d. bayerischen Ministerpräsidenten, ausgew. u. eingel. von K. Schwend. 1952. – L. Niethammer, D. amerikan. Besatzungsmacht zwischen Verwaltungstradition u. politischen Parteien in Bayern 1945 (Vjh. Zeitgesch. 15, 1967).

Württemberg-Baden: R. Maier, Ende u. Wende. D. schwäbische Schicksal 1944 bis 1946. Briefe u. Tagebuchaufzeichnungen. 1948. – R. Maier, Ein Grundstein wird gelegt. Die Jahre 1945–1947. 1964. – R. Maier, Erinnerungen 1948–1953. 1966. – J. Bekker, Heinrich Köhler 1878–1949. Lebensbild eines badischen Politikers (Z. Gesch. Oberrh. 110, 1963) (m. Dokumenten aus d. Zeit nach 1945).

Hessen: L. Bergsträsser, Zeugnisse z. Entstehungsgesch. d. Landes Hessen (Vjh. Zeitgesch. 5, 1957). –H. Rothfels/W. Dorn, Zur Entstehungsgesch. d. Landes Hessen (Vjh. Zeitgesch. 6, 1958). – J. Gimbel, A German community under American occupation. Stanford 1961 (über die Stadt Marburg). – M. Dörr, Restauration oder Demokratisierung? Zur Verfassungspolitik in Hessen 1945/1946 (Z. Parlamentsfragen 2, 1971).

Lia Härtel, D. Länderrat d. amerikanischen Besatzungsgebietes. Hrsg. vom Direktorium d. Länderrats. 1951. – R. W. Miller, The South German Länderrat. The origins of postwar German federalism. Phil. Diss. Ann Arbor 1960.

d) R. Ebsworth, Restoring democracy in Germany. The British Contribution. London 1960. – W. Rudzio, Export englischer Demokratie? Zur Konzeption d. britischen Besatzungspolitik in Deutschland (Vjh. Zeitgesch. 17, 1969). – W. Rudzio, D. Neuordnung d. Kommunalwesens in d. Britischen Zone. Zur Demokratisierung u. Dezentralisierung d. politischen Struktur. Eine britische Reform u. ihr Ausgang (Quellen u. Darstellungen zur Zeitgeschichte, 18). 1968. – Ilse Girndt, Zentralismus in d. britischen Zone. Entwicklungen u. Bestrebungen beim Wiederaufbau d. staatlichen Verwaltungsorganisation auf d. Ebene oberhalb d. Länder 1945–1948. Phil. Diss. Bonn 1970. – G. J. Trittel, D. Bodenreform in d. Britischen Zone 1945–1949 (Schriftenreihe d. Vjh. f. Zeitgesch., 31). 1975.

Nordrhein-Westfalen: W. Köhler, D. Land aus d. Schmelztiegel. D. Entstehungsgeschichte Nordrhein-Westfalens. 1961. – W. Först, Geschichte Nordrhein-Westfalens. Bd. 1: 1945–1949. 1970. – P. Hüttenberger, Nordrhein-Westfalen u. d. Entstehung seiner parlamentarischen Demokratie. 1974.

Niedersachsen: Th. Vogelsang, Hinrich Wilhelm Kopf u. Niedersachsen. 1963.

Schleswig-Holstein: K. Jürgensen: D. Gründung d. Landes Schleswig-Holstein nach d. Zweiten Weltkrieg. D. Aufbau d. demokratischen Ordnung in Schleswig-Holstein unter d. ersten Ministerpräsidenten Theodor Steltzer 1945–1947. 1969. – H. J. Varain, Parteien u. Verbände. Eine Studie über ihren Aufbau, ihre Verflechtung u. ihr Wirken in Schleswig-Holstein 1945–1958 (Staat u. Politik, 7). 1964.

Hamburg: H. P. Ipsen, Hamburgs Verfassung u. Verwaltung. Von Weimar bis Bonn. 1956.

Annelies Dorendorf, D. Zonenbeirat d. britisch besetzten Zone. Ein Rückblick auf seine Tätigkeit. Hrsg. von G. Weisser. 1953. – H. G. Wieck, D. Entstehung der CDU u. d. Wiedergründung d. Zentrums im Jahr 1945 (Beiträge z. Geschichte d. Parlamentarismus u. d. polit. Parteien, 2). 1953.

Die Münchner Ministerpräsidentenkonferenz 1947:
D. dt. Ministerpräsidentenkonferenz in München vom 6. bis 8. Juni 1947, hrsg. von d. Bayer. Staatskanzlei. 1947. – H. Ehard, Vom ersten Versuch, d. Einheit wiederzugewinnen (›Bayer. Staatszeitung‹, 8. Juni 1962). – W. Grünewald, D. Münchener Ministerpräsidentenkonferenz 1947. Anlaß u. Scheitern eines gesamtdt. Unternehmens (Marburger Abhandlungen zur Polit. Wissenschaft, 21). 1971. – E. Krautkrämer, D. innerdt. Konflikt um die Ministerpräsidentenkonferenz in München 1947 (Vjh. Zeitgesch. 20, 1972); ferner: Ergänzende Bemerkungen, ebenda. – Th. Eschenburg, Erinnerungen an die Münchener Ministerpräsidenten-Konferenz 1947 (Vjh. Zeitgesch. 20, 1972).

Das Vereinigte Wirtschaftsgebiet 1947–1948 (1949):
W. Vogel, Westdeutschland 1945–1950. D. Aufbau von Verfassungs- u. Verwaltungseinrichtungen über d. Ländern d. drei westlichen Besatzungszonen. T. 1 Schriften d. Bundesarchivs, 2). 1956; T. 2 (Schriften d. Bundesarchivs, 12). 1964. – T. Pünder, D. bizonale Interregnum. D. Geschichte d. Vereinigten Wirtschaftsgebietes 1946–1949. 1966.

A. Kohn-Brandenburg, D. System d. Provisorien. T. 2 (Europa-Arch. 2, 1947). – Ders., T. 4 (Europa-Arch. 3, 1948). – J. von Elmenau, Länderrat u. Zweizonenräte. Staats- u. verwaltungsrechtl. Entwicklungen (Dt. Rechts-Ztg. 2, 1947). – W. Strauß, Entwicklung u. Aufbau d. Vereinigten Wirtschaftsgebietes. 1948.

H. Pünder, Vorläufer d. Bundesrepublik. Dargest. aus eigenem Miterleben. 1961 (Privatdruck). – H. Schlange-Schöningen, Im Schatten d. Hungers. Dokumentarisches zur Ernährungswirtschaft in d. Jahren 1945 bis 1949. 1955.

Wirtschaftspolitik, Währungsreform 1948:
D. dt. Wirtschaft seit Potsdam. Ein Arbeitsbericht d. Wirtschaftsabt. d. amerikan. Militärregierung (Dokumente u. Berichte d. Europa-Archivs, 1). 1947. – D. Europ. Wiederaufbauprogramm d. Vereinigten Staaten (Europa-Arch. 3, 1948). – D. erste Jahresplan d. Wiedergesundung Europas (ebenda). – H. Volle, Planung u. Aktion d. westeurop. Zusammenarbeit (ebenda). – H. Claude, D. Marshall-Plan. 1949. – O. Schumann, D. Marshallplan u. d. dt. Wirtschaft. Diss. Tübingen 1950. – W. Abelshauser, Wirtschaft in Westdeutschland 1945–1948. Rekonstruktion und Wachstumsbedingungen in d. amerik. u. brit. Zone (Schriftenreihe d. Vjh. f. Zeitgesch., 30). 1975.

E. Schmidt, D. verhinderte Neuordnung 1945–1952. Zur Auseinandersetzung um d. Demokratisierung d. Wirtschaft in d. westl. Besatzungszonen u. in d. Bundesrepublik Deutschland. 1970.

E. Hielscher, D. Leidensweg d. dt. Währungsreform. 1948. – Fünf Jahre Deutsche Mark. D. Wiederaufbau d. westdt. Wirtschaft seit d. Währungsreform. 1953. – L. Erhard, Wohlstand für alle. 1957. – H. Möller (Hrsg.), Zur Vorgeschichte d. Deutschen Mark. D. Währungsreformpläne 1945–1948. Eine Dokumentation. 1961. – H. Mey, Marktwirtschaft u. Demokratie. Betrachtung zur Grundlegungen d. Bundesrepublik (Vjh. Zeitgesch. 19, 1971).

W. Ph. Davison, D. Blockade von Berlin. Berlin. 1959.

3. Kapitel. Die Entstehung der Bundesrepublik Deutschland. Von den Londoner Empfehlungen zum Petersberger Abkommen 1948–1949

Allgemein:
Germany 1947–1949. The story in documents (Department of State Publication, 3556). Washington 1950. – N. Tönnies, D. Staat aus d. Nichts. Deutschlands Weg von Potsdam bis Berlin. 1954. – J. F. Golay, The founding of the Federal Republic of Germany. Chicago 1958. – P. H. Merkl, D. Entstehung d. Bundesrepublik Deutschland. 1967.

Die deutsche Frage zu Beginn des Jahres 1948:
Wortlaut d. Kommuniqués d. Londoner Besprechungen über Deutschland vom 6. März 1948 (Europa-Arch. 3, 1948). – D. Konferenzen d. CEEC im Rahmen d. europäischen Wiederaufbauprogramms (ebenda).

Die Londoner Empfehlungen:
S. Rothstein, Gab es eine Alternative? Zur Vorgeschichte d. Gründung d. Bundesrepublik Deutschland (Aus Politik u. Zeitgeschichte, Beilage zur Wochenzeitung ›Das Parlament‹, 17. Mai 1969). – W. D. Gruner, D. Londoner Sechsmächtekonferenz von 1948 u. d. Entstehung d. Bundesrepublik (Großbritannien u. Deutschland, Festschrift f. John W. P. Bourke, 1974).

Die beiden Konferenzen der westdeutschen Ministerpräsidenten 1948:
W. Strauß, D. gesamtdt. Aufgabe d. Ministerpräsidenten während d. Interregnums 1945 bis 1949 (Festschrift f. Hans Ehard, 1957).

Aus dem Wiesbadener Büro der Ministerpräsidenten des amerikanischen, britischen und französischen Besatzungsgebietes stammen: Dokumente betreffend d. Begründung einer neuen staatlichen Ordnung in d. amerikanischen, britischen u. französischen Besatzungszone. 1948. – Empfehlungen d. Organisations-Ausschusses d. Ministerpräsidenten-Konferenz über d. Aufbau d. Bundesorgane. 1949.

Th. Vogelsang, Hinrich Wilhelm Kopf u. Niedersachsen. 1963 (S. 122 ff.) – Th. Vogelsang, Koblenz, Berlin u. Rüdesheim. D. Option für d. westdt. Staat im Juli 1948 (Festschrift f. Hermann Heimpel, Bd. 1, 1971).

Verfassungsausschuß d. Ministerpräsidentenkonferenz d. westlichen Besatzungszonen, Bericht über d. Verfassungskonvent vom 10. bis 23. August 1948. 1948.

Zur Haltung Bayerns: H. Ehard, Freiheit u. Föderalismus. o. J. – H. Ehard, Tatsachen u. Zusammenhänge aus meiner elfjährigen Ministerpräsidentenschaft (D. bayer. Ministerpräsidenten d. Nachkriegszeit, 3). 1964.

Die innenpolitische Lage Westdeutschlands und der Parlamentarische Rat:
D. Parlamentarische Rat 1948–1949. Akten u. Protokolle. Hrsg. von K. G. Wernicke u. H. Booms. Bd. 1. 1975.

Parlam. Rat, Stenogr. Bericht. Verhandlungen d. Plenums. 1948/49. – Dto., Verhandlungen d. Hauptausschusses. 1948/49. – W. Soergel, Konsensus u. Interessen. Eine Studie zur Entstehung d. Grundgesetzes für d. Bundesrepublik Deutschland (Frankfurter Studien z. Wissenschaft von d. Politik, 5). 1969. – R. Morsey, D. Rolle Konrad Adenauers im Parlamentarischen Rat (Vjh. Zeitgesch. 18, 1970). – E. Lange, D. Parlamentarische Rat u. d. Entstehung d. ersten Bundestagswahlgesetzes (Vjh. Zeitgesch. 20, 1972).

H. von Mangoldt, D. Bonner Grundgesetz (Kommentar). 1953. Ferner: Mangoldt/ Klein, dto. 2. Aufl., Bd. 1. 1957. – F. K. Fromme, Von d. Weimarer Verfassung zum Bonner Grundgesetz. D. Folgerungen d. Parlamentarischen Rates aus d. Weimarer Republik u. nationalsozialistischen Diktatur (Tübinger Studien zur Geschichte u. Politik, 12). 1960. – A. Danco, D. Entstehung d. Bundesrepublik Deutschland u. d. Inkrafttreten d. Grundgesetzes. Diss. Münster 1961. – Entstehungsgeschichte d. Artikel d. Grundgesetzes (Jb. öffentl. Rechts Gegenw., N. F., 1, 1951).

Kommuniqué u. Entwurf eines Abkommens über d. Errichtung einer Internationalen Ruhrbehörde (Europa-Arch. 4, 1949). – D. Abkommen über d. Errichtung einer Internat. Ruhrbehörde. Hrsg. von d. Regierung d. Landes Nordrhein-Westfalen unter Mitwirk. d. Dt. Büros f. Friedensfragen in Stuttgart. 1949. – D. Beschlüsse d. Außenministerkonferenz d. drei Westmächte in Washington vom 5. bis 8. April 1949 (Europa-Arch. 4, 1949).

Konstituierung der Bundesrepublik und Beendigung der Demontagen:
Th. Heuss, Würdigungen. Reden, Aufsätze u. Briefe aus d. Jahren 1949–1955. Hrsg. von H. Bott. 1955. – H. H. Welchert, Theodor Heuss. Ein Lebensbild. 1953. – P. Weymar, Konrad Adenauer. D. autorisierte Biographie. 1955. – F. Rodens, Konrad Adenauer. D. Mensch u. Politiker (Knaur Taschenbücher, 31). 1963. – H. Osterheld, Konrad Adenauer. Ein Charakterbild. 1973. – Anneliese Poppinga, Konrad Adenauer. Geschichtsverständnis, Weltanschauung u. politische Praxis. 1975. – P. Berglar, Konrad Adenauer (Persönlichkeit u. Geschichte, 87/88). 1976. – K. Adenauer, Erinnerungen 1945–1953. 1965. – F. Wesemann, Kurt Schumacher. Ein Leben für Deutschland. 1952. – W. Ritter, Kurt Schumacher. Eine Untersuchung seiner politischen Konzeption u. seiner Gesellschafts- u. Staatsauffassung. 1964. – Karl Arnold. Grundlegung christlich-demokrat. Politik in Dtschld., hrsg. von R. Barzel. 1960.

W. G. Grewe, Ein Besatzungsstatut f. Deutschland. 1949. – G. von Schmoller, Grundzüge d. neuen Besatzungsregimes in Westdtschld. (Europa-Arch. 4, 1949).

Petersberger Abkommen: A. François-Poncet, Adenauer als historische Gestalt (Polit. Meinung 8, 1963).

Der Osten zieht nach: Gründung der Deutschen Demokratischen Republik:
H. Schütze, »Volksdemokratie« in Mitteldeutschland. Hrsg. von d. Niedersächs. Landeszentrale f. polit. Bildung. 1961. – H. Duhnke, Stalinismus in Deutschland. D. Geschichte d. sowjet. Besatzungszone. 1955. – R. Lukas, Zehn Jahre sowjet. Besatzungszone. Politik, Wirtschaft, Kultur, Rechtswesen. 1955. – J. P. Nettl, D. dt. Sowjetzone bis heute. Politik, Wirtschaft, Gesellschaft. 1953.

H. Herzfeld, D. Entscheidungsjahre d. Berliner Nachkriegsgeschichte 1946–1948 (Ausgew. Aufsätze, 1962). – F. Friedensburg, D. Spaltung Berlins (Frankfurter Allgemeine Ztg., 27. November 1963) (über d. politischen Vorgänge d. Jahres 1948). – Berlin. Quellen u. Dokumente 1945–1951, Halbbd. 1. 2. Hrsg. im Auftrage d. Senats von Berlin (Schriftenreihe zur Berliner Zeitgeschichte, 4). 1964.

4. Kapitel. Das Auseinanderleben der beiden Teile Deutschlands. Die Außenpolitik Adenauers 1950–1958

Allgemein:
G. A. Craig, Dt. Staatskunst von Bismarck bis Adenauer (From Bismarck to Adenauer, Aspects of German statecraft, dt.) 1961. – Marion Gräfin Dönhoff, D. Bundesrepublik in d. Ära Adenauer. Kritik u. Perspektiven (Rowohlts Dt. Enzyklopädie,

187/188). 1963. – A. Grosser, D. Bonner Demokratie. Deutschland von draußen gesehen. 1960.

Außenpolitik:

K. Adenauer, Erinnerungen. Bd. 1–4. 1965–68. – F. von Eckardt, Ein unordentliches Leben. Lebenserinnerungen. 1967. – W. G. Grewe, Dt. Außenpolitik d. Nachkriegszeit. 1960. – H. A. Jacobsen u. O. Stenzl (Hrsg.), Deutschland u. d. Welt. Zur Außenpolitik d. Bundesrepublik 1949–1963 (dtv-Dokumente, 174/175). 1964. – W. Hausenstein, Pariser Erinnerungen. Aus fünf Jahren diplomatischen Dienstes 1950 bis 1955 . 1961. – R. von Albertini, D. frz. Deutschland-Politik 1945–1955 (Schweiz. Monatsh. 35, 1955/56). – G. Ziebura, D. dt.-frz. Beziehungen seit 1945. 1970. – H. E. Riesser, Von Versailles zur UNO. Aus d. Erinnerungen eines Diplomaten. 1962. – H. G. Alexander, Zwischen Bonn u. London. Mißverständnisse u. Hoffnungen. 1959. – P. Sethe, Zwischen Bonn u. Moskau. 1956. – K. Erdmenger, D.folgenschwere Mißverständnis. Bonn u. d. sowjet. Deutschlandpolitik 1949–1955. 1967.

D. Auswärt. Politik d. Bundesrepublik Deutschland. Hrsg. vom Auswärt. Amt. 1972. – W. Besson, D. Außenpolitik d. Bundesrepublik. Erfahrungen u. Maßstäbe. 1970. – P. Noack, Dt. Außenpolitik seit 1945. 1972. – A. Baring, Außenpolitik in Adenauers Kanzlerdemokratie. Bonns Beitrag zur Europ. Verteidigungsgemeinschaft (Schriften d. Forschungsinstituts d. Dt. Gesellschaft f. Auswärt. Politik, 28). 1969. – B. Bandulet, Adenauer zwischen West u. Ost. Alternativen d. dt. Außenpolitik. 1970. – W. F. Hanrieder, D. stabile Krise. Ziele u. Entscheidungen d. bundesrepublikan. Außenpolitik 1949–1969 (Studienbücher zur auswärt. u. internat. Politik, 1). 1971. – K. Kaiser, German foreign policy in transition. Bonn between East and West. London 1968.

Die UdSSR und die deutsche Frage 1949/1950:

B. Meissner, Rußland, d. Westmächte u. Deutschland. D. sowjet. Deutschlandpolitik 1943–1953. 1954. – H. Volle, D. Verlauf d. Pariser Außenministerkonferenz vom 23. Mai bis 20. Juni 1949 (Europa-Arch. 4, 1949).

Zielsetzungen Adenauers.Bonn und der Schumann-Plan 1950/51:

K. D. Bracher, Weichenstellungen dt. Politik in d. Anfängen d. Bundesrep. (Festschrift f. Gerhard Leibholz, 1966).

H. Volle, Schumanplan u. Atlantikpakt (Europa-Arch. 5, 1950). – W. Hallstein, D. Schuman-Plan (Frankfurter Universitätsreden, 5). 1951. – W. Diebold, The Schuman-Plan. A case study on economic cooperation 1950–1959. New York 1959. – E. Wandel, Adenauer u. d. Schuman-Plan (Vjh. Zeitgesch. 20, 1972). – A. Grosser, La IVe république et sa politique extérieure. Paris 1961.

Der deutsche Wehrbeitrag und der Plan einer Europäischen Verteidigungsgemeinschaft (EVG). Erste Phase 1950–1952:

W. Cornides u. H. Volle, D. Diskussion um d.dt.Verteidigungsbeitrag(Europa-Arch. 5, 1950). – W. Cornides u. H. Volle, Schumanplan u. Atlantikpakt, T. 4 (ebenda 6, 1951). – W. Cornides u. H. Volle, Atlantikpakt u. Europäische Verteidigungsgemeinschaft. T. 5: D. Einbeziehung d. Bundesrepublik in d. Europ. Verteid. Gem. (ebenda 7, 1952). – U. Buczylowski, Kurt Schumacher u. d. dt. Frage. Sicherheitspolitik u. strategische Offensivkonzeption vom August 1950 bis September 1951. 1973.

D. dt. Verteidigungsbeitrag. Dokumente u. Reden. Hrsg. vom Ausw. Amt. 1954. – H. E. Jahn, Für u. gegen d. Wehrbeitrag. Argumente u. Dokumente. 1957.

G. Wettig, Entmilitarisierung u. Wiederbewaffnung in Dtschld. 1943–1955. Internat. Auseinandersetzungen um d. Rolle d. Deutschen in Europa (Schriften d. Forschungsinstituts d. Dt. Gesellschaft f. Auswärt.Politik, 25). 1967. – K. von Schubert, Wiederbewaffnung u. Westintegration. D. innere Auseinandersetzung um d. militär. u. außenpolit. Orientierung d. Bundesrepublik 1950–1952 (Schriftenreihe d. Vierteljahrshefte f. Zeitgeschichte, 20). 1970. – U. F. Löwke, Für den Fall, daß . . . D. Haltung d. SPD zur Wehrfrage 1949–1955. 1969

D. Ergebnisse d. New Yorker Außenminister-Konferenz vom 12. bis 14. u. 18. September 1950 (Europa-Arch. 5, 1950). – J. L. Richardson, Deutschland u. d. NATO. Strategie u. Politik im Spannungsfeld zwischen Ost u. West. 1967.

Die sowjetischen Deutschlandnoten vom Frühjahr 1952:
B. Meissner, Rußland, d. Westmächte u. Deutschland. D. sowjetische Deutschlandpolitik 1943–1953. 1954. – P. Sethe, B. Meissner, D. Dtschldnote d. Kreml. Wendepunkt in d. sowjet. Außenpolitik (Z. Geopolitik 23, 1952). – W. W. Schütz, Dtschld. am Rande zweier Welten. Voraussetzungen u. Aufgabe unserer Außenpolitik. 1952. – G. A. Bürger, D. Legende von 1952. Zur sowjetischen Märznote u. ihrer Rolle in d. Nachkriegspolitik. 1959. – G. Meyer, D. sowjet. Deutschlandpolitik im Jahre 1952 (Forschungsberichte u. Untersuchungen zur Zeitgeschichte, 24). 1970.

Die zweite Phase der EVG-Politik und die Berliner Konferenz 1952–1954:
D. J. Dallin, Sowjetische Außenpolitik nach Stalins Tod. 1961. – W. Leonhard, Kreml ohne Stalin. 1959. – B. Meissner, Rußland unter Chruschtschow. 1960.

D. Viererkonferenz in Berlin 1954. Reden u. Dokumente, hrsg. vom Presse- u. Informationsamt d. Bundesregierung. o. J. – K. Mehnert, D. Viererkonferenz von Berlin (Osteuropa 4, 1954). – J. Thesing, D. Haltung Adenauers u. d. Bundesregierung zur Außenministerkonferenz von Berlin 1954 (Z. Politik 11, 1964). – Materialien zur Außenministerkonferenz in Berlin 1954. Hrsg. vom Auswärtigen Amt. 1955. – W. Bödigheimer, D. Verhandlungen über d. Sicherheitsproblem auf d. Berliner Konferenz von 1954 (Europa-Arch. 9, 1954).

Die Pariser Verträge und der Abschluß des Warschauer Paktes 1954–1955:
H. Volle, D. Agonie d. Europ. Verteid. Gem. Eine Übersicht über d. Entwicklung vom Juni bis zum September 1954 (Europa-Arch. 9, 1954). – D. Schlußakte d. Londoner Neunmächtekonferenz vom 3. Oktober 1954 (Europa-Arch. 9, 1954). – D. Ergebnisse d. dt.-frz. Verhandlungen in Paris vom 19. bis 23. Oktober 1954 (Europa-Arch. 9, 1954). – Die Pariser Verträge vom 23. Oktober 1954 (Europa-Arch. 9, 1954). – W. G. Grewe, D. Wiedervereinigungsfrage in d. Pariser Verträgen (Außenpolitik 6, 1955).

Dokumente zur Außenpolitik d. Regierung d. DDR. Hrsg. vom Dt. Institut f. Zeitgeschichte. Bd. 2: Von d. Souveränitätserklärung am 25. Mai 1954 bis zur Warschauer Konferenz (11. bis 14. Mai 1955). 1955.

Das Saarproblem und seine Lösung 1954–1956:
L. Dischler, D. Saarland 1945 bis 1956. Eine Darstellung d. historischen Entwicklung mit d. wichtigsten Dokumenten. Bd. 1. 2. 1956. – K. Altmeyer, D. Volksbefragung an d. Saar vom 23. Oktober 1955 (Europa-Arch. 11, 1956). – R. Schmidt, Saarpolitik 1945–1957. Bd. 1–3. 1959/60. – J. Freymond, D. Saar 1945–1955. Hrsg. vom Carnegie Endowment for International Peace, European Centre. 1961. – P. Fischer, D. Saar zwischen Deutschland u. Frankreich. Polit. Entwicklung von 1945 bis 1959. 1959. – J. Hoffmann, D. Ziel war Europa. D. Weg d. Saar 1945–1955. 1963.

Weitere Bemühungen um den Zusammenschluß Europas. Auf dem Wege zur EWG 1955–1958:
U. Wartmann, Wege u. Institutionen zur Integration Europas 1945–1961 (Internat. Schriftenreihe f. soziale u. polit. Wissenschaften, Reihe Europ. Probleme, 1). 1961. – H. Reif, Europ. Integration (D. Wissenschaft von d. Politik, 11). 1962.

G. Schiffler, D. Vertrag über d. Europäische Wirtschaftsgemeinschaft (Europa-Arch. 12, 1957). – R. Kuhn, D. Europ. Wirtschaftsgemeinschaft. 1958. – G. Keiser, D. Verhandlungen über d. Errichtung einer europ. Freihandelszone. Eine Zwischenbilanz zur Jahreswende 1957/58 (Europa-Arch. 13, 1958). – D. Vereinbarung von Stockholm ü. d. Schaffung einer eur. Freihandelsvereinigung (Europa-Arch. 14, 1959).

Bonn, das Deutschlandproblem und die vier Mächte 1955–1958:
D. Bemühungen d. Bundesrepublik um Wiederherstellung d. Einheit Dtschlds. durch gesamtdt. Wahlen. Dokumente u. Akten. Hrsg. vom Bundesministerium f. gesamtdt. Fragen. Bd. 1–3. 1958. – Dokumente zur Deutschlandpolitik. Reihe 3: Vom 5. Mai 1955 bis 9. November 1958. Bd. 1–4. 1961–69.

Dokumente zur Genfer Außenministerkonferenz 1955 (Europa-Arch. 10, 1955 u. 11, 1956). – ,Dokumente zu d. Verhandlungen zwischen d. Regierungsdelegationen d. Sowjetunion u. d. Bundesrepublik in Moskau vom 9. bis zum 13. September 1955 (Europa-Arch. 10, 1955).

Ch. R. Planck, The changing status of German reunification in Western diplomacy 1955–1966 (Studies in International Affairs, 4). Baltimore 1967.

Das Wiedervereinigungsproblem im Zeichen von Abrüstungskonferenz und Rapacki-Plan 1957 bis 1958:
H. Stehle, Nachbar Polen. 1963. – Dokumente zum Rapacki-Plan (Internat. Recht u. Dipl. 3, 1958). – Weitere Dokumente zum Rapacki-Plan (Europa-Arch. 14, 1959). – F. Erler, Disengagement u. d. Wiedervereinigung Dtschlds. (Europa-Arch. 14, 1959).

5. Kapitel. Die innere Entwicklung der Bundesrepublik Deutschland in den 50er Jahren (1950–1961)

Allgemein:
K. Bölling, D. Zweite Republik. 15 Jahre Politik in Dtschld. 1963. – Regierung Adenauer 1949–1963. Hrsg. vom Presse- u. Informationsamt der Bundesregierung. 1963. – Marion Gräfin Dönhoff, D. Bundesrepublik in d. Ära Adenauer. Kritik u. Perspektiven (Rowohlts Dt. Enzyklopädie, 187/188). 1963. – T. Prittie, Germany divided. London 1961. – G. Freund, Germany between two worlds. New York 1961. – R. d'Harcourt, L'Allemagne d'Adenauer. Paris 1958. – F. R. Allemann, Bonn ist nicht Weimar. 1956. – A. Grosser, D. Bundesrepublik Dtschld. Bilanz einer Entwicklung. 1967. – R. Löwenthal u. H.-P. Schwarz (Hrsg.), D. zweite Republik. 25 Jahre Bundesrepublik Deutschland – eine Bilanz. 1974.

H. Glaser, D. Bundesrepublik zwischen Restauration u. Rationalismus. Analysen u. Perspektiven. 1965. – H. J. Netzer (Hrsg.), Adenauer u. d. Folgen. Siebzehn Vorträge über Probleme unseres Staates (Beck'sche Schwarze Reihe, 32). 1965. – H. W. Richter (Hrsg.), Bestandsaufnahme. Eine dt. Bilanz 1962. 36 Beiträge dt. Wissenschaftler, Schriftsteller u. Publizisten. 1962. – K. D. Bracher, Zwischen Stabilisierung u. Stagnation. D. mittleren Jahre d. Ära Adenauer (Wolfgang Abendroth zum 60. Geburtstag, 1968).

Th. Ellwein, D. Regierungssystem d. Bundesrepublik Dtschld. Leitfaden u. Quellenbuch (D. Wissenschaft von d. Politik, 1). 1963. – K. D. Bracher, D. zweite Demokratie in Dtschld. Strukturen u. Probleme (D. Demokratie im Wandel d. Gesellschaft, hrsg. von R. Löwenthal, 1963). – A. J. Heidenheimer, The governments of Germany. New York 1961. – A. Grosser, D. Bonner Demokratie. Dtschld. von draußen gesehen. 1960. – K. W. Deutsch u. L. Edinger, Germany rejoins the powers. Stanford 1959. – R. Hiscocks, Democracy in Western Germany. London 1957. – Th.

Eschenburg, Staat und Gesellschaft in Dtschld. 1956. – R. Wildenmann, Macht u. Konsens als Problem d. Innen- u. Außenpolitik (Kölner Schriften z. polit. Wissenschaft, 2). 1963.

K. Carstens, Politische Führung. Erfahrungen im Dienst d. Bundesregierung. 1971. – Th. Eschenburg, Zur polit. Praxis in d. Bundesrepublik. Kritische Betrachtungen, Bd. 1–4. 1964–1971. – E. U. Junker, D. Richtlinienkompetenz d. Bundeskanzlers (Tübinger Studien z. Geschichte u. Politik, 20). 1965. – K. Sontheimer, Grundzüge d. polit. Systems d. Bundesrepublik Deutschland. 1971. – W. Wagner, D. Bundespräsidentenwahl 1959 (Adenauer-Studien, 2). 1972.

W. Henkels, Zeitgenossen. Fünfzig Bonner Köpfe. 1953. – R. Altmann, D. Erbe Adenauers. 1960. – K. H. Flach, Erhards schwerer Weg. 1963. – W. Börner, Hermann Ehlers. 1963. – G. Schröder, Wir brauchen eine heile Welt. Politik in u. für Dtschld. Hrsg. von A. Rapp. 1963.

Problematik des Neuanfangs. Die Überwindung der Hypotheken aus der nationalsozialistischen Zeit:
H. U. Granow, Ausländ. Kriegsschädenansprüche u. Reparationen (Arch. öff. Recht 77, 1951). – K. R. Grossmann, Germany's moral debt. The German-Israel agreement. Washington 1954. – H. Volle, D. Wiedergutmachungsabkommen zwischen d. Bundesrep. Dtschld. u. d. Staate Israel (Europa-Arch. 8, 1953). – N. Balabkins, West Germany's reparations to Israel. New Brunswick 1971.

Parteien und Verbände:
Parteien: Parteien in d. Bundesrepublik. Studien zur Entwicklung d. dt. Parteien bis zur Bundestagswahl 1953 (Schriften d. Instituts f. Polit. Wissenschaft, 6). 1955. – Rechtliche Ordnung d. Parteiwesens. Probleme eines Parteiengesetzes. 2. Aufl. 1958. – G. Leibholz, Strukturprobleme d. modernen Demokratie. 1958. – U. Dübber, Parteifinanzierung in Dtschld. (Staat u. Politik, 1). 1962. – G. Olzog, D. politischen Parteien (Geschichte u. Staat, 104). 1964.

O. K. Flechtheim (Hrsg.), Dokumente zur parteipolit. Entwicklung in Deutschland seit 1945. (Bislang ersch.: Bd. 1–8.) 1962–70. – H.-G. Schumann, D. polit. Parteien in Deutschland nach 1945. Ein bibliographisch-systematischer Versuch (Schriften d. Bibliothek f. Zeitgeschichte, 6). 1967.

W.-D. Narr, CDU-SPD. Programm u. Praxis seit 1945. 1966. – A. J. Heidenheimer, Adenauer and the CDU. The rise of the leader and integration of the party. The Hague 1960. – Th. Pirker, D. Geschichte d. Sozialdemokrat. Partei Deutschlands 1945–1964. 1965. – W. Ritter, Kurt Schumacher. Eine Untersuchung seiner polit. Konzeption u. seiner Gesellschafts- u. Staatsauffassung. 1964. – H. K. Schellenger, The SPD in the Bonn Republic. A socialist party modernizes. The Hague 1968. – M. J. Gutscher, D. Entwicklung d. FDP von ihren Anfängen bis 1961. 1967. – H. Kluth, D. KPD in d. Bundesrepublik. Ihre polit. Tätigkeit u. Organisation 1945–1956. 1959. – H. Meyn, D. Deutsche Partei. Entwicklung u. Problematik einer national-konservativen Rechtspartei nach 1945 (Beiträge z. Geschichte d. Parlamentarismus u. d. politischen Parteien, 29). 1965. – F. Neumann, D. Block d. Heimatvertriebenen u. Entrechteten 1950–1960. Ein Beitrag zur Geschichte u. Struktur einer polit. Interessenpartei (Marburger Abhandlungen z. Polit. Wissenschaft, 5). 1968.

Verbände: Th. Eschenburg, Herrschaft d. Verbände? 1955. – W. Weber, D. Staat u. d. Verbände. 1957. – R. Breitling, D. Verbände in d. Bundesrepublik. 1955. – O. H. von d. Gablentz, D. versäumte Reform. 1960. – H. J. Varain, Parteien u. Verbände. Eine Studie über ihren Aufbau, ihre Verflechtung u. ihr Wirken in Schleswig-Holstein 1945–1958 (Staat u. Politik, 7). 1964. – R. Breitling, D. Verbände in d. Bundesrepublik. Ihre Arten u. ihre polit. Wirkungskreise (Parteien, Fraktionen, Regierungen, 8). 1955. – Th. Pirker, D. blinde Macht. D. Gewerkschaftsbewegung in Westdeutschland. Bd. 1. 2. 1960. – M. M. Wambach, Verbändestaat u. Parteienoligopol. Macht u. Ohnmacht d. Vertriebenenverbände (Bonner Beiträge z. Soziologie, 10). 1971.

Vertriebenenproblem und Lastenausgleich:
H. Lukaschek, D. dt. Heimatvertriebenen als zentrales dt. Problem. 1951. – Vertriebene, Flüchtlinge, Kriegsgefangene, heimatlose Ausländer 1949–1952. Bericht d. Bundesmin. f. Vertriebene. 1953. – Th. Oberländer, D. Überwindung d. dt. Not (Lebendige Wirtschaft, 5). 1954. – D. Vertriebenen u. Flüchtlinge in d. Bundesrep. Deutschld. in d. Jahren 1946–1953. 1955. – L. W. Schwarz, Refugees in Germany today. New York 1957. – L. Kather, D. Entmachtung d. Vertriebenen. Bd. 1: D. entscheidenden Jahre. 1964.

Die wirtschaftliche Entwicklung:
A. Hunold (Hrsg.), Wirtschaft ohne Wunder. Zürich 1953. – K. Leist, Investitionen u. Sozialstruktur in Westdtschld. Zürich 1956. – H. Mendershausen, The postwar recoveries of the German economy. Amsterdam 1955. – V. Siebrecht, Arbeitsmarkt u. Arbeitsmarktpolitik in d. Nachkriegszeit. 1956. – U. Teichmann, Bevölkerungs- u. Wirtschaftswachstum. 1957. – H. C. Wallich, Triebkräfte d. dt. Wiederaufstiegs. 1955. – Wirtschaftsfragen d. freien Welt. Festgabe f. Ludwig Erhard zum 60. Geburtstag. 1957. – L. Erhard, Wohlstand für alle. 1957. – W. Henle, D. Ordnung d. Finanzen in d. Bundesrepublik Deutschland. 1964. – C. Mötteli, Licht u. Schatten d. Sozialen Marktwirtschaft. Leitbild u. Wirklichkeit d. Bundesrepublik Deutschland. Erlenbach/Zürich 1961. – A. Müller-Armack, Wirtschaftsordnung u. Wirtschaftspolitik. Studien u. Konzepte z. sozialen Marktwirtschaft u. z. Europ. Integration (Beiträge z. Wirtschaftspolitik, 4). 1966.

W. Abendroth, Wirtschaft, Gesellschaft u. Demokratie in d. Bundesrepublik. 1965. – K. M. Bolte, Dt. Gesellschaft im Wandel. 1966. – R. Dahrendorf, Gesellschaft u. Demokratie in Deutschland. 1965. – St. Münke, D. mobile Gesellschaft. Einführung in d. Sozialstruktur der BRD. 1967.

Die Bundeswehr und der Staat:
K. Bauer, Dt. Verteidigungspolitik 1948–1967. Dokumente u. Kommentare. [4]1968. – M. Dormann, Demokratische Militärpolitik. D. alliierte Militärstrategie als Thema dt. Politik 1949–1968 (Sozialwissenschaft in Theorie u. Praxis, 11). 1970. – W. Mosen, Bundeswehr, Elite d. Nation? Determinanten u. Funktionen elitärer Selbsteinschätzungen von Bundeswehrsoldaten (Soziologische Texte, 67). 1970. – E. Obermann (Hrsg.), Verteidigung d. Freiheit. Idee, Weltstrategie, Bundeswehr. Ein Handbuch. 1966. – W. von Raven (Hrsg.), Armee gegen d. Krieg. Wert u. Wirkung d. Bundeswehr. 1966. – H.-H. Thielen, D. Verfall d. Inneren Führung. Politische Bewußtseinsbildung in d. Bundeswehr. 1970. – W. Frhr. von Bredow, D. unbewältigte Bundeswehr. Z. Perfektionierung eines Anachronismus (Fischer Bücherei, 1353). 1973.

Die deutschen Länder:
Th. Vogelsang, Hinrich Wilhelm Kopf u. Niedersachsen. 1963. – K. Neunreither, D. Bundesrat zwischen Politik u. Verwaltung (Studien zur Politik, 2). 1959. – R. H. Wells, The states in West German federalism. A study of federal-state relations 1949 bis 1960. New York 1961.

Regierungskoalition und Opposition in den ersten drei Legislaturperioden des Deutschen Bundestages (1949–1953, 1953–1957 und 1957–1961):
R. Schachtner, D. dt. Nachkriegswahlen. 1956. – E. Faul (Hrsg.), Wahlen u. Wähler

in Dtschld. 1960. – W. Hirsch-Weber u. K. Schütz (Hrsg.), Wähler u. Gewählte. Eine Untersuchung d. Bundestagswahlen 1953 (Schriften d. Instituts f. Polit. Wissenschaft, 7). 1957. – U. W. Kitzinger, Wahlkampf in Westdeutschland. Eine Analyse d. Bundestagswahl 1957. 1960. – B. Vogel u. P. Haungs, Wahlkampf u. Wählertradition. Eine Studie zur Bundestagswahl von 1961 (Polit. Forschungen, 7). 1964.

W. Kralewski u. K. Neunreither, Oppositionelles Verhalten im ersten Dt. Bundestag (1949–1953) (Polit. Forschungen, 3). 1963. – J. Domes, Mehrheitsfraktion u. Bundesregierung. Aspekte d. Verhältnisses d. Fraktion CDU/CSU im zweiten u. dritten Dt. Bundestag zum Kabinett Adenauer (Polit. Forschungen, 5). 1964. – H. K. Rupp, Außerparlamentarische Opposition in d. Ära Adenauer. D. Kampf gegen d. Atombewaffnung in d. fünfziger Jahren. Eine Studie zur innenpolit. Entwicklung der BRD. 1970.

6. Kapitel. Die Deutsche Demokratische Republik 1950–1961

Allgemein:
H. Schütze, »Volksdemokratie« in Mitteldeutschland. Hrsg. von d. Niedersächs. Landeszentrale f. Polit. Bildung. 1961 (dazu 2. Aufl. 1964). – H. Duhnke, Stalinismus in Dtschld. D. Geschichte d. sowjet. Besatzungszone. 1955. – R. Lukas, Zehn Jahre sowjet. Besatzungszone. 1955. – E. Richert, Macht ohne Mandat. D. Staatsapparat in d. sowjetischen Besatzungszone Dtschlds. (Schriften d. Instituts f. Polit. Wissenschaft, 11). 1958. – St. Doernberg, Kurze Geschichte d. DDR. ²1965.

Wesen und Funktion der Sozialistischen Einheitspartei (SED):
Carola Stern, Porträt einer bolschewistischen Partei, Entwicklung, Funktion und Situation d. SED. 1957. – J. Schulz, D. Funktionär in d. Einheitspartei, Kaderpolitik u. Bürokratisierung in d. SED (Schriften d. Instituts f. Polit. Wissenschaft, 8). 1956. – Carola Stern, Ulbricht. Eine polit. Biographie. 1963. – J. W. Görlich, Geist u. Macht in d. DDR. D. Integration d. kommunistischen Ideologie. 1968. – Gemeinsam zum Sozialismus. Zur Geschichte d. Bündnispolitik d. SED. Hrsg. vom Institut f. Gesellschaftswissenschaften beim ZK d. SED. 1969.

Die DDR als Volksdemokratie im Gefüge des Ostblocks:
B. Meissner (Hrsg.), D. Ostpakt-System. Dokumentensammlung. 1955. – D. A. Loeber, D. Rechtsstruktur d. Ostblocks (Osteuropa-Recht 6, 1960). – B. Meissner (Hrsg.), D. Warschauer Pakt. Dokumentensammlung (Dokumente zum Ostrecht, 1). 1962. – G. von Huebbenet, D. rote Wirtschaft wächst. Aufbau u. Entwicklungsziele d. COMECON. 1960. – P. Florin, Zur Außenpolitik d. souveränen sozialistischen Dt. Demokratischen Republik. 1967. – Geschichte d. Außenpolitik d. Dt. Demokratischen Republik. Abriß. 1968.

Stationen der gesellschaftlichen Umwandlung:
W. Horn, D. Kampf d. SED um d. Festigung d. DDR u. den Übergang zur zweiten Etappe d. Revolution (1949–1952). 1952. – H. Köhler, Zur geistigen u. seelischen Situation d. Menschen in d. Sowjetzone. 1952. – M. G. Lange, Totalitäre Erziehung. D. Erziehungssystem in d. Sowjetzone Dtschlds. (Schriften d. Instituts f. Polit. Wissenschaft, 3). 1954. – H. Bärwald u. R. Maerker, D. SED-Staat. D. kommunist. Herrschaftssystem in d. Sowjetzone. 1963. – D. System d. sozialistischen Gesellschafts- u. Staatsordnung in d. Dt. Demokratischen Republik. Dokumente. ²1970. – R. Kulbach u. H. Weber, Parteien im Blocksystem d. DDR. Funktion u. Aufbau d. LDPD u. d. NDPD. 1969. – P. Ch. Ludz, Parteielite im Wandel. Funktionsaufbau, Sozialstruktur u. Ideologie d. SED-Parteiführung. Eine empirische systemat. Untersuchung (Schriften d. Instituts f. Polit. Wissenschaft, 21). ³1970. – P. Ch. Ludz (Hrsg.), Studien u. Ma-

terialien z. Soziologie d. DDR (Kölner Zeitschr. f. Soziologie u. Sozialpsychologie, Sonderheft 8). 1964. – D. Storbeck, Soziale Strukturen in Mitteldeutschland. Eine sozialstatist. Bevölkerungsanalyse im gesamtdt. Vergleich (Wirtschaft u. Gesellschaft in Mitteldeutschland, 4). 1964.

Der 17. Juni 1953:
A. Baring, D. 17. Juni 1953 (Information, 14). [2]1965. – St. Brant (d. i. K. Harpprecht) (unter Mitwirk. von K. Bölling), D. Aufstand. Vorgeschichte, Geschichte u. Deutung d. 17. Juni 1953. 1954. – J. G. Leithäuser, D. Aufstand im Juni. Ein dokumentarischer Bericht. 1954.

Die Konsolidierung des Ulbricht-Regimes bis zum Bau der Mauer durch Berlin (1953–1961):
D. Enteignungen in d. sowjet. Besatzungszone u. d. Verwaltung d. Vermögens von nicht in d. Sowjetzone ansässigen Personen. Hrsg. vom Bundesministerium f. gesamtdt. Fragen. 1956. – H. Weber u. L. Pertinax, Schein u. Wirklichkeit in d. DDR. 1957. – H. Bohn, Ideologie u. Aufrüstung in d. Sowjetzone. Dokumente u. Materialien. 1956. – E. Richert, Agitation u. Propaganda. D. System d. publizistischen Massenführung in d. Sowjetzone (Schriften d. Instituts f. Polit. Wissenschaft, 10). 1958.

7. Kapitel. Das Deutschlandproblem und die Europapolitik bis zum Ende der Ära Adenauer 1958–1963

Allgemein:
D. Bemühungen d. dt. Regierung u. ihrer Verbündeten um d. Einheit Dtschlds. 1955 bis 1966. Hrsg. vom Ausw. Amt. 1966. – Dokumente z. Deutschlandpolitik. Reihe 4, Bd. 1: 10. November 1958–9. Mai 1959. 1971. – D. dt. Ostpolitik 1961–1970. Kontinuität u. Wandel. Hrsg. von B. Meissner. 1970.

K. Adenauer, Erinnerungen 1955–1959. 1967. – K. Adenauer, Erinnerungen 1959 bis 1963. Fragmente. 1968. – K. Gotto, Adenauers Deutschland- u. Ostpolitik 1954–1963 (Adenauer-Studien 3, 1974). – K. Gotto (Bearb.), Neue Dokumente zur Deutschland- u. Ostpolitik Adenauers (intus: H. Krone, Aufzeichnungen 1954–1969; D. Globke-Plan zur Wiedervereinigung) (Adenauer-Studien 3, 1974). – H. Kroll, Lebenserinnerungen eines Botschafters. 1967. – Ch. de Gaulle, Memoiren der Hoffnung. Die Wiedergeburt (Mémoires d'espoir. Le renouveau, dt.) 1958–1962. 1971. – M. Couve de Murville, Außenpolitik (Une politique étrangère, dt.) 1958–1969. 1973. – H. Macmillan, Riding the storm 1956–1959. London 1971. – H. Macmillan, Pointing the way 1959–1961. London 1972 (Dt. Auswahl aus d. bisher erschienenen fünf Erinnerungsbänden: 1972). – D. D. Eisenhower, Wagnis für d. Frieden (The White House years, dt.) 1956–1961. 1966.

D. internationale Politik. Hrsg. von W. Cornides u. D. Mende, später: D. Mende u. W. Wagner. Bde 1958–1960, 1961, 1962, 1963. 1964–71.

W. Besson, D. Außenpolitik d. Bundesrepublik. Erfahrungen u. Maßstäbe. 1970. – W. Besson, Von Roosevelt bis Kennedy. Grundzüge d. amerikan. Außenpolitik 1933 bis 1963 (Fischer Bücherei, 598). 1964. – H.-P. Schwarz, D. außenpolit. Konzept Konrad Adenauers (Adenauer-Studien I, hrsg. von R. Morsey u. K. Repgen, 1971). – W. Besson, Zum Verhältnis von Zielen u. Mitteln in Adenauers Außenpolitik (Hist. Z. 214, 1972).

E. Deuerlein, Dtschld., wie Chruschtschow es will. Zielbestimmung d. sowjet. Deutschlandpolitik 1955–1961. 1961. – G. D. Embree (Hrsg.), The Soviet Union and the German question, Sept. 1958–June 1961. The Hague 1963. – E. Majonica, Dt. Außenpolitik. Probleme u. Entscheidungen. 1965.

Das Ultimatum Chruschtschows vom November 1958 und die Auslösung der Berlin-Krise:
W. G. Grewe, Ein Friedensvertrag mit Deutschland? (Europa-Arch. 14, 1959).

Tätigkeit der Vier-Mächte-Arbeitsgruppe: Genf-Aussichten. Fünfmal Veto (Spiegel, 6. Mai 1959).

Dokumente zur Berlin-Frage 1944–1962. Hrsg. vom Forschungsinstitut d. Dt. Gesellschaft f. ausw. Politik. ²1962. – A. Hillgruber, Berlin. Dokumente 1944–1961. 1961. – H. Speier, D. Bedrohung Berlins. 1962.

Die Genfer Konferenz 1959 und der Herter-Plan:
Dokumentation d. Genfer Außenministerkonferenz 1959. Zsgest. im Auftrage d. Ausw. Amtes von H. von Siegler. Bd. 1. 2. 1959. – H. Haftendorn, D. Verlauf d. Genfer Außenministerkonferenz (Europa-Arch. 14, 1959). – W. G. Grewe, Neun Wochen Genf (Außenpolitik 10, 1959). – H. Haftendorn, Zwischenbilanz d. Besuchsdiplomatie nach d. Amerikareise Chruschtschows (Europa-Arch. 14, 1959).

Die Entwicklung in Europa. Das deutsch-französische Verhältnis 1959–1962:
G. Schlott, Schwerer Weg nach Europa. De Gasperi, Schuman, Adenauer, de Gaulle (D. polit. Meinung 10, 1965). – H. von Siegler, Dokumentation d. Europ. Integration. Bd. 1. 2. 1961/64. – H. von Brentano, D. Bonner Erklärung vom 18. Juli 1961 (Europa-Arch. 16, 1961). – O. B. Roegele, Großmacht Europa. D. zweite Anlauf zur politischen Einigung (D. polit. Meinung 7, 1962). – H. J. von Merkatz, Politische Aktionseinheit. Europ. Neubeginn (Europa-Arch. 20, 1965). – E. Jouve, D. Europa-Politik Frankreichs unter de Gaulle (ebenda). – H. A. Weseloh, Von Rambouillet bis Rambouillet, Frankreich u. Dtschld. zwischen d. Begegnung Adenauers mit de Gaulle u. d. Besuch Erhards (Frankfurter Allgemeine Ztg., 20. Januar 1965).

Die vier Mächte und die deutsche Frage 1960–1963. Adenauer, Kennedy und de Gaulle:
W. Wagner, D. geteilte Dtschld. (D. Internat. Politik 1961, hrsg. von W. Cornides u. D. Mende. 1964). – H. von Siegler (Hrsg.), Von d. gescheiterten Gipfelkonferenz Mai 1960 bis zur Berlinsperre August 1961. 1961. – W. Cornides, Berlin – u. was dann? Zum Stand d. Dtschldfrage im Sommer 1961 (Europa-Arch. 16, 1961). – W. Cornides, D. vermauerte Wilhelmstraße. Perspektiven d. Dtschld-Frage am Beginn d. Genfer Abrüstungskonferenz von 1962 (Europa-Arch. 17, 1962). – W. Wagner, D. sowjet. Drohung mit d. Separatvertrag (Europa-Arch. 17, 1962). – M. Abelein, D. Verhandl. über d. Internationalisierung d. Zufahrtswege nach Berlin seit dem Herbst 1961 (Europa-Arch. 18, 1963).

K. Schoenthal (Hrsg.), D. neue Kurs. Amerikas Außenpolitik unter Kennedy 1961 bis 1963 (dtv-Dokumente, 246). 1964. – A. M. Schlesinger, D. tausend Tage Kennedys (A thousand days, dt.) 1965. – Th. C. Sorensen, Kennedy. 1966. – P. Salinger, Mit J. F. Kennedy (With Kennedy, dt.) D. Bericht eines seiner engsten Mitarbeiter. 1967.

R. M. Slusser, The Berlin Crisis of 1961. Soviet-American relations and the struggle for power in the Kremlin, June–November 1961. Baltimore 1973. – W. Stützle, Kennedy u. Adenauer in d. Berlin-Krise 1961–1962. 1973. – W. Cornides, Präsident Kennedys Engagement in Berlin (Europa-Arch. 18, 1963). – Dokumente zur Dtschldpolitik d. Westens u. d. Sowjetunion (Europa-Arch. 19, 1964). – W. W. Schütz, Ost-West-Politik (Göttinger Universitätsreden, 40). 1963.

Bonn und Moskau 1961–1963:
B. Bandulet, Adenauer zwischen Ost u. West. Alternativen d. dt. Außenpolitik. 1970.

8. Kapitel. Die Zeit nach Adenauer (Regierungen Erhard und Kiesinger) 1963–1969

Allgemein:

E. Deuerlein, Deutschland 1963–1970. 1972.

Innenpolitik und Gesellschaft:

J. M. Lukomski, Ludwig Erhard. D. Mensch u. Politiker. 1965. – M. K. Caro, D. Volkskanzler Ludwig Erhard. 1965. – J. Groß, Lauter Nachworte. Innenpolitik nach Adenauer. 1965. – K. G. von Stackelberg, Attentat auf Deutschlands Talisman. Ludwig Erhards Sturz. Hintergründe, Konsequenzen. 1967.

K. Günther, D. Kanzlerwechsel in d. Bundesrepublik. Adenauer-Erhard-Kiesinger. Eine Analyse z. Problem d. intraparteil. De-Nominierung d. Kanzlers u. d. Nominierung eines Kanzlerkandidaten am Beispiel d. Streits um Adenauers u. Erhards Nachfolge. 1970. – W. Voges, Ursprung u. Ergebnisse d. Großen Koalition (Gewerksch. Monatsh. 14, 1969). – D. Große Koalition 1966–1969. Eine kritische Bestandsaufnahme. Red.: A. Rummel. 1969. – W. Hennis, Große Koalition ohne Ende? D. Zukunft d. parlament. Regierungssystems u. d. Hinauszögerung d. Wahlrechtsreform. 1968. – H. Dichgans, D. Unbehagen in d. Bundesrepublik. Ist d. Demokratie am Ende? 1968. – D. Bavendamm, Bonn unter Brandt. Machtwechsel oder Zeitenwende. 1971. – H. Knorr, D. parlamentarische Entscheidungsprozeß während d. Großen Koalition 1966 bis 1969 (Studien z. politischen System d. Bundesrepublik Deutschland, 9). 1975.

H. Rasch, D. Finanzierung d. Wirtschaftswunders. D. Weg in d. permanente Inflation. 1966. – H. Röhm, D. westdt. Landwirtschaft. Agrarstruktur, Agrarwirtschaft u. landwirtsch. Anpassung. 1964. – O. Schlecht, Konzertierte Aktion als Instrument d. Wirtschaftspolitik. 1968. – Soziale Sicherung. Sozialenquête in d. Bundesrepublik Dtschld. Erstattet von W. Bogs, H. Achinger u. a. Bd. 1. 2. 1966.

H. Kaack, Zwischen Verhältniswahl u. Mehrheitswahl. Zur Diskussion d. Wahlrechtsreform i. d. Bundesrep. Dtschld. 1967. – Th. von d. Vring, Reform oder Manipulation? Zur Diskussion eines neuen Wahlrechts (Sammlung »res novae«, 62). 1968. – Zur Neugestaltung d. Bundestagswahlrechts. Bericht d. vom Bundesminister d. Innern eingesetzten Beirats für Fragen d. Wahlrechtsreform. 1968. – R. Brethauer, D. Wahlsystem als Objekt von Politik u. Wissenschaft. D. Wahlsystemdiskussion in d. BRD 1967/68 als politische u. wissenschaftl. Auseinandersetzung (Studien zum politischen System d. Bundesrep. Deutschland, 2). 1973.

K. D. Bracher, Historische Komponenten d. Rechtsradikalismus in Dtschld. (Neue Gesellsch. 14, 1967). – R. Kühnl, R. Rilling u. Ch. Sager, D. NPD. Struktur, Ideologie u. Funktion einer neofaschist. Partei (Edition Suhrkamp, 318). 1969. – L. Niethammer, Angepaßter Faschismus. Politische Praxis d. NPD. 1969. – H. Bott, D. Volksfeind-Ideologie. Zur Kritik rechtsradikaler Propaganda (Schriftenreihe d. Vierteljahrshefte f. Zeitgeschichte, 18). 1969.

J. Wieder, D. Ursachen d. internat. Studentenrevolte (Z. f. praktische Psychologie 1971). – H. Glaser, Radikalität u. Scheinradikalität. Zur Sozialpsychologie d. jugendlichen Protests (Reflexion, 9). 1970. – J. Habermas, Protestbewegung u. Hochschulreform (Edition Suhrkamp, 354). 1969. – H.-A. Jacobsen u. H. Dollinger (Hrsg.), D. dt. Studenten. D. Kampf um d. Hochschulreform. Eine Bestandsaufnahme. 1968. – H. Dollinger (Hrsg.), Revolution gegen d. Staat? D. außerparlament. Opposition – d. neue Linke. Eine polit. Anthologie. 1968. – Alternativen d. Opposition. Mit Beiträgen von W. Abendroth u. a. Hrsg. von F. Hitzer u. R. Opitz. 1969.

E. Benda, D. Notstandsverfassung (Geschichte u. Staat, 113). [3]1966. – D. Sterzel (Hrsg.), Kritik d. Notstandsgesetze (Edition Suhrkamp, 321). 1968. – Notstandsgesetze. Mit Stichwortverzeichnis u. Kurzerläuterungen von P. Römer (Luchterhand-Texte, 5). 1968. – K. H. Revermann, Notstandsgesetze. Rettung oder Gefährdung d.

Demokratie? 1966. – E. Waldman, Notstand u. Demokratie. Studie zur Situation in d. Bundesrep. Dtschld. 1968.

Außenpolitik der Regierung Erhard 1963–1966:

W. von Lojewski, Bonn am Wendepunkt. D. Krise d. dt. Außenpolitik. Analyse u. Bilanz. 1965. – D. Schwarzkopf u. O. von Wrangel, Chancen f. Dtschld. Politik ohne Illusionen. 1964. – G. Schröder, Wir brauchen eine heile Welt. Politik in u. für Dtschld. Hrsg. u. bearb. von A. Rapp. 1963. – Helga Haftendorn, Abrüstungs- u. Entspannungspolitik zwischen Sicherheitsbefriedigung u. Friedenssicherung. Zur Außenpolitik der BRD 1955–1973. 1974.

Probleme d. europ. Integration. T. 4: Vorschläge d. dt. Bundesregierung zur Europa-Politik, den Regierungen d. Mitgliedstaaten d. EWG überreicht am 4. November 1964; Vorlage d. EWG-Kommission vom 30. September 1964 an d. Rat u. an d. Regierungen d. Mitgliedstaaten, »Initiative 1964« (Europa-Arch. 19, 1964).

D. dt. Ostpolitik 1961–1970. Kontinuität u. Wandel. Dokumentation. Hrsg. von B. Meissner. 1970. – P. Bender, Offensive Entspannung. Möglichkeiten f. Dtschld. (Information, 9). ⁴1965. – H. Krüger, D. dt. Friedensnote. Würdigung, Widerhall, Einordnung in d. weltpolit. Großlage (Moderne Welt 7, 1966). – E. Kuper, Frieden durch Konfrontation u. Kooperation. D. Einstellung von Gerhard Schröder u. Willy Brandt zur Entspannungspolitik (Sozialwissenschaftliche Studien, 14). 1974.

J. Seelbach, D. Aufnahme d. diplomat. Beziehungen zu Israel als Problem d. dt. Politik seit 1955 (Marburger Abhandlungen z. Polit. Wissenschaft, 19). 1970. – J. L. Knusel: West German aid to developing nations. New York 1968.

Außenpolitik der Großen Koalition 1966–1969:

K. G. Kiesinger, Entspannung in Deutschland, Friede in Europa. (Auszüge aus) Reden u. Interviews (zu Fragen d. Deutschland- u. Ostpolitik) 1967. 1968. – W. Brandt, Außenpolitik, Deutschlandpolitik, Europapolitik. Grundsätzliche Erklärungen während d. ersten Jahres im Ausw. Amt. 1968. – W. Brandt, Reden u. Interviews 1968 bis 1969. 1969. – H. Schmidt, Strategie d. Gleichgewichts. Dt. Friedenspolitik u. d. Weltmächte. ⁵1970. – D. Bischoff, Franz Josef Strauß, d. CSU u. d. Außenpolitik. Konzeption u. Realität am Beispiel d. Großen Koalition. 1973.

W. Brandt, Dtschld u. d. Atomsperrvertrag (Außenpolitik 18, 1967).

K. Kaiser, German foreign policy in transition. Bonn between East and West. London 1968. – L. Gorgey, New consensus in Germany's Eastern European policy (Western Polit. Quarterly 21, 1968).

D. Schwarzkopf, D. Idee d. Gewaltverzichts. Ein Element d. neuen Ostpolitik d. Bundesrep. (Europa-Arch. 22, 1967). – Ch. Meier, Trauma d. dt. Außenpolitik. D. sowjet. Bemühungen um d. internat. Anerkennung d. DDR. 1968.

9. Kapitel. Die Deutsche Demokratische Republik vom Bau der Mauer bis zum Ausscheiden Ulbrichts 1961–1971

Allgemein:

K.-E. Murawski, D. andere Teil Dtschlds. Eine Übersicht über d. Gesamtlage Dtschlds außerhalb d. Geltungsbereiches d. Grundgesetzes d. Bundesrep. Dtschld (Geschichte u. Staat, 117). ²1967. – H. W. Schwarze, D. DDR ist keine Zone mehr. 1969. – H. Weber, D. Sozialistische Einheitspartei Dtschlds. 1946–1971. 1971. – H. Lippmann, Honecker, Porträt eines Nachfolgers. 1971. – H. Weber, D. SED nach Ulbricht. 1974.

Staat, Gesellschaft, Wirtschaft:

G. Zieger, D. Staatsbürgerschaftsgesetz d. DDR. Seine Auswirkungen auf d. Rechtsordnung d. Bundesrep. 1969. – P. Ch. Ludz, D. soziologische Analyse d. DDR-Ge-

sellschaft (Wissenschaft u. Gesellschaft in d. DDR, 1971). – W. Bröll, Die Wirtschaft
d. DDR. Lage u. Aussichten (Gegenwartsfragen d. Ostwirtschaft, 6). 1970. – H.
Müller u. K. Reissig, Wirtschaftswunder DDR. Ein Beitrag z. Geschichte d.
ökonomischen Politik d. Sozialist. Einheitspartei Dtschlds. 1968. – F. Schenk, D.
rote Wirtschaftswunder. D. zentrale Planwirtschaft als Machtmittel d. SED-Politik.
1969. – H. Immler, Agrarpolitik in d. DDR. 1971.

Die DDR im Gefüge des Ostblocks:
E. Schulz u. H. D. Schulz, Braucht d. Osten d. DDR? 1968. – P. Markowski, Außen-
politik im Geiste d. sozialist. Internationalismus (Dt. Außenpolitik 12, 1967). – W.
Osten, D. Außenpolitik d. DDR im Spannungsfeld zwischen Moskau u. Bonn. 1969.
– Anita Dasbach Mallinckrodt, Wer macht d. Außenpolitik d. DDR? Apparat, Me-
thoden, Ziele (Geschichtliche Studien zu Politik u. Gesellschaft, 4). 1972. – J. Weck,
Wehrverfassung u. Wehrrecht d. DDR (Abhandlungen z. Ostrecht, 8). 1970. –
G. W. Strobel, D. Warschauer Vertrag u. d. Nationale Volksarmee (Wehrpolit.
Schriftenreihe, 18). 1965.

Das Problem der innerdeutschen Beziehungen 1967–1969:
I. von Münch (Hrsg.), Dokumente d. geteilten Dtschld. Quellentexte z. Rechtslage d.
Dt. Reiches, d. Bundesrep. Dtschld. u. d. Dt. Demokrat. Republik (Kröners Taschen-
ausgabe, 391). 1968. – W. W. Schütz, Deutschland-Memorandum. Eine Denkschrift
u. ihre Folgen (Fischer Bücherei, 903). 1968. – J. Korbel, West Germany's Ostpolitik.
Intra-German relations (Orbis 13, 1969/70).

10. Kapitel. Deutschland am Beginn der siebziger Jahre

Machtwechsel in der Bundesrepublik. Bildung der sozial-liberalen Regierung Brandt/Scheel:
W. Heilemann, D. erste Jahr. Bericht über d. praktische Politik d. Bundesregierung
Willy Brandt (Neue Gesellschaft 17, 1970). – G. Gölter u. E. Pieroth (Hrsg.), D.
Union in d. Opposition. Analyse, Strategie, Programm. 1970. – D. Rollmann (Hrsg.),
D. CDU in d. Opposition. Eine Selbstdarstellung. 1970.

Außenpolitik Bonns 1969–1971. Die neue Ostpolitik:
F.-K. Schramm, W.-G. Riggert u. A. Friedel (Hrsg.), Sicherheitskonferenz in
Europa. Dokumentation d. Bemühungen um Entspannung u. Annäherung im polit.
militär., wirtschaftlich., wissenschaftl.-technolog. u. kulturellen Bereich (1954–1972).
1972. – H.-P. Schwarz, Sicherheitskonferenz u. westl. Sicherheitsgemeinschaft
(Europa-Arch. 27, 1972).

A. Petri, Dt. Mitwirkung beim Sperrvertrag (Außenpolitik 21, 1970).

H. Allardt, Moskauer Tagebuch. Beobachtungen, Notizen, Erlebnisse. 1973. –
G. Wettig, Europäische Sicherheit. D. europäische Staatensystem in d. sowjet.
Außenpolitik 1966–1972. 1972. – K. Th. Frhr. von u. zu Guttenberg, D. neue Ostpolitik. Wege u. Irrwege. 1971. – Ch. Hacke, D. Ost- u. Deutschlandpolitik d. CDU/
CSU. Wege u. Irrwege d. Opposition seit 1969. 1975. – J. Joffe, Westverträge, Ostverträge u. d. Kontinuität d. dt. Außenpolitk (Europa-Arch. 28, 1973). – K. E. Birn-
baum, D. Ost-West-Verhandlungen 1970–72 als Mittel d. Friedenssicherung in Europa (Internationale Politik in d. siebziger Jahren, hrsg. von P. Raina, 1973).

Th. Oppermann, D. Gewaltverzichtsposition d. BRD (Außenpolitik 21, 1970). – Ch.
Meier, Neue Phase in d. dt.-sowjet. Beziehungen (Osteuropa 20, 1970). – W. Scheel,
D. Moskauer Vertrag (Liberal 12, 1970). – A. Bromke u. H. von Riekhoff, The West
German-Polish treaty (World Today 27, 1971). – G. Doeker (u. a.), Berlin and the
quadripartite agreement of 1971 (Amer. J. internat. Law 67, 1973).

Die innerdeutschen Beziehungen 1969–1971:
Erfurt, 19. März 1970. Eine Dokumentation. 1970. – Kassel, 21. Mai 1970. Eine
Dokumentation. 1970.

Register

Als der Krieg zu Ende war . . .
Deutschland nach 1945

Bewegt von
der Hoff-
nung aller
Deutschen

Zur Geschichte des Grundgesetzes
Entwürfe und Diskussionen 1941–1949
Herausgegeben von Wolfgang Benz

dtv
dokumente

Hans Graf v. Lehndorff:
Ostpreußisches
Tagebuch
Aufzeichnungen eines
Arztes aus den Jahren
1945–1947
dtv 2923

Käthe v. Normann:
Tagebuch aus Pommern
1945–1946
dtv 2905

Alfred M. de Zayas:
Die Anglo-Amerikaner
und die Vertreibung
der Deutschen
Vorgeschichte, Verlauf,
Folgen
dtv 1599

Alfred Grosser:
Geschichte
Deutschlands seit 1945
Eine Bilanz
dtv 1007

Thilo Vogelsang:
Das geteilte
Deutschland
dtv 4011

Karl Dietrich Erdmann:
Das Ende des Reiches
und die Entstehung der
Republik Österreich,
der Bundesrepublik
Deutschland und der
Deutschen Demokrati-
schen Republik
dtv 4222

Bewegt von der Hoff-
nung aller Deutschen
Zur Geschichte des
Grundgesetzes
Entwürfe und
Diskussionen
1941–1949
Hrsg. v. Wolfgang Benz
dtv 2917

Das Urteil von Nürnberg
1946
Mit einem Vorwort
von Lothar Gruchmann
dtv 2902